공명하는
자아

공명하는 자아

Your Resonant Self

: Guided Meditations and
Exercises to Engage Your Brain's Capacity
for Healing

세라 페이턴 지음
신동숙 옮김

한국NVC출판사

Your Resonant Self

닉과 벤에게 감사, 사랑, 애정을 전하며

목차

이 책에 대하여

2012년 8월, 공명하는 말로 감정적 고통을 치유하는 법을 정리하고, 인간관계와 관련된 신경생물학적 측면을 탐구하며 7년이란 시간을 보냈을 때였다. 세 명의 여성이 나를 찾아와 말했다. "세라, 책이 있으면 좋겠는데, 당신이 썼으면 해요. 책을 쓸 수 있도록 우리가 지원할게요."

　가슴이 두근거렸다. 기쁨, 두려움, 고통이 뒤섞인 기분이었다. 글을 쓸 때면 대개 외로움을 느꼈던 터라 든든한 지원을 제의받고 놀랐다. 그 7년의 여정을 시작하기 전에 내 머릿속은 그리 편안한 환경이 아니었다. 그래서 책을 쓰며 혼자서 내 머릿속과 대면할 것을 생각하니 조금 두려웠던 게 사실이다. 사람들에게 가르친 내용을 내가 몸소 실천할 수 있을 정도로 치유가 충분히 됐을까? 나 자신에게 가차 없는 잣대를 들이대며 한 문장 한 문장 뜯어보느라 첫 단락을 영영 벗어나지 못하는 건 아닐까? 책이 필요하다는 친구들 말에는 나도 공감했다. 그렇지만 과연 내가 해낼 수 있을까?

　세 사람은 내가 혼자 책을 쓰지 않도록 그룹 통화나 일대일 통화로 나와 계속해서 이야기를 나누고 메모를 하겠다고 했다. 그들은 우리의 노력을 민들레 프로젝트라고 불렀다. 자기 연민의 씨앗이 사람들 사이에 전달되어 뿌리 내리고, 꽃을 피우며, 더 멀리 퍼져 나가는 방식에 경의를 표하기 위해서였다.

세 사람 중에 맨 처음 아이디어를 낸 건 타미라 프리먼이었다. 프로젝트를 관리하는 그녀의 뛰어난 능력 덕분에 우리는 '책'이라는 엄청나게 부담스러운 목표를 해 볼 만한 분량의 일과 챕터로 나눌 수 있었다. 두 번째로 뎁 솔하임은 지난 6년 동안 여성 교도소에서 나와 함께 이 내용들을 가르치면서 여정에 함께해 왔다. 마지막으로 미카 마니와는 따뜻한 공동체를 만들고 이끌어 가는 능력의 소유자로, 이 책이 대중 앞에 나오기까지 지원과 격려의 중심이 되어 주었다.

책 쓰기가 시작된 후, 이들은 마치 내가 걸음마를 배우는 아기라도 된 것처럼 매 단계마다 내 손을 잡아 주었다. 매주 전화 통화를 하며 내가 두려움과 수치심을 이겨 내도록 정서적 지원을 아끼지 않았고, 그런 감정들에 대해 소리 내어 말하게 한 다음 우리의 대화 내용을 기록하도록 했다. 각 장의 형태가 갖춰졌을 때는 모든 단어를 읽고 또 읽으면서 책 본연의 모습이 드러날 수 있게 도왔다.

페니 월든이 없었다면 나는 이 책을 결코 쓰지 못했을 것이다. 그녀는 내가 연구를 통해 확인하기도 전에 여기 나오는 모든 내용을 이미 알고 있었다. 그녀는 내가 가장 아끼는 친구이자 늘 힘과 용기를 주는 존재다. 남편 매트 우드와 막내아들 닉 우드는 내게 기쁨, 놀이, 휴식의 원천이 되어 주었으며, 그 덕분에 이 책을 쓸 수 있었다. 수전 푸실로와 캐롤 페리스에게는 내 마음을 표현할 말이 부족할 정도다.

책을 쓰는 동안 양아들 벤저민 브릭이 유년기 트라우마의 후유증으로 인해 32세의 나이로 세상을 떠났다. 나는 그의 운명의 행로를 막아 보겠다는 희망으로 그 아이에 대한 이야기를 썼었다. 비록 아들은 잃었지만, 다른 사람들이 더 쉬운 길을 찾는 데 그 내용이 도움이 됐으면 한다.

보니 베이드녹은 책의 내용을 실천하고 가르치며 글을 쓰는 삶의 좋은 본보기가 되어 주었으며, 이 책이 노튼 출판사를 통해 출판될 수 있게 연결해 주었다. 책의 산파 역할을 해 준 보니에게 감사의 마음을 전하고 싶다.

신경과학 컨설턴트 앨런 포겔과 노튼의 부사장 데보라 맬머드가 이제껏 책을 출판해 온 공로를 인정받은 적이 있는지는 잘 모르겠지만, 이들의 도움에 깊이 감사하는 마음이다.

에밀리 채피는 훌륭한 삽화를 만들기 위해 나와 꾸준히 작업했고, 뇌 그림을 최대한 정확하고 보기 좋게 담아내기 위해 신경과학자들과 컨설턴트들을 찾아가기도 했다.

감사하게도 지난 십여 년 동안, 나는 '공명하는 공감으로 트라우마를 치유하는 뇌과학'을 주제로 한 수전 스카이의 강연을 듣는 행운을 누렸다. 나는 그녀의 모든 강연에 참석했으며, 5년 동안 제자로 있었다. 그녀는 우리가 여러 해 동안 가르쳐 온 비폭력대화 뉴뎁스(NVC New Depths) 프로그램을 만든 사람이다.

지원, 조언, 꾸준한 우정으로 나를 뒷받침해 주었던 댄 밀러와 글로리아 리벡커에게도 감사한다. 패트리스 샹크에게도 마찬가지로 감사의 인사를 전한다. 그는 세상을 떠나기 전 이 책이 나오는 것을 진심으로 보고 싶어 했지만, 안타깝게도 2016년 9월 18일에 암으로 우리 곁을 떠났다.

뇌과학 연구원인 마이클 안데르센과 로라 패럿에게도 깊이 감사하다. 이들은 소중한 시간을 내어 책의 여러 챕터를 검토하면서 내용이 명확하고 정확한지 확인해 주었다. 혹시 책에 부정확하거나 불명확한 내용이 조금이라도 있다면 그것은 전적으로 필자인 나의 잘못임을 밝혀 둔다.

오리건주 커피 크릭 교도소의 여성들과 워싱턴주 트윈 리버스 교도소 남성들에게 이 책에서 다룬 내용을 가르치면서 의미와 명확성을 발전시킬 수 있었는데, 이들에게 무한한 감사의 마음을 전한다.

국제 무대에서 공명하는 뇌에 대해 교육 중인 사람들이 있다. 러시아와 말레이시아에서 활동하는 올가 응우옌, 덴마크와 폴란드에서 활동하는 페르닐레 플랜트너와 조애너 베렌트, 일본에서 활동하는 유코 고토, 츠요시 고토, 켄 아노, 시케코 스즈키, 포르투갈에서 활동하는 냇 피알로 브라보, 스위스에서 활동하는 베라 하임과 실비아 호닝, 그들 모두에게 이 책이 많은 도움이 되었으면 좋겠다.

그런가 하면 북미에서 활동 중인 사람들도 있다. 아만다 블레인, 캐롤린 블럼, 에밀리 채피, 게일 도노휴, 리 갤브레이스, 샌드라 해리슨, 사토리 해링턴, 클레미 호시노, 셀레스트 커시, 수전 제닝스, 미카 마니와, 짐 맨스케, 요리 맨스케, 비카 밀러, 매릴린 멀린, 웬디 노엘, 클라리사 오, 말리 파크, 데릴린 플랫, 존 포터, 샘 카나트, 로즈메리 렌스타드, 캐서린 르부아, 페기 스미스, 샤렌 젤레케, 캉스 트레벤스, 제시카 반 후게베스트, 안젤라 와트루스, 이 활동을 알리고 전하는 일에 공감하고 헌신하는 모두에게 감사하다.

이 책을 간접적인 경로로 읽고 사려 깊은 조언과 관심을 보여 준 이들에게도 감사의 말을 전한다. 멜리사 뱅크스, 브루스 캠벨, 소피아 캠벨, 수전 D. 딕슨, 알프레드 조엘, 대니얼 킹슬리, 베키 루이스, 캐롤 린제이, 앨리슨 맥도날드, 진 맥엘하니, 조나 모건, 다이애나 마이어스, 니나 오타조, 베브 파슨스, 칼 플레스너, 샤나 리터, 리타 슈미트, 샤론 시모어, 페기 스미스, 필립 D. 스튜어트, 내가 특히 아끼는 카르멘 보토와 칼라 애드웰 웹 등이다.

오랜 세월 사랑과 지원을 보내 준 사람들로는 남동생 제임스 페이

틀, 엘레나 페이튼 존스, 제니퍼 존스, 캐서린 크록스태드, 미카엘라 와이먼이 있다. 그 외에도 마리 알렉산더, 척 블레빈스, 에릭 바우어스, 조셀린 브라운, 필리스 브르조조우스카, 재니스 엥, 맥리스 퓨링린, 투리야 기어하트, 애니 하키파워, J.J. 잭슨, 핀 러들로, 달리아 런드퀴스트, 프리스 마이어, 크리스틴 마스터스, 제인 피터슨, 팸 라파엘, 아트 레스닉, 이브 롤스턴, 케리드윈 섕크, 마이클 스미스, 노아 스미스, 리암 스미스, 트릭 스틴, 켈리 스티븐스, 아나스타시야 스티븐스, 캐롤린 스튜어트, 리아 스튜어트, 콜린 투텔, 엘레나 베셀라고, 켈리 윌슨, 엘리자베스 우드, 팻 우드, 찰스 월에게 감사를 표한다.

마지막으로 성 중립적인 내 친구들에게, 이 책은 본래 그들을 기리기 위해 성 중립적인 언어로 쓴 것임을 말해 주고 싶다. 그런 표현이 편집 과정을 모두 통과하지는 못했지만, 그래도 그들이 알아볼 수 있기를 희망한다.

세라 페이턴

열정, 지혜, 개인적인 경험을 가지고 글을 쓰는 사람들에게는 독자들 앞
에 내놓을 뭔가 특별한 것이 있습니다. 그들은 진심에서 우러나온 진정
성 있는 글로 사람들 마음에 다가가서 변화를 일으키지요. 이 책의 저자
인 세라가 바로 그러합니다.

   8년 전에 우리가 처음 만났을 때, 세라는 호기심이 아주 많았으며
궁금증의 답을 찾기 위해 즉시 연구에 파고드는 사람이었습니다. 그녀는
뇌과학을 비롯한 여러 분야의 미묘한 특성을 탐닉하고 그렇게 모은 다양
한 내용을 종합하는 데 특별한 재주가 있었지요. 또 뇌가 독립적으로 그
리고 관계 속에서 작용하는 방식을 밝혀내고, 그렇게 알게 된 사실을 열
심히 실행으로 옮겼습니다. 세라는 자신의 성공뿐 아니라 처해 있는 어
려움에 대해서도, 치유뿐 아니라 여전히 남아 있는 상처에 대해서도, 겸
손하고 익살스러운 태도로 남들에게 털어놓았어요. 그러다 보니 사람들
도 그녀에게 각자의 약하고 모자란 부분을 편히 드러냈고, 그녀는 보기
드물게 훌륭한 친구이자 스승이 되어 주었습니다. 책을 쓰려고 한다는

말을 듣고 노튼 출판사에 다리를 놓아 그녀의 목소리가 더 널리 알려지도록 도울 수 있어 무척 기뻤습니다.

이제 책이 완성되어 수년간의 연구와 실행이 결실을 얻게 됐습니다. 결과물인 이 책은 우리 각각이 내면의 목소리와 더 온화하고 연민 어린 관계를 맺어서 치유의 길에 들어설 수 있게 도와줍니다. 이런 능력이 발달하면 필연적으로 타인에 대한 이해와 배려도 높아지게 되지요. 저는 이 책이 더할 나위 없이 적절한 시점에 나왔다고 생각합니다. 지금 세상은 연결되고 공감하고 차이를 인정하는 인간의 타고난 잠재력이 심각하게 도전받고 있으니까요. 저는 사회 문제를 개선할 방법에 대한 견해는 사람마다 다를지라도, 이 세상이 어려움에 직면해 있다는 사실은 모두가 느낄 거라고 생각합니다. 세라가 제의했듯이, 자신을 따뜻하게 대하는 태도는 치유에 이르는 우리 본연의 감정적 고조에 접근하는 토대가 될 수 있습니다. 우리가 겪고 있는 어려운 상황을 고려하면, 이 책의 내용은 진정으로 드물고도 가장 유용한 자원입니다.

각 장에는 명확하게 정리된 핵심 개념과 유도 명상이 소개되며, 더불어 그와 연관된 뇌 영역에 대한 설명이 나옵니다. 이런 훌륭한 구성 덕분에, 책을 읽는 독자들은 먼저 관련 내용을 이해하고 이후에 명상을 여러 번 반복하면서 경험의 깊이를 심화할 기회를 얻게 됩니다. 내면세계의 영역으로 서서히 그리고 다정하게 이동할 수 있게 해 주지요. 훌륭한 삽화가 곁들여진 신경과학에 관한 내용은 우리가 이런 경험을 할 때 뇌에서 벌어지는 일을 상상하는 데 도움을 줍니다. 알고 보면 우리 뇌는 우리의 행복과 안녕을 적극적으로 뒷받침하며, 치유에 가담할 준비가 아주 잘 되어 있어요.

각 장을 한 번 이상 읽고 따라 하며 받아들인 뒤에 다음 장으로 넘어가는 독자들의 모습을 상상해 봅니다. 실제 책을 읽을 때도 우리의 내면세계가 다음 장으로 넘어갈 준비가 되었는지 확인해 보면 좋습니다. 우리가 평소에 책을 읽는 방식과는 조금 다를지라도, 이는 세라가 설명하는 방법(마음속 깊은 곳에서 듣기)을 존중하는 방식이 될 겁니다.

이 책에서는 대단히 중요하고 훌륭한 발상 몇 가지를 탐색합니다. 우리는 삶의 모든 단계에서 연결되도록 만들어졌으며, 만일 그런 연결을 제공할 다른 사람들이 없으면 우리 스스로가 연민 어린 자기 목격자가 될 수도 있습니다. 우리의 마음은 경험에 참여하고 그 상태에 놓였을 때 다정하게 대할 수 있는 능력을 모두 갖고 있지요. 이런 능력을 키우면, 함께할 누군가가 없어서 치유되지 못하는 일은 없어질 겁니다. (물론 저는 세라가 우리의 이런 여정에서 연민 어린 말을 건네며 다른 사람들과 공명하는 가장 멋진 동료 여행자라고 생각하지만 말입니다.)

우리 여정을 더 편하게 만들어 줄 수 있는 두 번째 원칙은 마음속에서 들리는 목소리가 아무리 괴롭더라도, 모든 목소리에는 도우려는 의도가 깔려 있다는 점입니다. 이 사실을 깨닫는 것만으로도 우리가 좋아하거나 용인하는 부분들과 싫어서 없애고 싶은 부분들 사이에서 흔히 벌어지는 내면의 전쟁이 서서히 진정될 수 있습니다. 모든 부분이 가치 있다는 가능성에 우리가 마음을 열면, 거대한 무언가가 바뀌기 시작합니다. 원하지 않는 부분에조차 연민 어린 태도로 맹렬히 헌신하는 세라의 이런 태도는 마음을 누그러뜨리고 받아들일 수 있도록 우리를 북돋아 줍니다.

이 책의 세 번째 메시지는 치유란 점진적이고 실행 가능한 과정이며, 그 안에는 나름의 논리와 시기가 있다는 사실입니다. 이 책에서 세라는 비교적 다가가기 쉽고 견딜 만한 내면의 여정부터 시작한 뒤, 힘들고 도전적인 여정을 다루는 것으로 조금씩 옮겨 갑니다. 그녀의 개인적인 경험은 물론 상처 입은 이들과 수년간 함께하면서 배우고 느낀 바를 바탕으로, 우리 각자가 자신에 맞는 속도를 찾을 수 있는 공간을 만들어 주죠. 덕택에 우리는 어려움에 처했을 때 판단이나 평가가 아니라 연민의 태도로 대처하고, 피치 못하게 판단을 내려야 할 때도 보다 온화해질수 있습니다. 그런 넓은 수용의 공간은 점진적인 발전의 아름다운 환경을 조성합니다.

저는 이 책이 더 큰 공명과 연민을 향한 여정에서 우리들을 꼭 붙들어 줄 것이라고 믿습니다. 다방면의 치료자, 교사, 환자, 대인관계 신경생물학(IPNB) 관련 연구자, 내면의 조화를 추구하는 사람 그 모두에게, 세라의 이 책은 성장과 치유의 소중한 자원이 될 것입니다.

2016년 12월
워싱턴주 밴쿠버에서
보니 베이드녹

"그리고 꽃봉오리에 꽁꽁 싸여 있는 위험이
꽃을 피우기 위해 감수해야 할 위험보다
더 고통스러운 날이 왔다."

아나이스 닌

당신의 내면에서는 어떤 어조의 목소리가 들리는가? 머릿속에서 들리는, 본인만 들을 수 있는 목소리는 대체로 어떤 분위기인가? 지금의 자신으로 사는 것이 어떤 느낌인지 잠시라도 들여다보면, 자신을 대하는 특정한 태도가 있다는 걸 알게 된다. 어쩌면 당신은 지금 그대로의 모습에 만족하면서 열정을 품은 일에 기쁨을 느끼며 살아가는 사람일지 모른다. 만약 그렇다면 당신은 아마도 남들에게 더 의미 있게 헌신하려는 마음에서 이 책을 읽게 됐을 것이다.

반면 자신에게 실망감을 느끼는 사람들도 있다. 이들은 성공, 능력, 매력을 갈망하거나 혹은 자신의 재능을 더 잘 알고 더 충실히 표현하고 싶다는 간절한 바람을 품는다. 아니면 자신에게 분노하거나 우울감, 참기 힘든 슬픔 등을 느낄 수도 있다. 아무것도 안 하고 있을 때의 감정적인 어조가 너무 버겁고 고통스러워서, 어떻게든 홀로 생각에 빠지는 상황을 피하려고 애쓴다. 심지어 어느 실험에서는, 처음에 돈을 내서라도 전기 충격을 피하겠다고 말했던 사람들이 혼자 가만히 앉아 생각에 잠기

는 것이 싫다는 이유로 전기 충격을 택하기도 했다.[1]

우울증과 수치심, 분노에 휩싸여 힘겨울 때 사람들은 자신의 뇌를 혼자 대면해야 하는 상황을 피하고자 회피 기술을 익힌다. 예를 들면 쉴 새 없이 바쁘게 지내거나, 혼자서 온종일 카드놀이를 하거나, 소셜 미디어나 핸드폰에서 눈을 안 떼거나, 일벌레처럼 일만 하거나, 뭔가에 중독적으로 빠져들면서, 평소의 자기 자신에 대한 느낌을 바꿔 보려고 한다. (참고로 책에서 새로운 용어가 소개될 때마다 진한 글씨로 표시하고, 책 뒷부분에 나오는 용어 사전에서 뜻풀이와 함께 정리해 두었다. 예를 들어 우울증[depression]은 '슬픈 기분과 상태, 즐거움의 결여, 삶에 대한 흥미 상실이 계속되는 것으로, 피로감과 지속적인 압도감이 동반되기도 한다'로 풀이된다.)

모든 사람에게는 내면의 목소리가 있다.[2] 이런 목소리는 말로 표현되기도 하고, 말보다는 분위기로 표현되기도 한다. 내면의 목소리는 **감정적 온기**(emotional warmth)가 꾸준히 흘러드는 상태일 수도 있고, 반대로 힘든 감정이 몰려드는 상태일 수도 있다. 혹은 감정이 없는 상태처럼 보일 때도 있는데, 사회생활과 관계에 대한 계획을 검토하거나 삶이 정해진 궤도를 따르고 있는지 점검하는 경우나 진행 중인 모든 요소가 올바른 방향으로 운영되는지를 확인하는 경우가 이에 해당한다.

감정적 온기

감정적 온기는 애정과 환대로 응대받거나 응대하는 경험을 말한다. 신체적 차원에서는 상대방의 체온이 느껴질 정도로 가까이 있을 때 온기가 느껴진다. 그래서 감정적 온기라는 개념에는 친밀감과 신체적인 접촉에서 오는 위안도 포함된다. 몇 가지 질문을 통해 이 개념에 대해 좀 더 자세히 살펴보자.

먼저 감정적 온기는 어떤 느낌일까? 이는 가슴과 복부 안으로 퍼져 나가는 심장의 온화한 열기 같은 느낌이다. 감정적 온기가 들면 긴장 없는 편안함이 함께 느껴지며, 이런 온기는 소속감을 불러일으킨다.

두 번째로 감정적 온기는 어디에서 나올까? 이는 돌봄과 배려, 보호를 받고 있다는 느낌에서 나온다. 사람은 자신이 중요하게 여겨진다는 것을 알 때 온기를 느낀다.

그렇다면 온기를 감소시키는 건 어떤 생각과 행동일까? 자기혐오, 자기비판, 자기 판단은 온기를 심각하게 감소시킨다. 마음에 안 드는 티를 내면서 입을 삐죽거리며 말하는 사람, 규정하고 분류하는 사람, 우리 기분을 넘겨짚어 말하는 사람과 시간을 보내면 온기가 감소한다. 또 스스로에게 완벽함을 요구할 때도 온기가 감소한다.

마지막으로 감정적 온기는 어떻게 키울 수 있을까? 무엇이 정말로 기분 좋고 우리에게 진정으로 이로운지를 찾아내면 된다. 기분이 좋고 마음이 편해지는 것과 접촉하면 온기가 생긴다. 공명은 온기의 씨앗을 심으며, 그 씨앗이 자라면 더 튼튼해지고 회복력이 생긴다. 함께 모여 맛있고 영양가 있는 음식을 나누어 먹으며 다 같이 웃고 즐기는 자리도 온기를 높인다. 또 무조건적인 수용도 온기를 높일 수 있다. 뜻밖의 사랑을 받는 것도 온기를 높인다.

내면의 목소리에 아무런 감정이 없어 보일 때도 종종 있지만, 목소리의 어조가 어떻든 내면의 목소리는 좋은 것, 나쁜 것, 추악한 것에 관해 끊임없이 떠들어 대는 경향이 있다. 즉 우리의 모습, 우리가 했던 행동, 깜박 잊어버린 일에 대해 떠든다. 또 우리와 삶을 함께하는 다른 누군가가 했거나 하지 않은 일, 하려고 하는 일에 관해 떠든다.

혹시 이 말이 믿기지 않는다면, 잠시 책 읽기를 멈추고 가만히 지켜보자. 이 책에서 읽은 내용과 관련된 생각이 잠잠해질 때까지 한동안 기다려야 한다. 뇌가 의도적인 활동이나 생각, 행동에 몰두해 있지 않을 때 머릿속에서 자동으로 떠오르는 생각의 패턴이 바로 내면의 목소리이다. 우리가 이 목소리를 들을 수 없더라도, 자기 자신을 대하는 태도나 타인에 대해 생각하는 방식에서 내면의 목소리의 어조를 유추할 수 있다. 삶에서 중요한 사람들(예를 들면 부모, 조부모, 선생님, 친절한 이웃)이 우리 마음을 알아주었고 그들 덕분에 기쁘고 행복했던 경험이 있다면, 내면의 목소리는 편안하고 부드러워진다.

그런데 이와는 다른 삶의 경험을 해 왔을 수도 있다. 예컨대 부모나 배우자가 우리의 부족한 점을 고치려고 하고, 우리를 '더 나은' 사람으로 만들기 위한 이야기만 했을지 모른다. 이들은 너무 지쳐서 그들의 자녀나 배우자를 옆에서 지켜만 볼 뿐, 귀 기울여 들으려고 하지 않는다. 혹은 삶이 너무 바쁘고 버거워서 자녀나 배우자가 눈에 안 들어올 수도 있다. 이런 부모나 배우자와 생활하면 내면의 목소리가 철저히 부정적으로 바뀌고 더 나아가 잔인하고 공격적인 상태마저 될 수 있다.

그렇다고 낙담할 필요는 없다. 내면의 목소리가 자신을 대하는 방식이 마음에 안 들면, 그 목소리를 듣고 이해하고 변화시킬 수 있으니 말이다. 이 책에서 설명하는 자기 연민과 자기 이해를 받아들이면, 텔레비전, 컴퓨터, 스마트폰을 온종일 쳐다보며 지내거나 허전함을 채워 줄 음식이나 술에 기대면서 주의를 다른 데로 돌리려고 애쓰는 일을 그만둘 수 있다.

그 대신 다른 가능성이 줄줄이 생길 것이다. 새로운 방식으로 대응할 수 있다는 희망이 조금씩 차오르고, 내면의 목소리가 더 고요해지고 협조적으로 바뀌면서 자신이 조금씩 좋아지기 시작한다.

공명(resonance)이라 불리는 상태가 일단 나타나면, 이 과정은 거침

없이 진행된다. 공명은 다른 존재가 감정적 온기와 너그러움으로 우리를 바라보고 깊이 이해해 준다는 것을 지각하는 경험이다. 다시 말해 자기 본연의 모습을 드러내도 괜찮으며, 우리가 느끼는 느낌과 열망이 다른 사람들에게 이해가 된다는 걸 **아는** 느낌이다.

이쯤에서 의문이 생긴다. 공감과 공명은 어떻게 다를까? 공감은 다양하게 정의된다. 타인의 입장에 서고, 그들의 경험을 이해하고, 타인의 감정 상태를 헤아리고, 관련된 감정을 경험하는 것 등이 대표적이다. 그런데 이런 정의 중 그 어떤 것에도 '우리'가 되어야 할 필요성, 즉 공명의 경험을 함께 만들어야 할 필요성은 담겨 있지 않다. 공명할 때는 받는 사람(receiver)이 이렇게 말한다. "그래요, 당신은 저와 함께하고, 저를 이해하지요." 이런 반응은 말로 나타날 수도 있고, 안도의 한숨과 함께 몸의 긴장이 풀리는 것으로 나타나기도 한다. 내가 차를 타고 노숙인들 옆을 지나가면서 그들에게 공감하더라도, 그들은 내가 공감하는 것을 전혀 모를 것이다. 그런데 공명은 타인과 관계를 맺지 않고서는 나타날 수가 없다. 즉 공명은 두 사람의 경험이다. 누군가가 우리와 공명한다고 무턱대고 선언할 수는 없다. 타인의 존재나 언어에서 공명이 느껴지는지 아닌지를 말할 수 있는 사람은 공명을 받는 사람뿐이다.

혹시 이렇게 생각할지 모르겠다. '공명이 두 사람 사이에서 벌어지는 경험에 달려 있다면, 나한테는 희망이 전혀 없네. 내겐 아무도 없으니 말이야. 난 외톨이야.' 이것이 바로 내가 이 책을 쓰게 된 이유이다. 나는 이 책에서 자기 자신과 함께하는 법을 제시하려고 한다. 이 책의 제목이 『공명하는 자아(Your Resonant Self)』인 이유도 거기에 있다. 우리 자신과 공명하려면 우리 내면에 서로 다른 두 부분, 즉 감정적 자아와 공명하는 자아가 있다는 사실을 알아야 한다. 감정적 자아는 공명하려고 애쓰는 자아가 목표를 달성했는지를 판단하는 주체이다. 이럴 때의 경험은 여전히 두 사람 사이에서 일어나지만, 두 사람 모두 우리 안에 있다.

이 책은 이런 사람들을 위한 것이다.

- 슬픔에 잠길 때가 간혹 있어서, 머지않아 치유될 것이라는 희망이 필요한 사람
- 자신의 오래된 습성을 보면서 긍정적인 변화를 갈망하는 사람
- 불안한 마음이 평온해지기를 바라는 사람
- 가끔 어리둥절한 기분이 들며, 인류를 좋아할 수 있게 되기를 바라는 사람
- 우울감에 빠져서 계속 살아야 할 이유를 찾고 싶다고 생각한 적이 있는 사람
- 자신이 근본적으로 옳다는 작은 희망이 때때로 필요한 사람
- 뇌에 대해서 배우는 것을 좋아하는 사람

지금 당신이 읽고 있는 이 글은 내면의 목소리를 변화시키기 위한 배움의 여정에 함께하자는 나의 간곡한 호소다. 이 여정은 몸과의 연결, 뇌에 대한 이해, **공명의 언어**로 연결되는 치유의 길을 밟아 간다. 공명의 언어란 상대방에게 이해받는 느낌이 드는 말들이다. 공명의 언어에는 느낌의 분위기가 있으며, 관계, 기억의 공유, 승인의 의미가 담겨 있다. 이런 종류의 언어에는 ① 감정에 대해 궁금해하고 감정을 정확히 말하는 것, ② 꿈, 갈망, 요구, ③ 신체 감각, ④ 생생한 은유, 시각적 이미지, 시 등이 포함된다.

공명 기술이란 무엇인가

언어는 관계를 맺는 데 사용되지만, 자신을 분리하고 남들을 밀쳐 내는 데에도 사용될 수도 있다. 쓰인 단어가 공명할 때는 자기 자신이나 타인과 하나가 되지만, 비판하고 판단하며 물건 취급하는 표현을 쓰면 뇌가 분리되면서 온기가 사그라든다. 사람이 말을 하는 방식은 중요하다. 생각이 일관적인지, 정직하게 말하는지, 뇌를 어떻게 사용하는지, 어떤 확고한 태도를 지니고 자신과 타인을 대하는지가 드러나기 때문이다.[3] 자신에게 어떤 방식으로 말하는가에 따라 우리는 장기적으로 자립과 행복에 이를 수도, 반대로 회복력 부족과 스트레스에 이를 수도 있다. 자신에게 말하는 방식을 바꾸면, 뇌가 작용하는 방식이 바뀐다. 언어를 시작점으로 해서 점차 자신을 온기 있게 대할 수 있게 된다. 앞으로 이 책 전반에 걸쳐서 뇌의 통합에 도움이 되는 언어 사용법을 자세히 알아볼 예정인데, 이를 **공명 기술**(resonance skill)이라고 한다. 자기 자신에 대한 비교와 비판을 내려놓고 따뜻한 자기 이해로 자신을 돌볼 때, 우리의 뇌는 한층 건강해진다.

책의 각 장에서 다루는 유도 명상과 공감 연습은 공명의 언어가 뇌를 변화시키는 과정을 경험할 기회가 된다. 또 자기 자신에 대한 이해와 연민을 기를 수 있도록, 몸 전체-뇌가 작용하는 방식에 대해서도 장마다 조금씩 다룰 것이다.

우리의 행동과 반응은 모두 타당하며 자기 비하의 오랜 습관은 그저 뇌가 우리를 돌보기 위해서 최선을 다했던 결과일 뿐이다. 이를 알게 되면 새로운 온화함이 드러난다. 뇌에 대해 배우면서, 우리는 자신을 더 관대하고 너그럽게 바라보게 해 주는 새로운 연결을 만들어 나갈 수 있다. 각자의 타고난 품성, 다른 사람들의 뇌와 행동이 우리에게 끼친 영향, 지난 세대의 뇌가 우리 각자의 생각과 느낌의 패턴에 끼친 영향을 고려하면, 우리가 누구인지에 대한 전체적인 그림은 더 크고 복잡해진다. 인간이라는 존재와 인간 행동에 대한 강렬하면서도 온기 어린 호기심이 생겨나면서, 삶이 한층 더 풍성하고 흥미로워진다.

그래서 이 책에서는 상황을 새로운 방식으로 연결 짓도록 권한다. 자기 자신을 어떻게 느끼는지 떠올리고, 자신에게 애정과 호기심, 환영받는 기분을 느껴 보라고 권하는 것이 그 예이다. 감정적 온기를 품고 자신을 바라보라는 권유를 받은 적이 지금껏 한 번도 없었던 사람들도 분명 있을 것이다.

뇌는 경험에 따라 끊임없이 성장하고 변화한다. 관심의 초점을 ① 자기 자신에 대한 느낌, ② 온화한 마음으로 이해하는 능력에 두면, 자기 자신을 대하는 새로운 태도가 확연히 발달할 것이며, 그러한 변화가 바로 이 책의 본질이다. 내가 이런 새로운 내용을 글로 써서 전달하고 당신이 책을 읽으며 몰두할 때, 우리는 힘을 합해서 당신의 뇌에 변화를 일으키게 된다.

앞으로 뇌의 기본 구조와 기능, 공명하는 대화의 기본을 살펴보는 동안, 몸의 감각과 감정의 반응을 최대한 깊이 인식해 볼 기회가 생길 것이다. 육체적, 감정적으로 더 많이 느끼고 자신의 깊은 갈망과 감정의 관계를 깨달으면, 더 큰 변화를 이룰 수 있다.

이 책은 이런 배움을 자신의 것으로 만들고, 자신의 인생 이야기를 새로운 눈으로 바라보도록 해 주는 초대장이다. 과연 그럴까 하는 생각이 들겠지만, 지금까지 살아온 인생의 이야기로 당신이 규정되는 건 아니다. 당신은 완전히 굳어 버린 채 확고히 고정된 존재가 아니다. 자기 비난과 굳어진 **감정적 트라우마**(주변에서 일어나는 일이 너무 힘들거나 무섭고 고통스러워서 뇌가 견디기 힘들며, 그 경험이 도무지 통합되지 않는 순간들)의 역사를 찾고 그런 감정을 누그러뜨리면, 진실하고 고결한 당신의 인생 이야기가 정말로 어떤 것인지를 알게 될 것이다. 일단 자신에게 영향을 끼치는 모든 요소를 한자리에 꺼내 놓으면, 자신이 늘 타당한 결정을 내려왔다는 사실을 점차 받아들이게 된다. 즉, 지금껏 자신을 질책하고 자기 행동을 후회했던 때가 숱하게 많았더라도, 단단히 굳어져 자신을 보호하는 뇌의 작용을 이해하고 나면, 자신이 항상 주어진 상황에서 최선의 행동을 해 왔음을 깨닫게 된다. 치유를 향해 가는 이 과정에서, 우리는 뇌를 물리적으로 변화시킨다.

신경가소성에 대하여

뇌의 변화 능력을 지칭하는 과학 용어는 **신경가소성**(neuroplasticity)이다. 개인적인 이야기지만, 예전에 나는 한동안 신경가소성이라는 용어가 잘 와닿지 않았다. 'plastic(플라스틱)'이라고 하면 단단하게 굳은 물질이 연상됐기 때문이다. 그런데 사실 신경가소성이라는 단어에 쓰인 'plastic'은 형태를 바꾸기가 쉽다는 뜻이다. 신경가소성이라는 말은 뇌를 구성하는 기본 세포인 **뉴런**(neuron)이 삶의 경험에 따라 성장하고 바뀌며, 뉴런이 연결되는 방식 또한 바뀐다는 의미이다.

사람들 대부분은 뇌라는 단어를 들으면 즉시 두개골 안에 있는 울퉁불퉁한 호두 모양의 기관을 떠올린다. 하지만 이 기관을 구성하는 세포들은 몸 전체의 **분산 신경계**(두개골 안에 있는 뇌의 뉴런을 포함한 신체의 모든 신경)와 불가분하게 연결되어 있다. 뇌에 관한 연구가 더 많이 이루어질수록, 두개골의 뇌와 몸 전체에 연결된 뇌의 차이가 점점 줄어들고 있다. 이 책에서는 두개골 안에 있는 뇌를 특정할 때 **두개골-뇌**라는 표현을 써서 지칭할 것이다. 반면 그냥 **뇌**라고 말하면, 두개골 안에 있는 뇌를 포함해 전신에 퍼져 있는 신경계를 뜻하는 것이다. 두개골을 포함한 전신의 경험을 의미한다는 것을 상기할 수 있도록, **몸 전체의 뇌, 널리 분포한 신경계의 뇌, 뇌-신체** 같은 표현도 종종 섞어 쓸 것이다.

두개골-뇌 내부에는 뉴런(뇌세포 중에 가장 많이 연구되는 유형의 뇌세포) 수십억 개와 그 외의 뇌세포들이 빽빽이 들어차 있다.[4] 그곳은 외부 세계와는 완전히 다른 내부 세계여서, 우리가 익히 아는 풍경의 이미지를 이용해서는 설명하기가 쉽지 않다. 뇌의 내부는 물리학 규칙에 따른 다기보다는 양자 우주에 더 가깝다. 그렇더라도 익숙한 세계의 이미지가 새로 접하는 내용을 받아들이는 데 도움이 될 수 있으니, 가능하면 우리 세계에 존재하는 이미지에 빗대어 설명해 보려고 한다. 물론 그런 직유적인 묘사가 뇌의 복잡성과 근본적인 차이를 설명하기에 어떻게 부족한지도 함께 밝히려고 하니 참고하길 바란다.

뉴런은 나무와 다소 비슷하게 생겼으며(실제로 일부 과학자들은 뉴런을 나무라고 부른다), 각 뉴런에는 **가지돌기**(dendrite)라고 불리는 가지가 여러 개, **축삭돌기**(axon)라고 불리는 뿌리가 하나 있다. 하지만 뉴런은 여러모로 나무와 다르다. 나무는 잎으로 기체를 방출하고 뿌리로 화학물질을 배출해서 의사소통하지만, 뉴런은 가지에서 뿌리까지 모두 조밀한 뇌 성분 안에서 다양한 방향으로 정렬된 상태이다. 여러 뇌 화학물질을 이용해서 다양한 메시지를 전달하고, 에너지와 정보를 거의 항상 한 뉴런의 축삭돌기에서 다른 뉴런의 가지돌기로 흘려보낸다. 뉴런은 나무보다 훨씬 더 민감하게 반응하고 더 잘 변한다. 나무의 경우 일단 가지가 다 자라면 베이거나 쓰러질 때까지 그 자리 그대로 머물지만, 뉴런의 가지(가지돌기)는 우리가 뇌를 사용하는 방식에 따라 끊임없이 변화한다.

아이들은 물론 어른까지 포함해서, 모든 사람은 날마다 두개골-

뇌에서 새로운 뉴런을 수천 개씩 만들어 낸다.[5] 이런 현상은 **신경발생**(neurogenesis)이라고 불린다. 이렇게 만들어진 뉴런은 새로 배우고 습득한 내용을 기억하도록 돕는다. 그렇지만 뇌의 주된 학습은 기존의 뉴런 간에 **결합**을 형성하고 강화하는 방법을 통해 이루어진다. 뇌의 세계는 신비해서, 서로 맞닿지 않은 뇌 부위들과 뉴런들도 전체 뇌에 연결되고 읽힐 수 있다.

기억은 여러 출처에서 나온 다양한 입력의 집합이다. 우리가 '학습'이라고 부르는 것은 세포 수백만 개 사이에서 일어나는 신경 간 연결과 연계의 과정이며, 이런 학습의 근간이 되는 뉴런의 구조적 구성과 재편이 바로 신경가소성의 본질이다. 뇌가 학습에 반응해서 바뀌는 방식을 몇 가지 나열하면 다음과 같다.

- 뉴런의 가지돌기에서는 **가시**(spine)라고 불리는 새로운 돌기가 자라나는데, 이 새로운 돌기는 다른 뉴런의 축삭에서 정보를 받아 새로운 연결을 형성할 수 있다. 어떤 때는 이렇게 얻은 정보가 장기간 기억되면서 가시가 그대로 남고, 더 나아가 가지돌기로 바뀐다. 반면 학습된 내용이 잊히면서 가시와 연결이 모두 사라질 때도 있다. 이런 과정은 **뉴런의 리모델링**(neuronal remodeling)이라고 불린다.[6]
- 뉴런 간의 접합부인 **시냅스**(synapse)가 형성되거나 사라진다.
- 시냅스는 뇌 화학물질을 생성하고 수용하는 방식에 변화를 주기도 한다. 예를 들어 필로폰 사용자의 뇌는 **도파민**(dopamine)이라는 뇌 화학물질을 감지할 수 있는 **수용체**(화학적 메시지를 수신하는 가지돌기의 말단 부위)의 수를 감소시켜서, 필로폰에 취해 '황홀함을 느끼는' 갑작스러운 변화에 균형을 맞추려고 한다. 참고로 이

런 황홀함은 시냅스가 평소보다 훨씬 많은 양의 도파민을 수용하면서 나타난다. 반대로 부족해 보이는 특정 뇌 화학물질을 찾기 위해 수용체의 수가 늘어날 때도 있다. 이 책의 치유 여정을 통해 뇌에 감정적 온기와 통합이 나타나기 시작하면, 좋은 기분을 유지하고 세상을 바라보는 방식에 영향을 주는 뇌 화학물질의 균형이 물리적으로 바뀔 수도 있다.

• 반복을 통해 연결 및 결합의 수와 강도가 증가한다. 각각의 뉴런은 과거에 경험한 것과 유사한 연결 및 결합을 만드는 경향이 있다. 이 말은 위협에 처하거나 트라우마를 경험하면 뉴런이 그런 위협에 반응하는 연결을 더 쉽게 만든다는 뜻이다. 그러다 보니 트라우마를 겪은 사람들은 위협 요인이 전혀 없는데도 위협을 '보거나 느끼는' 경향이 있다.[7]

이 책을 읽는 동안 뇌에서는 과거의 지식 및 경험과 책에서 배운 내용 간의 새로운 연결이 형성된다. 이에 따라 자기 자신을 바라보는 눈이 달라지고 새로운 배움을 얻게 된다. 감탄이 터져 나오는 깨달음의 순간, 즉 기존의 지식과 경험이 지금까지와 다른 방식으로 융합되는 순간 새로운 연결이 강화되며, 세상을 다르게 바라보고 이해할 수 있다.

이 책은 인지신경과학, 사회신경과학, 애착 연구, 심리학 등 관계적 측면의 뇌(뇌 자체만이 아니라 여러 사람의 뇌가 서로 어떻게 영향을 미치는지)에 관한 모든 분야의 연구를 통틀어 다루는 **대인관계 신경생물학**(interpersonal neurobiology)에 초점을 맞춘다. 참고로 그 배경이 되는 개념은 대니얼 J. 시겔(Daniel J. Siegel)이 주도해서 출판한 『대인관계 신경생물학에 관한 노턴 시리즈(Norton Series on Interpersonal Neurobiology)』에 설명되어 있다. 이런 연구 내용에 덧붙여서 몸이 내는 목소리의 중요성과 공명하는 공감이 어떤 도움을 주는지를 이해하면, 뇌가 변화하기 위해서 어떤 조건이 갖춰져야 하는지가 눈에 들어오기 시작할 것이다.

우리는 흔히 자신의 문제를 혼자 힘으로 해결하고 싶어 하지만, 혼자서는 해결할 수가 없다. 내면을 치유하고 훌륭히 잘 살아가려면 다른 사람들이 있어야 하고 그들이 베푸는 친절을 경험해야 한다. 인간은 꿀벌, 개미, 코끼리처럼 집단을 이루어 살게 되어 있는 사회적 동물이며, 우리 뇌는 타인의 뇌에 의해 진정되도록 만들어졌다. 신경계는 안전하다고 느껴질 때마다 사람들의 얼굴과 목소리에 주목한다(잠시 뒤에 살펴볼 것처럼 다른 사람들이 위협적이라고 느끼는 경우가 아니라면 말이다).[8] 우리에게는 언어가 있어서 서로 사랑과 보살핌(이에 덧붙여 증오와 경멸)을 주고받고, 이를 부모에게서 자식으로, 연인 간, 친구 간, 더 나아가 시간, 거리, 대륙, 세대를 초월해서 다른 사람들에게 전달할 수 있다.

그런데 다른 사람들이 안전한 존재가 아니라는 인식이 자리 잡는다면, 다른 사람 없이 혼자 있을 때 혹은 자연 속이나 동물들과 있을 때만 긴장을 풀 수 있을 것이다. 이런 문제를 겪는 사람들은 관계적 애착을 재건하고 다른 사람들과 안심하며 관계를 맺기 위해서 전문 심리치료사를 찾아가게 되는데, 이 책에서 배우는 내용 일부는 이런 상황을 개선하는 데 도움이 될 수 있다.

우리의 행동과 경험은 타당하다

뇌와 몸에 대해 알아보면서 확인하겠지만, 우리의 행동과 경험은 타당하다. 우리가 느끼는 극심한 공포는 어딘가에서 기인한 것이고, 우리가 하는 걱정은 생각보다 일관적이며, 꾸준한 고통에는 나름의 목적이 있다.

하지만 우리가 자신과의 관계에서 경험하는 고통스러운 부분을 바꿀 방법은 분명히 있다. 이런 방법을 수행하기가 늘 쉽지만은 않겠지만, 그래도 비교적 간단하고 해 볼 만하다. 기본적인 사고 패턴과 뇌가 기능하는 방식을 배우면, 문제가 되는 부분, 비효율적인 부분, 특별히 힘든 문제나 후회스러운 행동조차 연민을 품고 바라볼 수 있다는 사실이 조금씩 이해가 된다. 그러면서 자신의 행동에 책임지고, 행동을 수정하고, 그에 보상할 새로운 기회가 열린다. 덧붙여 우리 자신, 가족, 세상에 최선의 모습으로 임할 수 있게 되고, 자신을 이해함에 따라 더 따뜻하게 자신을 대하는 게 가능해진다. 뇌의 특성과 작용을 더 잘 이해할수록, 자신에 대한 경멸, 묵살, 판단을 더 쉽게 긍정적으로 뒤집어서 생각할 수 있다.

책을 통해 이런 복잡한 뇌의 세계를 더 깊이 탐색해 나가면서, 모든 중요한 관계가 남긴 흔적을 발견하게 될 것이다. 우리는 어머니 배 속에서의 경험과 우리를 키워 준 부모와 양육자에게서 깊이 영향받지만,[9] 따뜻한 성인기의 관계를 통해 과거의 트라우마를 상쇄해서 완전한 변화를 이룰 수도 있다.[10]

나는 2000년대 초반에 10년 동안 여러 교도소를 다니면서 뇌와 언어 사용법에 관한 수업을 매주 한 차례씩 진행해 왔다. 그때의 경험과 사연을 이 책에 소개해서 어떤 배움이 일어날 수 있는지를 구체적으로 보여 주려고 한다. 그 이야기들을 통해 우리가 어떤 습관과 패턴에 갇혀 있는지 생각해 보기 바란다. 불안, 우울, 중독처럼 우리를 괴롭히는 주된 문제는 불편하고 고통스러우며, 우리는 흔히 이런 문제에 빠진 자기 자신을 탓해 왔다. 하지만 이런 문제 패턴은 지금은 더 이상 도움이 안 되더라도 이제껏 생존에 어떤 식으로든 도움이 되어 온 것들이다. 앞으로 우리는 이 사실을 좀 더 이해할 수 있게 될 것이다. 더불어 문제 패턴의 종류와 해결책에 대해 좀 더 구체적으로 살펴볼 예정이다.

지금 읽고 있는 이 글은 치유 여정의 문을 열고, 자신의 뇌를 이해할 때 일어나는 변화를 조망한다. 앞서 신경가소성의 개념을 소개하면서 뇌의 변화가 정말로 가능하다는 사실을 알아보았는데, 이제부터는 각 장의 내용을 훑어보면서 나머지 여정을 개괄적으로 살펴보겠다. 책 전반에 걸쳐서 몸 전체 뇌의 물리적인 측면이 부분별 및 장별로 소개되고, 사회 신경과학과 애착 연구 등 비교적 최근에 밝혀진 과학적 사실들이 다뤄질 것이다. 이런 내용은 그 자체로 흥미로울 뿐 아니라 뇌의 작용 방식을 이해해서 자기 연민의 기반을 다지는 데에도 도움이 된다.

아래의 장별 개요를 읽으면서 뇌의 체계를 이해하고, 문제가 되는 패턴에 변화를 줄 때 자신의 삶이 어떻게 더 나아질 수 있는지 생각해 보자. 이를 통해 자신에 대해 더 잘 알고, 자신을 사랑하고, 자신에게 더 친절해졌으면 한다.

1장. 우리가 자기 자신에게 말을 거는 방식: 디폴트 모드 네트워크
이 장은 자신에게 뭔가 문제가 있다는 믿음에 대처하는 법을 다룬다. 특히 자기 온기(self-warmth)가 공명에 어떤 역할을 하는지가 소개된다. 이 장의 유도 명상은 '주의(attention)'의 초점을 온기 있게 대하는 기본 기술을 습득하도록 돕는데, 이 기술은 자기 자신을 배려하고 보살피는 한층 일반적인 접근법으로 발전시킬 수 있다. 또한 이 장에서는 뇌의 기본적인 구조를 이해한다. 그리고 우리가 자기 자신에게 말을 거는 방식(디폴트 모드 네트워크, *The Default Mode Network; DMN*)에 점차 귀를 기울여서, 온기가 이런 목소리의 어조를 어떻게 바꿀 수 있을지 생각해 본다.

2장. 정서적 균형 유지하기: 건강한 자기 조절
이 장은 따뜻한 동행(*accompaniment*, 즉 온기 어린 마음으로 함께해 주는 것)

의 장점은 무엇인지, 자기 자신을 따뜻하게 대하는 것이 균형을 유지하고 회복탄력성을 높이는 데 어떻게 도움이 되는지를 설명한다. 여기서는 주의에 대한 온기에서 출발하여 자신의 일부분에 대한 온기로 발전시킬 것이다. 또 조율 기술의 기초를 살펴보고, 공명이 어떤 식으로 나타나는지 확인한다. 여기서 다루는 유도 명상은 세포 1개를 이용해서 작은 것에서부터 시작하는 명상법으로 이를 뒷받침한다. 이 장에서는 감정이 어떻게 조절되는지를 배우는데, 이와 관련해 편도체와 전전두피질에 대해 알아보고, 둘 사이의 건강한 관계를 조성하는 법을 살핀다.

3장. 자기 친절을 기르기: 공명하는 자기 목격자 도입하기
이 장에서는 자기 온기와 자기 이해를 꾸준히 활용하는 것에 관해 설명하고, 감정이 미묘하게 표현된 단어의 중요성을 살핀다. 이 장의 유도 명상은 독자들이 자기 목격자(self-witness)를 발견하도록 이끌 것이다. 또 신경과학자 자크 판크세프(Jaak Panksepp)의 보살핌 회로(CARE circuit)와 호르몬의 종류인 옥시토신, 이 두 가지가 자기 조절의 신경조직과 어떤 관련이 있는지를 논의한다.

4장. 내면의 비판자 길들이기: 도우려는 시도에 귀 기울이기
이 장에서는 자기비판적인 목소리의 기능과 욕구를 이해하기 시작하면서, 자기 연민의 길을 연다. 또 사람들이 왜 자기 자신을 도외시하는지, 자신이 겪는 고통이 중요하다는 사실을 왜 안 믿는지도 논한다. 이 장에서는 '의도(big idea)'나 갈망의 중요성을 설명하고, 감정과 의도에 어떤 관련성이 있는지도 알아본다. 이 장의 유도 명상은 내면의 비판자와 대화하는 접근법의 한 가지 예이다. 뒤이어 좌뇌와 우뇌가 우리를 돕기 위해 각기 시도하는 방식을 구별하고 이해하는 데 도움이 되는 신경과학

연구 내용도 다룬다.

5장. 불안 가라앉히기: 신뢰를 향해 나아가기

이 장에서는 불안을 역동적인 평화로 바꾸는 법을 찾기 위해 불안의 출발점을 탐색한다. 독자들은 이 장의 유도 명상을 통해 아주 어릴 때의 관계로 돌아가 삶을 사는 경험에 감사를 표하게 된다. 또 자기 공감의 기술도 배운다. 이 장에서 다루는 신경과학 개념에는 판크세프가 제시한 감정 회로에서 불안이 외로움이나 두려움일 수도 있다는 사실, 전대상피질 (anterior cingulate cortex, ACC)을 두개골-뇌의 걱정의 쳇바퀴로 보는 것 등이 포함된다.

6장. 공명과 함께하는 시간 여행: 묵은 상처 치유하기

이 장에서는 아픈 기억이 그토록 생생한 이유를 생각해 보고, 힘든 일을 겪었던 순간으로 시간 여행을 해서 트라우마를 치유하는 법을 배운다. 놀랍게도 우리는 오래된 기억의 생생함 덕분에 더 빨리 치유될 수 있다. 이 장의 명상은 이런 순간을 개인적으로 경험할 기회가 된다. 이 장에서 다루는 신경과학 개념 중에는 편도체가 기억에 행사하는 무한성, 암시적 기억과 명시적 기억의 개념, 그런 기억이 외상 후 스트레스 장애(PTSD) 에 어떤 영향을 미치는지에 대한 탐구가 포함된다.

7장. 분노의 창조적, 방어적 능력을 얻기

이 장에서는 분노에 어떤 특별한 능력이 있는지, 사람들은 왜 분노가 나쁘다고 믿는지, 어떻게 하면 오래된 고통의 패턴을 건강한 표현으로 바꿀 수 있는지 알아본다. 여기서는 지금까지 배운 내용을 종합하면서 모든 갈등에는 최소한 두 부류의 주체가 있다는 사실을 살피고, 유도 명상을 통해 분노를 느끼는 순간에 우리에게 무슨 일이 일어나는지를 이해한다. 또한 타인을 향해 분노를 발산할 때 분노가 타인에게 어떤 영향을 미치는지, 관계 개선을 위해 어떤 노력이 필요한지 배운다. 교감 신경 활성화와 투쟁-도피 명령에 몸이 반응하는 방식에 대해서도 개괄적으로 살펴볼 것이다.

8장. 아주 오래된 두려움을 극복하기

이쯤에 이르면 감정의 방대함을 아우를 수 있는 이해력과 회복탄력성이 충분히 갖춰졌을 것이다. 이 장에서는 두려움이 어떻게 신경계를 압도할 수 있는지, 다정함이 어떻게 공포를 방어하는지 알아본다. 이 장의 유도 명상은 지속적인 두려움에서 벗어나 마음을 안정시킬 안전한 장소를 찾을 수 있게 해 줄 것이다. 이런 탐색 과정은 잘못된 애착의 영향을 통합하는 데 도움이 된다. 이 장에서 소개하는 새로운 신경과학 개념은 장 신경계, 즉 장 뇌(Gut Brain)이다.

9장. 해리에서 돌아오기

이 장에서는 수치심과 해리(*dissociation*)의 패턴을 발견하고, 강렬한 온화함을 이용해서 우리 자신으로 돌아오는 법을 배운다. 우리는 수치심이 인간적인 소속감을 불러일으키려는 의도에서 나왔을 수도 있다는 사실을 배운다. 또 자의식의 근원, 타인과의 상호작용이 우리가 누구인지 아는 데 어떻게 도움이 되는지를 확인한다. 이 장에서는 수치심을 다정하게 받아들이는 기술을 살펴보고, 해리된 자아를 집으로 불러들이는 유도 명상을 해 본다. 아울러 미주신경, 그중에서도 특히 배측 신경복합체(dorsal nerve complex)와 '부동화' 효과에 대해서 더 자세히 다룬다.

10장. 애착: 뇌가 동행에 반응하는 방식

우리는 차츰 유아기 관계의 중요성을 이해하기 시작한다. 부모와 조부모의 뇌 패턴이 어떻게 우리 안에 존속하면서 자기 조절과 조절 장애 패턴을 후대로 대물림하는지도 알게 된다. 오래된 애착의 상처를 치유하고 신경계의 혼란을 해소하는 법을 배우는 것이 구별과 연결에 모두 도움이 된다는 사실도 배운다. 또 유도 명상을 통해 따뜻한 공동체가 어떻게 또 다른 유형의 안전형 애착을 느끼게 해 주는지 엿볼 수 있다. 이 장에서는 네 가지 애착 유형의 개요뿐 아니라 거울 뉴런에 대해서도 살펴보면서 미주신경을 더 완전히 이해하게 된다.

11장. 자기혐오와 혼란형 애착 치유하기

이 장에서는 사람들이 공명 기술을 사용할 수 없을 때 스스로를 다스리기 위해 어떤 식으로 자기혐오를 이용하는지 배운다. 우리가 자기혐오로 어떤 목적을 달성하려는 것인지를 이해하면, 자기 연민에 더 가까이 다가서고 디폴트 모드 네트워크의 포악한 목소리를 의심의 눈으로 바라볼 수 있게 되면서, 자기혐오를 치유하는 과정에 들어설 수 있다. 이 장에서 소개하는 유도 명상 두 가지는 자신에 대한 포악한 이야기를 더 나은 이야기로 바꾸는 방법과 우리가 조금 더 편하게 받아들일 수 있는 감정을 찾는 방법이다. 앞에서 다룬 모든 기술은 우리 자신과의 잘못된 애착을 바로잡는 데 필요한 통합에 이바지할 것이다. 자기혐오와 관련해서는 '환영의 창(window of welcome)'이라는 신경과학적 개념을 다룬다. 자기 자신을 환대하는 능력에 대한 이해가 깊어지고 트라우마가 치유되면서 안정화된다.

12장. 우울증을 부드럽게 치유하기

우울증의 주요 요소는 부정적인 자기 대화(self-talk)이다. 우리가 우울한 뇌에게 따뜻하게 지지한다는 느낌을 주고 다정하게 인정하고 공명하면, 뇌를 치유하고 회복탄력성을 키울 수 있다. 이 장에서는 자아의 두 부분 간의 대화와 자신과 타인 간의 대화를 탐구한다. 이 장의 유도 명상은 두 가지이며, 우울증에서 가장 흔히 나타나는 부정적 자아상과 평생 이어지는 외로움을 인정하고 지원할 것이다. 배움이 깊어지면, 공감과 공명을 이용해서 가장 큰 효과를 낼 수 있는 부분이 어딘지 찾을 수 있다. 이 장에서 다루는 신경과학 개념은 우울증의 뇌 패턴에 관한 것이다.

13장. 중독과 강박에서 완전히 벗어나기: 자기 이해와 공명의 힘

부정적인 자기 대화는 우울증과 마찬가지로 중독 행동을 악화시키는 경향이 있다. 이 장에서는 감정적으로 편안한 상태를 수용하는 방향으로 나아가고, 마약이나 술 같은 외부 물질이나 특정 활동에 의존하지 않기 위해서, 앞장들에서 다뤘던 도구와 개념을 사용한다. 우리는 지난 세대의 트라우마가 현재의 우리 몸에 미치는 영향을 인식할 수 있다. 이 장의 유도 명상은 각자가 느끼는 강렬한 욕구를 파악해, 근원적인 트라우마가 있지는 않은지 살펴보도록 한다. 덧붙여 신경과학 연구에서 밝혀진 중독의 근원을 살피고, 도파민, 자기 조절, 조절 장애, 애착 회로가 어떤 역할을 하는지 확인할 것이다.

14장. 기쁨, 공동체, 외부의 목소리: 공명하는 자기 목격자를 타인에게 적용하기

이 장에서는 흥분, 즐거움, 기쁨의 경험에 공감하는 것의 중요성을 배운다. 그리고 이 책에서 다룬 내용과 대인관계 신경생물학의 내용을 돌아보면서 지금까지의 여정을 검토한다. 최종적으로 다루는 신경과학 개념은 사회적 참여의 재능과 복측 미주신경 복합체(ventral vagal complex)를 이해하고 즐기는 것이다. 끝으로 독자들에게 작별을 고하며 좋았던 이번 여정을 마무리한다.

부록

자기평가 질문지를 이용해서 자신의 현재 상태와 앞으로 집중하고 싶은 부분을 확인할 수 있다. 각 장을 읽기 직전에 미리 검토하는 데 사용하거나, 아니면 각 장을 읽고 난 뒤 학습 도구나 자기 인식 도구로도 활용해 볼 수도 있다.

자기평가 질문지 뒤에는 온라인 자료를 정리해 두었다. 웹사이트의 URL도 나와 있는데, 웹사이트에 가면 영어로 된 유도 명상 녹음 파일을 내려받을 수 있다. 덧붙여 이 책에서 언급된 치유 방식과 연구자들에 대한 정보를 더 자세히 알아볼 수 있도록 관련 웹사이트 목록을 만들었다. 또 대인관계 신경생물학을 다룬 책을 읽어 보고 싶은 독자들을 위해 추천 도서 목록도 정리했다. 맨 끝에는 학습과 참고 자료로 활용할 수 있는 용어 사전이 나온다.

이 책은 배려심과 연민을 지닌 상상력이 풍부한 친구로서, 독자들의 여정에 동행할 것이다. 연습과 명상은 혼자 해 봐도 좋고, 귀담아들어 주는 친구나 동반자, 심리치료사와 해 보거나, 소모임의 구성원들과 함께해도 좋다. 인간은 자신이 바보라고 생각하면서 혼자서 자책하고 침묵 속에 고통받도록 만들어지지는 않았다. 우리는 본래 사랑받으며 살게 되어 있다. 안전한 기분을 느낄 때 우리는 최상의 상태로 지낼 수 있으며, 자신이 진정 누구이고 진정으로 무엇을 원하는지를 조금씩 알아 갈 수 있다. 게다가 덤으로 삶을 함께하는 사람들을 더 편안하게, 세심히 이해할 수 있게 된다.

종이책을 읽는지, 오디오 북을 듣는지, 전자책을 보는지에 관계없이, 이 책에 소개된 명상은 우리에게 안전과 보살핌의 비눗방울을 만들어 준다. 유도 명상으로 형성된 이런 심상은 당신이 중요함을 인식하고 깊이 받아들여지는 타당한 세계의 경험으로 확대된다. 우리는 뇌를 우리가 지내기에 더 좋은 곳으로 만들고 자신의 편에 서는 법을 배운다. 이제 더는 짜증 내고, 초조해하고, 좌절하며 수치심을 느끼지 않게 된다.

당신은 자신의 가장 좋은 친구로서, 이 길을 걸었던 다른 모든 사람이 동행해 주는 치유 여행에 초대되었다. 이 책과의 만남을 환영하고, 당신만의 달콤한 삶에 초대된 것을 환영한다.

1장

우리가 자기 자신에게
말을 거는 방식

: 디폴트 모드 네트워크

많은 이들이 자신에게 뭔가 문제가 있다고 믿는다. 그렇게 믿는 건 자신의 뇌를 믿기 때문이다. 다정하고 따뜻하며 존중하는 것에 익숙지 않은 인간의 뇌는 자신이나 다른 모든 사람에게 뭔가 문제가 있는 게 틀림없다고 생각한다.

자기 자신을 받아 주기 버거운 사람이라고 생각하진 않는가? 자신이 너무 시끄럽거나 너무 뚱뚱하다고 믿는가? 많이 부족하다고 느끼는가? 너무 예민하거나 연약하거나 멍청하거나 여리다고 보는가?

만약 스스로에 대해 그렇게 생각한다면 어떻게 대응하는가? 아예 생각 자체를 안 하려고 애쓰는가? 자기도 모르게 불쑥불쑥 밀려드는 생각을 잠재우느라 여념이 없는가? 이런 믿음을 떨쳐 내기 위해 주의를 딴 데로 돌리거나 술과 마약에 기대고 있진 않은가?

자신에게 뭔가 문제가 있다는 믿음이나 자신에 관한 다른 불편한 생각을 안고 살더라도, 감당하기 힘든 머릿속 환경을 더 살기 편한 곳으로 만들 방법은 분명히 있다. 실제로 뇌는 우리에게 온기와 사랑을 나누어 줄 수 있다. 이때 중요한 건 작은 것에서 시작해야 한다는 점이다. 이 장에서는 들어가는 글에서 설명했던 내용을 바탕으로 공명을 가능하게 만드는 요인, 즉 '나 자신이나 남들에게 깊이 이해받는 느낌'과 관련된 개념을 계속해서 살펴보겠다.

공명 기술
작은 것에서부터 자기 온기 찾기

강렬한 온기를 전혀 경험해 보지 못한 사람이 자신을 애정 있게 대하기는 무척 힘들다. 이럴 때는 발견의 과정을 최대한 단순하게 만드는 것이 중요하다. 온갖 죄책감과 수치심이 겹겹이 싸인 상태에서 갑자기 자신을 좋아하려고 애쓰면 오히려 일을 그르칠 수 있다. 그래서 작은 것(예를 들어 어릴 때 모습 같은 작은 일면이나 세포 하나처럼 물리적으로 작은 부분)에서 시작해야 하며, 시작점을 최대한 많이 만든 뒤 문제에 접근해야 한다. 그러다 보면 때로는 자기도 모르는 사이에 자기 온기가 생기고, 어떨 때는 의식의 초점을 유도하는 법을 이용해 더 쉽게 자기애를 느끼게 된다. 때로는 처음부터 끝까지 혼자서 애쓸 필요 없이 이 책에서 다루는 이야기와 언어를 통해 자연스럽게 온기가 싹트기도 할 것이다.

성장과 치유의 주요 도구
뇌 유도 명상

이 책에서는 뇌 유도 명상이 주요 도구로 쓰이며, 각 장에서 한 가지 이상의 유도 명상을 다루게 된다. 명상으로 주의를 집중해서 뇌의 여러 다른 부위가 동시에 깨어나는 과정은 각자의 존재를 전혀 알지 못했던 부위들이 서로를 접하는 것과 마찬가지의 과정이다.

각 장에서 명상법이 소개될 때마다 우선 처음부터 끝까지 한번 읽어 본 뒤에 눈을 감고서 전체적인 내용을 떠올리며 시도해 보자. 녹음된 음성 파일을 들으면서 명상하고 싶은 사람은 인터넷 사이트 www.yourresonantself.com에서 영어로 된 명상 파일을 무료로 내려받을 수 있다. 이 책에서 소개하는 명상법은 나 역시 개인적으로 자주 실천하고 있는 것으로, 날마다 나 자신과 기분 좋은 방식으로 연결되겠다고 결심하는 게 중요하다. 직접 해 보면서 어떤 명상법이 자신에게 잘 맞는지, 각각의 방법이 어떤 영향을 주는지, 자신에게 실제로 어떤 효과가 나타나는지 알아보도록 한다. 명상법이 자신과 잘 안 맞는 느낌이 들면 굳이 애쓰지 말고 그냥 넘어간 다음, 책을 다 읽고 관련 개념을 더 깊이 이해한 상태에서 다시 한번 시도해 본다. 소개된 명상법들은 단순해 보일지 몰라도 배움과 깊은 변화를 이루는 데 상당한 도움이 된다. 지금부터 소개할 유도 명상은 자기 자신과 더 따뜻한 관계를 맺기 위한 첫 번째 초대로, 편안함과 자기 수용, 자기 환대를 느낄 수 있다. 이 명상법은 우리의 모든 세포가 꼭 필요한 적절한 위치에 있으며 서로 교류하는 법을 알기만 하면 된다는 기대에 첫발을 들여놓는 과정이다.

유도 명상 1 호흡하기(1~5분)

이 짧은 유도 명상은 우리가 이 장에서 탐구할 과정의 핵심이다. 이 호흡법은 자신에게 온기를 품을 수 있다는 사실을 처음으로 엿볼 기회이자 뒤에 나올 모든 명상법의 기초가 된다.

명상을 시작하기 전에 호흡의 횟수를 세는 연습부터 해 보자. 그러면 자신과 호흡의 관계를 더 잘 인식하게 될 것이다. 중간에 놓치거나 자기도 모르게 다른 생각에 빠져 있었음을 알아채기까지 몇 번이나 호흡을 셀 수 있는지 알아보자. 무엇 때문에 셈을 놓치거나 잊어버렸는가? 집중을 흐트러트린 요인의 감정적 어조를 식별할 수 있는가? 걱정이나 불안인가? 수치심인가? 몰두했던 행동을 멈추거나 일상적인 산만함에서 벗어나려고 할 때 감정과 느낌이 홍수처럼 밀려드는가? 혹시 호흡을 세려고 할 때 감정적으로 큰 고통이 느껴지거나 도저히 참기가 힘들 수 있다. 혹은 너무 따분하고 지루하다면 그런 기분이 드는 것도 당연하다고 스스로를 토닥이자. 자신을 애정 어린 태도로 수용하지 못하는 상황에서는 자신의 뇌와 화합하기가 상당히 힘들어진다.

호흡에 의식을 두고 있을 때 편안한 느낌이 들거나 기분 좋은 집중 상태에 이르면 치유와 행복을 향해 순조롭게 나아가고 있다는 신호로 받아들이면 된다.

그럼 이제 본격적으로 유도 명상을 시작해 보자. 다음 지시에 따르면서 호흡 연습을 하되, 이번에는 자기 자신을 따뜻하게 대하겠다는 분명한 의도를 품도록 한다.

🌿 연습

다른 누군가가 읽어 주는 것을 들으면서 명상할 경우, 눈을 감고 싶으면 감아도 좋다. 이 글을 직접 읽으면서 명상할 때는 읽으면서 머릿속으로 장면을 떠올려 보자. 자신에게 몸이 있다는 사실을 의식한다. 당신에게는 팔꿈치, 발가락 관절, 귓불, 몸통이 있다. 몸통은 폐가 있는 곳이며, 숨을 들이쉬어 생명에 필요한 산소를 받아들이는 곳이다. 자신이 숨을 쉬는 존재라는 사실과 가장 생생히 살아 숨 쉬는 호흡의 움직임을 느낄 수 있다는 사실에 주목한다. 잠시 멈추고 눈을 감은 뒤에, 숨이 몸에 들어오고 나가는 것을 느껴 보자. 감각이 가장 많이 느껴지는 곳은 어디인가? 코인가? 콧속 깊은 곳인가? 입인가? 목인가? 아니면 폐인가? 혹은 갈비뼈인가? 가장 강렬한 느낌이 드는 곳이 어디가 됐든 그곳에 잠시 의식을 둔다. (초점을 놓치지 않고 따라갈 방법이 필요하다면, 호흡의 횟수를 세면서 의식을 호흡의 감각에 두라는 지시를 얼마나 오래 지킬 수 있는지 살펴도 좋다.)

주의(attention: '주의'라는 표현과 쓰임이 낯설지 모른다. 이 책에서 '주의'는 '그 순간 자신의 생각이 머무는 곳', '의식을 두는 곳', '집중하는 곳'을 뜻하며, 각 장의 유도명상에서 의인화한 표현으로 자주 다루고 있다—옮긴이)가 흐트러질 때마다 다정하고 따뜻한 태도로 다시 호흡에 집중한다. 주의는 끊임없이 배회하기 마련이다. 주의는 가장 중요한 곳에 당신이 집중하도록 만들고 싶어 하는데, 명상을 처음 배울 때 주의는 주로 호흡을 뺀 나머지 모든 것이 중요하다고 믿는다. 중요하다고 생각되는 것을 빈틈없이 살피고 경계하는 주의력에 감사를 표하며, 주의가 흔쾌히 호흡의 느낌으로 돌아오려고 하는지 지켜보자.

불편함, 통증, 고통 같은 신체 감각이 느껴질 수도 있다. 주의의 초점이 도우려고 그러는 것임을 인식하고, 호흡으로 돌아올 의향이 있는지 확인한다.

주변 환경의 소리나 변화가 관심을 끌어당길지 모른다. 따뜻하게 감사하는 마음을 갖고, 주의의 초점을 다시 호흡으로 돌린다.

오늘 하루를 계획하고 있는 자기 자신을 알아차릴지도 모른다. 그럴 때는 다정하고 친절하게 주의를 호흡의 감각으로 불러들인다. 주의에게 이런 말로 따뜻한 마음을 표현해 볼 수도 있다. "안녕, 잘 있었니? 네가 보기에 매우 걱정스러운 게 있어서 자꾸만 다른 걸 떠올리게 되나 보구나. 내가 행복해질 수 있도록 도와주고 보살펴 주려고 그러는 거지? 그런데 그런 걱정은 나중에 해도 돼. 그러니 이제 다시 호흡으로 돌아와 줄 수 있겠니?" 머릿속에서 들리는 소리에게 차분하고 정중하며 애정 어린 어투로 말을 거는 것을 느껴 보자. 어쩌면 말로 이야기하는 것이 아니라 온화한 손길이 다정하게 주의의 초점을 호흡으로 조금씩 몰고 가는 이미지가 떠오를지도 모른다.

주의를 다시 호흡으로 되돌리는 연습을 여러 번 반복하고, 앞에서 했던 유도 명상과 다르게 느껴지는 부분이 있는지 생각해 보자.

그러는 것이 좋겠다고 생각될 때마다 주의의 노력에 감사하고, 주의의 렌즈를 자신의 몸 전체와 '세상의 일부인 자기 자신'의 느낌이 포함될 때까지 확장시킨다. 어떤 소리가 들리는가? 몸의 느낌은 어떠한가? 바닥에 닿은 발이 느껴지는가? 양손은 무엇을 하고 있는가? 이제 몸의 일부가 슬며시 꼼지락거리거나 움직이게 내버려 두면서, 일상에서 주의가 가고 싶어 하는 곳이 어디가 됐든 그곳으로 다시 완전히 돌아간다.

이 명상이 필요한 이유

명상을 해 보니 어땠는가? 온기 어린 마음으로 호흡의 감각에 집중했을 때 어떤 느낌이 들었는가? 자신에게 다정해질 수 있었는가? 명상하고 난 뒤에 자신과 주의에게 애정을 조금 더 느낄 수 있게 됐는가?

아니면 이 명상을 '틀리게' 했을지 모른다는 생각이 들었는가? 우리는 흔히 타인에게보다 자기 자신에게 더 비판적이다. 우리가 뇌를 바깥에서 바라보면, 내면의 비판자에게 비판자 자신에 대한 정보와 인간이 된다는 것의 의미에 대한 정보를 주어서, 잠시 아무것도 하지 않고 그대로 있게 만든다. 내면의 비판자를 길들이는 법에 대해서는 4장에서 더 자세히 다룰 것이다.

호흡을 세라고 하면 처음에는 두 번까지도 채 세지 못하는 사람이 많다. 심지어 단 한 번만 셌는데 셈이 중단되고, 뇌 안의 세계를 경험하게 되는 것에 대한 공포가 생길 수 있다. 그 세계는 우리가 결코 환영받지 못하는 험난하고 살기 힘든 곳일지 모른다. 자기 자신에게 따뜻하게 대할 수 있다는 것을 배우기 전에는, 유도 명상을 하면서 잔뜩 겁을 먹고 몇 년을 보내기도 한다. 호흡을 하는 동안 계속해서 처음부터 다시 세고, 잘못하고 있는 자신을 질책하면서 말이다.

이런 사람들은 호흡 명상을 하려다가 수치심, 자기 경멸, 공포, 우울, 당혹감에 빠질 수도 있다. 이들은 방금 우리가 했던 명상에서처럼 따뜻하고 다정하게 주의를 호흡으로 되돌려 보내는 경험을 해 봐야만 자기만의 지옥에 떨어지지 않고 둘이나 셋까지 셀 수 있게 된다.

자기 자신을 온기 어린 마음으로 사랑할 수도 있다는 것이 느껴지면 뇌 안의 세계와의 관계가 차츰 바뀐다. 조용히 자기 자신에게 주의를 집중하라는 권유를 편하게 받아들이고, 더 나아가 반갑게 맞아들일 수도 있다.

나는 인간관계와 관련된 뇌과학을 탐구하는 대학 수업에서 이와 유사한 호흡 명상을 처음으로 접했다. 이 명상법을 가르쳐 준 보니 베이드녹에게 늘 감사하고 있다. 베이드녹은 이런 개념으로 관계를 치유하는 법을 다룬 훌륭한 책『뇌의 치료사가 되기(Being a Brain-wise Therapist)』의 저자이기도 하다. 대학 때 이런 명상의 따뜻함에 크게 감화했고, 이를 계기로 나 자신과의 관계가 완전히 뒤바뀌었다. 나는 여전히 하루에도 몇 번씩 이 방법으로 명상을 한다.

뇌를 더 깊이 이해하면 자기 연민을 기를 수 있는데, 그러려면 두개골–뇌의 구조와 기능을 잘 알아 두는 것이 도움이 된다. 다만 두개골–뇌는 몸 전체에 흐르는 신경의 일부일 뿐이며, 따라서 지금부터 설명할 내용은 전제적인 뇌를 부분적으로만 탐구하는 것에 불과함을 기억하자.

🍃 🍃 🍃

뇌 개념
두개골-뇌의 기본적인 배치

두개골-뇌의 부위별 역할이 구체적으로 밝혀지지 않았을 때도 겉으로 볼 때 구별이 됐기 때문에, 신경과학자들은 뇌의 구역을 나눌 수 있었다. 최초의 해부학자들은 1500년대에 뇌의 여러 부위에 이름을 붙였다. 산티아고 라몬 이 카할(Santiago Ramón y Cajal)은 현미경이 발명된 뒤에 현미경으로 뇌를 들여다보면서 그 아름다움에 크게 감명받았다. 당시에는 현미경 카메라가 아직 없었기 때문에, 그는 자신이 본 것을 그림으로 그렸다. 현미경을 들여다보면서 뉴런이라고 불리는 뇌세포의 배열을 섬세하고 정밀한 그림 수백 점에 담은 것이다. 그가 [그림 1.1]에 나온 그림을 그린 것은 1800년대 후반이지만, 이 부분이 기억 형성에 도움을 준다는 사실을 과학자들이 발견한 것은 그로부터 거의 100년이나 지난 뒤였다. 이 그림은 해마(hippocampus, 해마라는 뜻의 그리스어에서 유래)였는데, 자른 단면의 모양이 해마처럼 생겨서 초기 해부학자들이 그렇게 이름 붙였다. 해마에 대해서는 6장에서 기억에 대해 논의하며 다시 다룰 것이다.

　뇌의 어느 부분이 어떤 기능(예를 들면 언어능력, 시력, 기억력)에 사용되는지가 점차 드러나면서, 뇌과학자들은 모든 뇌의 배열이 아주 비슷하다는 사실을 발견했다. 어떤 사람이 말을 할 때 활성화되는 뇌의 부위는 다른 사람이 말할 때 활성화되는 부위와 아주 비슷하다. 과학자들은 뇌 조직이 여러 겹으로 둥글게 감긴 부위가 모든 뇌에서 아주 비슷하게 나타난다는 사실도 발견했다.

　이 말은 과학자들이 각 부위에 이름을 붙여 두면 뇌의 다양한 부위에 관해 이야기 나누고, 연구를 공유하고, 신경과학의 불가사의한 측면에 대한 지식을 함께 쌓을 수 있다는 걸 의미했다. 그래서 학자들은 뇌를

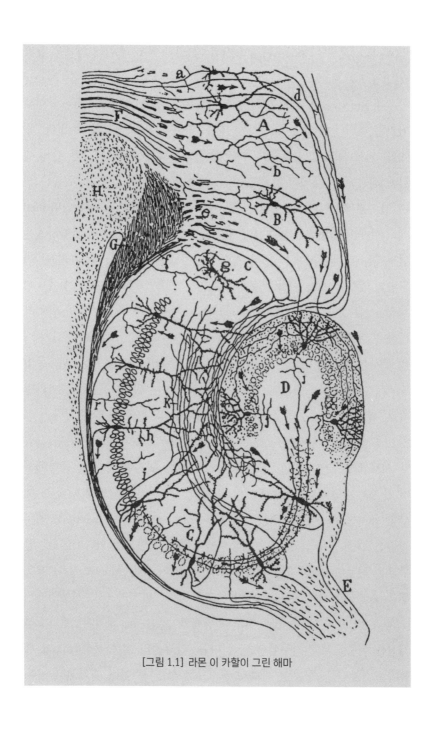

[그림 1.1] 라몬 이 카할이 그린 해마

엽(葉, lobe)으로 나누고, 위치에 따라 각 엽과 하부 부위에 이름을 붙였다[그림 1.2].

피질(cortex)은 라틴어로 '껍질'이라는 뜻이며, 뇌에서 생각이 이루어지는 부위다. 피질은 뇌 전체를 덮고 있는 피부로 생각할 수 있다. 두개골-뇌를 호두에 비유하면, 피질은 견과류의 흰 과육을 감싼 갈색 껍질에 해당한다. 대뇌피질(회백질이라고도 불림)과 피질 밑쪽의 더 깊은 신경 접속부(백질이라고도 불림)는 몇 개의 엽으로 나뉜다. 전두엽(frontal lobe, 이마엽)은 머리의 앞부분에 있어서 그런 이름이 붙었다. 과학자들은 전두엽을 더 세밀하게 나눈다. 가령 전전두엽(prefrontal cortex, PFC)은 전두엽의 앞부분으로, 이마 바로 뒤에 있다. (전전두엽에 대해서는 2장에서 더 자세히 다룰 것이다.) 측두엽(temporal lobes, 관자엽)은 관자놀이 안쪽에 자리한다. 두정엽(parietal lobe, 마루엽)이라는 단어에서 'parietal'은 집의 벽을 뜻하는 라틴어 'paries'에서 유래했다. 후두엽(occipital lobe, 뒤통수엽)도 라틴어에서 유래했는데, 라틴어로 'occiput'는 뒤통수를 뜻한다. 라틴어로 '작은 뇌'라는 뜻의 소뇌(cerebellum)는 뇌의 뒤쪽 맨 밑에 있다.

초기의 뇌과학자들은 해부학자들이었다. 그래서 새로 알아낸 사실을 서로에게 설명하거나, 발견한 곳의 정확한 위치를 찾거나, 중앙에서 더 가까운지 먼지, 머리 앞쪽에서 더 가까운지 먼지를 설명할 때 전부 해부학 용어를 사용했다. 위는 상부(superior), 아래는 하부(inferior), 뇌의 정중선 부근은 내측(medial), 정중선에서 벗어나 있으면 외측(lateral), 앞부분은 전두(frontal) 또는 전방(anterior), 뒤쪽은 배측(dorsal, 등쪽) 혹은 후측(posterior, 뒤쪽, 후부, 후방)이다[그림 1.3a]. 마지막으로, 전두엽에는 [그림 1.3b]에서 볼 수 있는 것처럼 경계선이 있는데, 과학자들은 이 경계선을 이용해서 전전두엽을 나눈 다음, 앞부분의 밑은 복측(ventral, 배쪽)으로, 약간 뒤쪽 위는 배측(dorsal)으로 불렀다. 이런 경계선을 만든 것은 이해할 만하다. 당시 과학자들이 동물의 뇌를 연구하는 데 익숙해져 있었기 때문이다. 만일 인간이 두 발이 아니라 네 발로 걸어서 전방을 주시할 수 있도록 턱이 앞으로 당겨진 형태의 얼굴이라면, 뇌의 배측 부위는 돌고래의 등지느러미처럼 척추와 나란한 방향에 조금 더 가까웠을 것이다.

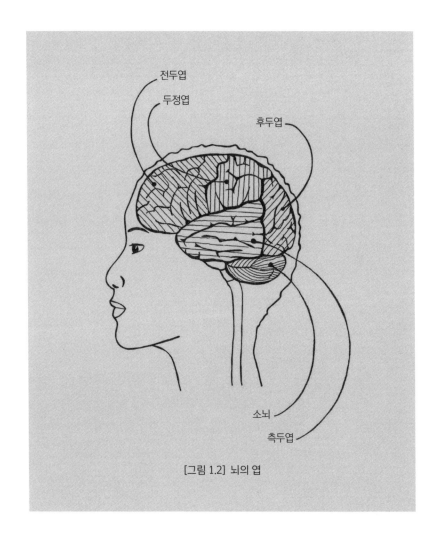

[그림 1.2] 뇌의 엽

뇌 해부 방향

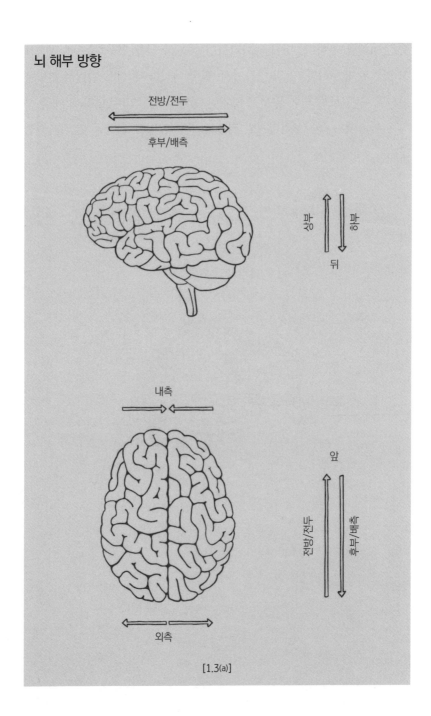

전방/전두

후부/배측

위

아래

뒤

내측

앞

전방/전두

후부/배측

외측

[1.3(a)]

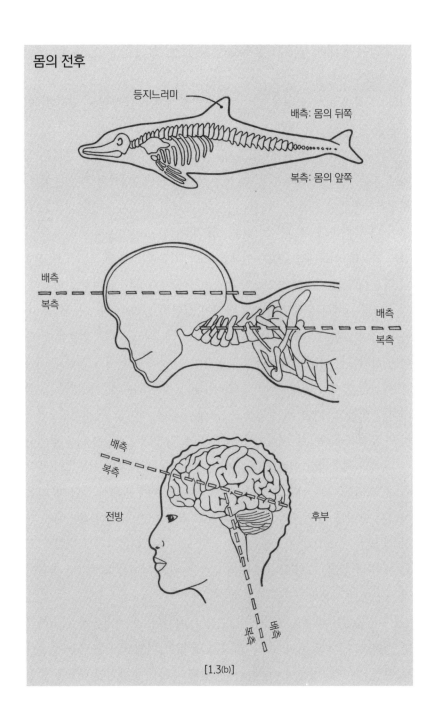

몸의 전후

등지느러미

배측: 몸의 뒤쪽

복측: 몸의 앞쪽

배측
복측

배측
복측

배측
복측

전방

후부

배측
복측

[1.3(b)]

뇌와 마음에 대해 우리가 실제로 '알고 있는' 것

뇌와 그 작동 방식에 대해서는 이미 명확하게 밝혀진 부분도 있지만, 연구원들은 지금도 더 많은 자료와 새로운 사실을 날마다 밝혀내고 있다. 이것만 봐도 뇌가 얼마나 복잡한지, 그에 비교해 우리가 아는 부분은 얼마나 적은지를 엿볼 수 있다. 이 책을 쓰면서 보낸 4년여의 기간만 해도, 신경과학계에서 새로운 발견과 개념의 혁명이 일었다. 이런 새로운 발견이 나올 때마다 우리가 얼마나 조금 밖에 모르고 있는지를 재차 확인하게 되는데, 이를테면 우리가 이해했다고 생각한 뇌의 어떤 부위가 알고 보니 다른 부위가 관장한다고 생각했던 기능에 아주 많이 관여하고 있었다.

뇌의 세계에는 불가사의한 부분이 상당히 많다. 어떤 사람들은 마음이 뇌의 발현이라고 말하면서 '마음(mind)'과 '뇌(brain)'를 구별하고, 또 어떤 사람들은 **마음**이라는 단어가 인간이 뇌 조직보다 더 위대한 존재라는 사실을 암시하는 것이라고 느낀다. 내가 생각하는 뇌는 무한하고, 정의하기 힘들고, 가슴 뛰게 만들고, 그에 대해 사색하고, 궁리하고, 연구하고 싶어지게 만드는 대상이다. 나는 뇌에 압도된다. 내 경우, **마음**이라는 단어를 떠올리면 어린 시절에 배운 '마음 대 몸'이라는 이분법이 생각난다. 그래서 나는 인간의 사고, 의도, 의사 결정에 관해서 말할 때 마음이라는 단어를 주로 사용한다. 독자들도 각자 어떤 표현이 본인에게 가장 잘 맞는지 생각해 봤으면 한다. 만일 뇌보다는 **마음**이라는 단어를 쓰는 편이 더 좋고, 그런 표현에서 더 깊은 신비와 경이를 느낀다면 마음이라는 단어를 사용하라고 권하고 싶다.

이 책에서 다루는 신경과학은 가장 최신의 연구 내용에 기초하지만, 집필이 끝나고 책이 나오기까지의 몇 달 사이에도 관련 내용이 수시로 바뀔 것이다. 따라서 이 책에서는 관련 개념을 일반적인 내용을 중심으로 다루려고 한다. 가장 중요한 건 모든 사람이 비슷한 뇌를 가지고 있고, 인간의 뇌는 각자의 경험에 따라 모두 비슷한 방식으로 행동하며, 우리가 뇌를 사용하는 방식은 (별로 안 좋게 느껴지는 때조차) 완벽하게 타당하다는 사실을 이해하는 것이기 때문이다. 뇌는 잘못된 판단을 하는 순간조차도 그저 우리를 돌보려고 애쓸 뿐이다.

뇌의 작용 탐구

과학자들이 두개골-뇌의 구조를 체계화한 방식을 알아보았고 뇌의 작용 방식에 관한 연구에 한계가 있다는 점을 확인했으니, 이제는 우리가 탐구하던 내용으로 다시 돌아갈 시간이다. 우선 뇌가 생각에 잠길 수 있도록, 잠시 다음 질문의 답을 생각해 보자. 당신이 태어난 곳과 지금 사는 곳은 얼마나 멀리 떨어져 있는가? 태어난 곳에서 지금 사는 곳까지 이동하려면 사거리 신호등을 몇 개 지나야 하는가? 아니면 구, 도시, 국가를 몇 개나 거쳐야 닿을 수 있는가?

　이 질문은 이 책과는 아무런 관련이 없다. 그저 뇌가 의도적으로 무언가를 하게 만들려고 던진 질문일 뿐이다. 이제 두 곳 간의 거리에 대한 생각을 멈추고, 마음이 원하는 대로 자유롭게 배회하도록 내버려 두자. 맨 처음에 든 생각은 어떤 것이었는가? 창조적인 생각이었는가? 사회적인 측면에 관한 문제였는가? 아니면 걱정이 들었는가? 깜박 잊고 있던 일이 갑자기 생각났는가?

　앞에서 알아보았듯, 뇌는 스트레스가 있는 상황에서 다음과 같은 활동들을 시작한다. 통제할 수 없는 것들에 대해 걱정하거나, 깜박 잊었던 일 혹은 사회적인 처신과 관련된 세부적인 사항을 떠올린다. 일어났던 사건을 복기하고 앞으로 있을 대화를 계획하거나 연습한다. 과거의 성과에 대한 평가, 대화 장면의 연상, 억울했던 기억의 회상, 자신이나 타인을 향한 비판도 일어난다. 곰곰이 생각하거나 책임을 탓하거나 수치 스러웠던 일을 되새긴다.

반면 스트레스가 덜하거나 살면서 겪은 트라우마가 적을 때, 뇌는 한쪽에 치우치지 않고 에너지를 더 중립적으로 기분 좋게 사용한다. 이런 생각 저런 생각에 빠지거나, 공상하거나, 기억을 떠올리거나, 미래를 구상하거나, 어떤 상황을 가정하거나, 사람들이 어떤 일이나 행동을 하는 이유를 사색하거나, 창조적인 생각을 한다.

이런 패턴 중에 어떤 것이 본인의 경험에 더 가까운가? 바깥 세계로 관심을 돌리는 것을 멈출 때, 당신의 뇌는 어떤 활동을 하는가? 삶이 더 수월하게 굴러갈 수 있게 하려고 당신의 뇌가 가장 즐겨 쓰는 방법은 무엇인가? 잠시 뒤에 살펴보겠지만, 신경과학자들이 최근 밝혀낸 바에 따르면, 우리가 외부 세계에 초점을 맞춘 어떤 일을 하도록 뇌에 요청하는 것을 멈출 때 뇌는 그 즉시 우리 삶을 통합하고 사회적 측면을 관리하려고 애쓰기 시작한다.[1]

뇌 개념
디폴트 모드 네트워크

디폴트 모드 네트워크(The default mode network; DMN)는 인간의 뇌가 다음의 목적을 달성하기 위해 자동으로 작용하는 방식이다.

- 사회적 상호작용에 필요한 모든 것을 기억한다.
- 우리와 다른 사람이 했던 말이나 행동, 혹은 하지 않았던 말이나

행동을 검토한다.
- 새로운 경험을 통합한다.
- 창조력을 발휘한다.

디폴트 모드 네트워크는 우리가 외부 세계에 주의를 기울이지 않을 때 활성화된다. 이때 뇌는 자동으로 기억과 생각을 모아서 자의식과 통합한다. 연구에 따르면 디폴트 모드 네트워크는 모든 인간에게 보편적으로 나타나며, 외부 세계에 쏠렸던 관심을 거둬들이자마자 곧바로 시작된다. 수학 문제를 푸는 도중에 생기는 단 1초의 시간에도 활성화되며, 태어난 지 이틀밖에 안 된 아기에게서도 똑같이 작용한다.[2] 우리는 디폴트 모드 네트워크를 의도적으로 사용하기도 한다. 예를 들어 자전적인 기억을 떠올릴 때, 미래의 모습이나 상황을 그릴 때, 상상력을 발휘할 때, 다른 사람의 입장을 헤아릴 때 등이다.[3] 우리는 자발적으로 활성화되는 이런 뇌 패턴을 아침에 눈을 뜬 순간부터 곧바로 인식할 수 있다. 디폴트 모드 네트워크는 평상시의 배경을 이루며 늘 우리와 함께하는데, 밤에 잠잘 때는 물론이고 마취를 했을 때도 계속된다.[4] 어떻게 보면 디폴트 모드 네트워크는 밤에 꾸는 꿈이 자라는 정원과도 같다.[5] 그날 있었던 사건들을 통합함에 따라 낮 시간 동안 디폴트 모드 네트워크가 바뀌기도 하는데, 아침에 들었던 기분과 밤에 잠자리에 느껴지는 기분이 완전히 달라지기도 하는 건 아마도 그 때문일 것이다.[6]

과학자들은 여전히 디폴트 모드 네트워크의 비밀이 무엇이며, 뇌의 어떤 부위가 이 네트워크에 가장 일상적으로 사용되는지를 알아내는 중이다. 가장 중요한 사실은 자기 자신과 사회적 연결을 자동으로 통합하는 데 사용되는 뇌 부위와 외부 세계의 작업에 집중할 때 사용하는 부위가 거의 완전히 다르다는 점이다. 그래서 새로운 과업을 배우는 동안에

뇌 기능 네트워크

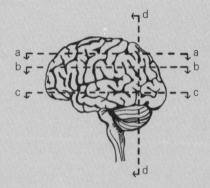

aa. 세상을 보기

aa. 의사결정 및 행동

dd. 중요성을 파악하기

aa. 배측 주의 네트워크

cc. 듣기

aa. 감지하기 및 움직이기

디폴트 모드 네트워크에 포함되는 뇌 연관 부위의 예는 다음과 같다.

• 내측 전전두피질
• 배내측 전전두피질
• 두정엽
• 내측 측두엽
• 후대상피질

참고문헌: Marcus E. Raichie(2015). *The Restless Brain: How Intrinsic Activity Organized Brain Function*.

[그림 1.4] 디폴트 모드 네트워크를 포함한 주요 뇌 기능 네트워크[8]. 네트워크 유형 앞에 적힌 알파벳은 어느 부분의 평면도인지를 나타낸다.

는 주의 집중 상태의 뇌 부위가 켜지고 디폴트 모드 네트워크는 꺼진다. 과업에 익숙해져서 조금 더 자동으로 수행할 수 있게 되면 디폴트 모드 네트워크가 다시 활성화된다.[7]

우리는 두개골-뇌의 초점을 여러 방식으로 맞출 수 있으며, 각 방식은 사고 패턴에서 서로 다른 형태로 나타난다. [그림 1.4]에는 일곱 가지 주요 네트워크, 즉 뇌가 작동하는 일곱 가지 방식이 나와 있다. 이 방식들은 우리가 하는 활동에 따라 바뀐다. 아래쪽에 있는 가장 큰 그림이 디폴트 모드 네트워크다. 나머지 뇌 사용 패턴과 어떻게 다른지 눈여겨 보자.

[그림 1.4]에 나오는 **배측 주의 네트워크**(dorsal attention network)를 살펴보자. 배측 주의 네트워크는 디폴트 모드 네트워크의 작동을 가장 완전하게 중단시키는 신경망으로, 새로운 활동이나 온라인 게임처럼 몰입도가 높은 활동을 할 때 작동한다. 온라인 게임의 인기가 지금처럼 높은 것은 디폴트 모드 네트워크의 작용을 완전히 끌 수 있다는 점 때문인지 모른다.[9]

다음은 디폴트 모드 네트워크에 포함되는 뇌 부위의 이름이다(읽다가 너무 복잡해서 눈이 몰리는 기분이 든다면, 읽지 않고 건너뛰어도 좋다). 앞서 뇌 구조를 알아보면서 설명했던 용어들이 여기 쓰인 것을 알아볼 수 있을 것이다.

- **내측 전전두피질**(medial PFC): 과거의 기억을 회상하거나 앞으로 해야 할 일을 떠올리고, 다른 사람의 입장이 되어 생각해 보게 한다.[10]
- **배내측 전전두피질**(dorsomedial PFC, 정중선 근처, 이마의 위쪽 뒤편): 자기 자신의 역사와 관련한 내용을 이해하고, 과거, 현재, 미래의

사회적 맥락에서 고려할 수 있도록 한다.[11-13]

- **복내측 전전두피질**(ventromedial PFC, 정중선 근처, 배측–복측 선에서 아래쪽 전방, 정확한 위치를 확인하려면 [그림 1.3b] 참조): 신체와 정서적 인식을 연결하고 감정을 처리하는 데 도움을 준다.[14] (이에 관해서는 6장에서 더 자세히 다룰 것이다.)
- **쐐기앞소엽**(precuneus, '쐐기의 앞부분'이라는 뜻의 라틴어이며, 두정엽의 뒷부분에 자리함): 자신에 대한 기억과 생각을 담아 두고, 다른 사람들의 행동을 추적한다.[15]
- **두정엽 피질**(parietal cortex): 전반적인 자기 인식과 자기 추적(self-tracking)에 관여한다.[16]
- **내측 측두엽**(medial temporal lobe): 기억에 관여한다.[17]
- **후대상피질**(posterior cingulate cortex, 뇌 안쪽에 있는 뇌량의 주위를 띠 모양으로 감싼 부위의 뒤쪽): 모든 것을 통합할 수 있도록 한다.[18]
- **전대상피질**(anterior cingulate cortex): 후대상피질의 앞쪽에 위치하며, 감정과 생각을 통합할 수 있게 한다(디폴트 모드 네트워크의 일부로 보는 학자들도 있고 그렇지 않은 학자들도 있음).[19]

내측(*medial*)이라는 단어는 2개의 반구가 만나는 뇌의 중심선에 가깝다는 의미임을 기억하자. 뇌의 정중선 부근에는 우리 자신을 인식하는 데 중요하게 작용하는 뇌 부위의 대부분이 자리한다. 그래서 디폴트 모드 네트워크는 사회적 기억과 관련된 활동에 이 영역을 끌어들이는 것으로 보인다. ([그림 1.4]에서는 이 부위의 목록을 디폴트 모드 네트워크에서 활성화된 부위로 명시해 넣지 않았다. 그림이 너무 작아서 이처럼 상세한 내용을 전부 담을 수 없었기 때문이다. 이 목록이 디폴트 모드 네트워크를 총망라한 것은 아니며, 디폴트 모드 네트워크에 포함되는 뇌 영역에 대한 견해는 학자마다 조금씩 다르다는 사실도 참고로 알아 두자.)

　　인간의 사회적 세계는 엄청나게 복잡하다. 이때 디폴트 모드 네트워크가 우리의 원활한 사회생활을 위해 어떤 식으로 도움을 주려고 하는지를 조금씩 엿볼 수 있게 된 것은 흥미로운 일이다. 예를 들어 기억력은 그저 무언가를 기억하는 데에만 쓰이는 것이 아니다. 디폴트 모드 네트워크는 기억력을 이용해서 차후에 무슨 일이 일어날지, 사람들이 어떤 의도나 생각을 품고 있는지를 예측하는데,[20] 이런 작용은 우리가 공동체에서 생활하고 성장하는 데 도움을 준다.[21]

　　불안(4장 참조), 트라우마(6장 참조), 우울증(12장 참조)을 포함한 여러 요인은 디폴트 모드 네트워크가 외적인 활동에 초점을 맞춘 뇌와 상호작용하는 방식을 바꾸어 놓는다. 또한 나이가 들수록 세상에 대한 외적인 고려와 디폴트 모드 네트워크 사이의 경계선이 갈수록 옅어지는데, 과거의 경험을 현재 삶에 적용하는 노인들의 능력은 아마도 이에 따른 결과일 것이다.[22]

디폴트 모드 네트워크가 고통스러울 때: 포악한 디폴트 모드 네트워크

정상적인 디폴트 모드 네트워크는 모든 부위가 서로 잘 연결되고 적절히 기능하며, 뇌가 삶의 경험을 통합하도록 돕는다. 그런데 트라우마, 불안, 우울증, 혹은 뇌의 연결과 신경전달 기능에 지장을 주는 질병 등으로 디폴트 모드 네트워크 부위 간의 연결에 지장이 생기면, 뇌가 휴식을 취하려고 할 때마다 '부정적'이고 심신을 쇠약하게 만드는 생각이 머릿속에 맴돌기 시작한다. 다시 말해 어릴 때 다른 사람들과 어떤 경험을 했고 얼마나 많은 트라우마를 겪었는지에 따라,[23] 디폴트 모드 네트워크의 기본이 되는 중립 상태가 자기 자신을 비난하거나 학대하는 상태로 자동으

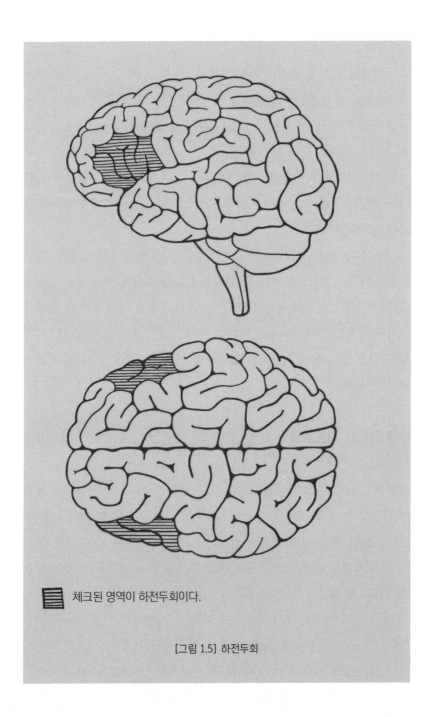

체크된 영역이 하전두회이다.

[그림 1.5] 하전두회

로 맞춰질 수도 있다. 이 말은 사람들이 아무런 행동을 하지 않고도 저절로 자기 자신을 몹시 자책하는(혹은 아무런 의식적인 생각 없이 남을 비난하는) 습관이 들 수도 있다는 뜻이다. 사람들이 자신을 안 좋게 여긴다면, 이런 감정적인 어조가 무의식적인 생각 속으로 빠르게 퍼져서, 의식적으로 통제된 활동이 중단될 때마다 어둠 속의 칼처럼 모습을 드러낼지 모른다.[24]

포악한 디폴트 모드 네트워크의 주된 문제는 연결성이다. 디폴트 모드 네트워크와 적절히 연결되어야 하는 뇌 영역 중에 뇌의 앞부분에 있는 **하전두회**(inferior frontal gyrus)라는 부위가 있다([그림 1.5] 참조). 하전두회와 디폴트 모드 네트워크 사이의 연결에 문제가 생기면 삶에 대한 부정적인 생각과 해석, 부정적인 자의식이 나타난다.[25] 하전두회는 진행 중인 일의 의미를 평가하며, 효율적으로 작동할 경우 뇌가 차분한 상태를 유지하는 데 도움을 준다고 알려져 있다.[26]

감정적인 고통을 더 많이 겪은 사람일수록, 디폴트 모드 네트워크가 해롭게 작용할 가능성이 그만큼 더 크다. 이 책에서 살펴보겠지만, 인간을 비롯한 포유류가 건강하고 행복한 삶을 누리는 데 필요한 감정적인 지원은 양육자가 적극적인 관심과 따뜻함으로 보살피는 것이다. 힘들고 고통스러운 일을 겪으면서 관심과 보살핌을 덜 받았을수록, 결과적으로 행복과 안녕을 덜 경험하게 된다. 그리고 실제로 다른 사람에 의해 피해(모든 유형의 학대와 방치)를 입으면, 그 물리적인 영향이 뇌에 나타난다.

이런 물리적인 영향 중 일부는 디폴트 모드 네트워크 내의 연결에서 나타나고, 일부는 디폴트 모드 네트워크와 뇌의 다른 부위 간의 연결에서 나타난다. 이런 연결 오류는 우울, 불안, 그 외의 모든 일반적인 정신 질환을 부채질한다. 디폴트 모드 네트워크가 포악하게 작용하면, 전반적으로 슬프고 불행한 기분이 들고 정신 질환이 악화된다. 자신을 평가절하고 타인에게 가혹하게 대하며, 무력감과 절망감이 든다. 무자비한 자기혐오에 사로잡혀 있을 때는 타인의 관심과 보살핌을 받고 있다는 믿음이 생기지 않으며, 사람들과 관계를 쌓으려고 노력하기가 힘들어 결과적으로 고립될 가능성이 더 커진다. 따라서 사람들이 자기 자신에게 말하는 무의식적인 어조를 바꾸는 것은 이 세상을 더 나은 곳으로 만드는 데 꼭 필요한 일이다.

앞서 언급한 어느 실험을 떠올려 보자. 15분 동안 홀로 남겨졌던 사람들이 가만히 앉아서 아무것도 안 하기보다 자기 자신에게 전기 충격을 가하기로 선택하게 만든 요인은 무엇일까? 주요 이유는 혼자 가만히 있을 때의 무료함, 전적인 호기심, 또는 머릿속 생각에서 벗어나 디폴트 모드 네트워크를 관리하려는 욕구 등을 꼽을 수 있을 것이다.[27] 끊임없이 주의를 흩트리는 요소들과 지금 이 세계의 소셜 미디어는 마음이 잠잠해질 때마다 곧바로 시작되는 매정하고 불쾌한 자기 대화를 제어하는데 어느 정도 도움이 될 수도 있다. 이 모든 과정은 의식하지 못하는 사이에 일어나기도 한다. 디폴트 모드 네트워크에 대해 알고 이를 인식해서, 포악하게 작동하는 순간을 명확히 밝히는 것이 중요한 이유도 거기에 있다. 사람들은 자신을 주시하는 무자비한 목격자가 있으며 이런 활동이 목격자를 조용하게 만든다는 것을 인식조차 못한다. 그러면서 쉴 새 없이 바쁘게 지내거나, 운전하면서 휴대폰 문자를 쓰거나, 아무 생각 없이 멍하니 있거나, 비디오 게임을 하거나,[28] 담배를 피우거나(흡연도 디폴트 모드 네트워크의 활동을 완전히 차단한다),[29] 다른 유형의 중독과 강박적인 행동에 의지한다.

반면 깊은 관심으로 따뜻하게 대해 주는 부모 밑에서, 별다른 트라우마 없이 성장한 사람들의 디폴트 모드 네트워크는 긍정적이고 격려하는 어조일 것이다(많은 이들에게는 이것이 거의 불가능한 일처럼 느껴지겠지만 말이다). 디폴트 모드 네트워크가 정신 건강에서 대단히 중요한 요소로 부각하기 시작하면서, 일부 연구원들은 **기능적 자기 공명 영상**(functional magnetic resonance imaging; fMRI, 혈류와 관련된 변화를 감지해서 뇌 내부의 작용을 사진으로 찍는 방법)에서 디폴트 모드 네트워크가 나타나는 방식을 이용해 그 사람이 느끼는 행복과 평안의 정도를 측정하려고 시도하기도 한다.[30]

우리에게 통합적인 자기 연민이 있을 때, 즉 자신과 타인에게 밝고 다정하게 대할 수 있을 때의 삶은 내면에 포악한 디폴트 모드 네트워크가 있을 때의 삶과는 너무나 다른 느낌이다. 불운한 환경에서 성장한 탓에 디폴트 모드 네트워크가 포악해졌고, 그래서 치유가 필요한 사람들은 어떤 식으로 접근하면 좋을까? 도움이 되는 실질적인 방법을 몇 가지 소개한다. 이 중에 어떤 것부터 시작해도 괜찮다. 본인에게 적당해 보이는 방법을 골라서 시도해 보자.

- 꾸준히 명상한다. 자기 온기가 포함되고 실행하기에 어렵지 않은 명상법이 효과적이다.
- 뇌에 대해서 배운다. 뇌를 이해하면 자기 자신을 연민 어린 시선으로 바라볼 수 있고, 포악한 디폴트 모드 네트워크의 존재를 인식할 수 있다.
- 공명의 언어를 배우고 자기 공명이 기본 상태가 되도록 만들어서, 감정의 경험을 말로 표현하고, 배려와 공감으로 자기 자신을 대한다.
- 신체 자각(body awareness)을 발달시켜서 몸 전체−뇌의 연결을 활성화시키면, 마음이 행복하고 평온해진다.[31]
- 트라우마를 치유해서 디폴트 모드 네트워크의 독소를 없앤다. 이렇게 되면 사회적 측면에 대한 어조가 자기 소멸에서 자기 연민으

로 바뀔 수도 있다.

- 소설과 문학 작품을 읽는다. 문학을 읽으면 마음 이론(theory of mind, 마음이 어떻게 이루어져 있는지와 마음과 행동이 어떻게 연관되는지를 이해하는 것-옮긴이)이 발달하고 디폴트 모드 네트워크가 통합된다.[32]
- 연극 무대에 서거나 다른 사람들과 함께 희곡을 낭송한다. 이런 활동도 마음 이론을 발달시킨다.[33] (몸에 대한 인식이 높아지고 트라우마가 치료되면 **외상 후 스트레스 장애[PTSD]** 증상이 완화하는 부수적인 효과도 나타난다. 외상 후 스트레스 장애는 뇌가 정신적인 충격이 컸던 사건에서 제대로 회복되지 못한 상태로, 사건에 대한 기억이 뇌리를 떠나지 않거나, 해리가 지속하는 등의 증상이 나타나기도 한다.)

소개한 방법 중 처음 다섯 가지는 이 책에서 다루는 내용으로 뒷받침된다. 여기 나온 모든 방법은 책을 읽는 누구에게든 적합하다. 마지막에 소개한 두 가지는, 관련 연구를 발견하고서 놀라웠고 직접 해 보면서 개인적으로 큰 기쁨을 얻었던 방법이다. 독자들도 내가 그랬던 것처럼 즐거움을 느낄지 모른다고 생각해서 목록에 넣어 보았다.

놀랍게도 명상은 디폴트 모드 네트워크와 똑같이 내면에 초점을 맞추지만 디폴트 모드 네트워크와는 부류가 완전히 다르다. 게다가 명상에는 디폴트 모드 네트워크를 진정시키고 달래며 통합시키는 특성이 있다. 장기간 명상을 해 왔던 사람들의 뇌에서는 자기비판과 자기 칭찬에 반응하는 방식 모두에서 물리적 변화가 나타났으며(감정적인 반응성이 훨씬 약했다), 디폴트 모드 네트워크에도 변화가 나타났다. 그러면서 훨씬 능률적이고 통합적인 상태가 됐는데, 이런 변화는 기능적 자기 공명 영상(fMRI)을 통해 확인할 수 있었다.[34] 이 책에 소개된 유도 명상은 이 장에서 다룬 첫 번째 명상만 빼고는 모두 전통적인 마음챙김 명상법과는 차이가 있다. 전통적인 마음챙김 명상은 호흡에 집중하면서 현재 순간을 수용하는 데 초점을 맞춘다. 반면 앞으로 소개할 명상법들은 감정적 경험을 명확히 밝히고, 자신의 뇌 안에서 누군가가 따뜻하게 동행해 주는 기분을 느끼도록 유도한다.

비록 마음챙김이 뇌를 통합하게 되어 있는 명상이지만, 때로는 명상과 디폴트 모드 네트워크에 사용되는 신경망이 서로 완전히 구별된 채로 남아 있을 수 있다. 이 사실을 알아 두는 것이 중요하다. 수십 년 동안 마음챙김 명상을 수련했더라도, 일단 명상을 마치고 자리에서 일어나면 여전히 포악한 디폴트 모드 네트워크가 작용할 수도 있다는 것과,[35] 어째서 해로운 디폴트 모드 네트워크를 치유할 때 양쪽 측면(명상과 디폴트 모드 네트워크) 모두에 초점을 맞추는 것이 중요한지를 설명해 주기 때문이다. 이 책에 소개된 유도 명상은 디폴트 모드 네트워크의 어조를 바꾸는 법과 개인의 상황에 맞는 온기 어린 마음챙김 수행을 발전시키는 도구에 초점을 맞춘다.

책을 읽다가 혹시 자기 자신을 돌보는 것이 이기적인 행동이라는 생각이 들면, 이런 점을 고려하기 바란다. 포악한 디폴트 모드 네트워크와 함께 살면서 계속해서 자신을 공격하는 것은 심리적 외상 후 스트레스 장애가 있을지 모른다는 신호다.[36] 연구원들은 기능적 자기 공명을 이용해서, 일반적 불안, 사회적 불안, 심리적 외상 후 스트레스 장애, 강박 장애, 공황 등 우리가 불안에 이름 붙인 여러 증상이 각각 어떤 식으로 디폴트 모드 네트워크를 장악해서 우리를 힘들게 하는지 조금씩 밝혀 내고 있다.[37]

어떤 성질의 포악함이 깃들어 있건 간에, 디폴트 모드 네트워크는 **코르티솔**(cortisol, 스트레스가 있을 때 자원을 동원해서 대응하고 다시 안전해지면 스트레스 반응을 끄기 위해 뇌와 몸이 함께 작용해서 분비하는 화학물질) 수치와 관련된 증상뿐 아니라 불안, 우울감, 탈진, 면역력 저하를 초래한다.

이런 문제를 파악하기가 쉽지 않을지 모르지만, 다정함을 향한 모든 노력과 시도가 우리를 행복과 평안 쪽으로 이끌어 준다는 사실을 기억하자. 지금 자기 연민을 향해 나아가고 있는지 더 확실히 알아보려면 다음과 같은 징후에 주목할 필요가 있다. 이것들은 디폴트 모드 네트워크의 어조가 더 좋은 쪽으로 바뀌고 있다는 신호다.

- 우리가 하는 행동의 이유를 이해한다.
- 자책감을 내려놓는다.
- 포악한 디폴트 모드 네트워크를 인식한다.
- 가만히 멈추고 디폴트 모드 네트워크의 목소리를 연민 어린 태도로 듣는다.
- 상처받은 마음을 치유한다.
- 생존 전략이었던 해리를 놓아 보내면서 점점 더 현재에 집중한다.
- 짜증, 분노, 신경질을 장착하고 치밀어 오르는 화를 참지 못하던 상태에서 침착함을 유지하고 금세 회복하는 성향으로 바뀐다.
- 피로, 탈진, 불면증이 점차 사라지고, 편안하면서 느긋해지고 활력이 생긴다.
- 자존감이 부족한 상태에서 자신 있고 확신에 찬 상태로 바뀐다.
- 외로움을 두려워하지 않고 혼자 있는 것을 즐기기 시작한다.
- 수치심에서 벗어나 본연의 모습 그대로 소속감을 느낀다.
- 자기혐오를 내려놓고 있는 그대로의 자기 자신을 받아들인다.
- 공황 발작과 두려움이 줄어들고, 이 세상에서 안전히 살아갈 수 있다는 느낌이 들기 시작한다.

- 부러움과 질투가 만족과 기쁨으로 바뀐다.
- 영양가 있는 음식, 갈증을 풀어 주는 마실 거리, 안전한 환경, 따뜻한 친구들, 세상에 도움이 되는 의미 있는 활동, 생계를 해결해 주는 직업, 즐길 시간 등 행복과 평안에 도움이 되는 선택을 한다.

믿어지지 않을지 모르지만, 머지않은 미래에 내면의 비판자가 "어쩌면 그렇게 멍청할 수가 있어?"라고 말할 때, 부끄러움을 느끼기보다는 그 목소리에게 "너는 내가 이 세상에서 성공적으로 잘 살아가는 데 정말로 도움이 되고 싶은 거니?"라고 물으며 응대할 수도 있다.

구체적인 요령과 자신을 향한 따뜻한 온기가 내면의 시스템에 일단 자리 잡기 시작하면, 마음이 편해지며 자동으로 반응하는 부정적인 감정의 어조가 바뀔 수 있다. 그렇게 되면 내면이 우리에게 따뜻한 곳이 되고, 몸이 편안해지며, 삶은 참된 유기적 계획을 따르기 시작할 것이다. 내면의 목소리에서 해로운 기운이 사라지면, 점차 모든 경험을 열린 태도로 받아들이게 된다. 이는 상상력이 넘치고 창조적이며 추상적으로 사고하는 경향이 생긴다는 뜻이며, 이럴 때 디폴트 모드 네트워크는 특히 더 효과적으로 기능한다.[38]

무엇보다도 우리가 자신에게 따뜻함과 다정함을 느낄 때 뇌와 몸이 더 건강해진다는 사실을 반드시 기억해야 한다. 자기 자신을 사랑의 마음으로 바라보지 못하면, 뇌가 쉽게 발달하지 못한다. 하지만 주변 사람이 우리를 따뜻하게 감싸준 적이 전혀 없었다면, 우리 자신을 사랑하는 법을 배울 본보기가 전혀 없었던 것과 같다. 이 책을 쓰게 된 것은 바로 그 때문이다. 나이에 상관없이 누구든 타인에 대한 연민을 자기 자신을 향한 연민으로 돌려놓을 수 있으며, 자기 자신을 돌보는 본연의 자리로 돌아오라는 이 책의 요청에 따를 수 있다.

이제 이런 경험적 기반을 다졌으니, 2장에서는 공명, 즉 우리가 느끼는 상황에 대해 다른 누군가가 깊이 이해해 주는 것이 어째서 우리를 변화시키며 그 변화는 어떤 식으로 이루어지는지 알아볼 것이다. 아울러 우리 뇌에는 경계하고 자기 반응하는 능력이 있다는 사실과 이것이 어떤 의미를 내포하는지도 살펴보도록 하겠다.

정서적 균형 유지하기

: 건강한 자기 조절

잠시 책을 그대로 편 채로, 육체적으로 깊이 인정받고 환영받는 자신의 모습을 상상해 보자. 이런 장면을 상상하면서 놀랐는가? 아주 짧은 순간이라도 그런 모습을 떠올릴 수가 있었는가? 예전에는 가능하다는 생각이 전혀 안 들었더라도 이제는 뜻밖의 온기를 느끼게 되는 순간이 가끔 생길 수도 있다.

감정의 균형에 대해 논할 때 온기를 고려하는 것이 왜 중요할까? 아이들이 정서적으로 안정되고 상처나 충격에서 쉽게 회복할 수 있는 것은 부모와 공동체가 이해해 주고 적극적으로 관심을 가지며 동행해 주는 데에서 기인한다. 자신이 이 세상의 일원이며 의미 있는 사람이라고 느끼면 모든 것이 더 쉽고 편안해진다. 자신과 타인에게 일종의 따뜻한 호기심을 품게 되고, 흔들림 없는 상태를 향해 나아갈 수 있다.

온기가 있을 때 삶이 더 편해진다. 자기 자신에 대한 공명이 뒷받침되면, 약물 같은 외부 수단에 눈을 돌리지 않게 된다. 마음을 추스르려고 와인이나 위스키, 초콜릿을 찾을 필요도 없다. 힘든 일을 겪었을 때 약물이나 강박적인 행동에 빠지지 않고 스스로나 타인에게 피해를 주는 일 없이 균형을 되찾을 수 있다면, 이후에는 정당하고 믿음직한 결정을 더 자주 내릴 수 있다. 정서적 균형을 되찾는 것과 관련된 두개골-뇌의 구조적 배치를 지금부터 알아보자.

뇌 개념
손으로 표현한 뇌

팔과 손의 모형을 이용해서 뇌의 구조와 기능을 파악하는 방법도 있다. 엄지를 접은 다음에 나머지 손가락을 접어서 주먹을 쥔다([그림 2.1] 참조).[1] 이 상태에서 팔뚝은 척추, 손바닥 부분은 뇌간에 해당하는데, 뇌간은 심장 박동수와 체온 조절을 포함한 모든 자동적인 활동을 관장하는 영역이다. 엄지손가락은 **변연계**(limbic system)에 해당한다. 두개골-뇌 안쪽 깊숙이 자리한 변연계는 감정, 기억, 타인과의 유대, 위험 감시 등을 담당하는 기관으로(변연계에는 편도체와 해마도 포함되는데, 편도체와 해마에 대해서는 뒤에서 중요하게 다룰 것이다), 뇌의 중심부에 있으며 다른 부위들로 둘러싸여 있다. 손가락들은 우리가 두개골-뇌를 떠올릴 때 주로 생각하는 굴곡들, 즉 **피질**(cortex)이라고 불리는 뇌의 표면을 나타낸다. 피질은 우리 세계를 해석하고 기억을 형성하는 모든 감각과 지각을 저장한다. 또한 모든 계획과 창조, 의미 부여에 관여하며 몸을 움직이는 데 도움을 준다.

변연계는 뇌의 중심부 깊숙이 자리하는데, 다소 혼란스럽게도 가장 깊숙한 곳에 자리한 이곳이 바로 뇌로 들어가는 모든 정보의 관문이다. 내면세계의 모든 감각과 외부세계에서 들어오는 모든 지각은 변

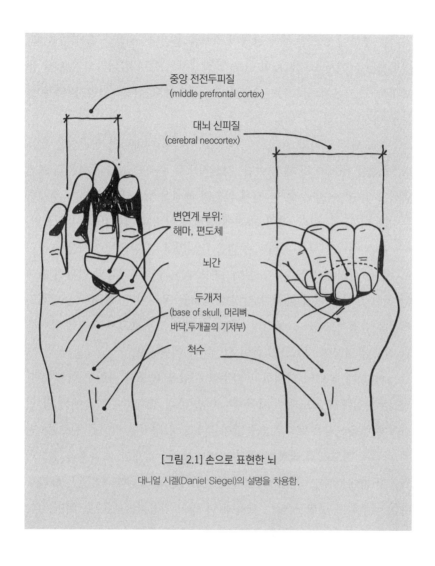

중앙 전전두피질
(middle prefrontal cortex)

대뇌 신피질
(cerebral neocortex)

변연계 부위:
해마, 편도체

뇌간

두개저
(base of skull, 머리뼈
바닥,두개골의 기저부)

척수

[그림 2.1] 손으로 표현한 뇌
대니얼 시겔(Daniel Siegel)의 설명을 차용함.

연계를 통해 뇌로 들어간다. 변연계는 감정적 뇌의 주요 기관인 **편도체**
(amygdala)가 감정적, 무의식적 기억을 간직하고 뇌로 들어오는 모든 것
을 걸러 내는 곳이기도 하다. 편도체는 현재의 경험을 자동으로 분류하
고, 과거의 힘들었던 경험이나 위험한 상황과의 유사점을 살핀 뒤에, 일

치되는 부분이 있으면 몸에 감정의 경보를 울린다. 우리가 깨어 있을 때, 편도체는 뇌에서 1초에 12회~100회 발생하는 에너지 뇌파의 일부를 내보내서,[2,3] 기본적으로 '나는 안전하고, 내가 중요시되고 있는가?'라는 질문을 던진다.

편도체는 경험과 감정적 중요성 사이에서 대략적인 연관성을 찾는다.[4,5] 예를 들어 어릴 때 맡았던, 정신적으로 문제가 있었던 삼촌의 로션 냄새가 나면, 이미 수십 년 전에 삼촌이 세상을 떴는데도 갑자기 경계하는 마음이 들 수 있다. 혹은 과거에 신체적 학대를 경험한 적이 있으면, 누군가가 주먹 인사를 하려고 주먹을 내밀었을 때 친근한 인사를 즐기기보다는 놀라서 움찔할지도 모른다. 편도체는 과거의 경험과 연관된 현재의 위험 요인이 있을 때마다 감정의 경보를 울리지만, 동시에 긍정적인 연결을 만들기도 한다. 예컨대 누군가의 옆모습을 보고서 과거에 좋아했던 선생님 얼굴이 떠오르면 몸이 편안하게 이완된다.

어릴 때 부모의 다정하고 따뜻한 사랑을 받으며 자란 사람일수록, 전전두피질에서 편도체로 이어지는 연결이 더 강력하며 자극에는 덜 민감하게 반응한다.[6] 트라우마를 많이 겪었고 감정적인 지원을 별로 못 받은 사람은 편도체의 작용이 훨씬 강력해서, 더 강렬한 에너지와 정보의 흐름이 반대 방향, 즉 편도체에서 전전두피질로 흐른다. 이 말은 트라우마를 극복하지 못한 사람은 자극에 더 많이 반응하게 된다는 의미이다. 이들은 편도체가 경보를 울릴 때마다 편도체가 촉발한 자동 반응에 대처할 방법을 찾으려고 한다. 이런 반응은 강력하고 설득력이 있어서, 때로는 외부의 증거가 암시하는 사실을 무시하고 내면에서 울린 경보만을 신뢰하게 될 수도 있다. 예컨대 배우자가 아무리 헌신적이고 믿을 만하더라도, 배우자의 외도를 늘 의심하며 지내게 될지 모른다. 때로는 반대로 외부 세계에서 어떤 일이 벌어지든 자신의 감정의 경보를 전혀 안 믿게 될 수도 있다. 성적으로 강압적인 태도를 보이는 사람과 계속 사귀는 것처럼, 안전하지 않다는 신호가 끊임없이 감지되는데도 자기가 정한 행동을 맹목적으로 고집하는 식이다. 물론 이런 행동은 모두 바람직하지 못하다. 최선의 결과는 뇌에서 생각을 담당하는 부위인 피질을 이용해서 사실적, 감정적 증거를 모두 고려하고, 편도체의 의견과 직관에 귀 기울여서 가장 좋은 선택을 내리는 것이다.

✎ 앤티아의 이야기

어느 날 오후, 여자 교도소에서 수업을 할 때였다. 지난 10주 동안 한 마디도 벙긋하지 않았던 앤티아라는 수감자가 손을 들었다. "어제 제게 일어났던 일을 얘기하고 싶어요." 그녀가 말했다.

"전 12년간 교도소에 있었어요. 정신 건강과 관련한 여섯 가지 증상을 진단받고 분노 조절 수업을 열 차례나 들었지만, 자제력에는 아무런 변화가 없었죠. 그런데 어제는 달랐어요. 함께 있던 보호 관찰관이 자꾸 화를 돋워서 한 대 후려치고 싶었는데, 분명 예전 같으면 그런 상황에서 바로 주먹을 날렸을 거예요. 하지만 어제는 선생님께 들었던 뇌 이야기가 생각나더라고요. 선생님이 손을 쥐었다 폈다 하면서, 화가 날 때무슨 일이 일어나는지 설명해 주셨었죠. 손이 펼쳐져야 하는 건지 쥐어져야 하는 건지는 기억이 안 났지만, 아무튼 난생처음으로 한 대 치려고마음먹었다가 사람을 때리지 않고 지나갔어요."

대인관계 신경생물학 분야를 개척한 대니얼 시겔은 대중들 앞에 설때 손으로 뇌를 표현하는 효과적인 방법을 즐겨 사용했다. 현재 전 세계에서 이 모델을 이용하고 있으며, 나 또한 교도소에서 뇌와 언어에 대해 수천 명에게 강의하는 동안 이 모델을 썼다. 수업을 들었던 사람들에게 전해 들은 바로는, 많은 사람이 교도소 복도를 걸을 때 엄지를 접고 그 위로 나머지 손가락을 접었다 폈다 하면서 자기 조절 연습을 하고 있고, 교도소에서 출소한 사람들도 각자의 삶에서 이를 활용한다고 한다.

뇌 개념
자기 조절

잠시 [그림 2.1]로 돌아가서, 엄지손가락(변연계의 일부인 편도체를 상징함) 위로 손가락들이 어떻게 접히는지 살펴보자. 손가락을 접으면 검지와 중지의 안쪽 부위가 엄지에 쉽게 닿는다. 검지와 중지의 위쪽 두 마디인 이 부위는 뇌에서 전전두피질에 해당한다. 전전두피질이 편도체를 지원하고 조절하면, 두려움, 짜증, 걱정이 들 때 유연함, 관심, 공명, 적극적인 태도로 대응할 수 있다.[7,8] 이는 새롭게 주목받는 '**자기 조절**(self-regulation)'이라는 개념을 뇌에 기초해서 정의한 것이다([그림 2.2] 참조). 자기 조절이라는 용어를 평상시에 쓰는 표현으로 정의하면, '신체 기능을 통제하고, 강렬한 감정을 조절하며, 주의와 초점을 유지하는 능력'이라고 말할 수 있을 것이다.

이와 대조적으로 스트레스에 대응하기 위해 사용하는 다른 모든 전략은 '**자기 관리**(self-management)'라고 부를 수 있는데, 자기 자신과 타인, 환경을 통제하는 것과 자기비판, 심지어 자기혐오도 자기 관리 전략의 일부이다(관련 내용은 11장에서 다룬다). 특히 중독과 강박은 디폴트 모드 네트워크가 만들어 낸 휴지기(resting-state)의 포악한 생각 패턴에서 빠져나오는 데 사용되기도 한다. 이런 전략이 효과를 내지 못하는 상태는

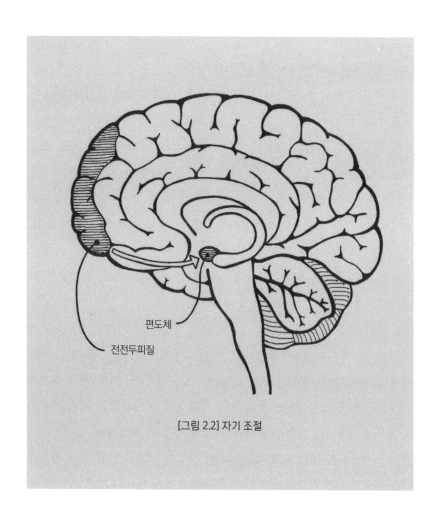

편도체

전전두피질

[그림 2.2] 자기 조절

조절 장애(dysregulation)로 불리며, 이유 없이 심하게 짜증을 낼 때, 거칠게 폭력적으로 행동할 때, 외상 후 스트레스 장애(PTSD)의 후유증을 안고 살 때 등이 이에 해당한다. 1장에서 언급했듯 외상 후 스트레스 장애와 그에 따른 침입성(intrusive) 기억은 디폴트 모드 네트워크가 자기 자신에게 반항해 자의식을 바꾸고, 뇌가 포악하고 고통스러운 곳이 되는 요

인으로 작용한다.[9]

　비록 **자기**(*self*)라는 말이 들어 있기는 해도, 자기 조절이 모든 것을 혼자서 해야 하는 것을 의미하지는 않는다. 자기 조절과 자기 관리는 우리를 키워 준 양육자들이 그들 자신을 보살피는 데 사용했던 방식에 기초해 형성된다. 과학적 관점에서 설명하면, 자기 조절은 항상 공동 조절(coregulation)이 내면화되면서 나타나며, 이는 건강한 관계에서 시작된다. 조절 장애도 마찬가지다. 건강하지 못한 조절 습관은 건강하지 못한 관계에서 싹트고 자란다. 트라우마를 겪은 시점을 넘겨 계속 살아갈 때, 편도체가 이제는 실제 위험에 반응하는 것이 아니라 내면의 목소리에 반응하고 그런 목소리를 위험으로 인식한다. 그러면서 포악한 디폴트 모드 네트워크가 반복적인 스트레스를 유발한다.

　자기 조절은 다른 누군가가 우리에게 안전하고 이해받는 느낌(우리가 이해되고, 우리의 행동과 판단이 타당하며, 그들에게 의존해도 괜찮다는 느낌)을 전달했을 때 형성된다. 그런데 앞에서 살펴봤듯이, 어릴 때 보호자에게서 따뜻하게 보살핌받으면서 그런 조절 능력을 내면화할 기회를 모두가 갖지는 못한다. 어린 시절의 관계를 통해 그런 따뜻함을 내면화하지 못했던 사람들은 여기서 우리가 배우는 작업을 실행하면 된다. 휴지기의 디폴트 모드 네트워크의 포악한 생각을 부드럽게 만드는 법을 익히면 뇌 전체가 조용해진다. 우리 스스로를 따뜻하게 대하는 법을 지금부터 더 자세히 알아보자.

자기 반응적인 전전두피질

유전학자이자 약학과 교수인 모세 스지프(Moshe Szyf)는 전전두피질의 모든 세포에 어머니가 있다고 말한다.[10] 이 말은 누군가가 엄청난 정신적 충격을 받은 어머니 밑에서 자랐다면, 내면화된 본래의 어머니를 따뜻하고 이해심을 지니며 공감해 주는 어머니로 바꿔서 다시 내면화해야만 그가 장기적인 건강과 행복을 얻을 수 있다는 뜻이다. 반복해서 말하지만, 이를 실행할 때 까다로운 부분은 온기와 공명을 내면으로 돌리는 법을 반드시 배워야 한다는 점이다. 힘들어 보일지 모르지만 누구든 충분히 해낼 수 있으며, 장기적인 행복을 이루고 뇌 건강을 지키려면 이 과정이 꼭 필요하다. 다행히도 뇌는 기능을 더 잘 수행하는 데 도움이 되는 것을 중요하게 여기기 때문에, 따뜻하고 이해심을 지니며 공감해 주는 어머니의 목소리를 생생하게 체험하고, 이런 존재를 이해하도록 이끌어 주는 행동이나 글의 예를 찾는 것이 도움이 된다.

연구에 따르면, 성별에 관계없이 우리에게 가장 가까우며 첫 번째로 중요한 부모가 '어머니' 역할을 하며(즉, 이 사람이 남성일 수도 있다), 아이가 자기 스스로와의 관계를 발전시키도록 돕는다. 또 중요도가 두 번째인 부모는 '아버지' 역할을 하며(이 사람이 여성일 수도 있다), 세상과의 관계에 대한 기대를 키워 준다.

공명을 실질적으로 경험할 때, 즉 상대방이 온기 어린 호기심으로 자신과 마음을 맞춰 주고 이해해 준다는 느낌을 받을 때, 우리는 자신을 더 잘 알게 된다. 그리고 이런 일이 일어날 때마다, 감정을 느끼는 부분을 키우는 것이 어떤 것인지에 대한 기억을 만들어 나간다(엄지를 나머지 손가락들로 감싸 쥐어서 이를 표현할 수 있다). 이런 경험은 자기 조절과 자기 공감 능력을 계발하고, 디폴트 모드 네트워크의 생각 패턴을 긍정적인 방향으로 바꾸기 시작한다.

전전두피질은 뇌에서 상당히 넓은 부위이며, 의사결정과 계획, 추상적 사고, 문제해결 같은 자기 조절 외에도 여러 가지 방식으로 인간성에 기여한다. 이 책을 읽으며 유용한 지식을 배우고 새로운 가능성을 탐구할 때에도 전전두피질이 도움을 줄 것이다.

이제 자기 조절의 도구와 기술부터 살펴보자. 소개하는 도구와 기술들은 자기 자신을 따뜻하게 대하고 적극적으로 반응하게 해서, 어릴 때 이런 능력을 발달시킬 기회가 없었던 사람들이 능력을 키울 수 있게 해 준다. 연구원인 매튜 리버먼(Matthew Lieberman)은 뇌가 다음과 같은 세 가지 방법을 주로 활용해 감정적 균형을 되찾는다는 사실을 밝혔다.[11]

- 느낌을 밝히기(감정을 정확히 말하기)
- 상황을 다른 식으로 생각하기(재구성하기)
- 마음을 불편하게 만드는 생각 대신 다른 생각하기(주의 분산하기)

또한 연구원 제임스 코언(James Coan)은 여기에 뇌가 평정을 되찾는 과정을 설명하는 요소 한 가지를 덧붙였다.

- 자신에게 마음을 써 준다고 생각하는 사람의 존재, 혹은 그런 사람에 대해 상상하기(동행하기)[12]

그럼 연구원들이 제시한 자기 조절 방법을 하나씩 간단히 살펴보자.

감정을 정확히 말하기

자신의 감정을 말로 표현하는 것이 무슨 도움이 되겠느냐는 생각이 들지 모른다. 그런데 그렇게 생각하는 건 당신뿐만이 아니다. 연구에서 밝혀진 바에 따르면 사람들 대부분은 감정을 말로 정확히 밝히는 것이 전혀 도움이 안 된다고 생각한다. 이런 방법의 효과가 기능적 자기 공명 영상으로 확인되는데도 불구하고, 사람들은 현재의 감정을 구체적으로 밝히는 것이 상황을 개선한다고 믿지 않는다.[13] 이는 아마도 많은 사람이 감정이나 신체에 주의를 기울이지 않고 대처해 왔거나 감정을 정확히 말하는 것이 익숙하지 않아 불편하기 때문일 것이다. 그런데 지금 일어나는 감정을 정확히 말하는 것에는 진정 효과만 있는 것이 아니다. 우리를 배려해 주는 사람이 있는 상태에서 자신의 감정을 명확히 밝히면, 나이와 상관없이 누구든 온기와 신뢰의 관계를 맺을 수 있다. 이런 관계를 내면에 담아 두면, 즉 뇌에 기억해 두면, 일상생활에서 더 안전하고 평온한 기분을 느낄 수 있다.[14] 또 이런 경험에는 예기치 않은 장기적인 이점도 있다. 이를테면 면역 체계가 향상되고, 삶의 의미와 목적을 발견하며, 트라우마나 우울, 외상 후 스트레스를 겪을 때 회복력이 생기고, 우리 자신 및 타인과의 관계가 깊어진다.[15]

감정을 정확히 말하는 것이 이토록 이로운데, 사람들은 왜 자신의 감정을 표현하지 않는 걸까? 사람들이 감정의 신체적 반응을 알려 주는 뇌 부위의 작동을 꺼 버린 데에는 타당한 존재한다.[16] 두개골-뇌가 신체-뇌에서 오는 메시지에 반응할 방법이 전혀 없다면(예를 들어 강렬한 감정과 함께 느껴지는 타는 듯하고, 부글거리고, 경련이 일고, 뒤틀리는 느낌이 전혀 인정되지 않는다면), 신체-뇌를 무시하는 법을 배워야 할 수도 있다. 다시 말해 감정이라는 것이 회복할 수 없는 감정 지옥으로 향하는 끔찍한 여행이라면, 신체 감각을 끄는 것이 자신의 세계를 관리하는 데 차라리 도움이 된다. 이럴 때는 몸에서 일어나는 일을 전혀 모르는 것이 믿음직한 생존 전략이 될 수도 있다. 몸과의 연결이 너무도 견디기 힘들기 때문이다. 따라서 치유 여정은 반드시 천천히 진행되어야 한다. 이런 이야기를 들을 때는 단순하고 냉정하게 생각될 수 있지만, 이 여정이 시작되면 오래된 트라우마가 깨어나고 끈질긴 상처가 다시 불거질 수도 있다는 사실을 알아 두는 것이 중요하다.

정말로 그런 경험을 하게 된다면 속도를 늦추자. 충분히 느린 속도로 진행하면, 몸의 목소리를 일깨우는 동시에 공명하고 침착하게 반응하는 능력을 키울 수 있다.

이때 감정적 경험을 완전히 포착하는 것이 중요하다. 내 경험상, 감정을 정확히 말하는 작업을 진행할 때 감정적 경험 전체가 아니라 일부만 확인하면 내담자의 긴장이 풀리지 않는다. 이것은 관련 연구로도 부분적으로 뒷받침된다. 연구에 따르면 우리는 감정을 정확히 표현하는 데 사용되는 단어들의 차이를 구별할 수 있으며, 그 단어들이 우리 경험과 일치하는지에 영향받는다. 감정이 적절한 단어로 표현될 때는 편도체의 활동이 줄어들며[17], 편도체의 활동이 줄면 몸 전체가 이완되고 스트레스 수치도 줄어든다. 또 허버트 벤슨(Herbert Benson)이 발견한 이완 반응 (relaxation response)에[18] 따르면, 우리가 **사랑, 보살핌, 다정함, 탐구, 진실성, 놀이, 지지**처럼 '목적(big ideas)'과 관련된 단어와 연결될 때는 몸이 이완되는 단계가 추가로 생긴다(이에 대해서는 3장에서 더 자세히 알아볼 것이다).

몸의 메시지에 주의를 기울이는 것이 우리에게 이토록 이롭지만, 오늘날처럼 삶의 속도가 빠를 때는 그럴 수 있는 여유와 지원을 찾기가 어렵다. 그럴 때 이 책의 내용이 삶의 속도를 늦춰서 자기 자신과 연결되는 기회가 되기를 바란다.

내면의 경험을 말로 표현하는 것은 다른 측면으로도 도움이 된다. 몸이 보내는 메시지를 읽지 못하는 사람들은 과학자들이 **감정표현불능증**(alexithymia)이나 몸맹(body blindness)이라고 부르는 상태에 있다. 스트레스를 받았거나 화가 난 게 분명한데도 이를 깨닫지 못하는 듯한 사람을 만나 본 적은 없는가? 이들은 심장박동이 빨라졌거나 복부가 긴장됐거나 미간을 찌푸리고 있었다는 걸 알지 못한다. 이런 부류의 사람들은 감정을 정확히 말하는 것은 고사하고, 자신의 감정 상태가 어떤지를 인식하기조차 힘들어한다. 하지만 본인의 기분 상태가 어떤지를 모르면, 그 상황을 해결하기 위해 할 수 있는 일이 없다. 자기 감정을 인식하지 못하는 사람들은 면역 체계가 스트레스에 더 많이 노출되고,[19] 관계에서 더 많은 어려움을 겪는다. 또 감정을 표현하지 못하는 것은 우울증과도 관련이 있다.[20] 이런 사람들은 외상 후 스트레스 증상을 더 심하게 앓고,[21] 보통 사람보다 수명이 더 짧다는 연구 결과도 있다.

정리하자면, 감정을 정확히 말하는 의식적인 습관을 만드는 것은 가장 신선하고 반직관적인 형태의 자기 조절이다. (중독 같은 회피 수단을 이용하는 자기 관리와는 달리, 이런 방식에서는 뇌가 외적인 행동이나 물질에 기대지 않고도 스스로를 돌본다.) 감정을 정확히 말하는 습관이 온기 어린 반응과 함께 자리 잡는다면, 전전두피질과 편도체 사이에 모성 관계가 촉진될 수 있다. 안정형 애착이 형성된 아이들은 유년기에 아무 노력을 하지 않아도 이런 관계가 저절로 형성된다. 다행히도 사람들이 그 순간의 감정 상태를 정확히 말하기 시작하면, 감정적 경험을 겪는 동안에 자기 자신과 동행하는 법을 배울 수 있으며, 그러면서 자기 자신과 면역 체계에 힘을 보탤 수 있다.

재구성하기

어떤 쟁점이나 사건에 대한 관점을 바꿀 때는 매번 재구성하기를 이용하게 된다. 예를 들어 자동차 전용도로를 달리던 중 어떤 자동차가 급작스럽게 끼어들어서 놀랐다고 해 보자. 이때 그 차가 병원에 가는 길이라거나 아이가 아프다는 연락을 받고 황급히 학교로 가는 중일지도 모른다고 생각하면 성난 기분을 털어 버릴 수 있다.

재구성하기가 사용되는 또 다른 방식은 자기 자신을 더 넓은 시각으로 보는 것이다. 특히 과거의 상처 때문에 지금 화를 내거나 두려워할 필요는 없다는 점을 기억할 때 이 전략을 쓴다(정확히 말하기와 동행하기를 함께 적용해야 진실이 드러난다는 사실을 떠올리며 재구성한다. 이에 관해서는 잠시 뒤에 다룰 것이다). 이런 과정이 자발적으로 일어나면, 과거의 뇌 패턴이 조금씩 바뀌기 시작한다. 관점의 변화는 분노나 충격을 발산하고 평온한 상태로 되돌아갈 수 있게 한다.

그런가 하면 뇌를 '단순히 뇌'로 보기 시작하는 것도 재구성하기에 해당한다. 인간의 뇌와 동물의 뇌에 유사점이 많다는 것을 알게 되면서, 우리는 예전에는 보지 못했던 본질적인 상호 연결 구조를 알아차리고, 내면의 '훌륭한 제약'의 진가를 인정하기 시작하고 있다. 인간이라는 경이로운 존재는 신경 연결망으로 연결된 무한한 본질이다. 이 사실을 알면 인간성을 애통해하면서도 동시에 포용할 수 있으며, 신경가소성(변화하고 성장할 수 있는 능력)을 찾을 수 있다.

재구성하기는 뇌가 고유의 자원을 이용해서 자신을 돌보는 것이므로, 자기 관리가 아닌 자기 조절에 해당한다. 사람들은 윤리적, 감정적으로 힘든 이 세상의 삶을 헤쳐 나가기 위해서 영성, 진실성, 세상에 대한 지식과 정보를 참고한다. 따뜻하게 자신을 대하는 일을 중요하게 생각하는 것도 재구성하기의 일종으로, 우리는 이를 통해 큰 변화를 낳는 애정과 공명의 신경조직이 성장하도록 뒷받침한다.

주의 분산하기

평온을 되찾을 수 있는 또 하나의 방법은 일어났던 일이나 생각에서 주의를 돌리는 것이다. 주의를 돌릴 때는 의도적으로 다른 것을 생각한다. 즉 사랑하는 사람을 떠올리거나, 기도하거나, 명상하거나, 행복했던 순간을 가슴에 담거나, 스포츠 경기나 영화 장면을 다시 돌려보거나, 자연의 아름다운 광경을 마음속에 그리거나, 휴가 계획을 세우는 등 다른 주제로 생각을 돌린다.

주의 분산하기도 자기 관리가 아닌 자기 조절을 위한 방법이다. 외적인 행동에 의존하지 않는 내적인 선택이기 때문이다. 자신에게 온기를 베푸는 방향으로 생각을 전환하면(예를 들면 자기 자신에게 선물을 주듯이 마음을 진정시키고 차분하게 해 주는 생각을 선택하는 것), 장기적인 행복과 평안에 도움이 되는 신경섬유를 성장시킬 수 있다.

동행하기

성장에 필요한 주거 환경과 음식이 있었더라도 관계 맺음 없이 홀로 방치된 아이들은 다른 사람들이 함께해 주었던 아이들보다 뇌 무게가 훨씬 덜 나갔다.[22]

제임스 코언의 연구는 누군가와 함께 있을 때 눈앞의 언덕이 덜 가팔라 보이고 고통이 적게 느껴진다는 사실을 보여 준다.[23] 이 연구를 통해 인간인 우리가 얼마나 완전한 사회적 존재인지 엿볼 수 있다. 우리가 누군가와 함께 있을 때는 뇌의 경보 센터인 편도체가 진정된다. 또 누군가의 지원을 받고 있다고 느낄 때, 코르티솔 호르몬 수치와 스트레스 지수가 낮아진다. 고통을 덜 느끼고 일이 쉬워진다. 뇌–신체는 우리를 지지해 주는 사람들의 기억을 항상 품고 있게 만들어졌다. 인간은 홀로 지내게 만들어진 존재가 아니다.

동행하는 누군가가 있는지의 여부는 스트레스, 트라우마, 힘겨운 상황에 압도된 기분, 비극 같은 다른 모든 것들보다 중요하다. 사람들이 믿음직하고 다정하다고 믿을 수 있을 때, 그들을 우리 뇌로 받아들일 수 있다. 그러면 그들의 보살핌이 전전두피질과 편도체 사이의 연결망에 통합되어서 더 넓은 범위의 자기 조절을 이룬다.

그런데 그동안 인간이 고통과 불신의 원인이었다면, 이렇게 되기가 힘들 수도 있다. 이는 뇌-신체의 구조에서도 나타난다. '안전'과 '위협'에 대한 감각은 몸 안으로 확장되는 신경계 일부를 포함한 복잡한 신경망의 서로 다른 상태이다. 편도체는 뇌-신체가 위험에 대비해야 할 때를 알려 주는 뇌 화학물질의 흐름을 바꿈으로써 이를 지원한다. 경보를 울리는 전체적인 과정은 전전두피질과 편도체 사이의 연결이 어떤 종류인지에 따라 조절되거나 조절 장애를 일으키는데, 전전두피질과 편도체 사이의 연결은 삶의 경험, 기억, 기술에 좌우된다. 관계는 인생 경험, 기억, 습득됐거나 되지 않은 기술을 기준으로, 본질적으로 위험하거나 생존 불가능한 것으로 프로그래밍될 수 있다. 부정적인 경험이 있으면, 타인의 따뜻함을 신뢰할 수 없는 것으로 받아들이고 무의식적으로 거부한다. 그동안의 삶을 통해 이런 생각을 품게 됐더라도, 지금은 사람들이 우리를 좋아하고, 우리에게서 영감을 받고, 우리 주변에 있고 싶어 하고, 우리의 재능을 알아봐 줄지 모른다. 하지만 우리가 모든 관계를 위험한 것으로 이미 프로그래밍했다면, 사람들에게 애정과 사랑을 받을 수 있다는 상상조차 할 수 없게 되어 버린다.

사람이란 존재는 짜증을 내거나, 옆에 있어 주기를 바랄 때 갑자기 사라져 버리거나, 뭔가를 하겠다고 하고서 잊어버리거나, 너무 바빠서 우리가 기대하고 바라는 대로 행동하지 않는 등 분명 결점을 지니고 있다. 그럴 때 우리가 조심하지 않으면, 그들의 온기와 사랑을 무가치한 것으로 보고 단념하면서, 그들을 우리 편으로 받아들이지 않을 수도 있다.

타인이 우리와 동행해 주도록 허용하는 데에는 의도적인 부분이 작용한다. 우리는 현실의 삶에서 관계를 형성할 수 있도록 의도적으로 문을 열어야 한다. 타인에게 사랑받을 기회를 차단해서는 안 된다. 누군가 동행해 주는 경험에서 완벽을 고집할 수는 없다.

본질적으로 결점이 있고 가끔은 못 미더우며 자기 자신의 트라우마에서 헤어나지 못하는 사람들이 보내 주는, 그러한 따뜻함, 사랑, 확신을 기꺼이 받을 의향이 있는지 자기 자신에게 질문해 보자. 이것은 학대하고 상대를 소홀히 하는 관계를 유지하라는 권유가 아니라, 그 사람들이 우리에게 따뜻함이나 관심을 느꼈고 지금도 계속 느끼고 있으며, 관계적으로 힘든 시기를 보내거나 그러다가 결국 관계를 끝내더라도, 그들의 사랑을 간직할 수 있다는 가능성을 부드럽게 제시하는 것이다.

정확히 말하기와 동행하기의 결합

일단 우리가 감정적 경험을 정확히 말하기 시작하고, 특히 정확히 말하는 경험에 온기가 결합되면, 몸이 더 유동적으로 반응하는 상태가 된다. 즉 우리가 어떤 감정을 느끼는지에 갈수록 주목하게 된다. 자신의 감정을 알면, 정확히 밝혀지지 않은 힘든 감정과 연관된 참기 힘든 느낌에 영원히 갇혀 있는 대신, 상황을 새로운 방식으로 해결해서 기분이 나아질 수 있기 때문이다.

감정적 경험이 정확히 표현되지 않으면 그런 감정적 경험이 몸에 남아 있다. 그런 경험의 흔적은 언뜻 지나가는 표정이나 몸짓으로 표출되기도 한다. 또 사람이나 사건에 대해서 우리가 생각하는 방식에 영향을 주기도 한다. 앨런 포겔(Alan Fogel)은 저서 『몸의 감각(Body Sense)』에서, '우리가 인식하지 못하는 감정이 표정과 행동으로 나타나듯이, 우리가 인식하지 못하는 내재된 경험이 생각으로 드러나기도 한다'라고 지적했다. 때로는 자신이 했던 말을 통해서 생각이 어떤 감정적 기반에서 나왔는지를 발견할 수도 있다. 판단이 있지는 않은가? 정확히 표현되지 않은 경멸이나 짜증이 있는가? 해묵은 억울함이 있지는 않은가? 절망이나 좌절을 느끼는 것은 아닌가?

정확히 말하기와 온기가 어우러진 경험을 해 본 적이 한 번도 없어서, 몸이 변화 없이 그대로 유지되는 사람들이 많다. 예컨대 직장 동료에게 짜증이 나는데 아무도 이해를 해 주지 않으면, 몇 년 동안 짜증 난 상태로 지낼 수도 있다. 아주 오래된 마음의 상처는 마치 치통처럼 이따금 생각이 떠오를 때마다 후끈거리는 통증이 느껴지기도 한다. 70년이 지났는데도 유년기의 고통을 생각할 때 여전히 불안하고 부끄러운 기분이 들 수도 있다. 그러나 감정이 인식되고 정확히 표현되면, 두개골-뇌에서 전달받은 메시지를 몸 전체-뇌가 수용하면서 비로소 마음이 안정되기 시작할 것이다.

자기 자신에게 연민 품기를 거부하는 것

자기 친절, 자기 연민, 자기 공명이라는 개념이 낯설고 실행 불가능할 때 이런 개념들에 관해 이야기하는 것이 괜찮기는 하다. 그런데 자기 자신을 대하는 이런 방식을 상상하려고 애쓰는 것은 가족이나 지역사회의 문화와 어긋날 수도 있다. 남들이 더 중요하다는 믿음이나 자신이 따뜻하고 연민 어린 대접을 받을 가치가 없다는 믿음이 방해가 될지 모른다. 또 자기 자신에게 친절하면 현재 상태에서 벗어나지 못해서 앞으로 절대 발전하지 못할 것이라고 상상할 수도 있다.

연민이라는 단어를 듣고도 그것이 어떤 의미인지를 모르는 경우도 있다. 사전적 정의를 읊을 수야 있지만, 연민이라고 하면 여전히 어리둥절해서 내면의 어디를 가리켜야 찾을 수 있는지 알지 못한다.

자신을 이해하고 배려하는 태도의 여러 이로운 효과를 듣고서도 자기 온기의 방향으로 가는 것이 위험하게 느껴질 수도 있다. 특히 우리 자신에 대해서 솔직하고 관대하게 말하면, 자기중심적이라거나 이기적이라는 비난을 받지 않을까 하는 걱정이 들지 모른다. 그래서 자기 자신과의 연결은 다른 사람에게 알리기보다는 숨겨야 한다는 생각을 하게 된다. 어떤 사람들은 자기 연민이라는 단어를 들었을 때, 자기 자신을 수용하고 자아존중감을 찾는 것으로 보기보다는, 후회스러운 일을 했을 때 자신을 용서하는 일이라고 생각하기도 한다.

때로는 그런 반대와 비난을 밝은 곳으로 끌어내기만 해도 그것들이 비누 거품처럼 터져서 사라진다. 하지만 이런 자기 비난이 꿈쩍도 안 할 때도 있다. 그 근본 원인 한 가지는 소속되려는 인간의 욕구에서 비롯한다. 겸손과 겸허, 심지어 자기 질책을 대단히 가치 있게 여기는 집안이나 지역 문화에서 살다 보니, 자기 자신에게 시선을 돌리기가 힘든 사람도 있을 것이다. 그런 문화에서는 자기 연민이 온전성을 훼손하는 것처럼 보일지 모른다. 실제로 본인이 이런 상황에 처해 있다면, 자신의 내면에 있는 이 소중한 목소리를 인정할 필요가 있다. 여기서 설명하는 자기 온기는 자부심, 자기 세력 확대, 정당화와는 완전히 다른 개념이므로, 될 수 있으면 중단하지 말고 계속 책을 읽도록 해 보자.

상상할 수 있는 최상의 조건에서 성장했다면, 속상해할 때 부모가 이해심 있게 우리에게 말을 걸어 주었을 테고, 우리는 특히 유용한 전략인 '정확히 말하기'와 '동행하기' 두 가지를 결합해서, 앞에서 자기 조절이라고 설명한 통합된 조절 방식을 터득했을 것이다. 또 운이 좋았다면 부모와의 관계를 통해 우리 자신을 더 넓고 깊이 있게 알게 됐을 터이다.[24] 본인의 경우가 이랬다면, 이런 식의 경험을 자신과 타인에게 나눠 줄 타고난 능력이 이미 우리 안에 있다. 이는 마치 전전두피질에 해당하는 네 손가락이 자연스럽게 구부러져서 자리를 잡고, 감정의 중심인 편도체에 해당하는 엄지를 지탱하고 있는 것과 마찬가지이다. 하지만 애석하게도 이처럼 좋은 조건에서 성장하는 사람들은 극소수에 불과하다.

그렇다면 정확히 말하기나 동행하기 없이 성장한 사람들은 어떻게 해야 할까? 그들에게도 희망이 있을까? 물론이다! 자기 조절에 이르는 길을 뒷받침하는 강력하고 새로운 연결을 만들기만 하면 된다. 이 책에서 소개하는 모든 정보, 활동, 명상법은 자기 돌봄을 위한 신경 연결을 강화하도록 고안됐다. 뇌에 대해서 더 많이 배우고 이해하면, 감정적 경험을 정확히 말하고(정확히 말하기), 우리 삶에서 중요한 관계의 맥락에서 우리 자신의 큰 그림을 볼 수 있게 된다(재구성하기). 주의를 전환하는 건전한 방식을 찾고(주의 분산하기), 누군가가 동행해 주는 것이 왜 이토록 유익한지(동행하기)를 잊지 않고 기억하게 된다. 그리고 다행스럽게도 자기 조절에 필요한 뉴런의 연결은 나이 들수록 더 효과적으로 작용하는 뇌 부위에 자리해서,[25] 치유의 희망을 한층 높인다.

성찰하지 않고 무의식적으로 반응하기보다는 뒤로 물러나서 자기 자신을 바라볼 때 깊은 변화가 일어난다. 우리 뇌는 특정한 방식으로 반응하도록 선천적으로 자동화됐지만 그와 동시에 변화할 수 있게 만들어졌다고 받아들일 때 판단하지 않는 장소에 머물 수 있다. 자신을 따뜻하게 대하는 것이 우리가 선택할 수 있는 옵션이라면, 지난 과거가 어떠했든간에 애정을 품을 수 있다는 희망이 생긴다. 그것이 가능하다는 사실을 일단 배우면 잊는 것은 불가능하다. 이에 더불어 뇌의 작용에 대해 더 자세히 배우면, 우리가 실제로 이치에 맞고 온화하고 이해심 있는 대우를 받을 만하다는 믿음을 굳건히 할 수 있다.

자신에 대한 온화함은 급진적이고 낯선 개념일 수 있다. 이어서 소개되는 유도 명상은 자신을 다정하고 따뜻하게 바라보는 실험의 기회가 될 것이다. 특히 자신을 돌보는 것이 이기적이라고 말하는 내면의 목소리가 들린다면, 이 연습이 타인에 대한 사랑을 더 강력하게 만들어 줄 수 있다. 아이, 친구, 반려동물, 건강에 가장 도움이 되는 최고 뇌의 본보기가 될 것이다.

🗣 유도 명상 2 하나의 세포

자기 자신에게 따뜻하게 대해야 한다는 말을 들으니 어떤 느낌이 드는가? 만일 이것이 너무 어려운 주문이라면, 도움이 될 수 있는 명상법이 여기 있다. 하나의 세포 명상은 자기 자신 전체에 다정함을 느낄 필요 없이, 작은 한 부분에만 다정한 마음으로 접근하는 방법이다.

🍃 **연습**

누군가가 읽어 주는 것을 들으며 명상해 보자. 눈을 감는 것이 상상하는 데 도움이 된다면, 눈을 감은 채로 진행하면 된다. 직접 읽으면서 명상을 한다면, 읽으면서 머릿속으로 그려 본다. 몸 전체의 느낌이 어떤지 가볍게 생각해 보는 것으로 시작한다. 발가락, 발목, 무릎, 엉덩이, 손가락, 손목, 팔꿈치, 어깨, 등, 갈비뼈, 복부를 차례로 의식하고, 호흡할 때 숨이 들어오고 나가는 것을 느낀다. 그렇다. 우리는 호흡하는 존재이며, 숨이 들어오고 나갈 때 몸에서 느껴지는 감각을 느낄 수 있다. 호흡의 감각이 가장 생생한 곳은 어디인가? 의식을 그곳에 두고 잠시 그대로 머문다.

주의에게 감각이 생생하게 느껴지는 곳에 머물러 달라고 부탁하고, 초점이 어디로 가든지 따뜻하고 수용적인 태도로 접근한다. 주의를 호기심을 느끼며 주변을 살피는 강아지나 흥이 넘치는 아기처럼 생각할 수 있다. 그렇게 했을 때 마음이 조금 더 편해지는지 살펴보자.

주의에게 말을 걸 때는 다정하고 따뜻한 호기심을 품고 이렇게 말한다. "주의야, 안녕. 호흡으로 다시 돌아와 줄 수 있겠니?" 주의에게 초점을 바꾸어 달라고 요청할 때는 부드럽고 공손히 말해야 한다. 주의가 몸의 다른 부분이나 생각에 이끌리면, 가장 중요하다고 생각하는 것에 지속적으로 관심을 두면서 당신의 행복과 평안에 도움이 되려고 애쓰는 주의의 끈질긴 노력에 감사한 뒤에, 부드럽고 다정하게 호흡으로 돌아가 달라고 부탁하자.

이제는 눈을 감고, 한 손을 앞으로 내민 다음 손바닥을 위로 향한다. 상상 속에서 자신의 몸에 있는 아주 작은 세포를 하나 가져다가 손바닥 위에 올린다. 살아서 고동치는 이 작은 개체에 대해 어떤 느낌이 드는지 생각해 보자. 이 개체가 더 큰 세계와 관계를 맺고 있다는 것이 느껴지는가? 이 세포에는 여린 피부가 있어서 다른 세포들과 분리되어 있지만 여전히 의사소통이 일어난다는 것을 알아볼 수 있는가? 이 세포가 자신이 머무는 곳의 감정적 어조를 알아채고 그에 반응한다는 것을 알 수 있겠는가? 우리가 몸의 여러 부위에 의식을 둘 때, 이런 부위들이 우리 존재 전체에 진심으로 기여하고 싶어 한다는 것을 때로 발견할 수 있다. 이 세포가 당신을 아끼고, 당신을 위한 최선을 바란다는 것이 느껴지는가? 온기와 사랑이 느껴지는가? 감사한 마음이 드는가?

전체를 대표하는 이 작은 세포가 어떤 특정한 감정에 주로 머무는지 주목해 보자. 이 세포에게 감정적 어조가 있다면 어떤 기분일까? 외롭거나 슬플까? 안심시키는 말이나 위로가 필요한가? 두렵거나 불안해하는가? 안전하고 예측 가능했으면 좋겠다고 간절히 바라지는 않는가? 짜증이 나거나 화가 나 있으며, 존중과 배려를 원하는 건 아닌가? 이 세포는 행복해하는가? 인정받고 이해받아 기뻐하는가? 함께하는 것을 한껏 즐길 것인가? 이 세포가 당신의 삶에 기여해 준 데 대해 감사할 수 있는지 살펴보자. 당신의 관심에 대해이 세포는 어떤 기분을 느끼는가? 조금은 편안해졌는가?

이제는 이 세포를 몸으로 돌려보내자. 세포가 자리로 돌아가서 주변의 세포들에게 자신의 경험을 전달하도록 한다. 어떤 느낌이 드는가? 방금 했던경험이 즐거웠다면, 따뜻한 관심을 베푸는 것이 가능하다는 사실을 이 세포가 다른 모든 세포에 알릴 것이다. 그러면 어딘가에서 시작된 따스한 빛이 몸안에서 잔잔하게 파문을 일으킬 것이다.

주의를 몸 전체에 둔다. 아주 작은 부분을 대상으로 시도해 보니, 자기 자신 전체에 따뜻한 마음을 품기가 조금이라도 쉬워졌는가? 그렇든 그렇지 않든, 중력 속에서 물리적인 존재로 사는 것이 어떤 느낌인지에 의식을 가져가보자. 표면에 닿을 때 몸의 어떤 부위를 느꼈는가? 자신의 무게와 외형이 느껴지는가? 발은 바닥에 닿아 있는가? 엉덩이는 의자 위에 있는가? 팔과 손은어디에 있는가? 무엇이 손과 팔을 지탱하고 있는가? 척추 위에 있는 머리의균형은 어떠한가? 지구가 당신을 떠받치고 있다는 것을 알아차린다. 아주 잠깐 동안 지구의 중력이 당신과 체중에 대한 지구의 사랑이 되도록 허용하라.그리고 조심스럽게 현재 순간으로, 그리고 무엇이 됐든 그다음에 주의를 집중하는 것으로 돌아온다.

이 명상이 필요한 이유

모든 사람이 타인에게 따뜻함과 배려의 마음을 품을 수 있지만, 타고난이런 능력을 우리 존재의 핵심인 내면으로 돌리는 방법은 잘 모른다. 자기 몸의 세포 하나를 몸 밖으로 꺼내 온다고 상상하는 연습을 하면, 타인에게 온정 있게 대하는 타고난 능력을 불러일으킬 수 있다. 그런 뒤에 상상 속에서 꺼냈던 세포를 몸 안에 되돌려 놓으면서, 신경 세포가 수용과 공명의 메시지를 뒤쪽과 아래쪽으로 가져가 자의식과 편도체에 전달하도록 요청한다. 이것은 감정적 존재를 부드럽게 감싸는 신경조직의 둥지를 만든다.

우리는 이 명상으로 세포 하나에만 집중하고, 자기 자신을 바라보는 관점에 다정함과 온기를 더하는 식으로 난이도를 낮추면서, 조금 더 쉽게 자신과 연결되는 지점을 탐색할 수 있다. 연결이 잘되면 자기 조절의 신경조직이 강화되기 때문에, 이 과정은 치유 효과를 보여 주는 하나의 바탕이 된다.

🍃 🍃 🍃

희망과 자기 연민을 느끼기 시작하면서 힘을 얻었으니, 다음 장에서는 공명하는 자기 목격자를 만나고, 감정과 갈망의 경험을 정확히 말하는 법을 더 자세히 알아보도록 하자.

3장

자기 친절을 기르기

: 공명하는 자기 목격자 도입하기

자기 친절(self-kindness)은 까다로운 개념이다. **조율**(attunement)은 누군 가가 따뜻함, 존경, 호기심을 품고 관심을 쏟아 주는 경험이다. 상대방은 우리 심정이 어떨지 궁금해하면서,[1] 인간에게 주어진 모든 감수성을 이 용해 우리와 조율한다.

조율은 공명에 꼭 필요하며, 두 가지가 함께 작용해서 굳건한 관계 의 접착제 역할을 한다. 기억하겠지만 공명은 다른 사람이 정말로 우리 를 이해한다고 느낄 때 일어난다. 이때 그 사람은 우리에게 집중하고 있 으며, 이 사실은 말, 표정, 몸짓, 소리, 따뜻한 보살핌 같은 비언어적인 태도에서 감지된다. 자신의 뜻을 상대방이 이해한다고 느낄 때, 두 사람 은 일시적으로 하나가 된다.[2] 공명을 경험하는 나이에 상관없이 누구든 성장에 필요한 물과 영양분을 공급받는 식물과 같아진다. 공명할 때의 관심과 언어는 기억하는 방식에 변화를 준다. 또 우리가 자신을 바라보 는 방식도 바꾼다. 우리는 이런 새로운 눈으로 수치심, 분노, 공포, 자기 회의를 '지금의 모습 그대로 충분하다'는 느낌으로 바꾸기 시작한다. 세상은 안전한 곳이라는 믿음이 생기고, 우리 자신을 신뢰하며 옹호할 수 있게 된다.

공명은 사람들을 가장 많이 진정시켜 주는 경험인데, 이를 경험할 기회는 부족하다. 우리가 더 완전하고 창조적이며 주체적인 사람이 되는 데 도움이 되는 능력임에도 불구하고, 그 어디서도 구체적으로 이를 가르치지 않는다는 사실이 참으로 안타깝다. 공명하는 능력은 인간 본연의 특성이며, 모두가 가지고 있다. 그저 자신에게 그런 힘이 있다는 것을 기억하고 삶 속에서 실천할 수 있도록 누군가가 이끌어 주기만 하면 된다. 이 장에서는 공명을 불러일으키는 표현법의 예시를 보여 주고, 전체 과정을 작은 부분들로 분류한 뒤에 그 구성 요소를 확인하려고 한다. 특히 자기 자신과 공명하는 법을 상기시키려고 하는데, '상기시킨다'라고 말한 것은 이것이 인간이 가지고 태어난 권리임에도 사람들에게 잊힌 상태이기 때문이다.

내 경우, 다른 사람과 조율할 때는 상대방에게 어떤 일이 일어나고 있는지부터 헤아린다. 우선 그에게 주의를 기울인다. 얼굴색은 어떤지, 몸 상태는 어때 보이는지 주목한다. 목소리도 살핀다. 그가 하는 말의 내용에도 주목한다. 이렇게 상대방을 파악해 나가면서 나는 그와 조율한다. 인식된 것이 상대방에 대한 진실이라는 느낌이 들면 우리 두 사람은 공명하기 시작한다.

다른 사람에게 조율하고 공명할 수 있는 것과 마찬가지로, 우리는 자기 자신에게 집중하고 관심을 기울일 수 있다. 이 말은 주로 남들을 위해 남겨 둔 온기와 너그러움을 내면으로 돌리는 법을 배울 수 있다는 뜻이다. 처음에는 낯설고 어색할지 모른다. 자신에게 이런 식으로 온기와 너그러움을 베푸는 본보기를 보았던 적이 지금껏 거의 없었기 때문이다. 그래서 어떻게 해야 하는지를 잘 모른다.

우리가 복잡하면서도 건강한 뇌와 몸의 통합을 '**공명하는 자기 목격자**(resonating self-witness)'라고 이름 붙여서 자기 온기와 자기 조절이 가능한 뇌의 부분을 의인화하면, 자신에게 온기를 베푸는 것이 실제로 어떤 느낌인지를 상상하기가 조금 더 쉬워진다. 우리가 트라우마를 겪었거나 동행을 경험한 적이 없는 뇌를 지내기에 편안하고 우리를 지지해 주는 곳으로 바꾸려면, 자기 자신을 보살피고 공명할 수 있다는 희망을 일깨우고, 따뜻한 호기심, 배려하는 자기 조절, 지속적인 자기 동행이 가능하다는 것을 상기할 필요가 있다.

이를 통해 우리가 스스로에게 더 완전히 자기 온기를 베풀 수 있게 될 때 공명하는 자기 목격자가 나타난다. 공명하는 자기 목격자는 누군가에게 관심받고 지지받는 기분을 느끼는 경험이다. 뇌에서는 전전두피질과 편도체/변연계 사이에서 스스로를 다독이고 용기를 북돋는 대화가 더 쉽게 진행되는 것으로 이런 경험이 나타난다. 이런 대화는 트라우마가 있어서 자기혐오와 자기 비난을 일삼는 포악한 디폴트 모드 네트워크를 자기 자신과 동행하고 공명하는 디폴트 모드 네트워크로 전환하는 효과가 있다. 이런 변화는 뇌의 어느 부분에서 일어날까? 2장에서 배웠듯이, 자기 조절의 핵심 부위는 전전두피질이다([그림 2.2] 참조). 우리는 전전두피질의 활동으로 감정을 알아차리고 정확히 말하며 자신과 타인에게 조율하겠다는 의도를 품을 수 있다.

뇌 개념

온기의 뿌리-보살핌

온기의 중요성을 배우기 시작할 때, 사랑받은 경험이 아주 적거나 아예 없다는 사실을 깨닫는 경우가 많다. 예를 들어 트라우마와 중독으로 엄청난 스트레스를 받았거나 성취를 지나치게 강조하는 집에서 유년기를 보냈을 때가 그렇다. 심지어 온기라는 단어도 혼란스럽고 갈피를 잡기가 힘들다. 이들은 '사랑해'라는 말을 좀처럼 하지 않으며, 신체 접촉이 거슬리거나 부담스러울 수 있다. 이런 사람들은 모든 사람이 유대감과 연결에 사용되는 뇌 부위를 가지고 태어난다는 사실을 꼭 알아 두어야 한다. 스스로 온기를 느낄 기회가 전혀 없었더라도 뇌는 온기를 느끼는 법을 배울 준비를 하고 기다리고 있다.

공명하는 자기 목격자를 이해하는 데 아주 중요한 또 다른 부위는 뇌 안쪽 깊은 곳에 있는 뇌간을 통과해서 몸까지 연결되는 부위이며, 이 부위는 자기 돌봄(self-care)을 완전히 체화된 복잡한 경험으로 만들어서 두개골-뇌와 신체-뇌가 하나로 합쳐지게 만든다.

인간은 으레 인간이 다른 동물들과는 다르다고 생각하지만, 뇌 구조를 놓고 봤을 때 인간은 명백히 동물 범주에 속한다. 감정을 연구한 신경과학자 자크 판크세프는 인간을 포함한 모든 포유류에 삶의 다양한 에너지를 실어 나르는 일곱 가지 기본적인 감정 네트워크, 즉 **감정 회로**(circuits of emotion)가 있다고 설명했다.[3] 우선 **분노(RAGE)**를 처리하는 회로가 있고, 그 외에 **두려움(FEAR), 추구(SEEKING), 욕정(LUST), 공황/비탄(PANIC/GRIEF), 놀이(PLAY)**를 처리하는 회로들이 있으며, **보살핌(CARE)** 회로도 있다. (참고로 판크세프는 일곱 가지 감정 회로를 일반적인 감정을 지칭하는 표현과 구별하기 위해서 각 명칭을 영어 대문자로 표기했다.) 이 말은 우리가 이런 기본적인 감정적 경험을 하고 있을 때, 쥐가 우리와 같은 경험을 하고 있다면 쥐와 똑같은 뇌 부위가 우리 뇌에서 활성화된다는 뜻이다. 나머지 감정 회로들에 대해서는 다른 장에서 더 자세히 배울 예정이니, 여기서는 특히 보살핌 회로에 주목하고자 한다.

우리가 다른 사람이나 동물, 자기 자신에게 감정적 온기를 느낄 때는 에너지와 정보가 뇌에서 특정한 패턴으로 흐른다. 이런 패턴은 편도체의 위, 주변, 밑으로 흐르면서, 변연계, 뇌간, 신체로 연결된다. 우리가 남을 돕고서 만족감을 느낄 때나 소중한 사람을 생각하면서 기분 좋은 얼얼함이 가슴 가득 차오를 때 이런 상태를 알아차릴 수 있다.

보살핌 회로에 뇌가 접속되는 것은 살면서 경험한 모든 긍정적인 관계 덕분에 얻는 선물이다. 보살핌 회로에 접속되면 두개골-뇌에서 가장 복잡한 신경조직으로 발달하는 섬유 내에 연결이 형성돼서, 나이가 들수록 연결된 가지돌기의 수가 점점 많아진다.[4] 전전두피질과 보살핌 회로, 신체 사이의 이런 연결 덕택에 자신 및 타인과 따뜻한 관계를 맺을 수 있는 능력이 생긴다. 다행히 우리 뇌에서는 자동으로 상시 작동하는 자기 조절 회로가 생성되기 때문에, 나이가 들수록 더 평온해진다.[5]

공명 기술
감정의 느낌

지금 우리는 공명하는 자기 목격자의 특징인 온기와 의도, 행동의 수렴을 다시금 목격하고 있다. 우리가 비언어적으로, 즉 애정 어린 눈 맞춤이나 마음이 담긴 손길로 관심과 애정을 상대방에게 표시할 때는 공명하기가 비교적 쉽다. 그러나 우리가 입을 열어 말을 시작하는 순간, 공명의 연결이 완전히 끊어질 수도 있다. 언어를 '수행하는' 뇌 부위가 관계를 '수행하는' 뇌 부위와 같지 않기 때문이다.[6] 어떤 종류의 표현이 연결을 만드는지 알지 못하면, 말을 꺼낼 때마다 이유도 모른 채 아끼는 사람들이 멀어지게 만들 수도 있다.

타인과 우리를 연결 짓는 언어 표현 한 가지는 감정을 정확히 말하는 것이다. 간혹 우리는 이 세상에 감정이 세 가지(행복하거나, 슬프거나, 화가 나는 것)밖에 없다고 생각하지만 실은 그렇지 않다. 자신에게 일어나는 일을 정확하게 말로 표현하면 마법과 같은 상황이 펼쳐진다. 그런 의미에서 여기서는 감정의 다양한 어조를 알아보려고 한다.

앞서 2장에서 몸 전체─뇌는 감정을 통해서 두개골─뇌와 소통하며, 어떤 일이 벌어지는지 정확히 말로 표현하면 감정의 경보를 진정시키고 조절한다는 사실을 알아보았다. 잠깐 몇 가지만 예를 들면 짜증, 불안, 어쩔 줄 모르겠는 기분, 어리둥절함, 실망, 두려움, 수치심, 비통함, 공포, 분노, 놀람 등이 그런 감정 표현이다. 그에 더해 즐거움을 느낄 때 남이 함께 공감해 주지 않았거나, 축하받을 만했지만 아무도 알아주지 않았던 순간들도 자신으로부터 단절되고 얼어붙게 만들고, 심할 때는 수치심이나 절망을 초래하기도 한다. (축하에 대해서는 14장에서 더 자세히 살펴본다.) 사람은 본래 사회 속에서 살면서 각자 겪은 중요한 경험을 공동체 내의 다른 사람들과 공유하고 이해받도록 만들어졌다.[7]

어쩌면 당신은 '그래 좋아. 그런데 정말로 내 기분을 말해야 한다는 거야? 전에 그렇게 해 봤지만 도움이 안 됐어'라고 생각할지 모른다. 솔직히 말하자면, 공명하지 않는 사람, 우리가 잘못된 것이며 자기는 그렇게 느끼지 않는다고 말하는 사람, 화제를 돌리거나 바로잡으려고 하는 사람 앞에서 자신의 감정을 이야기할 경우에는, 감정을 정확히 말하는 것이 그다지 도움이 안 된다. 하지만 서로 공명할 때, 어떤 감정이 영향을 미치고 있는지를 상대방이 어느 정도 이해할 때, 자기 자신과 공명하는 법을 알고 있을 때는 상황이 다르다. 자기 기분을 말하는 것이 별로 좋은 생각이 아니라는 믿음을 없애려면, 감정에서 우리가 어떤 선물을 얻는지를 이해하는 것이 중요하다.[8]

감정의 선물

- 일상의 경험에 생동감, 다채로움, 미묘한 느낌을 선사한다.
- 무엇이 중요한지를 알려 준다.
- 배우고 변화할 수 있게 해 준다.
- 우리가 가장 강렬히 원하는 것을 보여 주는 지표가 된다.
- 건강을 개선하고 트라우마에 따른 스트레스를 줄인다.
- 결정을 내리는 데 도움을 준다.
- 유대감과 성적 경험을 풍성하게 해 준다.
- 기억에 중요한 역할을 한다.
- 무의식 세계의 끝자락으로 들어가 치유를 시작할 수 있게 해 준다 (8장 참조).

감정적으로 활기 넘치는 관계는 몸과 영혼을 충족시킨다. 누군가에게 '배가 아프다'라고 말했을 때, 상대방이 "혹시 겁이 나서 그런 건 아닐까?"라고 물어봐 주는 것은 아주 큰 도움이 된다. 혹은 하늘에 붕 떠 있는 기분이라고 당신이 말했을 때, 그런 기분이 드는 것이 흥분감 때문인지, 기쁨 때문인지, 아니면 실망할지 모른다는 걱정 때문인지를 상대방이 궁금하게 여기는 것도 마찬가지다. 상대방이 진심 어린 따뜻한 관심으로 대응해 주는 경험은 느낌의 어휘가 더 풍성해지게 만든다. 이것은 이 책을 읽는 경험에서도 중요한 측면이다.

다음에 나오는 '유쾌한' 감정과 '불쾌한' 감정 목록을 보면서, 지금 이 순간 당신이 느끼는 감정에 해당하는 표현이 이 중 몇 가지나 되는지 생각해 보자. 사람들은 일이 잘 풀릴 때 '유쾌한' 감정을 느끼고, 무사하다는 느낌과 자신이 중요하다는 느낌을 느낀다. 반면 일이 잘 안 풀릴 때는 '불쾌한' 감정을 느끼고, 위태로움과 하찮은 존재가 된 기분을 느낀다. 목록을 보면 생각보다 자신의 감정이 훨씬 복잡하다는 것을 알게 될 것이다.

'유쾌한' 감정

애정 어린	열망하는	(들떠서) 아찔한	열린
어안이 벙벙한	도취된	기쁘고 즐거운	평화로운
즐거워하는	마냥 행복해하는	매우 기쁜	자랑스러운
깜짝 놀란	원기 왕성한	고맙게 여기는	기쁨에 빛나는
더없이 행복한	몰두해 있는	희망적인	기뻐 날뛰는
차분한	생동감 있는	의욕을 느끼는	상쾌한
편안한	열정적인	열정적인	안도하는
연민하는	신이 난	관심 있는	흡족한
관심을 기울이는	신명 나는	호기심이 많은	안심하는
확신에 찬	넘쳐흐르는 듯한	기운 나는	예민한
만족한	기대하는	즐거운	평화롭고 고요한
궁금해하는	활기 넘치는	승리감에 넘치는	놀란
황홀해하는	매료된	온화한	동정하는
기쁜	친절한	감동받은	상냥한
감사하는	감격스러운	신뢰하는	
아주 흥분한	평온한	따뜻한	

'불쾌한' 감정

두려워하는	허탈한	음울한	쩔쩔매는
약이 오르는	초연한	비탄에 잠긴	꺼림칙한
동요된	실망한	투덜거리는	후회하는
경악하는	동떨어진	애끓는	강한 반감이 드는
화난	낙심한	무력한	혐오스러운

비통한	의기소침한	주저하는	분개하는
성가신	불만스러워하는	섬뜩한	지루해서 들썩이는
불안한	역겨워하는	적대적인	슬픈
심드렁한	무관심한	마음 아픈	겁이 난
간담이 서늘한	망연자실한	조급한	예민한
걱정되는	기가 꺾인	미심쩍은	실패할 것 같은
부끄러운	불온한	냉담한	충격받은
어리둥절한	괴로운	대노한	회의적인
쓰라린	심란한	무기력한	애잔한
재미없고 시시한	풀이 죽은	진저리나는	화들짝 놀란
창백한	기운 없는	짜증이 난	깜짝 놀란
따분한	꺼리는	질투하는	의심스러운
상심한	신경질적인	외로운	비뚤어진
신중한	당황한	미치겠는	소심한
원통한	격노한	심술궂은	피곤한
무정하고 쌀쌀한	부러워하는	침울한	고민하는
염려하는	울화가 치미는	발끈한	마음이 편치 않은
혼란스러운	기진맥진한	당혹스러운	흔들거리는
경멸하는	피로한	긴장되는	불안정한
회한에 찬	무서운	무감각한	복수심에 불타는
심기가 뒤틀린	안절부절못하는	어쩔 줄 모르는	수줍어하는
기분이 언짢은	허망한	공황 상태에 빠진	근심스러운
실의에 빠진	겁먹은	고통스러운	비참한
우울한	좌절한	곤혹스러운	갈망하는
절망적인	격분한	중압감을 느끼는	

유도 명상 3   공명하는 자기 목격자 찾기

공명하는 자기 목격자를 만나는 이번 유도 명상은 자기 돌봄과 자기 연결로 우리 자신에 대응하는 새로운 방법을 제시한다.

 연습

다른 누군가가 읽어 주는 것을 들으면서 명상할 경우, 눈을 감고 싶으면 감아도 좋다. 이 글을 직접 읽으면서 명상할 때는 읽으면서 머릿속으로 장면을 떠올리면 된다.

우선 자신이 숨을 쉬고 있다는 것을 의식한다. 마음속 생각이 몸에 들어오고 나가는 공기의 흐름을 타도록 내버려 둘 수 있는지 지켜보자. 숨을 들이쉴 때마다 숨결이 폐에서 어떤 식으로 펼쳐지는지 본다. 의식을 잠시 호흡의 감각에 두고, 주의가 그곳에 흔쾌히 머무르려고 하는지 살핀다. 지금이나 명상을 하는 중에 언제든 주의가 배회하면, 따뜻하고 부드럽게 초점을 맞추려고 하는 곳으로 되돌린다.

당신은 지금 어느 문 앞에 서 있다. 문을 열면 당신이 좋아하는 풍경(예를 들면 해변, 정원, 열대우림, 도시의 보행로, 사막, 산)에 이르는 길이 펼쳐져 있다. 그 문을 열고 들어가 길을 걷기 시작한다. 발이 길바닥에 닿을 때의 느낌은 어떠한가? 무슨 냄새가 나는가? 무엇이 보이고 어떤 맛이 느껴지고, 피부에 닿는 감촉은 어떠한가? 어떤 소리가 들리는가? 새소리나 다른 어떤 소리가 나는가? 나뭇잎이나 풀이 바람에 바스락거리는 소리가 들리는가?

익숙한 장소라면, 상상 속의 이 장소를 자신이 잘 모르는 것들이 있는, 한층 신비한 곳으로 만들어 보자. 저 앞에는 비밀스러운 구역으로 이어지는 굽이진 길이 있다. 굽이진 길을 따라 걸으니, 바닥에 놓인 통나무나 햇볕을 받아 따뜻하게 데워진 바위 혹은 벤치가 나온다. 잠시 앉아 쉬면서 이 아름다운 장소를 마음껏 즐긴다.

쉬는 동안 혹시 가능하다면, 당신을 볼 수 있고, 당신을 사랑하고, 당신의 깊은 곳까지 아주 잘 알고 이해하는 존재가 있다고 상상하자. 이 존재는 당신에게 애정을 품고, 당신의 행복과 안녕에 관심을 둔다. 아주 관대하고 너그러운 마음으로 당신 안의 가장 좋은 것을 보며, 당신의 행동과 계획의 바탕이 되는 최선의 의도와 사랑을 알고 있다.

사랑의 눈으로 누군가가 나를 바라봐 줄 때의 느낌은 어떠한가?

이런 사랑이 당신에게 향해 오는 것이 느껴지면, 이것이 공명하는 자기 목격자이다. 이 존재는 이 여정 내내 함께 다니면서 동행할 것이다.

이런 존재를 상상하기가 힘들면, 이 책이 연민하고 공명하는 자기 목격자이며, 사랑, 수용, 온화함, 환대의 마음이 책의 페이지마다 흘러나온다고 상상하자.

이런 존재는 호기심과 열린 마음으로, 당신이 알아차릴 때까지 다정하게 기다리고 있다. 이 존재는 당신의 경험과 당신이 만들어 가는 의미를 자신이 제대로 이해하고 있는지 궁금해하면서 당신과 조율한다. 당신이 이 존재에 관심을 두면 누구인지 볼 수 있다. 이 존재는 당신의 최고 자아(best self)이거나 사랑하는 조부모, 선생님, 영적인 인물, 동물, 친구일 수 있다. 이 존재는 당신보다 더 낫다거나 더 똑똑하다고 생각하지 않는다. 그저 당신을 사랑하고 당신에게 온통 집중해 있다.

몇 분 동안, 누군가가 당신의 경험에 관심을 갖고 염려해 주는 것에 몸이 어떻게 반응하는지 느낀다.

준비가 되면, 공명하는 자기 목격자에게 길을 함께 걷자고 청해 보자.

두 사람이 길이 끝나가는 지점에 이르렀을 때, 문의 반대편에 앉아서 숨을 쉬고 있는 당신의 몸이 보인다.

공명하는 자기 목격자를 데리고서, 호흡을 타고 다시 몸으로 돌아와 이 존재가 당신의 내면에 자리 잡게 한다.

자기 목격자가 머물러 있는 곳을 느껴 보자. 가슴인가? 아니면 복부인가? 몸이 어떤지 살피면서 감각과 감정을 환대한다. 분노, 기쁨, 비탄과 슬픔, 좌절을 경험하고 있을지 모른다. 무슨 감정이든 일어나는 감정은 모두 중요하며 더 깊은 욕구로 당신을 이끈다. 자기 자신과의 유대를 축하할 수도, 자기혐오나 괴로움, 애통함을 느낄 수도 있다. 어떤 것이든 경험은 모두 중요하다.

이 명상을 오랜 시간에 걸쳐 수행하면, 당신보다 먼저 이 길을 걸었던 모든 사람이 이해와 공명으로 당신을 지켜볼 것이며, 그들의 힘과 경험이 연민하고 공명하는 당신의 자기 목격자에게 전해질 것이다. 그들은 이 길에 당신과 동행한다.

눈을 뜨고 호흡으로, 몸으로, 현재 순간으로 완전히 돌아온다.

이 명상이 필요한 이유

뇌의 여러 부위를 동시에 의식하면, 그 부위들 사이의 신경 연결이 강화된다. 신경과학자 도널드 헵(Donald Hebb)이 1949년에 말했듯, '함께 활성화되는 뉴런은 함께 연결된다.'[9,10] 우리가 상상력을 이용해서 관심과 온정이 필요한 평상시의 자아를 온기를 베풀 수 있는 자아와의 관계로 데리고 오면, 뇌의 관련 부위들이 동시에 활성화되어 뇌에서 이런 연결이 강화된다.

우리가 공명하는 자기 목격자를 머릿속에서 쉽게 떠오르는 특정한 존재로 표현하면, 자기 온기의 신경조직을 꾸준히 활성화하고 연결하기가 더 쉬워진다. 우리는 이 명상을 자기 목격자를 처음 만날 때와 자기 자신에게 온기를 느끼는 지속적인 습관을 만들 때 모두 활용할 수 있다. 공명하는 자기 목격자는 뇌의 특정 부위가 아니다. 모든 사람이 계발하고 발전시킬 수 있는 뇌의 기능을 은유적으로 표현한 것이다.

우리가 자신을 경멸하며 멀리하지 않고 다정하게 대할 때, 급격한 변화의 일부로 함께 참여하게 된다. 자신을 대하는 태도가 이처럼 완전히 바뀌면 양육, 결혼, 우정, 직장 관계의 기본도 완전히 바뀐다. 우리가 인간관계에서 평가, 비난, 비판, 규탄을 그만두고 공명하기 시작하면, 편도체와 몸을 진정시키고 차분하게 만드는 전전두피질의 능력을 강화하는 신경 연결이 발달한다.[11] 이런 종류의 유도 명상을 포함해 자신과 타인에게 공감하는 활동들은 자기 조절에 큰 도움이 되는 것으로 밝혀졌다.

우리는 문제가 생겼을 때 인간이 본래 지닌 관계 맺기 능력을 활용하는 것이 아니라 교도소, 약, 처벌로 해결하려고 드는 세상에서, 즉 대체로 외적인 것들로 그들 자신을 관리하는 사람들 속에서 살고 있다. 우리가 내적 조절로 옮겨 가면, 전전두피질의 모든 능력을 얻게 되어 우리자신에게 득이 되는 것은 물론이고, 지금과 다른 세계를 만들겠다는 의지를 표명할 수 있다.

🍃 🍃 🍃

공명하는 자기 목격자 명상에 대한 다른 반응들

이 접근법은 다정함, 온기, 이해의 길을 지지한다. 어떤 사람들에게는 이것이 '치유되려면 저 구름 위로 올라가야 한다'라고 말하는 것처럼 느껴질지도 모른다. 우리 자신을 다정하게 바라볼 수 있다는 말은 하늘을 나는 것만큼이나 불가능하게 생각되기도 한다.

처음에는 불가능해 보일지 모르지만, 기본 훈련을 해 나가면 새로운 온갖 선택지가 생긴다. 어떤 사람들은 공명하는 자기 목격자 명상을 들으면서 특별한 경험을 하고, 처음으로 마음 깊이 자리 잡힌 온기를 경험한다. 그런데 모든 사람이 이런 경험을 하는 건 아니다.

이 명상을 처음 접했을 때, 화가 나거나 절망하는 사람들도 분명 있을 것이다. 이 명상을 해 보려고 애썼지만 자기 자신에 대한 온기를 찾기는커녕 공명하는 자기 목격자에 대한 불신이 가득 찰 수도 있다. 만일 이런 일이 일어난다면, 신뢰의 기반이 얼마나 적은지를 보여 주는 중요한 정보로 받아들여야 한다.

명상 중에 무슨 일이 일어나든, 공명하는 자기 목격자는 공감으로 반응할 만큼 아주 너그럽고 이해심이 깊다. 예를 들어 만약 어떤 사람이 공명하는 자기 목격자에게 화를 낸다면, 아마 이렇게 반응할 것이다. "분노가 얼마나 큰지를 이해하기 위해 내가 필요한 거야? 너무 오랫동안 혼자 지내서, 누군가가 사랑을 쏟아 줄 수 있다는 걸 상상하기가 힘든 거니?"

또 어떤 사람들은 명상하면서도 공허감을 느낀다. 공명하는 자기 목격자에게 와 달라고 청하지만, 아무도 대답을 안 한다. 자기 자신을 다정하게 대하는 것을 상상하기가 힘들면, 다음에 소개하는 공명 기술이 이런 자기 목격자를 키워 내기에 좋은 출발점이 될 수도 있다.

공명 기술

공명하는 자기 목격자를 키우는 데 도움이 될 수 있는 출발점

2장에서 우리는 감정을 정확히 말하고, 더 좋게 받아들일 수 있도록 상황을 재해석하고, 주의를 딴 곳으로 돌리고, 따뜻한 관계와 공동체(동행)

에 든든한 기반을 두는 등 뇌가 스스로를 조절하는 다양한 방법을 살펴보았다. 이제는 문을 열어서 자기 온기를 들여보내고 공명을 통합하는 데 도움이 될 기술을 배움으로써, 그런 기반을 더 발전시켜 보려고 한다. 이 책의 각 장은 전에 나왔던 기술을 바탕으로 뇌의 건강과 안녕을 뒷받침한다.

1. 다른 누군가(부모, 조부모, 이모나 삼촌, 좋아하는 선생님이나 친구, 혹은 반려동물 등)에게 사랑받은 경험이 있다면, 그들의 눈으로 당신을 바라보자. 그들이 당신을 바라볼 때 그들 가슴에서 무슨 일이 일어나는가?
2. 당신이 좋아하고 애정을 느끼는 아이나 동물을 떠올려 보자. 눈을 감고 이 작은 생명을 품에 안았다고 상상한다. 다른 누군가의 행복에 깊이 관심을 가질 때, 어떤 느낌이 드는가?
3. 따뜻함을 느낄 수 있다면, 자신의 어릴 때 모습을 마음의 눈에 담아 두었다가, 품에 안은 아이나 동물을 자신의 어린 시절 이미지로 슬며시 바꾸어 보자. 처음에는 어색하게 느껴질지 모른다. 연민의 능력에 관여하는 가지돌기와 어린 시절의 이미지가 뇌 안에서 서로 연결된 경험이 거의 없기 때문이다. 거의 불가능하게 느껴질지 모르지만, 그저 이 글을 읽는 것만으로도 당신의 자의식과 사랑할 수 있는 능력 사이에 다리가 놓이기 시작한다.
4. 자존감이 너무 부족해서 자신이 사랑을 받아도 된다는 믿음이 도저히 안 든다면(실제로 당신뿐 아니라 많은 이들이 이렇게 느낀다), 다음의 질문을 통해 언제가 됐든 인생에서 떳떳했던 때가 있지 않았는지 생각해 보자.
   • 한때 순수하고 사랑스러운 갓난아기, 영아, 유아였다는 느낌

이 있는가?

- 자의식이 트라우마, 학대, 고통으로 더럽혀진 때가 있었는가?
- 태어날 때부터 '나쁜' 사람이었다는 느낌이 든다면, 태어나기 전 영혼 상태인 자신을 형상화해 볼 수 있는가? 영혼에게서 어떤 느낌이 드는지 살핀다.
- 위대한 어떤 존재가 당신의 영혼을 감싸 안고 당신을 이해의 눈으로 바라보는 모습을 그려 보자.
- 아무것도 바꿀 필요는 없다. 그런데 신기하게도 있는 그대로를 인정하면 경험이 바뀌는 경우가 많다. 그러니 이 영혼에게 이렇게 말해 봐도 좋다. "고통과 수치심의 짐을 계속 지고 있어서 많이 힘들어? 치유되고, 지지받고, 환영받고, 중요한 존재라는 느낌을 받고 싶니? 소속감이 느껴지는 세상을 경험하고 싶은 마음이 간절해?"

5. 때로는 공명하는 자기 목격자를 내면으로 데려올 때 불신, 경악, 노여움, 극도의 분노가 느껴지기도 한다. 하지만 어린 시절의 자아나 내면의 자아가 어떻게 반응하든, 그에 대응하는 새로운 방식을 배울 수 있다. 예를 들어 내면의 자아가 불신하면, 이렇게 물을 수 있다. "결코 진심으로 바라봐 주지 않을 거라고 생각하는 거니? 네가 정말로 중요하다는 것을 믿기가 어려운 거야? 마음을 열어 온기를 받아들이면, 온기가 사라질 때 또다시 참담한 실망을 겪을 것 같은 거니?"

- 내면의 자아나 내면의 아이가 화를 내면, 은유를 사용한 추측으로 그런 분노의 감정을 포착해 볼 수 있다. "온 세상이 불타고 있는데, 너 혼자서만 석면 옷을 입고 있는 기분이야? 분노가 마치 곧 폭발해 온 세상을 뒤엎을 화산처럼 느껴지니? 분노

가 너무 격하게 차올라서 칼로 세상을 베어 피를 흘리는 것을 보고 싶을 정도일까?"

- 이런 추측으로 우리가 느끼는 분노, 단절, 소외, 실망, 고통, 상실, 공포, 그리고 궁극적으로는 사랑의 막대함을 조금이나마 포착할 수 있다. 추측하면서 신체 감각을 주의 깊게 살피고, 작은 변화에 주시해 감정의 미묘한 차이를 추측하면서 더 깊은 자기 인식으로 나아가자.

- 때로는 어린 자기 자신에서 나오는 감정과 고통의 강도를 듣고 놀랄 수도 있다. 무섭고 놀라운 감정이 있으면, 자신의 이런 부분을 수용하기 위해 더 많은 도움이 필요할지 모른다. 도움을 추가로 얻을 한 가지 방법은 온기와 동행의 느낌을 줄 수 있는 심리치료사나 상담사를 찾는 것이다. 때로는 친구가 도움이 되거나 동반자가 되어 준다. 정해진 방법은 따로 없다. 가장 중요한 건 당신을 돕는 사람들이 감정을 두려워하지 않으며, 당신이 자신의 감정을 털어놓았을 때 깊이 이해되는 느낌을 받는 것이다.

- 사람들은 때로 다른 사람들에게 해가 되지 않을까 염려해서 자신의 분노에 대해 이야기하는 것을 두려워하기도 한다. 다른 사람들에게 해를 끼치지 않을까 두렵기 때문이다. 그러나 공명하는 공감은 폭력에 동의하거나 폭력을 묵인하는 것과는 분명 다르다. 공명하는 공감은 다른 누군가나 본인 스스로 왜 이런 엄청난 감정이 마음속에 자리하는지를 이해하면서 "이런 강한 감정이 드는 게 당연하지"라고 말할 수 있고, 특별히 어떤 행동 방침을 공개적으로 지지하지는 않을 때 나타난다.

- 그리고 늘 그렇듯, 공명하는 자기 목격자를 강화하는 데 도움

이 되는 가장 중요한 활동 한 가지는 호흡에 의식을 집중하고 주의의 초점이 흐트러질 때마다 다정하게 주의를 다시 호흡으로 돌리는 것이다.

어릴 때의 자아가 나타나는 곳에서 명상을 하는데, 그 부분이 죽었거나 잠에서 깨어나지 못한다면 조금 무서워질 수도 있다. 내 경우 어린 자아와 처음으로 연결하려고 시도했을 때, 내 어린 자아는 겉모습이 아주 꾀죄죄했고 주위 자극에 전혀 반응이 없었다. 이때는 내면의 자아에 공감하는 법을 전혀 알지 못했던 시절이었다. 어떻게 대응해야 하는지 몰랐고, 다른 사람들도 마찬가지였다. 그래서 나는 그저 그녀 옆에 아무 말 없이 앉아 있는 상상을 했다. 그로부터 여러 해가 지나서야 그녀가 반응을 보이기 시작했고, 공명하는 자기 목격자가 연민하며 거기 있다는 것을 내가 비로소 알아차렸다. 공명에 대해서 배우면서, 나는 완전히 깨지고 망가진 내 일부에 그때까지와는 다른 부류의 관심을 기울일 수 있었다. 내가 공감하며 다음과 같은 질문을 던지면 그녀는 활기를 보였다. "피로, 두려움, 다른 사람들의 고통 때문에 죽을 지경이지? 지금껏 무시당하거나 등한시되고, 공포와 학대를 겪으면서 살아온 기분이니? 따뜻한 물에 몸을 가만히 담가서 이런 더러운 것들을 씻어 내고, 상처가 어디 있으며 어떻게 치료해야 하는지를 알아내야 할까? 이 세상의 고통과 사람들이 서로에게 분풀이하는 방식에 겁을 먹고 충격을 받았지? 너 자신과 모든 사람을 위해서 치유되고 변화하기를 간절히 바라고 있니?"

공명하는 자기 목격자의 씨앗을 심고 키워야 자기 자신에게 친절을 베푸는 뇌를 만들 기초가 형성된다. 애착의 길과 함께 자의식이 자리한 뇌 중추를 더 많이 일깨워야 우리 자신에게 더 큰 연민으로 대할 수 있다. 이는 다른 무엇보다도 훌륭한 삶을 살 수 있는 습관이다, 우리는 이를 통해 중요한 존재라는 느낌과 소속감을 느끼고, 자신을 대변할 수 있으며, 사랑하는 사람들을 돌볼 수 있다. 우리 자신을 사랑하지 않는다고 해서 타인을 사랑할 수 없는 건 아니다. 사람들은 자기혐오에 빠져 있을 때조차 세상에 깊은 연민을 품을 수 있고, 실제로 깊은 연민을 느낀다(11장 참조). 그런데 우리는 자기 자신을 치유하면, 우리와 접촉하는 다른 사람들에게 다른 길을 제공한다. 편안하고 기분 좋은 호흡과 은혜와 신뢰를 받는다는 느낌은 자기 자신을 사랑하는 능력에 자연히 동반된다.

내가 수업을 하는 여자 교도소의 사라는 그전까지 자신을 연민하며 바라보는 것이 가능하다는 걸 전혀 몰랐다. 그녀의 아버지가 "넌 창녀야!"라고 소리치면서 사라를 길에 내다 버린 건 그녀가 여덟 살 때의 일이었다. 수업 때 공명하는 자기 목격자에 대해서 처음 들은 사라는 그것이 자신과 전혀 관계가 없는 내용이라고 생각했다. 그래도 뇌에 대해 배우는 게 재미있어서 빠지지 않고 수업을 들었는데, 자신의 내면이 감옥에 있다는 것에 너무 큰 충격을 받았다. 수업을 듣는 12주를 모두 보내고 나서야 충격에서 벗어나서 귀 기울여 듣기 시작했고, 아이들과 통화할 때 말하는 방식을 바꾸면서 상황이 달라졌다고 했다. 가끔은 자신에게도 더 부드럽고 따뜻하게 대할 수 있었고, 자존감과 신뢰, 믿음이 생기면서 다시 자기 자신을 위한 사람이 될 수 있었다.

다음 4장에서는 포악한 디폴트 모드 네트워크를 공명으로 대하는 놀라운 기술을 연습해 볼 것이다. 내면의 목소리와 싸우는 것을 멈추고 그들의 목소리에 귀 기울이기 시작하면, 심오한 변화가 나타나기 시작한다.

4장

내면의 비판자 길들이기

: 도우려는 시도에 귀 기울이기

"나한테는 뭔가 문제가 있어."
하지만 실제로는 이렇게 말할 수 있다.
"난 이대로 충분해. 내 이야기는 중요해."

1장에서 살펴본 것처럼, 인생에서 트라우마를 겪었거나 지금껏 공명을 한 번도 경험해 보지 못했다면, 사회적 상호작용을 지속적으로 검토하는 데 힘을 쏟는 디폴트 모드 네트워크가 포악해질 수 있다. 포악한 디폴트 모드 네트워크는 오해, 실수, 미비했던 대처, 단점, 무례한 행동, 다른 사람에게 사려 깊지 못했다고 느껴지는 순간 등 우리가 범한 잘못을 탄약으로 사용한다.

디폴트 모드 네트워크가 우리의 생각과 행동을 일일이 지적하고 비판하기 때문에, 사람들은 흔히 이를 '내면의 비판자'라고 부른다. 이 비판자는 자기 불신에서 자기 경멸에 이르기까지 온갖 부정적인 의견을 쏟아 낸다. 자기비판과 자기혐오에 대해서는 11장에서 더 자세히 탐색하도록 하고, 이 장에서는 자기 자신을 평가하고 비판하며 묵살하는 습관을 중점적으로 다루려 한다. 이를테면 이런 생각들이다. '난 대체 왜 이럴까?', '난 왜 제대로 하는 게 하나도 없을까?', '어쩌면 이렇게 멍청할까?', '불평해 봤자 별 수 있겠어', '난 뭐가 잘못된 거지? 어릴 때는 잘살았는

데', '난 너무 예민해.'

　　때로는 내면의 비판자가 지적을 쏟아 내기 시작하면, 너무 지치고 어찌할 바를 모르겠어서 혹은 절망하거나 마음이 고요하고 편안해지기를 간절히 바라는 마음에서, 비판자의 입을 얼른 닫아 버리고 싶어진다. 이 목소리가 떠드는 소리를 과연 듣고 싶어 하는 사람이 있겠냐는 질문을 던지고 싶을지도 모른다. 그런데 문제는 이 목소리의 이야기에 귀를 기울여 주지 않으면 절대 바뀌지 않는다는 것이다.

　　자기 계발과 명상 분야의 책들은 가만히 앉아서 감정을 있는 그대로 충실히 느끼라고들 권한다. 그들은 이런 감정이 기껏해야 몇 분에서 아무리 길어도 몇 시간을 못 갈 것이라고 말한다. 그런데 내 경험상 이런 설명은 포악한 디폴트 모드 네트워크를 경험해 본 적이 없는 사람이 내놓은 낙관적인 견해이다. 잔인한 자기 비난 습관이 있는 사람은 짧게는 며칠에서 몇 주, 길게는 평생 동안 감정과 연결된 감각에 전혀 변화가 없을 수 있다. 이해하는 마음으로 내면의 비판자를 대하지 않으면, 수십 년 동안 잠시도 쉬지 않고 계속해서 숙주인 우리 자신을 먹이로 삼는다. 그저 게임을 할 때 활성화되는 배측 주의 네트워크([그림 1.4] 참조) 등의 다른 신경망으로 전환될 때만 일시적으로 중단될 뿐이다.

내면의 비판자가 낼 수 있는 목소리의 단계

디폴트 모드 네트워크의 목소리에 일단 귀를 기울이기 시작하면, 자기비판적인 표현에 여러 단계가 있다는 것을 알게 된다. 일상생활에서 해설자가 해설하듯 끊임없이 계속될 수 있는 자기 비난의 여러 단계를 살펴보자.

1. 첫 번째 목소리는 치유가 필요하다는 사실을 완전히 일축하면서, 왜 사람들이나 자아가 '아무 일도 일어나지 않은' 과거나 유년기에서 영향을 받겠느냐고 생각한다.
2. 두 번째 목소리는 자신과 다른 사람들을 비교하고 평가한다. 예를 들어 이런 식이다. "저기 봐, 저 사람은 상황을 파악할 수 있었잖아. 넌 대체 왜 그래?"
3. 세 번째는 부정적인 자기평가에 대응해서 일어나는 수치심, 해리, 위축으로, 겉으로 거의 드러나지 않을 수도 있다. "차라리 죽은 거였으면." "난 여기 있으면 안 돼." 같은 내면의 목소리다.
4. 네 번째는 위축되고 사라져 가는 자기 자신을 공격하는 비난의 목소리이다. "어쩌면 이렇게 바보 같을 수가 있어?" 같은 말이 대표적이다.
5. 다섯 번째는 잘못을 인정해서 어떻게든 공격을 완화하려고 하는 경우이다. 마치 범죄자가 고통스러운 경찰 심문에서 빠져나가려고 애를 쓰듯이, 이렇게 말한다. "난 너무 멍청해, 진짜 멍청해." "어쩌면 좋을지 모르겠어, 정말 모르겠어."
6. 여섯 번째는 치유 작업이 시작되면서 추가되는 단계이다. 자신을 탓하고 비난했던 자신을 비난하고, 치유의 길을 더 멀리 나아가지 못한 것을 자책한다.

첫 단계인 자기 일축(self-dismissal)은 일반적으로 가장 많이 접하는 단계다. 이 단계는 감정이 느껴지지 않도록 막는 방어의 최전선이 될 수도 있다. 통합되지 않은 뇌를 가지고 사는 삶에서는 상황이 얼마나 나쁜지를 이해할 수 없다. 3장에서 소개했던 공명하는 자기 목격자가 작동하지 않을 때는 자기 자신을 약화시키고 묵살시킨다. 그 때문에 신체 감각을 느끼고 치유를 경험하는 것은 고사하고, 자기 자신에 대해 진지하게 생각하는 것조차 힘들어진다.

묵살하는 목소리에 현실적인 영향력이 없다는 것을 비로소 이해할 때, 치유 작업이 시작될 수 있다. 이렇게 말하는 내면의 목소리를 들어 보자. "뭘 불평하는 거야? 전쟁 지역에서 사는 사람들에 비교하면 훨씬 살기 쉽잖아." 자기 일축에 건강한 의문을 품어서 따뜻한 호기심으로 바꾸어 놓고, 이런 자기 조절의 노력 밑에 어떤 고통, 실망, 갈망이 숨어 있는지 알아내야 한다.

자기 일축이 나타나는 또 다른 방식은 절대 만족하지 않는 것이다. 이 목소리가 무언가에 완전히 만족하는 때가 과연 있을까? 수석 졸업생, 로즈 장학금, 맥아더 장학금, 《뉴욕 타임스》 베스트셀러, 톱모델 계약, 잡지 표지 모델, 아카데미 상, 《포브스》가 선정한 세계 부자 순위에 오르면 만족할까? 만일 이런 상을 실제로 받았다면, 이 목소리가 이번에는 사기꾼이라고 우리를 비난하는 건 아닐까? 혹시 비판의 목소리가 비인간적일 정도로 높은 기준을 강요하지는 않을까? 잘못하다가는 도저히 달성할 수 없는 완벽함을 목표로 내세우는 이런 로봇 같은 목소리에게 인정받으려고 애쓰면서 평생을 보낼 수도 있다.

또 다른 유형의 자기 일축은 자신에게 어떤 일이 일어나고 있는지 전혀 모를 때 나타난다. 사람들은 각자의 세계에 물리적으로 반응하고는 있지만, 자신이 삶에서 영향을 받는다는 걸 실제로 '알지' 못하는 경우가 많다. 이것은 사람들에게 심박수와 혈압을 측정하는 장치를 달고서 안 좋은 감정을 불러일으키는 사진을 보여 주었던 실험에서 확인됐다. 실험에 참가했던 사람들 중 일부는 사진이 별다른 영향을 주지 않았다고 주장했지만, 그들 자신에 대한 믿음과는 다르게 그들의 생체 징후는 그들이 명확히 반응했음을 보여 주었다.[1] 따라서 신체와 감정을 의식하지 못할 때, 사람들은 자기 행동의 감정적 결과를 알지 못한 채 산다. 감정적 고통을 일부 자각하더라도 이를 경시한다. 이런 부류의 자기 일축은 사람들이 자기 자신을 진지하게 고려하지 않는 방식 중 하나다.

신체와 감정에 대한 정보가 거의 없는 채로 살아가는 연인, 상사, 친구를 둔 사람들에게 한 가지 일러두고 싶은 점이 있다. 그들은 상당히 힘겨운 시간을 보내고 있음을 보여 주는 징후가 한둘이 아닌데도, 무슨 일이 있느냐고 물으면 '아무 일도 없다'라고 말한다. 이럴 때 그들은 자신이 아는 진실을 우리에게 말하고 있는 것이다. 실제로 불안, 슬픔, 분노를 느끼지 못한다. 그들의 존재 내에서 감정을 느끼는 부분은 고려 대상조차 안 되기 때문이다. 어떤 때는 감정을 느끼지만 그것을 말로 표현하는 방법을 모른다. 이 사실을 알아 두면, 그 사람이 정신이 나갔거나 거짓말을 하는 건 아닌가라는 걱정이 들 때 그 상황을 더 잘 이해할 수 있다. (뇌에서 전대상[anterior cingulate]이라고 불리는 부위는 말과 행동 사이의 오류를 감지한다. 말과 행동이 불일치한다는 사실을 감지하면,[2] 불안한 감정과 위험하다는 인식을 촉발할 수 있다. 이 부위는 1장에서 디폴트 모드 네트워크의 일부로 소개했었다. 이에 대해서는 5장에서 불안을 논하면서 더 자세히 배울 것이다.) 마음에 나타난 감정을 인식하지 못할 수도 있다는 사실을 아는 것은 큰 위안이 될 수 있다. 현재 나타나고 있을지 모를 문제를 이해할 수 있게 해 주고, 우리가 비난에서 연민으로 움직이도록 도와주기 때문이다.

사람들이 속상한 감정을 경험하면서도 이를 인식하지 못하면, 시간이 흐르면서 압박감이 서서히 쌓이게 된다. 그 탓에 종잡을 수 없는 분노, 끝없이 빠져드는 절망, 통제가 안 되는 흐느낌처럼, 갑작스럽고 겉으로 보기에 전혀 설명이 안 되는 감정적 폭발이 나타난다. 이들은 그들 자신 옆에 서서 자신의 절망을 보고 있는 기분을 느끼지만, 동시에 자신의 그런 행동을 이해하지 못한다.

이보다는 감정이 조금 더 통합된 상태라면, 자기 자신에 대한 이해와 인생 전체의 그림이 스치듯 지나가지만 곧 시야에서 사라지는 경험을 하게 될 수도 있다. 자기 자신과 능력에 대한 믿음이 생겼다가 사라졌다가 하는 동안, 고통에 초점이 맞춰졌다가 이내 흐려질 수 있다. 사람들은 늘 균형을 찾으려고 한다.

이 사실을 이해하면, (덧붙여 절대 만족하는 법이 없는 비판적인 목소리를 들으며 사는 것이 얼마나 고통스러운지를 이해하기 위해 공명하는 자기 목격자의 도움이 필요하다는 사실을 이해하면), 내면의 긴장이 약간 풀릴지 모른다. 수술용 메스처럼 날카롭던 비판의 목소리를 조금은 유머러스하게 받아들이게 되고, 그런 높은 기준을 자신에게 들이대는 것은 바보짓이라는 생각이 들기도 한다. 완벽해지려고 노력하는 것을 멈추기는 힘들지 모르지만, 완벽해야 성공한다는 확신은 버릴 수 있다. 내면의 비판자가 내놓는 의견의 진실성을 처음으로 의심하기 시작하는 것이다.

어쩌면 자기도 모르는 사이에, 온기가 부족해서 생긴 공백 속에서 내면의 비판자의 목소리를 이용해 자신을 돌보고 있는지도 모른다. 냉정한 기준과 비교를 이용해서 자신을 개선하려고 할 때, 우리는 흔히 부모, 조부모, 증조부모의 선례를 따른다. (역사적·개인적 사건이 대를 거쳐서 자식과 손주에게 나타나는 **세대를 초월한 트라우마**[transgenerational trauma]에 대해서는 11장을 참조하라.) 자기비판적인 목소리를 새로운 방식으로 연결 짓는 이런 모든 측면을 살펴보았으니, 이제는 뇌를 반으로 나눈, **반구** (hemisphere)라고 불리는 뇌의 부위가 자기 연민을 기르는 데 어떤 도움이 되는지 관련 연구를 통해 살펴보도록 하겠다.

뇌 개념

좌뇌와 우뇌

뇌는 왼쪽과 오른쪽이 거의 대칭을 이룬 호두처럼 생겼다. 대칭을 이룬 부분은 각각 **좌뇌**(좌반구)와 **우뇌**(우반구)로 불린다. 좌반구와 우반구는 구조가 다르며, 이런 차이가 자기 연민에 도움이 될 수 있다.

이분법적인 사고에 빠져서 마음을 2개의 반구로 나누고 싶은 유혹도 들지만, 사실 인간의 마음은 절대 2개로 분리될 수 없다. 사고나 질병으로 반구 하나가 손상되었다면 모를까, 모든 사람의 뇌에는 반구가 2개 있으며, 좌반구와 우반구 모두 활성화되어 있고 우리가 하는 모든 일에 기여한다. 좌반구와 우반구는 전문화되어 있으면서도 동시에 상대측 반구의 도움에 전적으로 의지한다. 앨런 포겔은 이를 이렇게 설명한다. "간단한 비유를 들면, 가령 오른손잡이인 사람은 종이에 글을 쓰거나 유리병 뚜껑을 열 때 종이나 유리병을 잡아 줄 왼손이 반드시 있어야 하지요. 또 공을 던질 때 오른손으로 공을 던지더라도 균형을 잡으려면 왼손을 같이 휘둘러야 합니다."

디폴트 모드 네트워크가 포악하든 따뜻하든, 좌뇌와 우뇌는 모두 디폴트 모드 네트워크에 기여한다. 좌뇌는 일상의 언어를 제공한다. 좌뇌가 잘 통제된 우뇌와 통합되면 자신과 타인을 연결하고 결합해 주는 언어를 사용할 수 있다. 통합되지 않은 상태이거나 적절히 통제되지 않은 우뇌와 연결되어 있을 때는 파괴, 단절, 비교, 비판, 묵살하는 언어를 중시한다.

좌뇌와 우뇌에는 모두 물려받은 트라우마와 균열이 있다. 우울증이 있을 때는 이런 문제들이 특히 우반구에서 나타난다. 또 양쪽 반구 모두 감정적으로 건강한 뇌의 회복력 있고 통합된 신경조직의 이점을 제공한다. 좌뇌는 자기 자신을 좋거나 나쁘고, 완벽하거나 불완전하고, 소중하거나 무가치한 사람으로 보기가 더 쉽다. 반면 우뇌는 사람들을 대단히 복잡하고 가변적인 존재로 본다. 이를테면 남을 잘 배려하지만 동시에 부주의할 때도 있고, 있는 그대로 완전하면서도 치유와 변화를 향해 나아가는 존재들로 본다. 한편 신체의 통합 지도와 감정의 이해는 모두 우뇌에서 일어난다.[3,4] 그래서 우뇌에서는 몸의 감정적 경험을 받아들이고 포착할 뿐 아니라, 타인이 했던 말에서 그의 감정을 이해하고 사회적 단서를 이해하는 것이 특히 중요하다.[5]

반면 좌뇌는 공명을 '들을' 수가 없기 때문에 조율에 특화되어 있지 않다.[6] 좌뇌는 이해보다는 행동 쪽으로 심하게 치우쳐 있어서, 자기만의 방식으로 우리를 돌보려고 한다. 좌뇌는 사람들을 무한하고, 흥미롭고, 독특한 개인으로 보지 않는다.[7] 대신 아내, 남편, 조수, 아이, 선생님, 목수, 의사처럼 주어진 일을 수행할 도구와 기능으로 본다.[8] 또 사회 계층에 대한 인식이 담겨 있어서, 누가(그리고 우리 자신이) 남들보다 더 재능 있고, 부유하고, 안정적이고, 유리하고, 멋있고, 영향력 있는지를 판단한다.[9]

과학자들은 세상을 바라보는 방식이 이렇게 다르다는 데 주목하고, 이런 차이의 근원을 찾기 위해서 뇌의 구조를 조사했다. 어느 연구에서는 좌뇌가 연결된 방식이 우뇌와 다르다는 것이 밝혀졌다.[10] 구조적인 차이는 그 외에도 있지만, 이런 세부적인 차이는 뇌의 목소리를 듣고 통합을 향해 나아가는 법을 이해하는 것보다는 덜 중요하다.

뇌의 양자적 환경을 현실 세계의 은유로 설명하는 것은 늘 적절치 못하지만, 좌뇌의 상호 연결은 인접한 나무들의 잎과 가지들이 뒤엉키고 뿌리들이 맞닿은, 뒤죽박죽인 과수원 같은 느낌이라고 연상하면 이해하는 데 도움이 될 것이다. (과학자들이 가지돌기를 '나무'라고 지칭하더라도, 이

가지들은 이웃한 나무 뿌리에 닿고, 이어서 뿌리에서 가지로, 다시 가지에서 뿌리로 연결된다는 것을 기억하자.) 이와 달리 우뇌는 정글에 더 가깝다. 덩굴이 아주 길게 늘어져서 서로 꽤 멀리 떨어져 있는 크고 작은 나무들을 연결하고, 이런 연결점이 우뇌 전체에 퍼져 있다.[11] 이런 구조적 차이로 인해, 우리는 좌뇌로 측정과 비교(그리고 비판)를 하고, 우뇌의 널리 연결되고 결합된 신경망으로 더 큰 그림을 보고 그린다.[12]

좌뇌와 우뇌는 서로 끊임없이 대화를 나눈다. 이들은 같은 일을 하지만, 일을 수행하는 방식은 서로 다르다. 그렇다는 말은 사람들에게 자기 자신과 세상을 보는 두 가지 방식이 있다는 뜻이다. 저자이자 정신과 의사인 이안 맥길크리스트(Iain McGilchrist)가 좌뇌는 '하나의 정답에 도달하는 것을 목표로 하고(즉 A 아니면 B다)', 우뇌는 '양가성과 명백히 대립하는 두 가지의 가능성(즉 A와 B 모두 그렇다)을 더 쉽게 용인할 수 있다'라고 말했듯이 말이다.[13]

좌뇌와 우뇌에 대해서 배우면서, 이제 우리에게 해가 되는 자기 반응성 패턴과 우리를 지지하는 패턴의 차이를 조금은 구별할 수 있게 됐다.

뇌의 반구와 공명하는 자기 목격자

좌우 반구 모두 언어를 사용하지만, 일상생활에서 주로 사용하는 언어 중추는 좌뇌에 있다. 반면 우뇌에는 시,[14] 신선한 비유,[15] 감정(욕설을 포함해서),[16] 가족 내의 관계,[17] 비언어적 소통,[18] 감정을 자극하는 깊은 가치[19]에 쓰이는 언어가 가득하며(이 모든 종류는 앞에서 공명의 언어를 설명하면서 언급됐던 것들이다), 그래서 우뇌는 공명하는 자기 목격자의 발달에 큰 영향을 미친다.

좌뇌와 우뇌는 각각 우리의 행복과 평안에 기여하지만, 자기 폄하에도 원인을 제공한다. 내면의 비판자는 비교, 평가, 고통, 경직성, 우울, 부정, 비인간적 기준 같은 것들을 양쪽 반구에서 끌어낸다. 공명하는 자기 목격자는 온전함, 이해, 자기 연민, 아름다움에 대한 감사, 깊은 동기를 불러일으키는 힘을 가져온다. 공명하는 자기 목격자가 없다면, 사람들은 자기 자신을 갈기갈기 찢어놓으면서도 자신이 고통받고 있다는 것을 부인할지 모른다. 그들은 심지어 인간성을 기억하지도 신경쓰지도 않고, 자신이 완벽해질 수 있다고 끊임없이 기대한다. 최악의 경우, 사람들은 이 목소리의 노예가 된다. 그나마 최선의 경우에도 목소리가 진실을 말한다고 믿는 것이 아니라, 목소리의 총명함, 명료성, 높은 기준을 이용해서 동기를 부여하고, 행동하고, 목표를 달성하고, 절묘하게 균형을 잡고, 정해진 궤도를 유지하려고 한다.

온기 어린 디폴트 모드 네트워크와 공명하는 자기 목격자를 얻으려면, 뇌의 좌우 반구가 모두 최선의 방식으로 작용해야 한다. 전전두피질이 변연계와 연결되어 온기와 자기 조절이 지속적으로 이어지게 하고, 좌우 반구가 활동과 기능을 뒷받침해야 한다. 서로에 대한 존재감은 눈맞춤, 목소리, 몸짓, 손길의 생동감에서 나온다. 단어 선택도 중요하다. 공명을 언어 형태로 포착하려고 한다면, 감정을 이해하는 데 도움이 되는 깊은 갈망과 가치를 살피는 게 도움이 될 수 있다.

공명 기술
사람들의 깊은 갈망에 귀 기울이기

내게 뇌 관련 수업을 받았던 교도소의 학생들은 가족들과의 접촉이 제한되어 있어서, 전화, 편지, 면회를 통한 소통이 자유롭지 않았다. 그래서 나는 그들이 수업에서 배운 기술을 가족이나 친척들에게 적용할 수 있으리라고는 기대하지 않았다. 그러다 보니 수업을 들었던 한 여성이 가족들과 나눈 대화에 관해 말해 줄 때 깜짝 놀랐다. 그녀의 이야기를 들으면 그녀가 자신의 감정에서 끝내지 않고, 감정의 기저에 깔린 게 무엇인지 가족들과 이야기했음을 알 수 있다.

"엄마하고 엄마 형제들은 5년 동안 전혀 교류를 안 했어요." 그녀가 말했다. "예전에는 추수감사절 때 매년 모였었는데, 외할아버지가 요양원에 들어가시고 삼촌의 큰딸이 죽은 뒤로는 가족들이 모두 남남이 되어 버렸어요. 그래서 새로 배운 대화 기술을 제 가족에게 한번 써 보자고 마음먹었죠. 엄마하고 통화를 하는데, 엄마가 삼촌한테 정말 화가 난다는 얘기를 하더라고요. 그래서 이렇게 물었죠. '엄마, 삼촌 때문에 화났어? 외할아버지를 요양원에 안 보내려고 엄마가 얼마나 힘들게 노력했는지를 생각하면, 노력을 인정받고 고맙다는 인사를 듣고 싶은 거지? 또 엄마를 이해해 줬으면 좋겠다는 생각도 들고.' 그러자 엄마가 말했어요. '맞아!' 그 뒤에 삼촌이 제게 전화를 해서, 엄마한테 정말 화가 났다고 얘기하더라고요. 그래서 제가 이렇게 말했어요. '삼촌, 언니가 목숨을 잃었을 때 엄마가 보였던 반응을 생각하면 절망감이 들지요? 딸을 떠나보낸 삼촌의 슬픔이 얼마나 큰지 엄마가 이해하지 못한 것 같아서요. 삼촌 마음을 이해해 줬으면 좋겠지 않아요? 그리고 자식을 떠나보낸 슬픔을 애도하고 싶으시겠죠.' 그러자 삼촌도 '맞아!'라고 얘기하더라고요. 그리고 지금 엄마와 삼촌이 추수감사절을 함께 보내고 있어요. 제가 몰래 가서 그 모습을 지켜볼 수 있다면 얼마나 좋을까요!"

이 이야기는 우리가 느끼는 감정에는 이유가 있다는 사실을 보여 준다. 감정이 느껴지는 건 그 상황이 우리에게 정말로 중요해서이다. 즉 사랑, 이해, 인정, 감사, 믿음, 평화, 신뢰, 보살핌 같은 큰 가치들은 우리에게 중요하고 감정을 불러일으키는데, 이것들은 우뇌의 개념이다. 행동의 엔진인 좌뇌는 우리에게 가장 중요한 것, 우리가 가장 열정적으로 관심을 기울이는 것, 근본을 두고 거기서 힘을 끌어내는 가치에 기초해서 행동을 취한다. 감정과 욕구의 결합은 마셜 로젠버그(Marshall Rosenberg)가 처음으로 광범위하게 다루었다.[20] 그는 다른 사람과 관계를 맺는 이런 접근법을 '비폭력대화(Nonviolent Communication)'라고 불렀다. 나는 로젠버그의 책『비폭력대화: 일상에서 쓰는 평화와 공감의 언어』[21]를 기초로 대화법을 가르친다. 어떤 부류의 언어가 우리를 서로 연결해주고 어떤 단어와 습관이 우리를 단절시키는지를 대단히 명확하게 알려주기 때문이다. 게다가 로젠버그의 연구는 뇌를 통합할 뿐 아니라 사람들을 화합하고, 좌우 반구를 모두 자극해서 함께 작용하도록 돕는 기대치 않은 부수적인 효과도 있다.

감정 뒤에 특정한 메시지와 갈망이 있다는 것을 발견하고 놀라게 될 수도 있다. 그런 것이 거기 있으리라고는 보통 생각하지 못하기 때문이다. 로젠버그는 이런 깊은 메시지를 '욕구(needs)'라는 말로 묘사하지만, 사람들은 때에 따라서 '가치, 원칙, 목적, 자질, 소중히 여기는 것' 같은 표현을 선호하기도 한다. 어떤 표현으로 불리는지는 상관없다. 뇌의 차원에서는 이런 표현들 모두 효과가 있다. 중요한 것은 정확하게 표현하는 일이 다른 사람들과 조율하고 공감하는 데 도움이 된다는 사실이다.

비록 자신에게 욕구가 있다는 것을 부정할지라도, 우리 삶은 각자의 갈망들로 끊임없이 엮인다. 사람들은 가장 어려운 상황에서도 자신이 원하는 것에 마음이 움직인다. 그리고 모든 힘든 상황에는 욕구가 충족된 것과 충족되지 않은 것들이 복잡하게 층을 이루고 있다. 일단 자신의 갈망과 연결되기 시작하면, 자신이 예상했던 것보다 훨씬 커다란 마음을 가지고 있었고, 온전함, 진실, 아이들이 행복을 누리는 세상처럼 모두를 위한 세상을 진정으로 원한다는 사실을 발견하고 깜짝 놀랄지 모른다.

어려운 결정의 근원에는 이런 복잡성이 있다. 예를 들어 어떤 사람이 가정 폭력이나 정서적 학대가 있는 가정에서 살기로 마음먹었을 때는, 누군가와 함께하고픈 갈망을 채우고 싶었기 때문일지도 모른다. 아니면 가정을 떠나면 위험해질 수 있어서 생존이나 재정적인 안정성, 자녀의 행복과 안녕을 우선시하는 것일 수도 있다. 그런데 한편 이런 상황에서는 다른 욕구들이 충족되기 힘들어진다. 존경, 보살핌, 따뜻함, 부드러움, 신체적 안전, 행복, 서로 믿고 의지하는 관계는 기대조차 하기 어렵다. 사랑 없는 결혼에도 이와 비슷한 복잡성이 작용한다. 또 다른 예는 돌려받는 것이 별로 없는 관계에 에너지를 쏟아붓는 친구를 보고 있을 때다. 위태로운 상황에 처한 가족 구성원이나 고마워할 줄 모르는 친구를 돌보는 것은 상황이 안정됐을 때의 안도감을 원하는 마음과 남에게 도움이 되고 싶은 욕구에서 나왔을지 모르지만, 이럴 때 상호 관계, 인정, 감사의 욕구는 우선시되지 않는다.

인간의 보편적인 욕구와 가치를 정리한 목록을 정리해 보았다. 각각의 욕구는 전전두피질을 자극해서 우리가 더 큰 그림을 볼 수 있게 해준다. 우리 안에 이런 깊은 갈망이 작용하고 있음을 확인하면 재구성하는 자기 조절 기술을 향해 나아갈 수 있다. 어떤 욕구는 능률과 낙관주의 같은 좌뇌의 가치들과의 관계로 우리를 이끌고, 어떤 욕구는 사랑과 신념 같은 우뇌의 가치를 더 추구하게 만든다.

인간의 보편적인 욕구와 가치

자율성

선택	독립	자유
	자기 책임	
힘, 작용력	(자신의 행동과 결과를 수용적, 긍정적, 자발적으로 대처하는 태도—옮긴이)	

온전성

진실성	치유	전체성
개성, 온전한 자아가 되기	목적/의미	

올바른 인식

인정	(눈에)보이기	수용, 자기 수용
알려지기	배려, 자기 자신에게 중요한 사람이 되기	

자기 표현

창조성	열정	성장
일	목적	자발성

상호의존성

기여	조화, 평화	삶을 지키기
공동체	편안함	배려
상호 관계	지지, 도움	협력
신뢰, 정직	우정	사랑하는 사람들의 행복
존중, 서로를 온전한 존재로 보는 것		

보살핌, 양육

애정	돌봄, 자기 돌봄	공감
공명	편안함, 따뜻함	친절함, 다정함

생존(자양분의 꾸준한 공급)

공기, 물, 음식, 주거지	움직임	안도감
손길	건강, 웰빙	섹스
휴식, 수면		

축하

살아 있음	재미, 놀이	열정
즐거움	유머	흐름
죽음, 애도	기쁨	

연결

소속감, 포함	동지애	예측가능성
소통	참가, 파트너십	신뢰성
사랑, 친교, 친밀함	관계, 상호 관계	공유하는 가치
우정	공유하는 역사, 현실, 문화	

안전

일관성	질서, 구조	보호
신뢰성, 안정성	예측가능성	신뢰
존엄		

정신적 측면

이해/ 명확성	학습
정보	자극

영적 측면

아름다움	조화	평온
생명과의 연결	영감	고요
믿음, 희망		현존

이 목록은 결코 완전할 수 없다. 보다시피 나열된 단어들은 모두 추상적인 개념이다. 특정한 상황에서 누군가가 특정한 행동을 하는 것을 묘사한 것은 없다. 예를 들어 하와이로 여름 휴가를 다녀오자는 의견에 무조건 동의하거나, 아이들이 집에서 각자 맡은 일을 즉시 해야 할 **필요**는 없다. 가족들이 그렇게 해 주기를 **바랄** 수는 있겠지만, 그 밑에는 보다 근본적인 무언가가 작용한다. 이런 행동 밑에 자리한 욕구가 무엇인지를 조사하면, 우리가 실제로 갈망하는 것은 지지, 현실 공유, 연결, 파트너십, 책임 같은 것들임을 발견하게 될지 모른다. 다행히도 우리가 어디로 여행하는지, 상대방이 얼마나 빨리 반응하는지 외의 다른 많은 전략들이 우리의 가장 깊은 가치들과 맞닿을 수 있게 해 준다.

행동의 근원에서 이런 가치를 찾는 것은 너무 깊고 잔잔해서, 이런 단순성은 우리의 직관과는 반대된다. 다음 유도 명상에서 이런 근본적인 이해를 내면의 비판자에게 적용해 보자.

유도 명상 4 ┃ 내면의 비판자에 대한 공감

내면의 비판자는 우리에게서 정말로 무엇을 원하는 걸까? 내면의 비판자(좌뇌의 목소리에 더 가까운)와 공명하는 자기 목격자(우뇌 목소리에 더 가까운)의 목소리를 구별할 수 있다면 어떨까? 이 두 목소리는 어떻게 상호작용할까?

이 질문을 듣고 약간 당황스럽다면, 잠시 시간을 내서 무언가에서 '실패'했을 때 자기 자신에 대해 어떻게 느끼는지 생각해 보자. 예를 들어서 '명상할 때 나는 어떠한가?' 혹은 '사람들 앞에서 말하거나 발표해야 할 때 어떠한가?', '글쓰기, 요리, 춤추기, 노래하기처럼 뭔가를 새롭게 시도해야 할 때 어떠한가?' 내면의 비판자는 자기를 표현해야 하는 도전에 직면했을 때 가장 시끄럽게 비명을 지르는 경우가 많은데, 이는 안전함을 그만큼 간절히 원하기 때문이다. 사람들은 생명 에너지를 얻을 수 있을지 잘 모르는 채로 세상에 발을 디딜 때 공격받거나 상처 입을 위험이 가장 크다.

공명하는 자기 목격자가 비판자의 두려움에 공명하는 반응을 보인다면 어떨까? 이 목소리가 얼마나 걱정하는지에 대한 인정이 있을까? 비판자의 절망과 피로를 이해한다는 말을 들으면 비판자가 마음을 조금은 놓을 수 있을까? 이 명상은 자기비판에 대응할 때 선택할 방법들을 탐색한다.

시작하기 전에, 자기 자신에게 어떤 판단을 내리고 있는지 나열해 보자. 자기 자신을 욕하는가? '바보 같다, 멍청하다, 형편없다, 서툴다, 무능하다'처럼 자신이 잘못됐고 나쁘다는 뜻을 내비치는 형용사 단어를 사용하는가? 자신을 남과 비교하고 부족함을 느끼는가? 자기 자신에 대해 생각할 때 체념, 묵살, 경멸, 무관심한 태도가 느껴지는가? 짜증, 조바심, 분노가 보이는가? (여기서 좌뇌의 목소리가 들리기 시작한다.)

위안을 못 느끼는 우뇌도 내면의 비판자의 경험에 작용한다. 이 세상에서 자신이 어떻게 지내는지를 생각하면 슬픔, 우울, 두려움이 느껴지는가? 평소에 강렬한 역겨움, 자기혐오, 공포를 느낄 때도 있는가? (자기 자신에게 이런 식으로 강력하게 반응하는 경향이 있다면, 자기혐오를 다룬 11

장을 반드시 읽어 보기 바란다.)

가장 강한 충격을 주는 판단(몸이 가장 강력하게 반응하는 진술)을 고른다. 내면의 비판자가 어떤 식으로 말을 던지는지에 대한 실마리를 얻었으니, 이제 명상을 본격적으로 시작해 보자.

🍃 연습

몸에 의식을 두고 그 공간에서 몸이 어디 있는지 인식하는 것으로 시작한다. 어깨는 위장과의 관계에서 어디에 있는가? 팔꿈치는 엉덩이와의 관계에서 어디에 있는가? 발과 무릎은 어디에 있으며, 그 부위와 이마는 어떤 관계가 있는가?

이제는 주의를 호흡으로 가져간다. 숨을 들이쉴 때 폐에서 호흡이 만들어지는 형상이 느껴지는가? 그 형상이 몸통에서 얼마나 밑으로 내려가는가? 숨을 쉴 때 복부에서 변화가 조금이라도 느껴지는가? 숨을 내쉴 때 그 형상은 어떻게 되는가? 가슴과 횡격막에서 호흡이 변화하는 형상을 느끼며 주의를 잠시 그곳에 둔다. 주의가 호흡의 형상에 대한 감각에서 멀어지면, 부드럽고 따뜻하게 호흡으로 되돌린다.

이제 비판자의 목소리를 잠시 다시 들어 보자. 들었던 말을 소리 내서 말해 본다. 몸에서는 어떤 일이 일어나는가? 호흡이 멈췄는가? 어떤 느낌이 들었든, 멍하거나 무감각해지기 시작하더라도, 지금의 느낌과 어울리는 감정 표현이 있는지 생각해 보자. 이런 표현의 이면에 자리한 더 깊은 갈망은 무엇인가?

밑에 나열한 추측 목록을 읽으면서, 지금의 자신에게 해당하는 것을 취하고 나머지는 버린다. 자기비판의 깊은 동기가 될 수 있는 요인들을 읽는 경험은 생각보다 버거울 수도 있다. 자신의 반응에 주목하고, 온화한 마음으로 자신을 대하자. 녹음된 음성 파일을 들으면서 이 명상을 하고 있다면, 멈추

고 싶을 때 언제든 파일 재생을 잠시 중지하거나 꺼도 된다. 이 명상의 목적은 비판자가 어떻게 우리 자신을 도우려고 하는지, 내면의 비판자의 마음에 귀 기울일 때 어떤 느낌이 드는지를 가볍게 알아보려는 것이다. 밑에 나오는 목록을 읽으며 비판자의 말로 돌아가서, 비판의 밑바탕에 깔린 더 깊은 욕구와 진정으로 공명하는 질문이 있는지 살핀다. 적절한 질문을 찾았으면, 읽기를 중단하고 그에 대해 충분히 깊이 생각해 본다. 이를 통해 내면의 비판자를 다른 방식으로 볼 수 있게 됐는지 알아보자.

목록에 나온 질문 중에 마음에 와닿는 것이 없다면, 이 목록에서 영감을 얻어서 비판자의 느낌이나 욕구에 관한 질문을 자기가 직접 만들어 볼 수도 있다. 이런 느낌과 욕구는 신체의 긴장과 이완의 패턴을 따른다. 위에서 살펴본 느낌과 욕구의 목록을 참고해서 찾아봐도 좋다.

우선은 비판자의 목소리에 공명하는 데 집중하자. 잠시 뒤에 우리는 판단을 받는 부분에 공감하게 될 것이다. 아래 나열된 진술은 자기비판의 범주에서 비교적 약한 것에서 강력한 것의 순서로 정리했다.

〈비교적 약한 내면의 비판자라면〉

- 좌절감이 들고, 완벽함을 사랑하는가?
- 희망을 잃었고, 책임을 중요하게 생각하는가?
- 실망했고, 약속을 이행하기를 바라는가?
- 집중, 역량, 성취를 간절히 바라는가?
- 불신감을 느끼며, 믿을 수 있고 끝까지 완수하는 역량을 바라는가?
- 조바심을 느끼며, 변화와 변혁을 갈망하는가?
- 의심스러운 느낌이 들고, 믿음과 신뢰가 있었으면 좋겠다고 생각하는가?
- 미덥지 않아서, 안심되는 말이나 행동을 바라는가?
- 짜증이 나서, 정확성을 갈망하는가?
- 따분함을 느끼고, 독창성과 진정한 자기표현을 원하는가?

- 무시당하는 기분이 들고, 역량과 전문적인 지식과 기술을 갈망하는가?
- 업신여김을 당하는 기분이어서, 힘이 있었으면 좋겠다고 간절히 바라는가?
- 화가 치밀어 오르고, 성공을 바라는가?
- 절망감에 휩싸였고, 계속 노력하는데도 목표를 달성하지 못하는 것이 얼마나 진이 빠지는지 알아줬으면 좋겠는가?

〈아주 격렬한 내면의 비판자라면〉
- 분노가 치밀어 오르며, 이 분노가 얼마나 대단한지를 알리기 위해 지구를 파괴하고 싶은 기분인가?
- 가끔은 자신을 없애 버리고 싶어지는가? 평화를 바라는가?

〈가장 중요한 질문〉
- 이 내면의 비판자는 절망한 상태이며, 그저 어떻게든 기여하고 싶어 하는 것인가?

내면의 비판자가 느끼는 고통의 이면에 어떤 갈망이 있는지, 추가로 떠오르는 생각은 없는가?

그렇다면 이제 초점을 옮겨서 비판을 받는 자기 자신에 초점을 맞춰 보자. 자기 자신으로 주의를 돌리면 어떤 일이 일어나는가?

자기비판의 말을 들을 때 몸에서 어떤 반응이 나타나는가? 비판을 들으면 숨이 멎는가? 어떤 감각이 느껴지든지, 설사 멍해지거나 무감각해지는 단계에 접어들더라도 감정을 묘사하기 시작하는 단어가 있는지 살펴보자. 단어의 이면에 깊이 자리한 갈망은 어떤 것인가? 다음에 나오는 질문을 읽으면서 지금의 자신에게 해당하는 것을 취하고 나머지는 버린다. 그래야겠다는 생각이 들면, 몸의 긴장과 이완의 패턴을 관찰하면서 직접 자신만의 추측을 생각해 내도 좋다.

- 아주 보잘것없고 부끄러워져서 지원과 확신이 필요한가?
- 우울하고 슬퍼서 지금 모습 그대로 사랑받고 있다는 것을 확인하고 싶어지는가?
- 혼란스러우며 이해심이 필요한가?
- 끊임없이 불안한 마음이 들어서 안도감과 희망이 필요한가?
- 절망한 상태이며 수용을 간절히 바라는가?
- 지치고 벅찬 느낌이 들며, 비판의 짐이 얼마나 무거운지, 오랜 세월 이런 짐을 지면서 얼마나 힘들었는지 인정받고 싶은가?
- 어리둥절한 기분이어서 명확성을 갈망하는가?
- 두려운 느낌이 들어서 사람들의 도움과 숨 쉴 공간이 필요한가?
- 절망하고 겁에 질려 딛고 일어설 굳건한 기반이 필요한가?
- 늘 불충분한 데에서 오는 절망감에서 살아남기 위해 감정을 닫아 버렸는가?
- 애쓰는 데 지쳐서 이제는 좀 편해졌으면 좋겠는가?
- 불신감이 들어서 변화와 변혁의 가능성이 필요한가?
- 비판을 못 견디는가? 수용과 지원을 간절히 원하는가?
- 심판받는 것에 짜증이 나고 존중받았으면 하는가?
- 외로움을 느끼며 소속감과 사랑이 필요한가?

이제 자기 자신의 양쪽 측면의 경험을 인정하는 과정에서 어떤 현상이 나타났는지에 주목하자. 몸에서 어딘가 달라진 점이 있는가?

호흡으로 돌아와 공명하는 자기 목격자의 시각을 위로 가져간 뒤, 천정이나 하늘에서 자기 자신을 내려다보자. 다른 관점에서 바라보면 평소의 판단이 바뀌는 데 도움이 될지 모른다. 자신을 수용하는 마음으로 따뜻하게 바라볼 수 있는가? 본인의 성취와 부담을 연민의 마음으로 인정할 수 있는가?

부드럽고 따뜻하게 주의를 호흡으로 되돌린다. 내면의 비판자가 명상에서 목소리를 내도록 허용했던 데에서 상처를 입었거나 놀랐다면, 비판자의 침입에 반응하는 떨리고, 연약하고, 분노하는 자신의 일부에 공감해 주자. 자신의 이런 부분은 '마음 편히 탐구하고 배울 수 있는 안전한 공간과 보호를 갈망하는가?', '충격을 받고 화가 나서 존중과 배려를 갈망하는가?'처럼 이면에 어떤 욕구가 있는지 추측하는 것을 즐길지 모른다. 몸을 관찰하면서, 그 경험을 인정해 주는 것에 어떻게 반응하는지 주목한다.

이제는 호흡과 숨을 쉴 때 폐에서 만들어지는 유기적인 형상으로 주의를 돌리고, 접혔다 펴졌다 하는 움직임을 따라간다. 언제든 준비가 되면 서서히, 조심스럽게, 온화함으로, 외부 세계와의 관계로 돌아가자.

냉엄한 눈초리로 바라보며 평가하는 것과 부드러운 시선으로 바라보면서 자신과 공동체 사이의 상호 연결성을 보는 것, 그리고 감정, 기념일, 평생의 투쟁, 실현하고 싶은 가치, 경험의 복잡성을 이해하는 것에는 차이가 있다는 사실을 알아차린다. 또 삶에서 더 큰 그림을 볼 수 있는 기회를 스스로에게 허용하면 내면의 비판자가 조금 약해질 수도 있다는 것을 의식한다.

이 명상이 필요한 이유

이 명상은 자아의 두 부분, 즉 비판적 자아와 비판에 상처받기 쉬운 자아의 관계를 돌아보고, 우리가 그 각 부분보다 큰 존재임을 이해하도록 해준다. 비판적 자기 판단의 목소리를 식별하는 법을 배우면, 그 평가를 신뢰하기보다는 한계를 이해하고, 진실의 목소리(자기 자신의 강하고 자원이 충분하며 따뜻한 부분)를 찾을 수 있게 된다.

내면의 목소리를 명확히 듣게 되면, 그 목소리가 하는 모든 말은 욕구를 충족하려는 시도임을 알아볼 수 있다. 내면의 목소리는 때로 관련된 사람들의 마음을 비참하게 묵살하면서, 자신과 타인을 돌보려고 늘 최선을 다한다.

목소리에 감춰진 깊은 갈망을 듣고 이해하면 목소리가 완전히 바뀌며, 결과적으로 '늘 부족하고 불충분한 상태'의 쳇바퀴에서 빠져나올 수 있다. 사람들은 본연의 상태에 이른다. 그들 안에서 나오기만을 기다리고 있었던 것이 마침내 이 세상에 모습을 드러내는 것이다.

내면의 비판자의 목소리가 익숙한 전략이나 표현을 사용하는지 주목하자. 만일 내면에서 이야기하는 사람이 당신이 아니라 부모나 예전에 만났던 선생님 등 다른 사람이라면, 당신에게 내면의 그런 존재는 누구일까? 이 존재는 부모가 스스로에게나 자식인 당신에게 실망했을 때 썼던 표현을 사용하는가? 부모가 당신에게 혹은 조부모가 부모에게 품었던 깊은 갈망이 있다면 어떤 것이었을까?

🍃 🍃 🍃

비판적인 내면의 목소리에 대응하는 것과 관련해 우리가 배운 점

이 작업을 해 나가면, 점진적으로 다양한 부류의 내면의 목소리를 듣고 확인하며 요청할 수 있게 된다.

거부, 묵살, 비판, 경멸의 목소리(좌뇌)
- 신뢰할 수 있는 목소리가 아니다. 이 목소리의 말을 믿으면, 곤경에 빠진다. 건전한 의구심을 발휘한다.

- 이 목소리의 속내를 들여다보자. 자원이 불충분한 세상, 여력의 고갈, 성공하려고 아주 많이 노력했지만 갈망을 이루기에는 부족했던 상황을 공명하는 반응이 인정해 줄 필요가 있지 않은지 생각해 보는 것이다. 이런 가능성들도 있다. '나의 행복과 안녕을 바라니?', '내가 생존하기를 바라니?', '이 세상에 자비가 없다고 믿니?' 우리가 이 목소리를 최대한 활용하면, 우리는 힘 없고 무능력한 상태가 아니라 변화와 개선에 대한 이 목소리의 권고를 받아들일 수 있다. 그러면 우리는 균형, 안목, 높은 기준, 개선하려는 의도를 아우른 사랑에 가까이 다가선다.
- 바람을 등지고 걷듯이, 비판적인 목소리의 에너지를 활용해서 우리가 깊은 갈망과 삶의 큰 그림을 향해 나아가고, 의사 결정과 우리가 취하는 행동의 근원에 진실성이 자리하게 할 수 있다.
- 우리가 이 목소리를 가장 잘 활용하면, 균형 잡히고 통합되며 조직화된 눈으로 이 세상을 살아갈 수 있고, 좌뇌와 우뇌를 모두 사용해서 통일성과 체계성, 추진력과 관대함을 결합시킬 수 있다.

고통, 우울감, 압도감, 절망감, 무력함의 목소리(우뇌)
- 슬퍼하지 못한 애도의 목소리가 있을 때 슬픔의 근원을 찾지 않고 멈추면, 곤경에 처한다. (우울증을 다룬 12장에서 더 자세히 알아본다.)
- 이 목소리를 잘 활용하면, 무능과 무력함에 굴복하지 않고 겸손하게 고통과 인간성을 인정할 수 있다.
- 용기, 회복탄력성, 자기 연민을 가지고 이 목소리를 들으면, 슬픔을 찾고 절묘한 온화함으로 슬픔을 지지하게 된다. 슬픔에 공명하고 이해하면서도 그 과정에서 우리 자신을 잃지 않는다.
- 우리가 이 목소리를 가장 잘 활용하면, 가장 깊은 갈망이 진실성

과 힘으로 실현되며, 간절한 꿈에서 자극받아서 이 세상에서의 행동에 박차를 가한다.

내면의 비판자를 알고, 충분히 이해하고, 해체한 이후의 삶

이어지는 목록은 공명하는 자기 목격자가 우리 행복에 기여하기 시작하고, 우리가 온화함과 자기 이해를 품고 살 때의 삶이 어떠한지를 설명하는 내용이다. 이 목록을 훑어보면서 어떤 것이 이미 손이 닿는 범위 내에 있고, 어떤 것이 자신이 달성한 최대치이고, 어떤 것이 아직 엄두도 안 나는지 확인해 보자.

- 그저 호흡을 즐기기 시작한다.
- 조용하게 혼자 있는 시간이 즐겁다.
- 몸의 목소리에 조율하고 자신의 직관에 귀 기울인다.
- 주변 사람들이 흥미로워지고, 그들의 말과 선택이 그들의 마음을 드러낸다는 것을 안다.
- 사람들이 말할 때 드러나는 모든 경험의 단계를 듣는다.
- 삶의 여정이 사람들의 얼굴에 남긴 흔적을 공경한다.
- 관계를 맺고 함께 시간을 보내자는 타인의 초대를 즐겁게 여긴다.
- 단절 및 타인에게 감정적 상처를 입히는 관계가 치유되지 않은 트라우마나 동행되지 않은 삶의 결과임을 이해한다.
- 자기 폄하, 자기비판, 자기혐오의 목소리에 기꺼이 도전한다.
- 자신이 진정으로 사랑하는 것과 자신에게 의미 있는 것에 주목하기 시작한다.
- 자신이 살고 싶은 세상을 만들기 위해 행동에 나서려는 마음이 기

꺼이 든다.
- 자신의 꿈을 설명하고 자신이 갈망하는 것을 요청할 수 있게 된다.
- 삶이 가져다주는 것을 받기 위해 문을 열고, 그 안에서 선물을 찾는다.
- 고통 속에 있을 때 잠시 멈춰서 깊은 갈망과 사랑을 기린다.
- 자기 자신이 이해가 된다.
- 지금까지 자신을 이끌어 준 은혜를 이해하고 인식한다.
- 자신이 아주 복잡한 인간이며, 고유함 속에 아름다움이 있다는 것을 안다.
- 경외심, 경이로움, 호기심을 수용할 용량이 늘어난다.
- 사랑과 고통 모두에 취약해진다.
- 삶의 에너지를 어떻게 쓸 것인가를 선택할 때, 자신에게 기쁨을 주는 것을 기준으로 한다.
- 실시간으로 관계를 나누는 느낌을 즐긴다.
- 가슴이 다시 활짝 열린다.

이렇게 말하면 이상하게 들릴지 모르지만, 이 여정을 이제 막 시작하는 참이라면, 당신은 이 모든 즐거운 경험을 눈앞에 두고 있는 셈이다. 두려움과 단절의 목소리를 듣고 이런 경험의 근본적인 원인은 더듬어 찾으면서, 우리는 뇌를 진정시키고, 우뇌에서 얻는 최선의 결과(공감, 따뜻함, 공명, 이해)와 좌뇌에서 얻는 최선의 결과(명확함, 행동, 추진력)를 통합할 길을 열 수 있다.

그런데 이런 최선의 결과를 상상하기가 힘들 수도 있다. 회의적인 내면의 비판자를 두었다면 지금보다 더 나은 삶을 살 수 있다는 의견에 대한 반발이 상당할지 모른다. 만일 이런 불신의 목소리가 들린다면, 그 목소리에게 좌절의 고통에서 구해 주려고 그러는 것인지 물어보고, 돌봐 주려고 애써 주어서 감사하다는 인사를 전하자.

이어지는 5장에서는 연민이 부족한 자기 목격자의 목소리가 우리 몸에 미치는 영향, 불안의 경험에 공명을 적용하는 법을 살펴보도록 하겠다.

5장

불안 가라앉히기

: 신뢰를 향해 나아가기

> **" " " "**
>
> "긴장을 늦추면, 순식간에 엉망진창이 되어 버릴 거야."
> 하지만 실제로는 이렇게 말할 수 있다.
> "나 자신과 다른 사람들을 믿을 수 있어."
>
> **" " " "**

불안은 뭔가가 잘못됐다는 경고의 신호로써 몸이 해석하는 감정이다. 불안은 사람을 송두리째 삼켜 버릴 수 있다. 뭔가가 잘못됐다는 괴로운 느낌은 표면에 떠오른 의식 바로 아래에서 느껴진다. 보통 가슴 부위의 타는 듯한 느낌이나 전류가 흘러 신경이 곤두서는 느낌으로 다가오며, 때로는 복부의 긴장이나 조이는 느낌, 두근거림이 동반되기도 한다. 불안은 사람을 진 빠지게 만드는 약한 수준의 거슬림에 둘러싸여 있는 상태로, 어떤 사람들은 몇 년에서 몇십 년까지 이런 불안을 참고 견딘다. 그런데 일단 몸의 속도가 충분히 느려져서 몸의 목소리를 진정으로 들을 수 있게 되면, 몸이 우리를 돌보려고 애쓰고 있다는 것을 알게 된다. 강박적으로 뭔가를 먹거나 술을 마시거나 마리화나를 피우는 등 중독적인 행동에 탐닉하게 만들어서 불안의 경험을 무디게 만들려고 했을 뿐이다.

하지만 불안의 경험이 어떤 식으로 표출되든, 우리가 신체 감각에 관심과 배려를 기울이면 평온과 행복을 향해 나아갈 수 있다.

판크세프의 감정 회로

감정 회로	이 회로에서 중요한 것(욕구, 갈망, 가치)	연관된 우리의 감정(느낌)
보살핌	기여, 보살핌, 사랑, 공감, 조화, 소속감, 온기, 공명, 보호	온화함, 만족감, 사랑, 보호
욕정	성적 표현, 육체적 친밀감, 파트너십	욕정, 욕구
놀이	놀이, 재미, 자기표현, 창조성	재미, 기쁨, 흥분, 행복, 놀라움
두려움	안전, 예측 가능성, 평온	불안, 두려움, 공포, 경악
분노	옹호, 작용력, 유효성, 중요함, 목적, 존경, 자유	짜증, 경멸, 화, 증오, 격분
공황/비탄	연결, 사랑, 우정, 현존	불안, 슬픔, 외로움, 비탄, 실망, 당황, 죄책감, 수치심, 비통함
추구	생존, 만족	만족, 안도감, 자신감, 흥분

뇌 개념

불안과 감정 회로

최적의 상태에서는 전전두피질이 감정 조절을 적극적으로 지원한다. 전전두피질에서 일어나는 활동이 적을수록 뇌가 더 많이 고생하는데, 이는 일종의 조절 장애다. 전전두피질이 비활성화된 뇌는 불안한 뇌일 공산이 크다.[1] 공명하는 자기 목격자의 감각을 깨우는 것이 대단히 중요한 이유도 여기 있다. 감정적으로 힘든 순간에 의도적으로 온기를 발하면, 웰빙을 뒷받침하는 신경 연결 패턴에 힘을 실어 주게 된다.

　쥐도 인간처럼 웃는다는 사실을 발견한 신경과학자 자크 판크세프는[2], 감정이 어떻게 뇌의 특정한 경로로 움직이게 되는지를 연구하면서 평생을 보냈다. 3장에서 설명했듯이, 판크세프는 동기와 감정의 일곱 가지 경로를 구별하고, 그 경로에 감정 회로라는 이름을 붙였다.[3] 그중 보살핌 회로에 대해서는 앞서 살펴봤으며, 여기서는 두려움 회로와 공황/

비탄 회로를 다루려고 한다. 옆에 나온 표는 판크세프가 설명한 일곱 가지 회로이며, 이 회로가 무엇을 중요하게 여기는지, 어떤 감정이 이 회로와 연관되어 있는지를 정리한 것이다.

불안이 두려움 회로와 공황/비탄 회로 양쪽 모두에 연결된다는 점에 주목하자. 공황/비탄 회로를 처음 발견했을 때, 판크세프는 포유류의 새끼가 어미와 분리되는 순간 이 회로가 가장 강력하게 작용한다는 사실을 확인했다. 공황은 어미 표범이 사냥하러 나가 있는 동안 새끼 표범이 홀로 바닷가에 남아 외롭게 어미를 찾는 소리이자, 어미 고양이가 잠시 자리를 떠났을 때 굶주린 새끼 고양이들이 울부짖는 소리이다.

그리고 이런 감정 회로는 인간에게도 존재해서, 우리가 중요한 사람과 떨어져 있을 때 활성화되는 별도의 회로가 있다. 이때 우리가 위험을 두려워하는 것은 아니다. 우리가 홀로 남겨졌고, 그 사실을 두개골-뇌가 아는 것이다. 공황/비탄의 감정 회로는 버림받음, 자녀가 장성해서 떠나고 부모 홀로 남은 상황, 비통함, 사랑하는 사람이 죽었을 때 느껴지는 참담함과 관련된 영역이다. 물론 단순한 슬픔이나 외로움을 느낄 때도 활성화되지만 말이다.

판크세프는 두 종류의 불안이 내면에서 완전히 똑같이 느껴질지 모르지만, 두려움과 연결된 불안은 공황/비탄과 연결된 불안과는 크게 다르다는 사실을 깨달았다.[4] 이 사실을 알아 두는 것이 중요하다. 어떤 회로가 작용하는지를 감지하면, 어떤 종류의 공명이 자신에게 가장 도움이 되는지를 더 잘 파악할 수 있기 때문이다. 외로움 때문에 불안할 때는 보통 안전과 보호를 바라는 것이 아니다. 또 미래에 대한 걱정과 삶에 대한 두려움으로 불안할 때는 보통 친밀감이 필요하지는 않다.

그런데 두려움의 불안과 공황의 불안이 동시에 느껴질 수도 있다.[5] 예컨대 혼자서 대출금을 감당해야 하는 걱정과 인생의 짐을 나눌 동반자를 찾는 것에 대한 걱정이 혼재할 수 있다. 아무도 동행해 주지 않아서 육체적으로 위험에 놓인 느낌에 외로움이 더해질 수도 있다. 또 가족 구성원이 중독으로 극심한 고통을 겪을 때 드는 혼란스러운 불안의 고통도 두 가지가 섞인 예다. 안 좋은 결과에 이를지 모른다는 두려움과 그 구성원을 집에서 내보내고 싶은 욕구가 함께 생기고, 동시에 그 사람의 존재감이 사라지면 외로움이 느껴진다.

이런 상황에서는 현재의 상실감에 대한 인정이 필요하다. 지금의 경험은 과거의 상실에서 처리되지 않고 남은 해묵은 감정이 어렴풋하게 반복되는 것일 수도 있다. 예를 들어 중년에 사귄 친구를 잃으면 초등학교 때 친구를 잃었던 아픔이 되살아날 수 있다. 이것을 이해하면 마음이 진정되므로, 스트레스에 압도당할 때 과거의 경험이 작용하는 건 아닌지 최소한 확인해 볼 수 있다. 또 불안이 아주 오래전부터 있었던 감정이라는 것과 지금 우리가 현재의 경험을 돌아보는 것은 우리가 여전히 불안한 이유를 이해하는 데 도움이 되기 위함임을 인식할 수 있게 해 준다. 지금 당면한 문제만 해결하면 마음의 평화가 올 것으로 생각될지 모르지만, 그 문제를 해결하고도 평화를 얻지 못하면 우리는 다음 걱정 또 그다음 걱정으로 계속 넘어간다. 엉뚱한 곳을 들여다보기 때문에 그토록 원하는 마음의 평화를 결코 찾지 못하는 것이다. (과거의 문제를 해결하는 것에 대해서는 6장에서 더 자세히 논한다.)

또한 가정 폭력을 겪고 있거나, 전쟁 지역에 살고 있거나, 주택을 압류당할 위기에 처했거나, 현재 어떤 트라우마를 겪고 있다면, 벌어지고 있는 상황의 긴박성에서 오는 당연하고도 막대한 불안이 생길 것이다.

이렇게 혼합된 불안 속에 사는 경우, 불안감의 몇 퍼센트가 버림받는 것과 관련이 있는지, 또 몇 퍼센트가 아직 일어나지 않은 일이나 현재 처해 있는 위험에 대한 두려움과 관련이 있을지 추측해 보자. 마음이 동요하는 이런 경험은 개인적으로 어떤 느낌으로 다가오는가? 어떤 종류가 됐든, 모든 불안은 뇌가 더 바삐 일하게 만들고 스트레스를 조장한다. 자신이 느끼는 불안을 확실히 파악할 수 있으면, 공명하는 자기 목격자가 주의 깊게 대응하기가 더 쉬워진다.

상황이 어떻든, 감정적 경험을 정확히 말로 표현하고 자기 안의 공명하는 자기 목격자를 깨우는 것은 어떤 식으로든 도움이 된다. 지금부터 배울 공명 기술은 이런 새로운 방식으로 우리 자신에게 언어를 사용할 때, 우리의 감정과 갈망을 어떻게 화합할 수 있는지 몇 가지 예를 제시한다.

공명 기술
조율과 공명을 말로 표현하기

감정적 경험을 말로 표현하는 한 가지 방법은 신체 감각, 그와 관련된 감정, 그 근원의 목적과 갈망을 자신을 향한 따뜻한 호기심 속에서 종합해보는 것이다. 우선 지금 이 순간 자신에게 무엇이 가장 중요한지 생각해본다. 그러고 나서 자신과 대화를 나눈다는 기분으로, 현재 자신에게 벌어지고 있는 일에 대한 느낌에 근접했는지 물어볼 수 있다. 이 과정에서, 공명하는 자기 목격자가 우리의 복잡한 기분을 완벽히 알 수는 없다는 사실을 인정한다. 이렇게 하면 자기 발견의 여지를 남기게 된다.

이때 사람이 어떤 감정을 느낄 때는 대개 원인이 있다는 것을 염두에 둬야 한다. 예를 들어 동료 직원이 프로젝트에서 정당하지 않은 큰 칭찬을 받은 것에 화가 날 때, 그에게 꽤 오랫동안 분한 기분을 느낄 수도 있다. 이럴 때 우리가 짜증이 나는 이유를 이해하고, 그런 감정에 인정,

기여, 진실성, 파트너십을 바라는 마음이 더해진 것임을 알게 되면, 어느 정도 짜증이 사그라질 수 있다.

이런 종류의 물음은 항상 마침표보다는 물음표로(즉 직접적인 진술보다는 질문으로) 끝맺음하는데, 이는 존중의 표시이다. 예컨대 "마음이 울적해서 슬퍼해야겠다는 걸 알아."라고 진술하기보다는, "마음이 울적해서 슬픔에 좀 잠겨 있어야 할 것 같아?"라고 묻는 식이다. 이때의 질문은 개방형 질문으로, 특정한 행동에 대한 욕구보다는 그 속에 깊이 담긴 중요한 가치를 언급해야 한다. 예를 들어 '동료가 그 프로젝트에 별로 기여하지 않았다는 걸 상사에게 알리는 것'이 아니라 '진실을 밝히고 인정받으려는 욕구'인지를 물어야 한다.

명확해 보이는 감정과 신체 감각을 바탕으로 추측할 수도 있고, 했던 말을 듣고서 추측해 볼 수도 있다. 예를 들어 내가 "난 쟤가 꼴 보기 싫어."라고 말했다고 하자. 이때 내 안의 공명하는 자기 목격자가 신중하게 듣지 않았다면, 그 말의 숨겨진 깊은 의미를 놓치고서 "꼴 보기 싫다는 건 좋은 표현이 아니잖아."라고 자기 자신에게 답할지 모른다. 하지만 내가 그 말을 했을 때는 "저기 있는 여자아이들이 내게 상처를 주는 말을 했는데, 그중 한 아이는 나하고 가장 친했던 친구였어."라는 의미가 숨겨져 있을 수 있다. 이렇게 평소와 같은 방식으로 상대방의 이야기를 들으면 깊이 있는 의미를 놓치기가 쉽다. 보통 때와는 다른 수준의 의문을 품고 접근해야 이런 숨겨진 의미를 밝혀낼 수 있다.

자기 자신에게 깊이 귀 기울이는 것은 상황을 해결하는 것과는 아무런 관련이 없다. 내가 진행했던 수업에서 한 여성이 말하길, 예전에 가깝게 지내던 몇몇 친구들에게 자꾸 화가 난다고 했다. 예전보다 건전하게 생활하게 되면서 그 친구들과 보내는 시간이 줄어들고 있었는데, 자기가 혹시 그 친구들에게 주먹을 날리거나 덤벼들어서 지금껏 쌓은 기반을 잃게 되지 않을까 걱정스럽다고 했다. 그녀는 4장에서 설명했던 인간의 보편적인 욕구와 가치 목록을 보면서 자신에게 무엇이 그토록 중요했는지 생각해 보았다. 목록에 나온 단어 중에 존중, 선택, 사생활, 정직, 보호, 안전이 특히 그녀 눈에 들어왔다. 그녀는 이런 갈망을 하나씩 소리내서 말하면서 차츰 마음이 안정됐다. "이제는 좀 알 것 같아요." 그녀는 말했다. 그리고는 이렇게 덧붙였다. "이제는 그저 슬퍼요. 그 친구들에게도 애석하고, 저한테도요. 변화는 어렵네요. 이제 그 친구들과 싸울까봐 겁이 나지는 않아요." 이 이야기에서 그녀의 외적인 상황은 분명 바뀌지 않았다. 하지만 그녀는 내면의 공명하는 자기 목격자를 깨우고 자기 자신과 공명할 수 있었다.

자신이나 다른 사람에게 중요한 것이 무엇인지 추측하는 것은 근본적이고 성스러운 행동이다. 이런 행동에는 인간성과 진실의 힘에 대한 믿음이 필요하다. 이런 행동은 자신의 중심을 어루만질 수 있게 해 준다. 이런 과정을 통해 발견하는 특성은 영원하므로 외부 환경 때문에 바뀌지는 않는다. 그저 트라우마, 도움 부족, 부상, 고통, 부족한 자원(가난, 건강 악화, 자연을 접할 수 없음, 시간 내에 해야 할 일이 너무 많음) 등의 상황 때문에 묻혀 있었을 뿐이다. 욕구와 가치를 정확히 밝히고 깊은 차원에서 무엇이 중요한지를 추측할 때, 우리는 이런 특성을 일깨우고 본연의 우리 자신을 기억할 수 있다. (혹은 상대방이 자신의 본모습을 기억하게 한다.)

우리가 공명하는 자기 목격자의 역할을 해냈거나 누군가가 우리와 공명해 주었는데도 아무 변화가 없다면, 이는 우리를 굳어져 버리게 만든 어린 시절의 고통이 아직 남아 있기 때문일지도 모른다. 이런 경험도 말로 정확히 표현할 수 있다. 6장에서 다루겠지만, 어릴 때 느꼈던 감정을 우리 자신이나 타인이 진정으로 알고 공명하기 시작하면, 몸의 긴장이 풀리고 자기 자신에 대해 생각하는 방식이 완전히 바뀔 수 있다.

자신이나 타인이 우리와의 이해와 연결에 시간을 투자할 때, 우리는 우리가 중요하다는 메시지를 전달받는다. 편도체는 '내가 안전한가? 내가 중요하게 여겨지고 있는가?'라고 늘 질문한다는 사실을 기억하자. 공명하는 자기 목격자나 타인에게서 받는 따뜻한 관심은 편도체의 질문에 '그렇다!'라고 큰 소리로 답한다. 인간으로서 느끼는 속상함은 온기와 명확성, 정확성과 이해, 자신의 메시지가 받아들여졌다는 확실한 느낌 덕분에 완화된다.

그런데 불안의 뿌리가 과거에 있든 현재에 있든 두려움에 있든 공황에 있든, 불안은 어째서 이토록 불쾌하고 불편한 걸까?

뇌 개념
신경 전달 물질과 뇌의 '불안 혼합물'

항상 불안해하는 사람들이 있다. 이들은 속이 늘 불편한 기분을 안고 살며, 그것이 자신을 규정하는 특성이라고 믿는다. 이런 감각이 삶의 경험의 일부로 자리 잡은 지가 너무 오래되어 이를 느끼지 않고 사는 것은 상상할 수가 없다. 이런 감각을 이야기할 때 이들이 가장 흔히 사용하는 표현은 불안이다. 심지어 아주 오랫동안 불안을 안고 살았으면서도 자기 안에 불안감이 있다는 사실조차 모르는 사람도 많다. 불안감은 마치 팔꿈치나 엄지발가락처럼 그들의 일부일 뿐이다. 이 경우, 몸이 진정으로 안정되고 이완된 느낌을 실제로 느끼려면 새로운 공명의 경험이 필요하다. 그제서야 언제부터인지 기억도 못할 정도로 오랜 세월 불안을 안고 살아왔다는 사실을 알아차린다.

불안을 없애는 작업에는 약물, 치료, 침술, 요가를 포함한 다양한 방법이 쓰인다. 여기서 소개하는 몸에 기초한 공감의 접근법은 그 자체로 사용해도 되고, 지금 말한 방법들과 병행해서 사용해도 된다.

뇌는 **신경전달물질**(neurotransmitter)이라고 불리는 화학물질의 혼합물을 통해 구동되는데, 신경전달물질은 뉴런들이 서로 소통할 수 있게 해 준다. 불안할 때는 아드레날린[6]과 코르티솔[7]이 증가한다. 불안할 때의 초조한 느낌은 바꾸기 힘들다. 그 부분적인 이유는 코르티솔이 장시간 높은 수치를 유지하면, 아드레날린, 세로토닌, 도파민[8], 옥시토신[9]처럼 균형을 유지하는 데 쓰이는 뇌 화학물질이 고갈되기 때문이다. 그리고 이런 뇌 화학물질이 고갈되면 우울증이 나타날 수 있다.[10]

불안은 진정 효과가 있는 신경전달물질 **가바**(gamma-aminobutyric acid, GABA)[11]와 관련이 있고, 그 밖의 진정 신경전달물질 **내인성 오피오이드**(endogenous opioid), **엔도칸나비오이드**(endocannabinoid), **내인성 벤조디아제핀**(endogenous benzodiazepine)와도 관련이 있다.[12] (그렇다. 뇌는 실제로 모르핀, 마리화나, 바륨 유사 물질을 자체적으로 생성한다.) 불안이 심해지면 편도체가 뇌를 장악하면서 생성되는 진정 신경전달물질의 양이 감소한다. 갑자기 전전두피질에 접근하기가 더 힘들어지고[13] 감정을 조절하는 능력이 떨어져서, 결과적으로 디폴트 모드 네트워크가 비우호적이고 부정적인 상태가 된다. 이는 사려 깊게 행동하기보다는 반응적으로 행동하게 되고, 어리석은 결정으로 더 큰 스트레스가 초래될 수도 있다는 뜻이다. 스트레스가 더 많아지면 효율성이 떨어지고, 부정성이 반복되는 상태에 놓인다. 코르티솔은 웰빙의 척도로, 골디락스처럼 지나치지도 부족하지도 않은 딱 적당한 상태를 좋아한다. 코르티솔이 너무 많으면 해롭지만, 너무 적은 것도 마찬가지로 해롭다.

스트레스가 만성화되면 신체와 뇌에 타격을 준다. 코르티솔 수치가 격감하고 피로가 몰려오면 수면, 몸의 기능, 기억, 기분, 면역 체계에 영향을 미칠 수 있다.[14] 만성적인 스트레스를 겪는 쥐는 기교와 창의성을 잃고 기존의 습관과 자동화된 반응에 의존한다. 결정을 내리고 꾸준히 목표를 지향하는 것과 관련된 뇌 부위가 줄어들고, 새로 형성된 영역은 생각하는 것보다는 습관을 만드는 데 할당된다. 쥐는 삶을 '넋 놓고 기계적으로' 살기 시작하고, 뭔가 새로운 것을 시도하기보다는 똑같은 활동만 계속 반복한다.[15] 이는 스트레스와 불안이 쥐의 뇌 화학 구조를 바꾸어 놓았기 때문인데, 이런 작용은 불안해하는 사람의 뇌에서 일어나는 일과 매우 비슷하다. (불안해할 걱정거리가 하나 더 늘고 말았다!) 반면 사람들이 스트레스와 불안에서 치유되면 습관에 덜 지배되고 더 유연해진다. 만약 이들이 자신의 신경전달물질을 볼 수 있다면, 균형의 변화를 목격하게 될 것이다.

중요한 것은 이런 종류의 가장 효과가 좋은 방법들을 자신에게 활용하는 것이다. 불안과 우울증으로 꾸준히 약을 먹어 왔던 대부분이 내면의 공명하는 자기 목격자를 발달시키고 나면 약의 복용량을 줄일 수 있게 된다. 자기비판자의 목소리가 주는 영향력과 신뢰성이 감소하면서 긴장이 풀린 덕택에 불안과 우울을 억제하려고 복용했던 약이 덜 필요해지기 때문이다.

이런 접근법을 사용한 사람 중 일부는 병원에서 처방 약이나 정신 요법을 지원받을 수 있다는 사실을 처음으로 알게 되기도 한다. 자기 공명으로 상황을 명확하게 볼 수 있게 되면서 뇌에서 일어나는 소동과 혼란이 진정되고, 도움이 필요하다는 사실을 정확히 판단할 수 있게 된 때문이다. 어떤 사람은 내게 이렇게 말했다. "제가 우울증에 빠졌다는 것도, 도움을 받을 수 있다는 것조차 몰랐어요. 무슨 일이 벌어지고 있는지 파악했으니, 이젠 어떻게 도움을 받아야 하는지도 알게 된 거죠." 이것이 바로 공명이 작용할 때의 힘이다. 공명의 온기를 경험하게 되면, 모든 진정 신경전달물질의 자연적인 흐름이 증가하고 자기 자신을 돌보는 더 나은 결정을 내릴 수 있게 된다. 어느 방향이든 몸이 이끄는 대로 따르면 된다.

다음 공명 기술은 신체 감각 '유쾌한' 감정과 '불쾌한' 감정 목록(3장), 인간의 보편적인 욕구와 가치(4장)를 이용해서 자기 자신과 공명하는 연습법이다.

공명 기술
자기 자신을 위한 공명 연습하기(자기 공감)

지금 소개하는 신체 기반의 공감법은 명상이나 일기 쓰기에 사용될 수 있으며, 스마트폰으로 자기 목소리를 녹음해서 자신과 대화를 나누는 식으로 활용하는 사람들도 있다. 자신의 신체 감각을 알아차리고 감정과 갈망을 이해함으로써 경험의 본질을 포착할 때, 우리의 내면세계가 변화한다. 구체적으로 어떤 식으로 진행되는지 한번 살펴보자.

자기 공감 방법

1. 가장 최근에 격한 감정적 자극을 받았던 때를 가능한 한 정확하게 묘사해 보자. 그 경험을 하는 동안에 가장 최악은 어떤 순간이었는가? 어떤 것이 최악의 순간이었는지 잘 모르겠다면, 그 경험 전체를 묘사하면 된다.
2. 의식을 몸으로 가져간다. 특히 위장과 복부의 내부, 가슴 내부에 주의를 집중하고, 가슴, 폐, 목구멍, 얼굴 근육의 감각에 주목한다.
3. 자극 요인에 대해서 생각할 때, 몸에서 어떤 일이 일어나는가?

느껴지는 감각을 최대한 정확히 묘사한다. 예를 들면 내장의 위쪽이 뻣뻣하거나, 장에 살짝 경련이 일거나, 갈비뼈가 갑갑하거나, 횡격막이 안 움직이거나, 목에 뭔가가 걸린 것 같거나, 눈물이 핑 돌거나 하는 느낌이 들 수 있다.

4. 그중 가장 생생한 감각을 고른다.

5. 이 감각에 감정적 특성이 있다면 어떤 것일지 생각해 본다. 슬픔, 짜증, 분노, 두려움, 충격, 공포, 절망 같은 것일까? 아니면 실망, 체념, 경멸, 수치심 같은 보다 미묘한 감정일까? (3장에서 다룬 감정 목록을 사용해도 좋다.)

6. 한 가지 이상의 감정에 몸이 '그렇다'라고 말할 경우 이렇게 자문해 보자. 이런 감정이 느껴지는 것이 완벽히 타당하다면, 내가 간절히 원하는 것은 무엇일까? (이 상황에서 중요한 것이 무엇인지 확인하기 위해 4장에서 다룬 인간의 보편적인 욕구 목록을 사용해도 좋다.)

7. 감정을 촉발한 요인에 대한 기억으로 돌아간다.

8. 지금 몸에서는 무슨 일이 일어나는가?

9. 만약 이런 감각이 감정이라면, 어떤 감정일까?

10. 이런 감정 밑에는 어떤 욕구가 감춰져 있을까?

11. 감각, 감정, 욕구의 여러 층을 계속해서 작업해 나갈 때, 짜증을 비롯한 감정적 경험이 바뀔 수도 있다. 특정한 사람이 특정한 방식으로 행동하기를 바라는 마음이 계속 든다면, 이 관계에서 바라는 것과 지금 이 순간의 현실에 차이가 있다는 사실을 애통해해야 할 필요가 있을지 모른다.

12. 몸의 감각이 어떤 식으로든 조금 누그러졌는가? (몸을 바꾸기 위해서 듣는 것이 아니다. 몸이 듣고 이해해 주기를 바라는 메시지를 전달받으려고 듣는 것이다. 몸의 변화는 대화의 일부다. 여기서의 이런 구별

은 다른 누군가와 대화를 나누는 것과 비슷하다. 우리는 상대방을 진심으로 이해해 주기 위해서 듣는 것이지, 상대방이 그다음 말을 하게 하거나 말하는 것을 완전히 그만두게 만들려고 듣는 것이 아니다.)

13. 몸과의 대화가 진전되는 동안, 다른 감정이나 욕구가 인정받기를 바라면서 의식의 표면에 떠오르지는 않는지 살펴보자.

우리는 몸이 '예, 아니오'로 답하거나 명확하게 반응하도록 한다. 우리는 '당연히'라는 짧은 진술의 힘을 우리 경험에 적용하고 있다. "당연히 슬프지. 오늘이 엄마 기일이라서, 엄마를 애도할 시간과 지지가 필요해." "이웃 사람이 우리 땅에 있는 나무를 베어 버려서, 당연히 짜증 나고 화가 치밀어 올라. 내가 정말 아끼는 나무였는데. 그늘도 만들어 주고 이쪽 편이 잘 안 보이게 가려 주기도 했거든. 그 나무는 내 오랜 친구였어." "당연히 화가 나고, 이 세상에서 선택권을 가질 수 있으면 좋겠어. 그리고 내가 손실 입은 부분에 대해 슬퍼할 수 있어야 해." "당연히 불안하지. 가족, 친구들, 직장에서 끊임없이 내게 이것저것 요구하는데, 그걸 다 해낼 방법이 없어. 나는 맡겨진 일을 완수하고 싶고, 스스로에게 충실할 수 있었으면 해."

일단 우리가 이런 내면의 친절을 느끼기 시작하면 자기 조절을 향해 약진하게 된다. 자신의 감정적 경험에 침착하고 효과적인 방식으로 대응하게 되고, 반사적 대응이나 충동에 휘둘리지 않는다. 우리는 선택권을 갖기 시작한다.

우리 자신을 더 잘 알아 가는 과정에서 몸이 꼭 바뀌지는 않지만, 대화를 나누면서 보통 진정된다. 이는 역설적인 결과다. 우리가 뭔가를 바꾸려고 **애쓰거나**, 다르게 반응하기를 바라거나, 이런 반응이 나오지 않기를 바라는 것이 아니기 때문이다. 우리는 그저 정말로 무슨 일이 일어나는 것인지를 따뜻한 태도로 정확히 밝히려고 하는 것일 뿐이다. 무슨 일이 일어나든, 이런 종류의 공명하는 자기 대화는 우리 몸을 평온하게 해 줄 수 있다.

불안: 부모의 과거는 어떤 영향을 미치는가

과거의 트라우마를 없애고 힘든 기억을 재통합하여 치유 과정에서 상당한 진전을 이루어 갈 때, 고통의 대물림을 다루게 될 수도 있다. 홀로코스트 수용소 생존자 자녀와[16] 911 테러 생존자 자녀를[17] 대상으로 했던 **후성유전학**(epigenetics) 연구에 따르면, 부모가 겪은 스트레스로 생긴 변화는 태아에게 전달될 수 있으며, 그 아이들이 성장했을 때 코르티솔 수치에 영향이 끼칠 수 있다.

우리가 각자의 삶을 여러 대에 걸친 조상들의 삶의 맥락에서 바라볼 때, 치유가 시작된다. 우리는 부모, 조부모, 그 윗대의 조상들을 그들의 강점, 즉 회복탄력성, 결단력, 생존력, 예술에 대한 사랑, 창조성, 독창성 등을 후대에 전수한 인간 역사의 태피스트리의 일부로 보기 시작한다. 덧붙여 가난, 전쟁, 난민 생활, 기근, 질병, 재정적 재앙, 온갖 공포를 비롯한 역사적 트라우마도 우리 조상의 삶의 이야기 속에서 확인된다. 이런 트라우마는 불안, 우울, 해리, 학대, 중독 등의 폐해를 남긴다. 이런 곤란한 삶의 방식은 조상 누군가가 견딜 수 없는 현실에 대처하도록 도왔겠지만, 결국 감수하기 힘든 유산을 후대에 남겼다.

나쁜 일이 일어날 것으로 예상할 때는 불안감이 드는 것이 당연하며, 지난 몇 세기 동안 우리 조상들에게는 나쁜 일이 아주 빈번히 일어났다. 따라서 우리가 느끼는 불안은 역사적 사실에 기초한 것일 수도 있다. 우리가 이를 인식조차 못하더라도 말이다. 가족과 조상에게 영향을 주었던 역사적 트라우마를 이해하면, 세대를 거쳐 내려온 걱정과 스트레스를 더 넓은 시각에서 확인할 수 있다.

본인의 가족사와 관련해 알고 있는 내용을 잠시 곰곰이 생각해 보자. 조상이 지주였는가? 부와 가난과 관련해서 당신의 가문에는 어떤 사연이 있었는가? 가족들은 당신이 태어난 지역에 어떻게 처음 오게 됐는가? 지금 살고 있는 대륙에 가족들이 처음 도착했던 때는 언제인가? 그들은 어떤 종교적, 인종적, 국가적, 계급적 차별을 안고 살았는가? 삶의 모든 것을 잃고 처음부터 다시 시작해야 했던 때가 몇 번이나 있었는가? 부모와 조부모는 군 복무, 전시 근무, 대학살, 전염병과 관련해 어떤 역사를 겪어 왔는가?

20세기에는 1차 세계대전과 2차 세계대전, 6·25전쟁과 베트남전쟁의 비극, 1930년대에 미국 서부를 덮친 모래폭풍 더스트볼(the Dust Bowl), 대공황, 북미 원주민 아이들을 강제 수용했던 기숙학교, 1910년대의 인플루엔자 대유행, 독일, 팔레스타인, 아프리카, 캄보디아, 인도네시아에서의 대학살, 아프리카의 기근 등의 굴곡진 사건들이 있었다.

19세기에는 노예제도, 북미의 남북전쟁, 식민화에 따른 전 세계 원주민들의 이주와 인명 소실, 집단 학살이 있었고, 영국, 러시아, 일본, 독일이 세계적으로 제국 전쟁을 벌였으며, 남미, 아시아, 아프리카 전역에서 전쟁이 발발했다. 북미로 사람들이 대거 이주하는 계기가 됐던 유럽의 기근을 포함해 여러 차례의 기아와 빈곤이 발생했다.

이것이 우리 인류의 역사이며, 이런 역사는 우리에게 영향을 미쳤다. 각 사건은 개인적인 트라우마의 거대한 파도를 불러일으켰고, 이런 파도는 유전자가 스트레스에 대처하는 방식에 변화를 주면서 여전히 우리 발밑에서 물결치고 있다. 그리고 지금 우리에게도 영향을 미친다. 우리는 의식적이든 무의식적이든 과거에 일어났던 일을 바탕으로 미래를 기대하고 예측하기 때문이다. (이런 탐색을 뒷받침하는 과정은 10장에서 다룬다.)

우리가 불안함을 느끼는 부분적인 이유는, 미래를 내다보며 다음에 일어날 일을 예측하는 능력뿐 아니라 과거를 돌아보며 우리 행동을 검토하고 이번에는 다르게 해야 하는지 생각해 보는 능력이 우리에게 있기 때문이다. 달리 말하면 우리는 경험에서 배울 수 있고 실제로 배운다. 그리고 이에 도움을 주려고 애쓰는 과정에서 뇌는 예측하는 기계가 된다.

뇌 개념
뇌의 쳇바퀴, 전대상피질

미래의 일을 걱정할 때, 우리는 마치 뇌에 있는 자그마한 다람쥐 쳇바퀴에 올라타 문제를 해결하거나 예방하는 효과가 있는 시나리오를 계속 검토하는 것과 같다. 과거를 바꿀 수 없다는 것도 알고, 아무 소득도 없이 똑같은 시나리오만 계속 검토하고 있다는 걸 인식하면서도, 도무지 쳇바퀴에서 내려오지를 못한다. 죄책감을 느끼거나 겁에 질린 자기 자신과 연결될 수 있을지 알아보려면, 대개 자신의 그런 부분과 직접 대화를 나누어야 한다.

예를 들어 자녀를 걱정하는 부모라면 스스로 이렇게 물을 수 있다. "아이에게 어떻게 대하는 것이 더 좋을지 알아내려고 가능한 모든 시나리오를 고려하는 중이구나? 걱정을 중단하면 희망을 포기하게 될 것 같은 기분이니? 너무 지쳐서 누군가에게 도움과 인정을 받고 좀 쉬고 싶다는 생각이 간절한 걸까?" 이런 내적인 대화는 삶을 지속하고 쳇바퀴에서 빠져나올 수 있게 해 준다.

또 다른 예는 경제 상황이나 직장에 대한 걱정으로, 새벽 3시에 잠에서 깼을 때 자기 자신과 이런 대화를 나눌 수 있다. "어떻게 돈을 지불할지에 대해서 온갖 가능성을 고민하고 있는 거지? 이 문제에 어떻게 대처할지, 뭐라고 말할지, 상대방은 또 뭐라고 답할지에 대해 이미 열네 번이나 그려 봤는데도, 자려고 하면 곧바로 또 생각하게 되지 않아? 손실에 대한 두려움이 너무 커서, 마음의 평안을 상상하는 것조차 불가능한 거야? 구제와 은혜를 간절히 바라는 거지? 끝이 없는 고속도로의 수치심과 후회로부터 도망치고 있구나. 이런 감정을 도저히 넘어설 수가 없는 거니? 자기 용서를 간절히 바라는 걸까?"

뇌의 쳇바퀴에 대해서 더 자세히 알아보자. 이 쳇바퀴의 기술적인 이름은 **전대상피질**(anterior cingulate cortex, ACC)[18] 또는 전측대상회이다. 전대상피질은 전전두피질과 변연계 사이에 자리하며([그림 5.1] 참조), 비록 구조적으로는 피질의 나머지 부분과 똑같지만, 흔히 변연계의 일부로 여겨진다.[19] 전대상피질을 디폴트 모드 네트워크의 일부로 보는 연구원들도 있지만 그렇지 않은 연구원들도 있다. 전대상피질은 비우호적인 디폴트 모드 네트워크를 이해하고 더 좋게 바꾸는 데 중요한 역할을 한다. 디폴트 모드 네트워크와의 연결에 생긴 문제는 큰 의미에서 우울, 불안, 외상 후 스트레스 증후군[20], 중독[21]의 일부 원인으로 작용한다. 전대상피질은 포악한 디폴트 모드 네트워크에서 나타나는 반복적이고 가치 없는 부정적인 생각의 근원 중 하나다. 일단 이런 끊임없는 생각의 반복을 확인하면, 이것은 우리 생각이 아니며, 진실의 목소리가 아니라는 것을 알 수 있다. 좌뇌와 우뇌에는 전대상피질이 하나씩 있다. 전대상피질은 시간, 배움, 기억이 모이는 곳이다. 또 모든 예측과 결과를 시험해 보는 곳이기도 하다.[22] 전대상피질은 과거와 현재를 한데 모아 우리 삶을 더 좋게 만들기 위해서 애쓴다. 전대상피질이 디폴트 모드 네트워크와

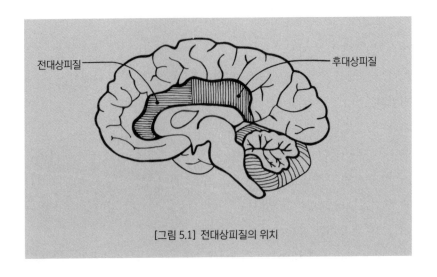

전대상피질 ————   ———— 후대상피질

[그림 5.1] 전대상피질의 위치

제대로 연결이 안 되어 있으면, 삶을 수월하게 살아가는 자기 자신을 상상하는 능력이 저하된다.[23]

　도무지 잠이 안 오는 밤, 아무 새로운 결과 없이 마음속으로 계속 똑같은 걱정만 되풀이하다가 지친다면, 전대상피질에게 이렇게 질문할 수 있다. "계속 그렇게 바짝 경계한 상태로 나를 보호하려고 하는구나. 가능한 모든 시나리오를 이미 다 검토했으니 이제는 잠을 좀 자는 게 좋지 않을까?" 몸이 어떻게 반응하는지 가만히 살펴보자. 언어를 이용해서 각자의 공명하는 자기 목격자에게 생명을 불어넣을 자기만의 방법을 찾아야 한다.

　문제를 해결하려고 애쓸 때만 전대상피질을 이용하는 건 아니다. 우리는 사람들의 내면과 외면이 일치하는지 알아보려고 할 때도 전대상피질을 항상 이용한다.[24] 우리가 받는 조언이 그 조언을 해 주는 사람의 행동과 일치하는가? 그에게 어떤 저의가 있어서, 이 방향으로 가야 한다고 말하며 다른 방향으로 우리를 몰아가는 건 아닌가? 어느 조직, 사업체, 기업이 취하는 행동이 그들이 진술한 의도와 같은가? 전대상피질은 말과 행동 사이의 이런 모든 문제를 검토해서 진정성, 일치성, 사실성, 온전성, 진실성을 가늠한다. 불일치는 불안의 또 다른 근본 원인이다.

공명 기술
불안의 근본 원인을 파악하고 해결하기

이제 불안의 출발점에 대해 우리가 지금까지 배운 것을 정리하고, 공명하는 자기 온기로 불안에 대처하는 법에 어떤 가능성이 있는지를 살펴보자. 불안에 공명을 적용하는 이 접근법은 신체 감각을 그대로 유지하여 그런 감각에서 중요한 감정이 드러나게 하고, 그다음 희망, 꿈, 바람, 욕구가 어떻게 작용하는지를 추측한다. 치유법은 이외에도 많이 있다. 가장 중요한 건 효과가 가장 큰 방법을 찾을 때까지 계속 탐색해서, 긴장과 불안이 없는 편안한 몸이 어떤 느낌인지 알아내는 것이다. 불안의 역사를 탐색할 때 활용할 질문들과 이 책에 나온 지식과 기술을 통합하는 데 사용할 수 있는 접근법들을 소개한다.

1. 답을 내기 힘든 질문일지 모르지만, 어머니 배 속에 있을 때, 특히 3~6개월 사이에 어머니 자궁에서 지냈던 것을 상상하면 어떤 기분이 드는가? 어머니의 정서 상태는 어땠을까? 어머니를 따뜻하게 지지해 주는 사람이 있었을까? 우리는 태어나기 전, 어머니 자궁 속에서 불안과 스트레스를 경험하기도 한다. 어머

니가 불안하면 태아도 불안하다. 스트레스와 우울 지수가 높은 (특히 임신 중반인 3~6개월 사이에) 산모에게서 태어난 아기는 스트레스와 우울이 심하지 않았던 산모에게서 태어난 아기들보다 마음의 진정이 더디다.[25] 태아기에 이런 경험을 하면, 불안이 이 세상 삶의 기본이라는 믿음을 처음부터 갖게 될 수도 있다.

- 공명에 기초한 접근법: 이 장에 나온 유도 명상으로 태아기의 자기 자신에게 공감해 준다. 내킨다면, 공명하는 자기 목격자를 불러내서 임신 중인 어머니를 따뜻한 마음으로 바라보자. 이런 시도에 몸이 어떻게 반응하는가?

2. 양육자의 죽음, 입양, 종잡을 수 없는 행동, 불안정한 정서, 중독을 포함한 상실을 아주 어릴 때 경험하면, 불안이 드리울 수 있다. 어릴 때 겁이 많았는가? 학대, 방치, 경제적 불안, 폭력적인 형제자매가 있는 가정환경에서 생활하거나 가정 폭력을 목격하며 살아야 했는가? 트라우마와 관련해 어떤 경험이 있었는가? 죽음, 상실, 폭력, 사고, 재앙, 위급 상황 등을 겪지는 않았는가? 양육자가 실직을 했거나 집안 경제 상황이 열악했는가? 중독이나 강박증, 우울증이나 정신 질환, 건강 문제나 심각한 질병을 앓지는 않았는가?

- 공명에 기초한 접근법: 힘든 시기를 경험한 자기 자신과 공명한다. 신체 감각, 감정, 갈망을 정확히 밝히는 것에 대한 반응으로 어린 시절의 자신에 대한 감각이 바뀌는지 살펴보자.

3. 어릴 때 자기 자신에게 어떤 믿음이 있었는가? 중학교 때, 고등학교 때, 청년기에는 어땠는가? 원래 자기 자신을 마음에 들어

했지만, 어느 시점에서인가 변화가 생기면서 마음이 불안해졌는가? 혹시 그렇다면, 모든 것이 갑자기 달라졌던 그 시기에 무슨 일이 있었는가?

- 공명에 기초한 접근법: 신체 감각이 여전히 생생히 느껴지는 기억을 떠올려 보자. 공명하는 자기 목격자가 온기와 이해로 그 기억과 만나게 할 때 어떤 기분이 드는지 살펴본다.

4. 당신은 당신이 속한 세계에서 사회적으로나 육체적으로 인정받지 못하는 집단의 일원인가? 낙인이나 신조 때문에 소외되거나 무시된 경험은 면역 세포의 건강에 영향을 미치고, 스트레스와 불안을 불러일으킨다.

- 공명에 기초한 접근법: 상대방을 교육시키겠다는 짐을 떠안지 않고 자기 표현을 연습하며, 공명하는 자기 목격자의 눈으로 이런 순간을 바라보도록 한다.

5. 역사적으로나 가정 환경적으로 트라우마가 생겼을 때 부모와 조부모가 어떤 경험을 했는가? 불안의 뿌리는 우리가 잉태되기도 전인 윗세대에서 시작될 수도 있다. 부모나 조부모가 기근,[26] 제2차 세계대전의 수용소,[27] 르완다 대학살[28] 등의 트라우마 생존자라면, 우리의 DNA가 발현된 방식에 영향이 있을지 모른다는 연구 결과가 조금씩 밝혀지고 있다. 그리고 이런 후성유성학적 변화와 우리가 스트레스에 대응하는 방식 사이의 연관성도 발견되고 있다. 이 말은 발달 과정에서, 더 정확하게는 수정 직후부터 이미 청사진이 반영되어 지나치게 민감하거나 긴장된 상태가 될 수 있다는 뜻이다. 가장 먼저 자리한 불안의 시작점이라 할

수 있다.

- 공명에 기초한 접근법: 내면에서 느껴지는 부모나 조부모의 느낌에 공명하는 자기 목격자를 데리고 와서 그들의 걱정, 트라우마, 깊은 갈망을 인정해 본다. 그 순간 몸에서 어떤 일이 일어나는지 살펴보자.

6. 어떤 종류의 불안이 더 긴급한가? 그 불안은 외로움과 슬픔 중 어느 쪽에 가까운가? 누군가가 따뜻하게 동행해 주는 느낌을 상상할 때 몸이 더 편안해지는 느낌이 드는가? 그렇다면 혼자서 잘 지내는 것에 도움이 필요하다. 사랑하는 사람에게서 안전, 보호, 행복을 느끼면 더 안심되고 편안해지는가? 그렇다면 두려움에 대처하는 것에 도움이 필요하다.

- 공명에 기초한 접근법: 불안한 감정을 확인할 수 있는 신체 감각을 찾아보자. 따뜻함과 존재감에 대한 욕구를 추측하기 위해 공명하는 자기 목격자를 데려올 때 몸에 어떤 일이 일어나는지 확인한다. 이제는 몸이 확실성, 안전성, 안도감을 얼마나 갈망하는지를 추측할 때 무슨 일이 일어나는지 살펴본다.

7. 당신이 아끼는 사람들의 행복에 대해서는 어떻게 느끼는가? 걱정되는 마음에 밤잠을 설치게 만드는 친구나 가족 구성원이 있지는 않은가?

- 공명에 기초한 접근법: 걱정 밑에 자리한 사랑이나 애석함이 얼마나 깊은지를 인정해 주자. 사랑, 두려움, 성가심, 원망, 쓰라림, 증오, 걱정, 염려, 다정함, 무력감이 뒤얽힌 복잡한 감정을 정확히 밝히고, 이런 느낌이 깊은 갈망과 연결되도록

할 때 몸에서 어떤 일이 일어나는지 살펴볼 수 있다.

8. 어릴 때 겪은 학대나 트라우마의 경험으로 우리에게 뭔가 문제가 있다는 믿음이 생긴다면, 수치심, 두려움, 자기혐오를 자의식과 연결 짓게 되면서 불안을 느끼게 될 수도 있다.
   • 공명에 기초한 접근법: 자기 안에서 경멸하고 비판하는 부분의 욕구나 갈망이 무엇인지를 추측할 때, 어떤 일이 생기는가? 마찬가지로 판단이나 비판을 받는 부분에 대해서 욕구와 갈망을 추측하면 어떤 일이 벌어지는가?

9. 정신 건강에 문제가 있을 때도 불안이 생길 수 있다. 예를 들어 모든 우울감의 50%에는 불안이 섞여 있으며, 우울과 불안의 경험이 서로 반영되어 증폭되기도 한다.
   • 공명에 기초한 접근법: 우울증에 이 접근법을 적용하는 내용은 11장과 12장에서 더 자세히 다룰 예정이다.

10. 심지어 불안에 대해 불안해할 수도 있다. 지금껏 불안한 상태로 살아왔고, 불안함에 대해서 갈수록 더 불안해지지는 않는가?
    • 공명에 기초한 접근법: 불안해하는 자기 자신을 위해서 공명하고, 공명하고, 또 공명한다.

태아 시절의 자아와 연결되는 것에 어떤 형태로든 의구심이나 불편함이 느껴진다면, 지금은 이 명상을 건너뛴 뒤 나중에 해 보고 싶어질 때 다시 시도하자. 명상을 시작했는데 생각했던 것보다 마음이 훨씬 더 힘들고 속상하다면, 부드럽게 명상을 중지하고 호흡으로 돌아간다. 그러고 나서 속상해하는 자아가 받고 싶어 하는 감정이나 욕구에 대해 추측해 본다.

🍃 연습

지금 같은 어른의 모습으로, 육체적 존재로 존재한다는 느낌에서 시작한다. 신체의 어느 부분이 가장 먼저 떠오르는가? 배가 부른가? 주의를 끄는 통증이나 불편함이 있는가?

불편한 곳을 찾으면 찾았다는 것을 알리면서, 그 불편한 부위가 걱정되며 건강해지고 안정되기를 간절히 바라고 있는지 주의에게 질문한다. 빈틈없이 살피고 보살펴 주는 주의에게 감사하고, 불편한 부위를 향해 두렵지는 않은지, 자신의 가치를 인정받고 있다는 걸 알고 싶은지 질문하자. 불편한 부위가 슬퍼 보이면, 외롭다는 걸 알아봐 주고 함께 슬퍼해 줬으면 좋겠는지, 혹은 모두가 만족하는 동반자 관계를 갈망하는지 물어본다.

이제는 불안이 기본적으로 어느 정도 수준인지 확인해 본다. 가슴과 위장에서 느껴지는 지속적인 긴장이나 불안은 어느 정도인가? 팔과 다리, 어깨의 대근육은 어떤가? 뻣뻣한가 아니면 부드럽게 이완된 상태인가?

얼굴 근육은 어떤 상태인가? 미간이나 입 주위의 느낌은 어떤가?

몸을 찬찬히 훑어본 뒤에, 주의가 호흡으로 흔쾌히 돌아오려고 하는지 지켜본다. 총 10~15회 호흡한 뒤, 호흡 횟수를 최대한 많이 부드럽고 다정하게 세 본다. 주의가 흐트러지면 1회부터 다시 시작하되, 일단 10~15회까지 호흡을 셌으면 명상의 다음 단계로 넘어간다.

이제 주의를 상상 속으로 불러들인다. 자신의 일부를, 어머니 자궁에 있는 자그마한 태아였던 과거로 돌려보낸다. 어머니 배 속은 어떤 느낌인가? 따뜻한가 아니면 추운가? 공간이 충분한가 비좁은가?

나의 상태는 어떤가? 불안하거나 긴장하거나 속상해하거나 두려워하는가? 아니면 긴장 없이 편안한 상태인가? 도와주는 사람이 있는가 아니면 혼자인가? 경제적으로 안정된 상태로 지내는가? 안정성을 염려하는가? 엄마 배 속에서 태아로 지내는 것은 어떤 느낌인가? 엄마 상태가 어떤지 감지할 수 있는가?

주의의 초점을 바깥에서 자신을 바라볼 수 있는 자신의 일부로 옮기고, 엄마 자궁에 있는 당신을 따뜻하게 바라본다. 이 작은 태아를 보면서 어떤 느낌이 드는가? 애정이 조금 느껴지는가?

만일 그렇다면 자신의 또 다른 부분을 공명하는 자기 목격자 속에 머물게 하자. 온기와 안심의 황금색 빛이 되어, 자궁 안의 공간으로 들어가서 이 자그마한 존재를 사랑과 다정함으로 부드럽고 따뜻하게 안는 상상을 한다.

태아에게 애정이 느껴지지 않으면, 시간을 더 뒤로 돌려서 아직 수정되지 않은 존재의 불꽃이었을 때로 돌아간 다음, 당신이 지구에서 살아가는 데 동의하는지 살펴보자. 이 명상의 나머지는 신경 쓰지 말고, 지금의 삶에 어떻게 들어오게 되었을지 추측하면서 이 본질적인 불꽃에 집중하도록 한다.

태아기의 자아에 애정을 느낀다면, 당신의 자기 목격자는 이제 당신이 태아적 경험에 대해서 느끼는 것은 무엇이든 인정할 기회를 갖게 된다. 태아기의 자아에 공명하는 추측은 다음과 같은 식으로 표현될 수 있다. 이 질문이 적합하지 않은 느낌이 들면, 태아기의 자아가 경험하는 것과 갈망하는 것이 무엇인지 나름대로 추측해 보자.

"추워서 온기가 필요하니?"

"비좁은 느낌이 들어? 네게 즉각 대응해 주었으면 좋겠고, 움직일 공간이 조금 더 있었으면 좋겠다고 생각하니?"

"불안하고 외로운 기분이 들진 않아? 누군가가 함께해 주는 느낌이 들면 아주 좋겠다고 생각돼?"

"외롭고 두려운 걸까? 그래서 안심시켜 주고 다정하게 보호해 주기를 바라니?"

"자꾸 걱정되고, 그저 엄마에게 별일이 없으면 좋겠어?"

이런 관심과 보살핌으로 태아기의 자아를 대할 때, 태아의 몸에서 어떤 일이 일어나는가? 몸이 조금 편안해졌는가? 편안히 안정되기 시작하면, 태아기의 자아가 당신과 함께 그곳을 떠나서 당신의 가슴에 영원히 자리 잡고 싶어 하는지 확인한다.

때로는 태아기의 자아가 엄마를 떠나고 싶어 하지 않을 수 있다. 만일 그렇다면, 이미 이런저런 상황에서 살아남았고, 당신은 이제 어른이 됐다는 것을 태아기의 자아에게 알려 준다. 태아기의 자아는 당신의 일부라는 것도 이야기하자. 엄마가 살아계시든 돌아가셨든 상관없이 엄마도 함께 와서, 당신 가슴의 황금색 빛 속에 편안히 자리 잡고 사랑받을 수 있다고 말해 준다.

태아기의 자아가 우리 가슴이 엄마 자궁보다 더 따뜻하지는 않을 것이라 여기고 겁낼 때도 있다. 이런 일이 생긴다면, 당신이 직접 자신의 가슴으로 가서, 그곳에서 찾은 것을 태아기의 자아에게 이야기해 주면 된다. 냉랭하고 춥다면 어린 자기 자신에게 온기로 가슴을 치유할 것이라고 말한 뒤 돌아와서 다시 초대한다.

어린 자아가 당신에게 어떻게 반응하든 공명하고 이해하는 장소에 머물면서, 미래의 재회와 치유의 희망을 제시한다.

명상에서 어떤 일이 일어났든지 관계없이, 변화가 시작되는 지점에 이르면 어린 자아에게 받아들일 수 있는 최대한의 보살핌과 지원을 해 준다.

이제 지금의 어른 몸과 재연결되면서, 호흡, 폐, 갈비뼈, 숨을 쉴 때의 미세한 움직임으로 다시 주의를 돌린다.

현재의 삶으로 완전히 들어오기 전에 언제든 준비가 되면, 이 명상을 시작할 때 알아차렸던 불안과 관련해서 몸에 전반적으로 어떤 현상이 나타났는지 알아본다. 똑같은가, 조금 다른가? 어떤 변화를 감지했든 당신 자신과 자신의 존재, 치유, 보살핌에 감사하자. 그리고 조심스럽게 일상의 삶으로 돌아간다.

이 명상이 필요한 이유

불안은 상당한 영향을 미친다. 실제로 불안은 심박수와 심박변이도(heart rate variability; HRV, 심장이 뛰는 속도의 변화)[29,30], 혈압[31], 면역 기능[32], 소화력[33], 주의 집중과 학습, 집중력, 기억력[34], 기분, 인지, 이완, 각성도, 수면[35]에 영향을 준다. 남들에게 관심과 지지를 충분히 받지 못하고, 고독감과 버림받은 기분이나 세상은 위험한 곳이라는 기분을 느끼면 뇌와 몸의 연결이 차단된다. 우리는 본질적으로 서로를 지지하는 따뜻한 공동체 속에서 번영하도록 만들어졌다.[36] 우리는 비록 세상이 위험할지라도 세상에는 선한 부분이 있으며 가끔은 안전히 지낼 수 있다고 느낄 때 최선을 다한다. 그러려면 미래를 내다볼 수 있고, 미래가 좋을 것이라는 약간의 가능성을 느끼며, 지지해 줄 사람이 있을 것이고, 우리가 이 세상에서 중요한 존재라고 느낄 수 있어야 한다.

지금 이런 설명을 들으면서 그렇게 되는 건 불가능하겠다고 생각할지 모르겠다. 당신의 세계에서는 폭력이 집 안팎에서 일상적으로 벌어질지 모른다. 기억하는 한 항상 고독하게 지내왔을 수도 있다. 이 세상이 우리가 바라는 것보다는 훨씬 덜 따뜻하고, 덜 재밌고, 덜 안전하고, 덜 다정할 수도 있다는 사실은 물론 인정한다. 그렇기는 해도, 우리가 자기 연민과 이해를 키워 나가면 친절하고, 재밌고, 따뜻한 사람들을 더 잘 알아보게 될 것이다. 또 안전하게 지내고 사람들과 관계를 유지하면서도 동시에 우리 마음의 온전성을 유지하는 방법을 더 잘 선택할 수 있다. 이 책을 읽는 것만으로도 우리는 뇌에 상당한 변화를 일으키고 있으며, 자기 온기의 기초를 더 굳게 다지고 있다.

이 명상에서 그랬듯이, 우리는 공명하는 자기 목격자의 도움을 받으면서 인생의 다른 시기로 언제든 시간 여행을 할 수 있다. 이런 경험이 어째서 효과적이고 가능한 것인지, 우리의 행복과 안녕에 어떻게 기여하는지에 대해서는 6장에서 알아볼 것이다. 그런데 한편으로 꼭 알아두어야 할 점은 온기는 치유에서 늘 가장 중요한 요소라는 사실이다. 온기가 있으면 우리는 끊임없이 변화하고, 유동적이고, 즉각 반응하는 애착 회로로 전환하며, 이 회로는 전전두피질을 변연계와 연결시켜서, 행동과 자기 이해가 가능해진다. 그리고 온기가 있으면 전대상피질의 쳇바퀴도 진정된다. 반면 온기가 없으면 바뀌지 않는 세상의 고통에 영영 갇힌 채 무정한 방랑자들처럼 지낸다. 온기를 품고 나누는 대화에서 틀린 답같은 건 없다. 가장 중요한 건 우리 각자의 여정이다. 이어지는 단락은 우리의 여정이 어떤 모습으로 펼쳐질지에 대한 개념적인 설명을 제시한다.

🍃 🍃 🍃

불안을 역동적인 평화로 바꾸는 길

자기 자신과 공명하거나 타인과의 공명을 경험하면, 불안을 줄이는 데 도움이 되는 다음과 같은 변화가 나타난다.

- 오랜 과거에 혹은 지금 현재 불안해하는 자신을 붙잡아 주고 안심시키는, 뉴런의 편안한 보금자리가 형성된다.
- 공명의 도움으로 뇌 화학물질의 균형이 잡힌다.
- 행동과 조치가 균형을 이룬다.
- 세상이 따뜻하고 안정적이며 믿을 만한 사람들이 있다는 것을 깨닫기 시작한다.
- 더 잘 신뢰하게 되고, 타인의 도움을 더 자연스레 요청하게 되며, 친구를 사귀려고 더 기꺼이 노력하게 된다.
- 면역 체계가 개선되면서 몸의 상태가 좋아지기 시작하고, 내면의 평화와 생동감이 조금씩 느껴진다.

자신의 쳇바퀴는 어떻게 지내는지 확인해 보자. 이 쳇바퀴는 모든 것이 잘되기를 간절히 바라는 자기 자신의 일부다. 당신의 일부는 잠시라도 발 구르기를 멈출 의향이 있는가? 이 장에서 다룬 질문과 정보를 받고서 어떻게 반응했는가? 감정과 욕구를 추측했던 내용 중에 도움이 됐던 것이 있었는가?

다음 6장에서는 시간과 트라우마의 개념을 살펴보려고 한다. 우리는 과거에 겪은 사건 때문에 현재에 벌어지는 일에서 두려움, 분노, 절망감에 빠지곤 한다. 이에 그런 순간들에 대해 이해와 연민을 키워 나갈 것이다. 또한 과거에서 빠져나와 현재로 돌아온 다음, 우리가 가진 모든 자원을 활용할 수 있도록 해 주는 확실한 도구에 대해서도 배울 수 있다.

6장

공명과 함께하는 시간 여행

: 묵은 상처 치유하기

"난 과거에서 벗어날 수 없어. 꼼짝없이 갇혀 버렸어."
하지만 실제로는 이렇게 말할 수 있다.
"공명하면, 언제든 현재로 의식을 되돌릴 수 있어."

수강생 중 한 명이 내게 말했다. "이런 문구가 적힌 네온사인이 있으면 좋겠어요. '여러분, 지금 우리는 트라우마 지대로 진입하고 있습니다. 지원이 갖춰졌는지 확인하세요!' 그리고 이런 것도요. '본인에게 맞는 속도로 진행하세요. 힘들면 아주 천천히 움직이도록 합니다. 아무 도움도 없이 혼자서 판도라의 상자를 열지 마세요.' 트라우마를 겪은 부분이 시간이 지나도 그대로 굳어져 있는 데에는 그만한 이유가 있는 거겠죠?"

맞는 말이다. 트라우마를 겪은 부분은 시간이 지나도 그대로 남아 있을 만한 근거를 충분히 가지고 있다. 이 장에서는 단절된 기억이 어떻게 우리를 보호하는지에 대해서 배울 텐데, 읽는 동안 자기 자신에게 아주 다정하게 대하자. 원한다면 책을 덮고 푹 쉬어도 된다. 그렇게 휴식을 취하면서 상상을 해 보는 것만으로도 몸이 편하게 이완된다면, 이 장을 건너뛰어도 좋다.

오래된 상처는 뇌의 지뢰일 수 있다

새로 만난 사람과 일상적인 대화를 나누면서 친분이 싹트는 기분이 들었는데, 그 사람이 난데없이 무언가를 선언하거나 조언했을 때 가슴이 오그라드는 느낌이 들면서 더 이상 만나고 싶지 않다고 생각한 적은 없는가? 혹은 떠올리고 싶지 않은 오래된 기억을 생각나게 만드는 노래가 흘러나와서 라디오를 꺼야 했던 때는 없는가? 아니면 익숙한 향수나 화장품 냄새가 나서 그 공간에서 빨리 나가야겠다는 생각이 들었던 때는 없는가? 2장에서 편도체는 위험이 없는지 가려내기 위해서 입수된 모든 정보를 걸러 낸다고 설명했는데, 기억을 수집하는 편도체의 역할에 대해서는 아직 자세히 살펴보지 않았다. 우리가 의식하든 못 하든, 편도체는 우리가 태어난 이후로 줄곧 힘들거나 고통스러운 경험에 동반된 감각적 인상을 저장하고, 뇌와 몸에게 현재 순간이 안전한지 아닌지에 대한 느낌을 전달하는 예측 안내서를 만들어 두었다.

 비베카의 이야기

"전 정말 멍청해요! 아무것도 기억할 수가 없어요!" 비베카가 말했다. 여성 교도소에서 진행되는 수업에 그녀가 세 번째로 참석했던 때였다. 그녀는 뭔가를 말하려고 했지만, 부끄러움 때문에 얼굴이 빨개져서 무엇을 말하려던 것인지 기억하지 못했다. 그래서 나는 수강생 전체를 향해 스트레스가 뇌의 활동을 차단해 버려서 아무것도 배울 수 없게 만들기도 한다고 이야기했다. 이럴 때 우리는 자신이 바보 같다고 믿는데, 그건 사실이 아니라고도 덧붙였다. 비베카는 눈물을 흘렸다.

"무엇 때문에 자기가 멍청하다고 생각하나요?" 내가 물었다.

"1학년 때 선생님이 반 아이들 앞에서 책을 읽어 보라고 시켰는데, 너무 긴장해서 책에 적힌 글자가 안 보였어요. 그때 선생님이 제게 멍청하다고 했어요."

"1학년 때의 자기 자신과 연결되어 보고 싶은 생각이 있나요?" 내가 물었다. 그녀가 그러겠다는 의사를 밝혔다. 나는 그녀에게 그 교실로 들어가서 선생님과 아이들이 모두 돌처럼 굳어 있고, 어린 시절의 그녀가 지금의 자신을 만나 반가워하는 모습을 상상해 보라고 말했다.

"그 아이는 어떤가요?" 내가 물었다. "아이의 몸에서 무슨 일이 일어나고 있죠?"

"몸이 뜨겁게 달아오르고 얼굴이 빨개져서 생각할 수가 없어요."

"창피하고 수치스러운 기분이 드는지 아이에게 물어보세요." 내가 조용히 말했다. "사람들이 온화하게 자신을 바라봐 주고, 용기와 응원을 해 줬으면 좋겠다고 생각하고 있나요?"

"네. 그런데 이제 그 아이는 가슴이 움푹 파이고 어깨가 축 처졌어요."

"진이 빠지고 어쩔 줄 모르겠는 상태가 아닐까 싶네요. 보호받는 느낌과 안전하다는 느낌이 필요하지 않을까도 싶고요."

"네, 그 아이는 누군가가 들어 올려 주기를 바라고 있어요. 제가 그 아이에게 다가가고 있어요."

"그 아이가 품에 안겨서 조금 편안해하나요? 팔에서 기분 좋은 묵직함이 느껴지나요?"

"네." 비베카가 말했다. "그런데 이제는 제 가슴이 불타는 느낌이에요."

"따뜻하게 보살핌을 받지 못하는 이 세상의 모든 아이들이 생각나서 슬프고 화가 나는 건가요?"

"네, 화나고 슬프고 혼란스러워요. 책임과 이해가 있었으면 좋겠어요. 모든 아이가 이해받기를 바라고, 특히 그 당시에 사람들이 저를 이해해 줬으면 정말 좋았겠다는 생각이 들어요."

비베카의 이야기는 트라우마가 자기 온기를 어떻게 막는지 보여 주는 예다. 그녀는 자신의 몸의 느낌에 귀 기울였고, 느낌과 욕구를 추측하는 질문을 받고서 편안해지기 시작했다. "지금껏 제가 아무것도 아닌 일로 저 자신을 미워했다는 말씀인가요? 멍청하고, 제가 잘못된 거라고 믿었는데, 그저 두렵고 당황했을 뿐이었다고요?" 그녀는 안도와 짜증이 섞인 기이한 표정을 지었지만, 곧 한결 밝아진 얼굴을 했다. 그날 이후로 그녀는 수업 시간에 말을 더 많이 하기 시작했고, 그녀 안에 있는 겁에 질려 무력해진 아이가 다시 움직이고 생각할 수 있게 됐음을 발견하고 놀랐다.

이 이야기는 강렬하지만 정확히 확인된 적 없는 감정이 우리를 제자리에 얼어붙게 만들고, 앞으로 나아가지 못하게 막고 있다는 것을 잘 보여 준다. 과거의 여러 다른 사건에 영향을 받았다면, 그것을 어떻게 알 수 있을까? 트라우마의 여파가 작용하고 있다는 것을 보여 주는 징후와 증상들을 살펴보자.

과거에 겪은 트라우마의 징후

- 과도한 반응(상황에 따른 자연스러운 수준보다 더 심하게 화를 내거나 겁을 냄)
- 뇌리를 맴도는 기억(선택한 적 없는 기억의 반복 재생)
- 악몽과 야경증
- 느닷없이 눈물을 쏟거나, 흐느끼거나, 짜증을 냄
- 자기혐오

- 타인에 대한 근거 없는 혐오
- 사랑을 할 수 없다는 느낌
- 지속적인 수치심
- 환경이나 다른 사람의 행동을 통제하려고 하는 갑작스러운 욕구
- 지속적인 피로, 피곤, 압도감, 집중력 상실
- 무감각한 감정, 즐거움과 의미의 상실
- 과잉 각성
- 죽음에 대한 강박 관념

이런 징후와 증상을 이해하려면, 뇌가 트라우마의 경험을 분류하는 방식과 두 가지 종류의 기억에 대해 먼저 알아야 한다.

뇌 개념

기억의 두 가지 방식-암묵적 기억과 명시적 기억

1장에서 뇌의 안쪽 부분은 변연계(손으로 표현한 뇌 모델에서 엄지손가락)라고 불린다고 설명했다. 변연계는 감정, 학습, 기억에 핵심적인 역할을 한다. 뇌의 주요 임무는 생명을 유지하도록 돕는 것이며, 그러려면 우리에게 무엇이 가장 중요한지를 기억해 두어야 한다. 우리가 무언가에 대해서 더 강렬한 느낌을 느낄수록 뇌는 그것을 더 중요하게 생각하며, 더 쉽게 기억(학습)하기 때문이다. 편도체는 단 한 번의 노출로도 뇌에 기억을 남기도록 만들어졌다.[1] 그래서 험상궂은 개에게 한 번 물렸을 뿐인데 그 이후 평생토록 개 주위에만 가면 심장 박동이 빨라질 수 있다. 편도체 중심의 기억에는 시간에 대한 기록이 없다. 편도체는 모든 것을 현재로 본

다. 감정적 기억은 기억이 형성된 그 사건이 일어났을 때 느껴졌던 것만큼 지금도 강렬하게 느껴질 수 있다. 이 사실은 외상 후 스트레스가 있을 때 회상이 실제처럼 생생한 이유를 이해하는 데에도 도움이 된다. '마치 지금 막 일어난 일처럼' 느껴지는 이런 현상 때문에 제대한 군인들은 굉음이 들리면 반사적으로 몸을 숨길 곳을 찾는다. 또 오래전에 느꼈던 수치심에 사로잡혀 지내는 경우가 흔한 이유도 이 때문이다. 이런 기억은 아주 집요해서, 기억이 이미 두개골 안에 영구적으로 각인됐고, 매복해 있는 해묵은 상처의 습격을 결코 피할 수 없다고 믿게 만든다. 이런 생생함은 기억을 치유할 수 있는 요인이기도 하다.

편도체는 의미 있는 힘든 경험과 연결된 모든 감각을 기억으로 남긴다. 예를 들어 자동차 사고가 났을 때, 디젤 연료 냄새와 피 냄새, 금속이 부서지고 구겨진 광경, 찢어진 살점, 망연자실한 표정, 끼익하는 브레이크 소리, 헉하고 쉬는 숨소리, 한쪽에 처박힌 문 경첩에서 나는 삐걱거리는 소리, 아무렇게나 널브러진 몸, 가슴에 맨 안전띠가 꽉 조이는 느낌 등이 기억으로 남는다.

(자동차 사고를 당한 적이 있고, 이런 설명을 들으면서 과거의 기억이 떠올랐다면, 우리가 지금 살펴보는 바로 그 경험을 하고 있는 것이다. 이 기억과 관련해서 과거에 느꼈던 충격, 공포, 혼란, 걱정, 두려움이 떠올랐다면, 너무 급하게 지나가려고 하지 말자. 잠시 그대로 머물면서 있는 그대로의 상황을 인정하고, 이 사고를 경험한 자기 자신에게 다정하고 따뜻하게 다가간다. 그저 "물론 너는 그렇게 느낄 수 있어. 사람에게는 안전, 예측 가능성, 생존이 필요하지."라고 말한 뒤, 마음을 이해해 주는 이런 말에 자신의 몸이 어떻게 반응하는지 지켜보자.)

그 밖의 충격적인 기억들에도 각각의 감각적 요소들이 있으며, 편도체는 그런 모든 요소를 생명에 위협이 되는 요소로 분류한다. 이런 기억은 실제로 감각 피질(sensory cortex)에 저장되며, 편도체가 이것들을 처리되지 않은 트라우마로 계속해서 연관 짓는 한, 중요한 기억으로 분류된다.[2] 이런 감각 요소는 우리가 늘 의식적으로 알고 있는 것은 아니며, 비슷한 감각이나 지각이 발현될 때 다시 나타나기도 한다.

편도체에 기초한 학습은 무의식적인 기억 중에서 아주 중요한 부류의 기억이다. 과학자들은 무의식적인 기억을 **암묵적 기억**(implicit memory)이라고 부른다. 다른 말로 표현하면, 무의식적인 기억은 의식적으로 주의를 기울이지 않은 채로 뉴런에 기록된 지각의 네트워크로 구성된다. 자극에 단 한 번 노출되는 것만으로도 뉴런 간의 거대한 뇌의 연결을 '만들' 수 있으며, 이런 연결이 결합해 사건에 대한 생생한 기억을 형성한다.[3] 인생에서 감정적으로 의미 있는 수백만 초가 연결되어 암묵적 기억의 빙하를 만든다. 이 빙하의 힘은 멈출 수 없이 강력하다. 때로는 욱하고 치솟는 분노, 느닷없이 쏟아지는 눈물, 무슨 일이 있어도 이 관계를 더는 유지할 수 없다는 뜬금없는 느낌으로 빙하가 요동치기도 한다. 어떤 때는 암묵적 기억의 빙하가 너무 천천히 움직여서 표류하고 있다는 사실조차 알아차리지 못하지만, 빙하는 여전히 앞으로 밀려 나가고 있다. 무력감, 저항, 자기 방해(self-sabotage), 다툼과 분노, 알아차리지 못하고 지나가는 판단, 해리, 인종차별과 그 밖의 여러 편견, 무시와 경멸, 무관심, 더 나아가 우울증에서도 밀어붙이는 이런 힘의 무의식적인 결과를 엿볼 수 있다. 그런데 이처럼 막대한 미지의 기억의 힘은 빙하와는 달리, 사람들의 삶에서 일어나는 일에 전적으로 반응하며, 기억의 언어인 불안, 걱정, 두려움, 짜증, 극심한 공포, 분노, 슬픔, 기쁨, 즐거움을 유동적으로 제시한다. 사람들이 그 언어를 알아차리고 이해하고 반응하기 시작하면, 그들의 삶에 변화가 나타난다.

이 빙하의 표면은 늘 현재의 경험과 상호작용한다. 생생한 회상 장면과 소용돌이치듯 커지는 수치심에서 이런 작용을 명확히 확인할 수 있

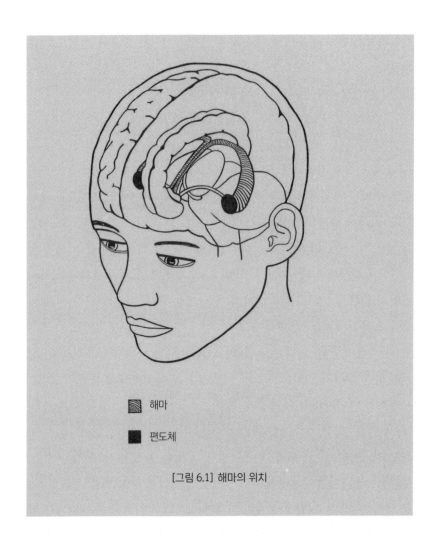

해마

편도체

[그림 6.1] 해마의 위치

다. 두 가지 모두 기억이 종료됐다는 명확한 감각이 없어서, 과거의 순간
이 현재를 침범하는 것이다. 암묵적 고통의 짐은 신체와 면역 체계를 지
속적으로 활성화할 수 있으며, 만성적인 질병은 일종의 확장된 회상이
다. 그래서 빙하의 표면은 사람들이 알 수 있는 암묵적 부분의 일부에 불

과하다. 그 부분은 감정 세계와 의식 세계가 교차하는 경계 공간으로, 그 자체의 특징이 있다. 이에 대해서 지금부터 알아볼 텐데, 가장 먼저 이 부분을 기지의 기억 또는 **명시적 기억**(explicit memory)과 대조하는 것에서 시작해 보자.

기억의 두 번째 방법인 의식적인 기억을 이해하는 데 도움이 되도록, 명시적 기억의 주인공인 **해마**(hippocampus)부터 설명하려고 한다(그림 [6.1] 참조). 해마는 변연계의 일부로, 편도체(감정적 경보 장치)와 많은 신경 연결을 공유한다. 해마는 우리가 보통 기억이 작용한다고 생각하는 방식으로 사물을 기억한다. 우리는 해마를 이용해서 뇌에 기억을 담아두고 필요할 때 꺼낸다.

또 해마는 슈퍼마켓에 가는 법부터 아르헨티나와 국경을 맞대고 있는 나라의 이름에 이르기까지, 모든 것이 담긴 외부 세계의 지도를 정리한다. 해마는 우리가 외부 세계에 대해서 기억하는 것과 우리 삶에 관한 이야기를 보관하고 지원한다.[4] 그리고 우리의 치유 작업에 아주 중요하게도, 우리의 기억에 시간을 기록하는 부분이 바로 해마이다. 해마 덕분에 우리는 어제 넘어졌지만 오늘은 별 탈 없이 걸을 수 있다는 것을 안다. 이와 대조적으로 편도체의 시선에서 우리는 여전히 넘어지고 있으며 겁에 질린 채 끝없이 악화한다.

해마는 감정에서 힘을 얻는 것이 아니어서, 편도체와 달리 중요성이나 생존에 도움이 되는 정도에 대한 정보를 가지고 있지 않다. 이 말은 감정적인 중요성이 없는 의식적인 지식을 배우려면 구구단을 외울 때처럼, 열심히 노력해야 한다는 뜻이다. 편도체는 저돌적인 카우보이 같아서, 근면한 사서 같은 해마와는 달리 해야 할 일을 빨리 끝낸다. 사람들은 반복과 연습을 통해 기억한다. 아니면 느낌, 이야기, 열정, 강렬함, 배고픔 등 감정적인 내용이 담긴 것과 새로 배우는 내용을 연결시킴으로

써 편도체의 쉽게 기억하는 속성에 편승할 수 있다. 기억의 편승과 기억에 관여하는 두 기관이 함께 작용하는 방식은, 주로 해마에 저장되지만 편도체에 연결된 명시적 기억을 가지고 있다는 뜻이며, 이런 기억은 감정 세계와의 연결로 생명력을 얻는다.[5]

공명 기술

트라우마를 치유하기 위해 과거의 자신과 동행하기

감정적 경보 장치인 편도체가 감정적인 기억을 현재에 영원히 간직하기 때문에,[6] 시간은 트라우마를 치유하는 데에는 별로 도움이 안 된다. 그래서 외상 후 스트레스는 큰 변화 없이 수십 년 동안 지속되기도 한다.[7] 치유가 일어나려면, 편도체와 시간을 기록하는 해마가 모두 관여해서 과거를 기억하는 방식에 변화가 생겨야 한다. 이때 트라우마의 해소와 함께 사실상 기억의 전이가 나타날 수 있다.[8]

즉 통합되지 않은 기억에 갇혀서 고통에 공명하는 자기 목격자를 데려와 온기 있게 대할 수 있을 때 그 고통이 해소될 수 있으며, 그렇게 되면 인생의 흐름 내에서 기억이 통합되고 이해되기 시작한다. 다시 빙하에 비유해 설명하자면, 예전에는 미지의 기억이었던 덩어리가 알려지고 이해될 때, 이는 빙하가 얼음 한 조각을 쪼개서 의식의 바다로 흘려보내는 것과 같다. 암묵적 고통에 엮여 있던 자극은 이제 완전히 이해되고 시간이 기록되며 통합되어서, 더는 감정을 촉발하지 않는다.

외상 후 스트레스 장애(PTSD)를 치유하려면 뇌의 세 가지 주요 네트워크인 중앙 집행 네트워크(계획하고 행동하도록 돕는다), 중요성을 분별하는 네트워크(어떤 것이 의미 있는지를 알려 준다), 앞에서 자세히 배웠던 디폴트 모드 네트워크가 활성화되어어야 한다.[9] ([그림 1.4] 참조) 과거의 기억에서 고통이 사라지는 것을 볼 때, 우리는 뇌의 연상 패턴이 바뀌고 있다는 것을 깨닫는다. 또 기억이란 우리가 매번 되돌아갈 때마다 똑같이 느껴지는, 견고하게 굳어서 결코 변하지 않는 화강암이 아니라는 것을 이해하기 시작한다. 우리가 의미를 만들고 존재의 기반을 바꾸기 시작할 때, 각자의 자서전을 계속해서 발전시켜 나간다는 것도 느끼게 된다. 기억은 신경과학자들이 과거에 생각했던 것처럼 한 번 형성되면 영원히 지속되는 것이 아니다. 오히려 그 반대로 기억을 되살릴 때마다 우리는 기억을 다시 쓴다. 뇌는 과거에 대한 완벽한 기억을 가질 필요가 없다. 기억은 접속될 때마다 자연스럽게 정보가 갱신된다. 그래서 기억의 정확도가 떨어질 수 있지만, 한편으로는 미래와의 관련성이 더 커지기도 한다.[10]

그렇다면 이제 이런 과정이 어떻게 일어나는지 그리고 과거와의 관계를 긍정적으로 바꾸는 것을 우리가 어떻게 뒷받침할 수 있는지 알아보도록 하자. 우리가 내면에서 벌어지는 기억의 움직임을 잘 알아 두면, 진척을 도표화하는 데 도움이 된다. 또한 무엇이 가능한지를 알아 두면, 작업해 나가야 할 목표를 계획할 수 있다. 눈앞의 도로를 내다보면서 전진하고 싶은지 아닌지를 가늠할 수 있게 되는 것이다.

한 가지, 당부하고 싶은 말이 있다. 오래된 고통스러운 기억을 치유하려고 할 때, 트라우마를 다시 겪는 결과를 원하지는 않는다. 그러므로 지금 이 순간 원치 않는 과거의 고통이 자꾸 떠오르는 게 아니라면, 굳이 시간 여행을 할 필요가 없다. 그리고 해결하고 싶은 부분이 있을 때도, 사건 전체를 다시 떠올릴 필요는 없다. 가장 힘들었던 순간에 대한 작업을 진행하되, 기억 속의 몸이 완전히 편안해지고 우리 내면의 그 부분이 현재로 안전히 돌아올 때까지, 반드시 사건 속의 그 순간이 완벽히 공명할 수 있게 해야 한다. 덧붙여 이 작업을 할 때는 서둘러선 안 된다. 그 트라우마가 일어난 이후로 이미 수십 년 동안 우리가 생존해 왔으니 말이다.

몸은 살아남기 위해 기억을 분리하고, 힘든 기억은 압도감으로부터 우리를 보호하기 위해 단절된 상태를 유지해 왔다. 만일 자신의 뇌가 특정 기억에 닿았을 때 그 즉시 모든 것이 처음부터 끝까지 다시 재생되고 정상적으로 기능하는 능력이 손상될 것 같다고 느낀다면, 혼자서 이 과정을 진행해선 안 된다. 어떤 형태로든 걱정이 되거나 의심이 든다면, 온기와 이해심으로 완벽히 지지받을 수 있도록 심리치료사와 함께 작업하도록 한다.

다행히 이 과정이 타당해 보이고 트라우마가 위압적이지 않다면, 주기적으로 자기 자신과 연결하는 연습으로써 고려해 보자. 이 연습을 통해 우리는 의식적으로 의사 결정을 내리고, 더 명확하게 사고하는 능력을 키울 수 있다. 그럼 치유가 어떤 식으로 전개되는지 살펴보자.

기억 전이와 치유의 진행

1. **무의식의 단계**: 미지의 과거 혹은 알려진 기억에 붙어 다니는 알 수 없는 깊이의 감정에 휘둘려서 살아가며, 인식하지 못하는 사이에 이것들에 이끌린다.
2. **의식의 여명**: 감정을 촉발하는 요인에 혼란이나 충격을 느끼면서, 자신의 반응도가 현재의 경험에 부적절하다는 사실을 깨닫는다.
3. **치유 도구의 구현**: 감각이 어디 있는지 알아보기 위해서 몸을 스캔한다. "만일 이 감각이 감정이라면, 어떤 감정일까?"라고 자문한다. 그리고 감각과 감정이 익숙한지, 전에 그런 느낌이 들었

는지 생각해 본다. 이 과정은 '이 경험이 우리가 알거나 이해해야 하는 어떤 오래된 느낌, 기억, 나이로 우리 자신을 이끄는가?'라는 질문을 던지는 데 도움이 된다. 작업해야 할 기억을 찾으면, 공명하는 자기 목격자를 그 시간으로 데리고 가서(앞에서 언급했던 시간 여행하기) 트라우마를 경험한 자신이 더는 혼자인 기분을 느끼지 않게 한다. (이 과정의 예는 이번 장의 유도 명상을 참조한다.) 작업할 기억이 떠오르지 않으면, 특정 나이가 이런 반응과 함께 나타나는 신체적 상태와 관련이 있는지 살펴본다. 그런 뒤에 어떤 것이든 신체 감각에서 느껴지는 이미지가 있으면 그것을 가지고 작업한다. 특정 나이의 자기 자신이 이 기억과 관련이 있는지에 관계없이 공명한 상태로 추측을 제시하고, 이미지나 신체 감각이 바뀌는 방식을 추적하며, 편안한 느낌이 들 때까지 추측을 계속 제시한다. 이 단계는 편도체가 신체 감각과 감정의 형태로 보유한 모든 메시지를 확실히 받을 수 있게 해 준다. 트라우마를 겪은 자신에게 이 경험을 무사히 겪어 냈다는 사실을 알리고, 현재로 돌아와 함께 있어 달라고 청한다.

주의할 점이 있다. 트라우마를 겪은 자신에게 이제는 모두 끝난 일이며, 지난 과거일 뿐이라는 말을 성급히 해서는 안 된다. 이런 식의 접근은 상처 입은 자아가 느끼는 고통을 묵살하는 것이다. 공감하다 보면 때로 애가 닳고, 상처 입은 부분을 치유하고 싶은 마음이 너무 간절해진다. 그래서 얼어붙은 마음과 어쩔 줄 모르는 힘든 마음을 완전히 포착하지 못한 채 과거로 가서 자기 자신을 현재로 억지로 데려오고 싶은 충동을 느끼는데, 단단히 굳어진 마음이 녹기까지는 상당한 시간이 필요할 수 있다. 부디 서둘지 말고 상처입은 자아와 천천히 조율하자. 이 과정을 한

번에 다 끝낼 필요는 없으며, 여러 번으로 나눠서 시도해도 된다. 이 단계는 해마가 기억에 시간을 기록하기 시작하도록 이끈다.

또한 우리가 자신에게 온기를 베푸는 한 가지 방식은 필요할 때 도움을 요청하는 것임을 기억하자. 상처가 깊었던 사람들에게는 이 과정을 혼자 해 보라고 요청하는 것이 무리일지 모른다. 심리치료사들은 이 여정을 훌륭히 이끌 훈련과 경험을 갖췄다. 치료사를 선택할 때는 온기를 베풀 줄 알고 그 순간을 함께하며 동행해 주는지를 살핀다. 당신의 여정은 공감하는 마음에서 나온 즉각적인 반응과 안내를 받을 가치가 있다.

트라우마를 경험한 자아는 현재의 자아와 재회한 이후 때로는 현재의 몸에 녹아들고, 때로는 분리된 채로 현재의 삶을 즐긴다. 둘 중 어느 쪽이든, 현재의 자아는 어린 시절의 자아를 향한 온기, 안도감, 보살핌을 깊이 느끼게 된다. 이런 통합이 일어날 때, 기억의 통합도 함께 일어난다. 어린 자아를 완전히 이해했는지 확인하고 트라우마를 겪은 자아를 현재로 데려오기에 앞서, 모든 신체 감각을 다룬 사람들은 시간과 세월에 대한 새롭고 명확한 감각을 발견할 수 있게 되며, 그 기억을 더 폭넓은 인생 이야기 속에 배치하는 기억의 맥락화가 나타난다.

이제는 자아가 안심한 상태이니, 원래의 사건을 재구성하거나 새롭게 이해한 부분이 있는지 확인하자. (잠시 뒤 나오는 유도 명상에 이 과정이 나와 있다.) 혼란스럽거나 마음을 불편하게 만들었던 촉발 요인이 지금은 어떤지 살펴본다. 이 경험에 대한 인식이 달라진 부분이 있는가?

복내측 전전두피질

전전두피질의 모든 부위 중에서 우리가 탐구하는 목적에 가장 중요한 부분은 **복내측 전전두피질**(ventromedial PFC)이라고 불리는 부위다([그림 6.2] 참조). 이 부위는 감정적 인식과 신체를 연결하는 신경 네트워크에 연결되며, 함께 작용해 편도체를 진정시킨다. 또 신경계, 호르몬 분비, 온기의 느낌과 관련된 신경전달물질을 조절하는 뇌 부위와 편도체의 연결에서 온기를 가져온다.[11] 복내측 전전두피질은 디폴트 모드 네트워크의 일부로 간주되며, 트라우마로부터 부정적인 영향을 받는데, 복내측 전전두피질에 통합적인 특성이 없을 때는 디폴트 모드 네트워크의 어조가 우울증이나 외상 후 스트레스 증후군에서 나타나는 것 같은 고통스러

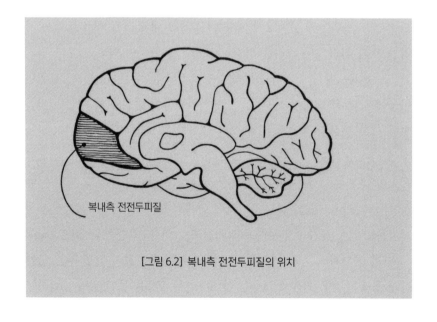

복내측 전전두피질

[그림 6.2] 복내측 전전두피질의 위치

운 경험의 방향으로 바뀔 수 있다.[12]

뇌에 관심이 많은 이들을 위해서 잠시 설명하면, 이런 변화가 일어나는 이유를 가장 잘 설명했던 연구는 공포 제거(fear extinction) 치료법을 이용한 연구였으며, 이 연구에서 외상 후 스트레스 장애의 치유는 편도체, 해마, 복내측 전전두피질의 상호작용 및 피드백과 관련이 있음이 확인됐다.[13] 이 부위들의 연결이 복구되고 균형을 이루면, 예전에 트라우마를 경험했던 자아가 더 유쾌한 감정들로 재통합되고, 기억에 시간 정보가 기록될 수 있다. 트라우마를 치유하고 싶은 사람들은 뇌에 자기 온기의 의도성을 통합하는 부분이 있으며, 이 책을 읽으면서 얻는 배움이 이 부분을 활성화한다는 사실을 알아 두기 바란다.

트라우마 이후 신뢰의 배신

트라우마 자체만으로도 생존에 상당한 어려움이 따르지만, 다른 사람들의 반응도 트라우마 못지않게 영향력이 크다. 내게 상담 치료를 받는 사람들 또한 가장 고통스러운 경험이 트라우마 때문이 아닌 경우가 많았다. 그보다는 자신의 경험을 남들에게 얘기할 때 다른 사람들이 보였던 반응에서 더 큰 고통을 느꼈다. 가령 반려동물이 죽었을 때 이별의 아픔보다 그깟 동물의 죽음으로 뭐 그리 슬퍼하냐고 조롱받는 것이 더 힘들 수 있다. 아이들은 학대당하는 것보다 거짓말쟁이로 몰리는 것을 더 힘들어할 수 있다. 성추행이나 성폭행을 당하는 것보다 그래도 싸다는 말을 듣는 것이 더 힘들지 모른다. 그런 면에서 트라우마는 우리 안에 생생히 살아 있는, 공감받지 못하고 넘어간 순간이라고 말할 수 있다. 이 책이 자기 자신과의 연결을 향해 나가는 훌륭한 출발점이 되겠지만, 남들에게 긍정의 말을 건네고 그들을 안내하면서 치유를 돕기 위해 노력하는 자신을 상상하는 것 역시 중요하다. 물론 충격적인 사건을 겪을 당시에는 이것이 불가능했겠지만 말이다.

트라우마 이후에 우리가 타인에게 대우받는 방식이 얼마나 중요한지에 대해서는 2010년의 네팔 소년병에 관한 연구로 밝혀졌다. 내전에 참여했다가 고향으로 돌아와 환대받았던 소년병들은 나중에 외상 후 스트레스의 징후가 덜했다. 하지만 똑같은 전쟁에 참여해서 다른 소년들과 어깨를 맞대고 싸웠어도, 고향으로 돌아왔을 때 고향 사람들에게 무시당한 소년들은 외상 후 스트레스가 훨씬 심했다.[14] 이 연구를 통해, 트라우마가 우리에게 일어난 일로 규정되기보다는 그 이후에 어떤 대접을 받았는지에 더 큰 영향을 받는다는 사실을 이해할 수 있다. (이 연구에서 예외는 고문당했던 아이들뿐이었다. 고문을 당했던 사람을 치유하는 데에는 특별한 도움이 필요하다.)

공명 기술

시간 여행을 할 때는 정해진 한순간에 대해서만 작업하기

트라우마를 남긴 기억을 아주 짧게 떠올려 보자. 기억을 건드리는 상상만으로도 완전히 압도당하고, 몸과 마음의 정상적인 기능에 영향이 있는 건 아닌지 잘 살펴보자. 만일 그렇다면 다른 누군가가 이 여정에 함께해 주어야 한다. 트라우마의 치유에 대해 잘 아는 심리치료사나 하코미(Hakomi), 로젠 메서드(Rosen Method), 소매틱 익스피리언싱(Somatic Experiencing) 같은 신체 기반 치료 전문가들의 도움을 받는 것이 좋을 수도 있다(이와 관련한 온라인 자료는 [부록 2]를 참조). 신체에 정통한 이런 치료법들은 치유 과정에 속도를 내는 데 도움이 될 수 있다. 아무 도움 없이 혼자만의 힘으로 공명하는 자기 목격자의 감각을 강력히 발달시킨 뒤, 힘들이지 않고 과거의 자아를 따뜻하게 대할 수 있게 되려면 시간이 걸리기 때문이다.

외부의 도움이 필요한지 어떻게 알 수 있을까? 내 경우 과거의 감정적 경험을 감당할 수가 없어서 누군가의 도움이 필요하다고 느끼는 때는 그 사건을 떠올릴 때 공명하는 자기 목격자를 어디에서도 찾을 수 없거나, 그 사건을 경험했던 나 자신이 싫어질 때다. 나는 그럴 때 도움을 구한다. 다른 사람들은 이와 다른 신호가 기준이 될 수 있다. 예를 들면 감정에 동반되는 고질적인 복통, 숨을 배 속 깊은 곳까지 들이쉴 수가 없는 상태, 공명하는 것만으로는 좀처럼 바뀌지 않는 돌고 도는 생각 같은 것들이다.

하지만 이런 식의 지원을 자기 자신에게 해 주는 것이 어떤 느낌인지 알고 싶다면, 우선 자기 자신에게 '어떤 것이 가장 중요한 순간이었나?'라는 질문부터 던지도록 한다. 트라우마를 겪은 사람들의 치유 작업을 진행할 때 이 질문을 반복해서 던지면 두 가지 답이 주로 나온다. 하나는 두려움이 가장 컸던 순간(때로는 가장 큰 두려움이 명확성과 결합한 순간)이고, 다른 하나는 단절되거나 묵살됐던 순간이다. 폭력에 의한 모든 충격이나 상처를 치유하고 인정하고 보살펴야 하는 필요성을 경시하려는 것은 아니지만, 보통 우리에게 가장 큰 흔적을 남기는 요인은 이런 일을 당했을 때 무시당하거나 묵살당하고, 믿어 주지 않고, 거짓말한다고 비난받는 경험이라는 사실에 주목해야 한다. 고통스러운 일이 발생했을 때, 가장 중요한 질문은 '믿어 주거나 알아봐 주거나 관심 가져 주는 사람이 있는가?'일지도 모른다.

이는 시간 여행 작업에서도 매우 흥미로운 의미를 지닌다. 이런 경우 기억 작업은 믿고 아꼈던 사람이 믿음을 저버렸던 순간에서부터 시작해야 한다. 대체로 이 부분에 대한 구제가 완료되면, 실제 트라우마를 겪는 동안의 자기 자신을 구제하는 작업이 뒤따르게 된다. 때로는 이런 배신감을 인정하고 공감하면 뇌가 실제 트라우마의 기억으로 돌아가지 않을 때도 있다. 그렇다면 기억에서 어떤 길을 따라가야 하는지를 어떻게 알 수 있을까? 신체 감각과 계속 연결된 상태를 유지하면서 그 감각의 발현을 추적하면 된다.

트라우마는 몸과 마음이 입은 큰 상처 한 가지에만 있는 것이 아니다. 과거에 일어났지만 지금도 우리에게 상처를 주는 모든 것이 트라우마이며, 어떤 것이 트라우마인지 아닌지를 말할 수 있는 유일한 당사자는 바로 우리 자신뿐이다. 그 누구도 내 고통이 실제가 아니라고 말할 수 없다. 이토록 끔찍한 일을 겪고 살았다는 것을 의지가 되는 사람이나 친구, 심리치료사가 먼저 알아봐 주고 우리가 그 사건을 명확히 밝히는 것을 도울 수는 있다. 이것은 때로 엄청난 위안이 되기도 한다. 하지만 자신의 이야기를 하고, 무언이 진실인지를 결정할 수 있는 사람은 바로 트라우마를 겪으며 살아온 나 자신이다. 때로는 사람들이 타인의 고통을 축소하려 들 것이다. 그들은 보통 다른 사람이 틀렸다는 생각조차 안 한다. 그저 고통이 있다는 사실을 견딜 수가 없어서, 다른 사람의 감정이 사라지게 만듦으로써 그들 자신의 공포와 압도감을 관리하려고 한다.

이런 일이 벌어진다면, 친구의 사랑을 보되, 그들의 말은 믿지 않는 편이 좋다. (이렇게 하는 것이 불가능해 보일 수도 있고, 묵살당한 데 대한 반발로 마음을 닫아 버린 자기 자신과 공명하는 과정도 필요하지만, 내 경우엔 많은 경험을 거치면서 결국 이런 결론에 도달하게 됐다.)

당신의 고통은 타당하고 진실하다. 만일 누군가가 그때 함께하면서 공감해 줬다면 지금처럼 큰 상처가 남지는 않았을 것이다. 고통을 억제하는 신경망은 집요하게 계속된다. 그 신경망이 뇌의 나머지 영역과 다시 연결되고 이해하는 데 아무런 도움도 받지 않았기 때문이다. 이 지원은 따뜻한 공동체로부터 환대받고 인정받는 것처럼 아주 단순한 것일 수도 있다. 이 장에서 여러 차례 확인했듯이, 트라우마를 겪은 뒤에 주위 사람들에게 어떻게 대접받느냐와 그 사건 이후의 세월 동안 어떤 종류의 짐을 지어 왔느냐 사이에는 놀라운 관련성이 있다.

기본적인 배경을 탐구했으니, 이제는 유도 명상을 하면서 시간 여행을 직접 시도해 보자.

유도 명상 6 시간 여행 과정

작업하고 싶은 기억에 대해 생각하는(깊은 생각에 빠지는 것이 아니라 가볍게) 것으로 시작한다. 이 기억을 떠올릴 때, 기억 전체에서 가장 강렬했던 순간은 어떤 순간인가? 이 작업의 출발점은 신체 감각이다. 기억을 구제할 때는 몸이 대체로 동요한다. 신체가 동요한다는 것은 뇌에 신경 가소성이 있으며 변화의 준비가 되어 있다는 뜻이므로 이런 동요가 나타나는 것은 중요하지만, 감정에 압도되지 않는 것 역시 중요하다. 격한 감정에 휩싸이면(흐느껴 울거나, 눈물을 걷잡을 수 없거나, 분노에 휩싸이거나, 겁에 질리거나, 의식이 분열되는 등), 그 기억과는 거리가 먼 안전한 환경으로 옮겨 가는 상상을 해서 감정의 촉발을 줄일 수 있다. 이때 몸이 차분해질 때까지 감정과 욕구를 추측하는 작업을 한다. 예전에 이런 일이 일어났다면, 이 장의 나머지 부분은 건너뛰고, 심리치료사나 상담사 같은 전문가의 도움을 받아서 나중에 진행하도록 한다.

다음 단계는 그 기억의 가장 강렬한 순간을 방문하되, 몸에서 일어나는 첫 번째 강렬한 현상을 확인할 수 있을 정도로만 머물렀다가 바로 그 기억에서 빠져나와서, 공명하는 자기 목격자가 된 느낌으로 돌아가는 것이다. 그 상태로 머물면서 이 기억이 불러일으킨 감각에 주목한다. 몸의 어느 부분이 가장 강렬하며 긴장의 그림자만 드리워진 부분은 어디인가? 이 감각 패턴을 기억해 둔다.

만일 자신의 여러 측면을 다루는 작업을 할 때 물리적인 닻을 이용하는 것이 도움이 된다고 믿는다면 이런 방법을 사용해 볼 수 있다. 한쪽 손을 트라우마의 기억에 여전히 묻혀 있는 자신의 일부를 상징한다고 정해 두는 것이다. 이때 다른 쪽 손은 공명하는 자기 목격자를 상징한다. 또 다른 방법은 의자 2개를 사용해서 하나는 기억하는 부분, 다른 하나는 공명하는 자기 목격자로 정하고, 주의의 초점에 맞춰서 두 의자를 오가는 것이다. 일기를 쓰면서 이 과정을 진행할 수도 있다. 이때 색깔이 다른 펜을 이용해서 두 부분을 구별해 적거나, 양손을 모두 이용해 글을 쓰면서 오른손으로 적는 부분과 왼손으로 적는 부분으로 구별한다.

이제 공명하는 자기 목격자를 깨울 것이다. 온화하게 대하고, 환대하고, 따뜻하게 받아들일 수 있는 능력을 가진 자신의 한쪽을 불러들인다. 이는 "당연히 힘들었을 거야."라고 말할 수 있고, 당신을 위해 욕구를 추측해 줄 수 있는 자신의 일부이다. 과거의 자아에게 그다지 온기가 느껴지지 않는다면, 당신을 위해서 온기를 베풀어 줄 수 있는 다른 사람을 마음속에 떠올리고 그 사람을 상상 속으로 데리고 간다.

(강력히 권고하건대, 트라우마를 겪은 과거의 자신에 대한 온기가 없는 상태에서 시간 여행을 시작하지 않도록 한다. 내면의 이런 온기를 키우고 싶으면 이 책의 앞장들을 다시 읽으면서 과정을 밟아 나가자. 만일 자기 자신에게 온기를 품을 수가 없는데 온기가 충분히 발달할 때까지 기다리기가 힘들다면, 공명의 개념을 잘 아는 심리치료사의 도움을 받아 작업을 진행하는 방법도 있다.)

연습

호흡에 깊이 잠겨 본다. 숨이 들어오고 나가는 것이 느껴지는지 확인한다.

기억 작업을 준비하는 과정에서 호흡이 거의 완전히 멈추었던 적이 있을지도 모른다. 아주 희미하게라도 호흡의 감각이 가장 생생히 느껴지는 곳은 어디인가? 폐인가? 갈비뼈인가? 아니면 코, 부비강 상부, 입, 목구멍인가? 가장 강렬한 느낌이 드는 곳이 어디가 됐든, 주의의 초점을 그곳에 둔다.

주의는 흐트러지기 마련이다. 흐트러질 때마다 온기를 품고 주의를 호흡으로 부드럽게 돌려보낸다. 빈틈없이 경계하며 중요한 것을 살피는 주의의 헌신에 감사하고, 주의가 호흡의 감각으로 돌아올 의향이 있는지 지켜본다.

이제 작업하고 싶은 문제의 기억이나 자극을 떠올린다. 그 기억이나 혼란스러운 경험과 연결된 신체 감각을 느껴 본다. 이런 질문을 던질 수 있다. '이런 신체 감각을 전에 느꼈던 적이 있는가? 만일 그렇다면 이런 감각을 가장 처음에 느껴졌던 때는 언제였는가?' 익숙한 느낌은 있지만 확실히 기억나지 않으면 '몇 살인 것 같은 느낌인가?'라는 질문을 던진다.

작업할 기억이 어떤 것인지를 명확히 알면, 트라우마를 겪었던 자신의 일부가 느끼는 감각, 그리고 공명하는 자기 목격자의 의식, 이 두 가지 사이에서 의식을 전환할 수 있다. 자신의 주의에게 품었던 온기와 힘든 기억을 경험했던 어린 자아의 심정을 느끼는 데 품었던 온기를 마음에 단단히 고정해 둔다.

작업할 기억이 정확히 어떤 것인지 모를 때는, 자극을 받아 감정이 촉발됐던 자아가 몇 살처럼 느껴지는지 생각해 본다. 그 나이에 찍었던 사진 속 모습을 머릿속에 떠올릴 수 있는가? 만약 떠오르는 기억이 특별히 없으면, 그 나이의 자신에 대한 일반적인 기억에 의존해 작업해 나간다.

공명하는 자기 목격자의 관점으로 주의를 전환하고, 어린 자아와 관계를 맺는다. 어린 시절의 자기 자신을 돌아볼 때, 자신에 대한 애정이나 따뜻함이 느껴지는가?

애정이 느껴지지 않으면, 조바심을 느낄지 모를 자기 자신과 공감하기 위해 마음속에서 추측하는 질문을 던진다. '어린 자신을 바라보니까 짜증과 화가 올라오고, 더 강해졌으면 하는 마음이 간절하지? 초인적인 힘이 있었으면 좋겠다는 생각도 들지 않아? 어린 자신이 이 경험에서 완전히 분리되고, 감정적 짐을 완전히 벗어 버리기를 간절히 바라고 있니?' 좀 더 편안해지고 자기 자신을 연민 어린 마음으로 바라볼 수 있도록, 욕구를 추측하는 질문을 해 줄 필요가 있는 신체 감각이 있는지 살펴본다. 이제는 의식을 공명하는 자기 목격자로 전환한다. 어린 자기 자신에게 애정을 느낄 수 있는가? 그렇지 않다면 이 명상을 중단하고, 책의 앞부분에서 다뤘던 명상을 몇 달 동안 수행하고 난 뒤에 다시 시도한다.

애정이 실제로 느껴진다면, 시공간을 통과해 어린 자아가 있는 방이나 구역으로 들어간다. 그곳에 함께 자리한 다른 사람들은 모두 돌처럼 굳게 만들어서 그곳을 안전한 환경으로 만든다. 어린 자아가 공명하는 자기 목격자를 알아볼 수 있는가? 만일 그렇지 않다면, 어린 자아의 경험에 기초해 공감의 추측을 해 본다. 어린 자아에 발들여 놓을 때의 느낌이 어떨지 혹은 어린 자아를 지켜보면서 알 수 있는 것은 무엇일지 등을 어린 자아가 지금의 자신을 볼 수 있을 때까지 해 본다. 이를테면 이런 추측을 할 수 있다. '압도돼서 얼어붙은 기분이 들고, 안심하고 지낼 수 있는 세상을 갈망하니? 이 상황에 함께 있었던 다른 사람들이 걱정되고, 모두 괜찮았으면 좋겠다는 생각이 드는구나? 이 경험이 정말 힘들었다는 것을 인정받고 싶은 거지?' 어린 자아가 거기 누군가가 있다는 것을 깨닫기 시작하고 당신을 알아보는지 확인할 수 있다. 도움을 주려고 함께하는 당신의 존재가 어린 자아에게 혼란을 준다면, 이런 식으로 자기소개를 해 본다. "난 미래의 너야. 이 상황은 혼자 감당하기에는 누구에게든 힘든 일이라서 너와 함께해 주려고 돌아온 거야."

어린 자아가 편해 보이는 정도 내에서 가까이 다가간다. 당신이 느끼거나 볼 수 있는 어린 자아의 몸의 상태를 기초로, 은유와 성찰을 이용해서 자아의 진실을 파악해 보자. 관점을 바꾸거나 자세나 움직임의 변화를 관찰하는 방법으로, 어린 자아의 몸에서 일어나는 일을 추적한다. 그리고 이런 관찰을 추측에 반영한다.

추측에는 다음과 같은 내용이 포함될 수 있다.

"정신이 멍하고 무력해진 기분이 들어? 네 슬픔과 상실을 알아봐 주었으면 좋겠니?"

"두려움에 떨고 있는 거야? 보호받고 안심할 수 있기를 간절히 바라니?"

"살아남아야겠다는 생각이 들어?"

"분노가 차올라서 마치 몸이 고압선에 닿기라도 하듯 떨리진 않니?"

"어떻게 이런 엄청난 분노를 느끼면서 세상이 그대로 유지되도록 놔둘 수 있는 건지 어리둥절한 기분이 드는구나?"

"네가 아끼는 사람들이 염려되고, 그들에게 별 탈이 없기를 바라지?"

"이 순간이 너무 끔찍하거나 두려워서 이대로 죽겠다는 생각이 들었니? 살아남았다는 것이 놀라웠어?"

어린 자아의 몸이 안정되면, 조심스럽게 신체 접촉을 해 본다. 어린 자아가 이런 접촉을 반기면, 의식의 초점을 어린 자아의 몸으로 전환해서 지지받고 온기 어린 시선으로 대접받는 놀라운 경험을 직접 체험한다. 공명하는 자기 목격자의 관점으로 돌아가서, 어린 자아가 포옹을 환영한다면, 어린 자아를 감싸 안은 팔에서 기분 좋은 묵직함이 느껴지는지 살펴보자. 어린 자아가 일단 안정되면, 그 어려운 상황에서 살아남았다는 것과 그 시기에 얼어붙어 있던 에너지와 재능이 필요하다는 것을 알려 준다. 그리고 어린 자아에게 현재로 함께 돌아오자고 청한다.

때로는 어린 자아가 우리 안에 녹아들고, 우리 가슴에서 자기 자리를 찾는다. 때로는 안전한 환경을 갖게 된 것이 너무 좋아서, 우리 주변에서 놀거나 탐험하고 싶어 한다. 어떤 선택을 하든 상관없다. 그저 기분 좋게 즐기면 된다. 어린 자아가 편안해지고 사랑받게 된 것이 당신에게는 어떤 느낌으로 다가오는지 주목한다. 기쁨이 느껴지는가? 온기, 사랑, 기쁨이 느껴지면, 두 눈을 감고 이런 감정이 최고조에 이르렀다가 서서히 가라앉는 것을 느껴 보자.

그럼 이제 호흡에 다시 집중한 채로 따뜻한 자기 연결을 연습하면서, 일상 세계로 다시 돌아갈 준비를 한다.

이 명상이 필요한 이유

이 명상은 겉으로 드러나지 않는 내면의 위험 요소를 제거하고, 우리 자신에 대해 더 깊이 알아 가는 과정이다. 또한 우리가 염원하는 친밀함을 느끼지 못하게 막는 고통스러운 패턴을 변화시키는 데 꼭 필요한 과정이다. 이 명상은 감정이 개입될 때 더 쉽게 배우는 뇌의 본질적인 능력과 공명의 놀라운 치유력을 우리가 이용할 수 있게 해 준다. 몸의 감각에 주목하는 것으로 시작하고, 몸에 귀 기울여서 몸이 진정되게 하면, 지속해서 편안함을 느끼고 과거가 아닌 현재에 집중해서 살아가는 방향으로 나아갈 수 있다.

명상을 할 때는 마음속으로 기억을 떠올리면서 몸의 상태를 살피는데, 이를 통해 시간 여행에서 어떤 작업이 필요한지를 알아낼 수 있다. 기억이 휙 하고 스쳐 지나갈 때, 원치 않는데도 자꾸 떠오르는 이런 기억은 때로 강한 전류가 흐르는 송전선처럼 느껴지기도 한다. 때로는 얼굴이 갑자기 육중한 점토로 바뀌고, 몸이 전혀 움직일 생각을 안 하는 듯한 기분도 든다. 우리는 몸에 어떤 반응이 나타나면(어떤 특정한 느낌이 들거나, 과거 사건에 대한 반응으로 갑자기 죽은 듯 생기가 없어지면), 그 부분에 대한 작업이 필요하다는 것을 깨닫기 시작한다.

트라우마를 입은 부분이 과거에 계속해서 존속하고 현재로 결코 오려고 하지 않는다는 것을 이해하는 것은 우리 자신과 사랑하는 주변 사람들의 이해 불가능한 행동이나 반응과 관련해 상당히 함축적 의미를 지닌다. 이는 사람들이 보이는 갑작스러운 얼빠진 상태, 설명하기 힘든 잔혹함, 이해할 수 없는 분노, 끝이 안 보이는 눈물과 절망을 설명해 준다. 다들 오래전에 일어난 일의 손아귀에 얼마나 많이 사로잡힌 채 사는지를 인식하게 되면, 우리가 지려고 했던 타인의 고통에 대한 책임감이 사라져 홀가분해지기 시작한다. 이를 더 완벽하게 이해할 수 있도록, 트라우마의 다양한 정의를 지금부터 살펴보자.

🍃 🍃 🍃

트라우마와 건강

과거의 트라우마를 인식하고 치유하는 것이 왜 중요할까? 트라우마는 건강을 악화시키고 우리가 본연의 모습으로 살아가지 못하게 만들 수 있다. 참가자가 1만 7000명에 이르는 대규모 연구인 **부정적 아동기 경험 연구**(Adverse Childhood Experiences study, **ACE 연구**)는 좋지 못한 건강, 중독, 이른 나이의 죽음이 트라우마의 경험과 관련이 있다고 밝혔다. 이 연구는 더 많은 종류의 트라우마를 경험할수록, 성인이 됐을 때 삶의 질이 떨어지는 고통을 겪을 가능성이 그만큼 더 커진다는 사실을 발견했다.[15]

이 연구에서 측정한 트라우마의 유형은 아동기의 다음과 같은 경험이었다.[16]

- 어릴 때 알코올 중독자나 술버릇이 나쁜 사람과 함께 사는 것
- 마약 중독자나 처방 약을 남용하는 약물 중독자와 함께 사는 것

- 부모의 별거나 이혼
- 가족 구성원의 우울증, 정신 질환, 자살(시도만 했거나 실제로 이행한 경우 모두)
- 가족 구성원의 투옥이나 징역형
- 가정 폭력을 당하거나 목격하는 것
- 언어폭력(욕설, 모욕, 헐뜯기)
- 성적 접촉을 경험하거나 강요받은 것을 포함한 성폭력

이런 트라우마를 더 많이 경험할수록 다음과 같은 결과로 고통받을 가능성이 커진다.[17] (연구에서 언급했던 증상을 모두 담은 완전한 목록은 아니다. 연구에서는 마흔 가지 이상의 부정적 아동기 경험 결과가 조사됐다.)

- 건강 문제로 인한 삶의 질 저하
- 이른 나이의 흡연
- 이른 나이의 성생활
- 청소년기의 임신
- 의도하지 않은 임신
- 여러 명의 성적 파트너
- 성병
- 알코올 중독 및 남용
- 불법 약물 사용
- 기타 중독
- 우울증
- 데이트 폭력의 위험
- 평생 흡연

- 유산
- 자살 시도
- 허혈성 심장 질환
- 간 질환
- 만성 폐쇄성 폐 질환

건강에 영향을 미치는 것으로 확인된 추가 트라우마 목록

외상에는 다섯 가지 주요 범주가 있다. 가장 먼저 현재의 트라우마 혹은 계속되는 고통의 경험이다. 예컨대 지금 현재 가정 폭력이 있는 집에서 살거나 직장 내 따돌림을 겪고 있는 것이다. 두 번째는 과거의 단일 사건에서 발생한 트라우마로, 예를 들면 자동차 사고, 지진, 한 차례의 성폭행 등이다. 세 번째는 반복되고 여러 가지가 얽인 복합적인 트라우마다. 이런 트라우마는 관련된 트라우마의 종류가 많고 반복되는 특징이 있다. 네 번째는 애착 트라우마로, 어릴 때 보호자의 양육 방식에 따른 영향으로 나타난다. 마지막으로 세대간 트라우마가 있다. 여기에는 기근, 전쟁, 극단적인 날씨와 관련된 사건, 부모나 조부모를 후성유전학적으로 변화시킨 이전 세대의 애착 트라우마가 포함된다. 이런 일이 나타날 때, 사람들은 이미 각자의 생물학적 조건, 면역 반응, 스트레스 반응에 통합된 후성유전학적 변화를 가지고 태어날 수 있다.[21]

사람들에게 부정적인 영향을 미친다는 사실이 연구로 밝혀진 트라우마의 목록을 나열해 보겠다(이것 역시 완벽한 목록은 아니다). 이중 개인적으로 겪었던 경험은 몇 가지쯤 되는가?

- 또래 및 부모의 언어폭력(놀림, 조롱, 비웃음을 당하거나 무시당함)[22]

- 따돌림을 당하거나 사회적으로 소외당하는 것[23]
- 방치(아무도 말을 안 걸어 주는 것, 아무도 안 쳐다봐 주는 것, 9세 미만 아동이 20분 이상 혼자 방치되는 것, 13세 미만 아동이 8시간 이상 혼자 방치되는 것, 18세 미만 청소년이 특별한 예고나 언질 없이 2일 이상 혼자 방치되는 것)[24]
- 노숙, 혼란(거주지 변화와 관련한 혼란), 이민[25,26]
- 자동차 사고나 그 밖의 사고[27]
- 부모의 자살[28]
- 누군가의 죽음을 목격하는 것[29]
- 주변에 폭력, 자살, 급사로 사망한 사람이 있는 것[30]
- 주변에 어릴 때 죽은 사람이 있는 것[31]
- 어릴 때 텔레비전으로 폭력적인 장면을 시청하는 것[32]
- 가정 폭력을 경험하거나 목격하는 것[33]
- 성폭행, 성폭행 미수, 살인 미수를 경험하는 것[34]
- 누군가의 충격적 죽음을 전해 듣는 것[35]
- 지진, 홍수, 그 밖의 자연재해[36]
- 강도, 절도, 주거 침입이나 차량 절도[37]
- 차별, 인종차별, 배제, 편견, 미묘한 차별[38]
- 빈곤[39]
- 지역사회 트라우마(빈민촌에서의 경험 등)[40]
- 본인의 중독, 어릴 때 부모의 중독[41]
- 생명에 지장이 있는 질환이나 만성질환을 진단받는 것[42]
- 수술이나 의료 시술을 받는 중에 마취에서 깨어나는 것[43]
- 복잡한 출생 관계(본인뿐 아니라 부모의 경험도 포함)[44]
- 전쟁, 군사 활동, 현역 복무[45]

- 경찰관으로 일한 경험[46]
- 구조 활동이나 복구 활동과 관련된 직업[47]
- 정신 질환이 있거나 정신 질환을 앓는 부모를 둔 것[48]
- 납치, 감금, 고문당하는 것[49]
- 부모의 죽음이나 아동 유기로 부모나 보호자를 잃는 것[50]
- 성적 학대[51]
- 신체적 학대[52]

다양한 부류의 트라우마는 뇌에 각기 다른 흔적을 남긴다. 어떤 트라우마는 소뇌에 영향을 주고, 어떤 것은 뉴런이 연결되는 방식에, 어떤 것은 편도체와 해마에 영향을 준다. 인생에서 경험한 트라우마의 종류가 많을수록, 신경계, 중독에 빠지는 경향, 건강에 미치는 영향이 더 깊어진다.[53] 트라우마는 사람들을 균열시켜서 생명 에너지를 얼어붙은 덩어리들로 조각조각 나눠 놓는다. 앞에서 살펴봤듯이, 생명력에서 이런 단절이 나타나면 후성유전학적 수준에서의 통합이나 세포가 스트레스에 대응하는 방식뿐 아니라 자기 스스로를 돌보는 쪽으로 결정 내리는 능력에도 영향을 미친다.

남들에게 이해받는 자아의 섬과 얼어붙은 상태의 섬에 사는 것이 어떻게 다른지 한번 살펴보자. 치유 과정 중에는 파괴적인 고통에 관한 기억의 신경망과 재연결되고, 트라우마를 겪으면서 경험해야 했던 감정의 깊이를 이해하는 과정도 포함된다. 언급했듯이, 세 가지 주요 뇌 기능 네트워크는 치유의 여정에서 재통합될 필요가 있다([그림 1.4] 참조). 의사 결정과 행동을 위한 네트워크를 복구하고, 의미를 만드는 네트워크를 다시 연결하며, 긍정적인 자아 의식을 되찾아야 한다. 그 말은 디폴트 모드 네트워크를 자기 온기가 있는 방향으로 되돌려야 한다는 뜻이다.[54]

트라우마의 기억에 공명할 때, 누군가가 곁에서 우리 마음을 어루만져 주면 고통이 사라진 것과 마찬가지로 마음의 상처가 사라지고, 단절됐던 기억의 연결망은 뇌의 나머지 부분과 원래대로 다시 연결된다.

여기서 접근하기 까다로운 개념은 상처(hurt)라는 단어다. 현재 처해 있는 어려운 상황이 오늘날 사건의 결과인 때는 언제이고, 처리되지 않은 과거의 트라우마의 결과인 때는 언제인가? 이 둘을 어떻게 구분해야 할까? 이는 신체 감각의 자취를 따라가는 방법을 통해서 구분할 수 있다. 몸이 신호를 보낸 감각을 관찰하고 느끼면, 정상적으로 평범하게 대처하던 데에서 고통의 신경망으로 옮겨 가게 된 단서를 찾아낼 수 있다. 우리가 오직 현재의 사건에 관해서만 이야기하고 그 사건들에 공명하면 몸이 아무런 긴장 없이 편안해지는데, 그렇게 되면 과거에 대해서 질문할 필요가 없다. 현재의 사건에 관해서만 이야기하는데도 몸이 편안해지지 않으면, 어릴 때 경험했던 비슷한 사건을 몸이 기억하는 건 아닌지 살펴볼 필요가 있다.

과거를 전혀 돌아보지 않으면 당혹스러움이라는 대가를 치르게 된다. 우리가 과거를 돌아보지 않으면, 눈물이나 마음의 동요가 가라앉아 우리 본래의 모습으로 돌아왔을 때, 단절됐던 과거의 그 부분으로 돌아갈 방법이 없다. 그래서 정서적으로 완전히 무너져 내리는 예기치 못한 순간이 다음에 언제 또 일어날지 모르는 상태로 혼란스러운 삶을 살아간다. 그러나 관심과 주의를 기울이기 시작하면, 뇌를 바꾸는 데 필요한 정보를 조금씩 모을 수 있다. 트라우마의 치유 과정에 조금이나마 더 수월하게 접근할 수 있는 중요한 방법 한 가지를 살펴보자.

치유되면서, 우리는 삶을 되찾는다

거듭 이야기하지만, 기억을 구제하는 작업을 하는 동안 우리는 오래된 기억 속에서 새로운 의미를 찾을 수 있다. 부서진 차 안에서 몇 시간 동안 구조를 기다리던 한 남성은 자신이 혼자서 기다리고 있었다고 믿고 있었지만, 기억에 대한 작업을 한 뒤에 자신이 사고 이후 얼마나 얼어붙어 있었는지 이해했고, 지나가던 운전자가 차를 멈추고 옆에서 함께 기다려 줬는데 그 사실을 까맣게 잊고 있었음을 깨달았다. 성폭행을 당했지만 어떻게 그런 일이 일어났는지 혼란스러웠던 어느 여성은 강간범이 매복했다가 어떻게 공격했는지를 마침내 이해하게 됐다. 성적 학대를 당했다는 것을 알면서도 누가 그런 짓을 했는지 몰랐던 어느 남성은 사촌 형의 소행이었음을 깨달았다. 그는 비록 이 과정을 시작할 때에는 그렇게 말할 수 없었지만, 자신이 지금껏 그 사실을 알고 있었다는 사실을 직감했다. 어느 여성은 기억 구제 작업을 했던 때로부터 3년 전에 아기를 낳다가 죽을 위험에 처했었는데, 그동안 내면의 일부는 그녀 자신이 죽었다고 믿었으며 얼어붙었던 그 부분은 결국 그녀와 아이가 살아남았다는 것을 알고 놀랐다는 사실을 깨달았다. 이 모든 사례에서 보듯이, 자기 자신을 되찾게 된 이들은 친밀함의 새로운 능력, 새로운 완전함과 자신감을 발견하게 된다.

때로는 이 과정을 통해 일상의 삶으로 돌아올 때, 갑자기 격렬한 분노가 솟구치거나 비정상적인 수준으로 짜증이 몰려오기도 한다. 그러므로 분노 밑에 숨겨진 생명 에너지를 보는 능력을 가지고 있으면 좋다. 그런가 하면 해소되지 않은 트라우마 경험에서 생긴 분노 상태가 몇 년씩이나 지속되기도 하는데, 7장에서는 분노가 일어날 때 연민과 공명을 발휘하면 무엇이 가능한지를 탐색하도록 하겠다.

7장

분노의 창조적,
방어적 능력을 얻기

"분노는 나쁜 거야."

"난 툭하면 화를 내."

하지만 실제로는 이렇게 말할 수 있다.

"분노는 좋은 것을 위한 힘이 될 수 있어."

"내 성격은 복합적이어서 가끔은 화가 나기도 해."

위험(생명, 자원, 소중한 사람을 잃을 위험)에 맞서 싸우려는 욕구는 분노와 격정을 부채질한다. 사람들은 자기 자신, 아끼는 사람들, 자원을 보호하려고 행동을 취하며, 이는 상대를 후려갈기려는 충동으로 나타난다. 사실 분노 그 자체에는 아무런 문제가 없다.

상황을 어렵게 만드는 건 사람들이 취하는 분노의 행동과 비난하면서 내뱉는 분노의 말이다. 육체적 폭력, 보복 행위, 학대, 모욕, 욕설, 경멸로 표출되는 분노는 트라우마의 자취를 남긴다. 분노와 경멸은 다른 사람의 건강과 행복에도 영향을 미친다. 그리고 코르티솔이 계속 분비돼서 투쟁 반응이 지속적으로 나타나면 화를 내는 당사자 역시 건강에 큰 타격을 입는다.

반면에 각자의 생명 에너지와 투쟁 반응을 활용하지 못하면, 자신과 주변 사람들을 효과적으로 보호하고 옹호할 수가 없다. 따라서 자신의 에너지를 의미 있고 강력한 방식으로 표출하면서 동시에 상대방을 주의 깊게 대할 수 있을 때, 최대의 효과를 얻는다. 그런데 이때 자기 조절의 강력한 능력을 활용할 수 없으면, 편도체에 휘둘리고 만다.

분노의 선물과 짐
편도체의 힘 활용하기

'편도체에 휘둘린다'라고 이야기한 것은 말 그대로 정말 그렇기 때문이다. 편도체는 뭔가 걱정스러운 것을 찾아내면, 5만분의 1초라는 엄청난 속도로 반응한다.[1] 만일 전전두피질에서 편도체로 이어지는 신경조직이 견고하지 않고, 강렬한 감정을 품위와 자기 인식으로 능숙히 조절할 수가 없다면, 이런 반사적인 반응이 뇌를 장악할지 모른다. 분노가 솟구치고 마음의 제어가 잘 안 될 때 현명하지 못한 행동을 하게 되는 건 바로이 때문이다. 감정을 조절하는 능력이 굳건하지 못할 때는, 분노가 차오르는 순간 상식과 분별이 있는 뇌의 부분인 전전두피질이 힘을 발휘하지 못한다. 반면 통합된 감정적 지원이 충분하면, 화가 아주 많이 나면서 격분이 차오르는 것을 느끼더라도, 그런 감정에 대해 말하거나 말하지 않기로 선택할 수 있으며, 자신과 다른 사람들을 다치지 않게 할 수 있다.

   '손으로 표현한 뇌'의 이미지를 떠올려 보자([그림 2.1] 참조). 적절히 통제된 뇌는 엄지손가락(변연계)을 접고 그 위에 나머지 손가락들을 감싸쥔 형태의 주먹과 같으며, 이때 나머지 손가락들이 엄지의 영향력을 조절한다. 이제 손가락을 펴 보자. 손가락을 펴는 것은 편도체가 지배적인 힘이 될 때 벌어지는 일을 상징한다(물론 실제로 전전두피질이 움직이는 건 아니다. 그저 뇌 영상에서 비활성화된 상태로 나타날 뿐이다)[2]. 자기 조절이 안될 때는 전전두피질이 작동하지 않는다. 그래서 화가 나서 자제력을 잃었을 때 신중히 행동하기보다는 무턱대고 행동하게 되는 것이다.

과학에 흥미가 많고 정확한 것을 좋아하는 사람들을 위해 설명을 보태자면, 이럴 때 이성을 되찾는 데 도움이 되는 전전두피질의 부위는 우측 **복외측 전전두피질**(ventrolateral PFC)과 복외측 전전두피질이 복내측 전전두피질과 연결되는 부위다. 유도 명상에서 선보였던 것처럼, 말로 공명하는 단계에서 사람들이 자신의 감정을 정확히 말하기 시작하면, 이 두 부위가 모두 활성화된다. 2장에서 설명했듯, 감정을 정확히 말하면 편도체가 진정된다.[3]

치유 과정을 일상적인 관점에서 이해하는 데 더 관심이 많은 사람을 위해 설명하자면, 지금 우리가 회복탄력성을 키우고 더 강력하게 만들고 있는 네트워크는 무언가를 '하는' 어떤 한 가지 장소가 아니라, 전전두피질-편도체-감정이 연결된 네트워크다. 중요한 사실은 이런 강렬한 감정을 조절하는 법을 모든 사람이 배울 수 있으며, 이것이 가능하다는 사실이 뇌과학으로 뒷받침된다는 것이다.

전전두피질이 작동을 안 할 때는 가족이나 친구들에게 고함을 지르고, 가슴에 상처를 내거나 모멸감을 주는 말을 하게 된다. 이런 언행은 관계를 훼손하고, 신뢰를 깨고, 고통을 안긴다. 감정이 조절되지 않으면, 화가 치밀어 올라서 남을 때리거나, 손이나 발로 벽을 강타해서 다치고 심하면 뼈가 부러지기도 한다. 또 사람이 죽건 말건 아랑곳없다는 듯 자동차를 몰고, 자신의 고통을 반려동물, 배우자, 자녀에게 전가한다. 유감스러운 결정을 일방적으로 내리기도 한다. 그러고 나면 '잃어버린' 것들에 대한 고통, 후회, 회한에 휩싸이고, 무력감과 절망이 뒤를 잇는다. 마음에 안 드는 방식으로 행동하는 자기 자신을 의식한 것이 이번이 처음이 아니기 때문이다.

교도소에서 열린 수업을 들었던 많은 학생들은 첫 수업을 들을 때까지 자신에게 분노 외에 다른 감정이 있는지조차 몰랐고, 심지어 평생 분노에 사로잡혀 지내왔다는 걸 전혀 몰랐다고 말했다. 여기에는 그럴 만한 이유가 몇 가지 있다.

- 도와주는 사람이 아무도 없을 때는 분노가 확실한 대비책이다. 분노는 자기 자신을 보호하는 꽤 안전한 자원으로, 취약성을 줄이고 경계를 만들며 힘든 상황에서 더 잘 생존하도록 해 준다.
- 분노는 아무도 자신의 이야기를 들어 주지 않고 절망이 뒤따른 경험이 많을 때 절실히 드는 감정이다.
- 실험 쥐를 이용한 연구에서 분노는 도파민(중독과도 관련이 있는, 기분을 좋게 만드는 뇌 화학물질)의 지속적인 공급을 유발했다. 따라서 사람의 경우도 분노가 행복감을 급증시킬 가능성이 있다.[4]
- 트라우마를 더 많이 경험할수록 전전두피질과 편도체 사이의 신경 연결을 견고하게 만들기가 힘들다. 그러다 보니 분노가 상황을 장악할 확률이 높다. 전전두피질이 활성화되지 않은 상태에서는 감정적 고통에 빠지고 반사회적인 행동을 하게 될 가능성이 커진다.

전전두피질의 영향력이 강력하지 못하면 편도체에 휘둘릴 수 있으며, 이런 상태는 충동적이거나 중독적인 패턴, 반사적인 감정 반응 등으로 보통 나타난다.[5,6] 그래서 사람들은 자기 관리를 통해 자신을 돌보며, 적극적이고 따뜻한 내면의 부모가 없는 것을 보상하는 법을 배운다. 앞에서 살펴봤듯이, 보상에는 분노에 반응을 보이는 것, 경멸에 대응하는 것, 두려움이나 고립으로 도피하는 것, 위안을 얻으려고 자꾸 뭔가를 먹는 것, 음주, 위험한 행동, 스포츠 활동에 몰두하는 것, 가정 폭력, 약물 사용, 흡연, 상습적인 도박, 쇼핑이나 충동구매, 깔끔하고 정돈된 집안 환경이나 직장 환경에 대한 강박, 긴장을 털어 내려고 싸움을 벌이는 것, 일 중독, 문란한 성생활, 섹스나 스트립 클럽, 포르노물에 중독되는 것 등이 있다. 우리 행동이 내면의 자기 조절 능력 부족을 보상하려는 것인지 알아보는 방법은 '차분함을 유지하거나 차분한 상태로 돌아가기 위해서 그런 행동을 하는 것인가?'라는 질문을 던져 보는 것이다.

분노는 그 순간 공격받거나 위협에 처한 것과 관련이 있다. 분노는 신경계에서 작은 불꽃으로 시작됐다가 거대한 화염이 되어 감정의 집을 전소시킨다. 가정 폭력, 따돌림, 무섭게 대하거나 학대하는 부모, 교사, 종교 지도자, 감독관 등 분노한 사람들이 그들의 힘을 오용해서 해를 입히는 사례가 지금껏 너무 많았기 때문에, 사람들은 분노를 나쁜 것으로 평가한다. 그러나 분노에 파괴적인 힘이 있기는 해도, 사실 분노는 우리의 생존을 돕는 투쟁 반응의 일부다. 우리는 뇌와 몸이 타당한 근거라고 믿는 것을 위해 싸우며, 그 바탕에는 보통 슬픔이나 두려움을 피하려는 의도가 작용한다. 그래서 그 근거가 무엇인지를 알아내면 분노의 강도가 약해진다. 때로는 '무엇이 나를 두렵거나 슬프게 만드는가?'라는 질문을 던지는 것만으로 분노가 가라앉기도 한다.

분노의 표출이 가장 도움이 안 되는 경우는 누구 탓인지를 알아내야 다음번에 결과가 달라질 것이고, 그러면 상황이 더 나아질 것이라고 믿을 때이다. 사람들은 자기 계발이 될 것이라는 희망으로 이런 전략을 자신에게 적용해 '멍청이'나 '바보'라고 자칭하기도 한다.

하지만 비난이 동반된 분노는 자신, 가족, 사회 집단에 부정적인 반응을 불러일으킬 수 있다. 아무리 잘해도 마음의 상처를 입히며, 최악의 경우에는 관계가 깨지거나 가족들을 겁먹게 하고, 심지어 신체적인 부상이나 죽음을 초래할 수도 있다.

비난을 알아차리고 드러내 밝히기 시작하면, 사회적, 감정적 혼란

없이 분노의 에너지를 활용하는 쪽으로 차츰 바뀔 수 있다. 분노에서 비난이 사라지면, 분노의 강도가 순수하게 표출된다. 그럼 이제부터 두개골-뇌와 신체-뇌에서 분노가 어떻게 진행되는지 살펴보자.

뇌 개념
몸에서의 분노와 뇌에서의 분노 이해하기

편도체는 두개골-뇌에만 경보 메시지를 보내는 것이 아니라 신체-뇌의 나머지 부분에도 긴급한 화학적 경보 신호를 보낸다. 그리고 환경이 안전해 보이는지 확인한 뒤 시스템의 기어를 바꾼다. 경보에 사용되는 뇌화학물질(코르티솔과 아드레날린)은 심박수와 혈압을 높이고, 숨을 쉴 때 가슴 윗부분으로 더 빨리 숨 쉬게 만들며, 위험에 맞서 싸우거나 도망치는 데 유리하도록 에너지를 소근육보다는 대근육 쪽으로 흘려보낸다.[7] 그러다가 절망적인 상황에 이르면 움직임을 점차 멈추거나 완전히 정지한다.[8]

　　이런 작용을 이해하려면, 안전한 정도에 따른 세 가지 신체 반응을 알아 두면 좋다. 이 세 가지는 사회적 참여(social engagement), 동화(투쟁 도피), **부동화**(immobilization)이다. (참고로 부동화는 전통적으로 경직[freeze]이라고 불렸지만, 우리가 일단 희망을 포기하면 긴장감이 사라지는데 반해, '경직'이라는 단어는 긴장감을 내포하기 때문에 과학자들이 이 표현을 더는 사용하지 않게 되었다.) 우리 몸은 환경이 얼마나 안전하다고 믿는지를 기준으로 에너지를 사용하는 방식과 외부 세계와 관계하는 방식을 전환한다. 이런 전환은 **미주신경**(vagus nerve)[9]의 도움으로 나타난다. 미주신경은 사람들에게 거의 알려지지 않은 신경다발로, 몸의 척추와 심장을 거쳐 두개골−뇌와 등까지 이어지며, 거의 모든 기관과 소화기관에서 받은 정보를 실어 나르는 역할을 한다. (미주신경 신경 섬유의 약 80%는 뇌에, 약 20%는 몸에 있다.)

신경생물학자 스티븐 포지스(Stephen Porges)는 미주신경이 교감신경계와 부교감신경계를 이해하는 데 중요하다는 사실을 가장 충실히 인식했던 학자이다. 그는 미주신경이 지나가는 이 넓은 길의 가장 앞쪽에 있는 경로를 **복측 미주신경 복합체**(ventral vagal complex)라고 불렀다. 우리가 긴장을 풀고 편안하게 있을 때는 몸의 체계가 자동으로 **유수**(myelinated, 有髓)신경에서 작동하는데, 유수신경은 일반 신경보다 전달 속도가 빠르다. 우리가 안전한 기분을 느끼고, 세상이 살기 좋은 곳이라는 느낌이 신경에서 감지될 때, (포지스는 이를 '**안전의 신경지**[neuroception of safety]'라고 지칭한다) 몸의 체계는 성장과 회복에 맞춰진다. 이럴 때는 사회적 상호작용도 매우 능숙해지는데, 포지스는 이런 이유에서 **사회적 참여**(social engagement)의 상태라고도 종종 지칭했다. 이 상태에서는 얼굴의 미세 근육이 다른 사람들의 얼굴과 활발히 반응한다. 눈은 사람의 얼굴에 고정되고, 중이(中耳)의 근육은 인간의 목소리 대역에 맞춰진다.[10] (안전의 신경지에 사람이 반응하는 방식에 대해서는 14장에서 다시 다룬다).

경계경보가 울리면 안전감이 떨어지고 몸의 기어가 바뀌면서, 몸 전체가 스트레스 반응인 **교감 신경 활성화**(sympathetic activation)[11] 상태가 된다. 이 상태에서는 대개 투쟁 또는 도피 반응이 나타난다. 분노는 사람들이 투쟁 모드에 진입하게 만들며, 공포는 도피 모드에 진입하게 한다. 이 장의 중심 내용은 투쟁 모드 또는 분노에서 나타나는 교감신경 활성화이다. 교감신경은 미주신경의 복측 경로의 안쪽과 바깥쪽에 모두 있으며, 미주신경은 투쟁−도피의 메시지를 심장으로 전송한다. 이때 몸 전체는 스트레스의 화학적 전달자, 즉 화학물질에 반응한다. 일단 화학물질이 몸에 쇄도하면, 차분한 상태에서처럼 복잡한 수준으로 사람들과 관계 맺고 소통하는 것이 불가능해진다. 심지어 표정을 읽는 뇌의 부분에까지 영향을 미쳐서 중립적인 표정을 적대적으로 해석하게 되고, 부모들은 자녀의 행동을 더 부정적으로 생각하게 된다.[12]

투쟁-도피 반응이 활성화됐는데도 안전이 보장되지 않아서 절망감이 들기 시작하거나, 아니면 갑작스러운 충격으로 꼼짝할 수 없는 상태가 되면, 우리 몸은 부동화 상태로 바뀐다. 부동화 상태는 미주신경의 경로 중에서 속도가 느리고 가장 뒤쪽에 있는 **배측 미주신경 복합체** (dorsal vagal complex)에 의해 활성화된다. 배측 미주신경은 주로 장, 간, 신장, 횡격막 밑부분과 뇌 사이의 다른 장기들에서 나온 정보를 전송한다. 배측 미주신경의 전송 속도가 느린 것은 미주신경 중에서도 **무수** (unmyelinated, 無髓)신경으로 구성된 부분이기 때문이다. 신경 섬유의 축삭을 감싸는 피막인 **미엘린**(myelin)은 에너지와 정보가 신경을 타고 더 빨리 전달되게 만드는데, 무수신경인 배측 미주신경에는 이런 미엘린이 없다. (배측 미추신경 복합체와 부동화 상태, 그와 함께 나타나는 해리에 대해서는 9장에서 더 자세히 논할 것이다.)

투쟁-도피 반응과 함께 나타나는 감정의 쇄도는 단 한 사람에서 끝나지 않는다. 인간은 사회적 동물이어서 서로의 신경계 반응에 연속적으로 휘말린다.[14] 이 말은 투쟁 반응이 촉발되면 멈추기 힘든 에너지의 흐름(말싸움이나 몸싸움)이 관계 속에서 계속 커지며, 분노를 계속 주고받게 될 수도 있다는 뜻이다.

그래서 분노 자극에 덜 민감해지고, 화가 날 때의 반응을 개선해서 에너지를 좋은 쪽으로 사용하고자 할 때, 우리는 넘쳐흐르는 코르티솔과 높아진 심박수에 직면한다. 이럴 때는 공명하는 자기 목격자가 동행해주고 지켜봐 준다는 느낌을 발달시켜서, 생물학적 반응을 전환하는 데 목표를 두어야 한다. 그렇게 되면 분노 상태로 넘어가지 않고 사회적 참여의 상태를 더 쉽게 유지할 수 있게 된다. 또한 타인의 도움을 더 자연스럽게 구하고 부모의 도움을 더 많이 받는 유아들처럼, 유연하고 탄력적인 태도를 보이게 된다.[15]

지금부터 몸 전체에서 나타나는 분노 작용에 대해 알아볼 텐데, 앞에서 배웠던 자크 판크세프의 감정 회로를 떠올리면 더 명확하게 이해할 수 있을 것이다.

뇌 개념

화가 났을 때의 분노 회로 이해하기

사람이 동물과 공유하는 감정 회로 중 하나는 분노(RAGE)이다. 분노는 차단당하거나 포위당한 느낌에 비례해 증가한다. 문제가 되는 요인이 많을수록 분노도 커진다. 문제점이 한두 가지에 불과하면 가볍게 화를 내거나 짜증을 낼 것이다. 하지만 걸리는 문제가 여러 가지이면, 폭발 일보 직전의 상태가 된다(사람에 따라서는 무력감으로 무너지기 직전에 이르기도 한다). 분노할 때는 우리 자신이 다른 사람들에게 중요한 사람이라는 믿음이 안 생긴다. 분노 회로의 활성도가 높아지면 뇌와 몸에서 아드레날린이 급격히 분비되기 시작하고, 심박수와 혈압이 증가한다.[16] 상황이 계속되면 시야가 좁아지고 청력이 약해지며, 얼굴, 손, 발에 혈액 공급이 끊길 수도 있다. 가장 큰 분노는 살인적인 분노로, 이런 상태에서는 심각한 피해를 줄 수 있으며, 무슨 일이 일어났는지조차 기억하지 못할 수도 있다. 반면에 문제가 되는 요인을 더 많이 알아보고 인정해 주면, 자신이 중요한 사람이라는 느낌이 들고, 결과적으로 화를 덜 내게 된다.

분노의 심화 단계를 정리한 목록을 살펴보면, 자신이 중요한 사람이라는 느낌이 점점 덜 들 때 우리가 어떤 식으로 그 감정을 표현하는지를 확인할 수 있다. 이 목록은 가벼운 불만에서 출발해서, 팔다리에 피가 검붉게 남는 사반(死斑)이 생길 정도의 엄청난 격노에 이르기까지, 갈수록 감정의 강도가 강해진다. 사람마다 느끼는 방식이 다르므로, 이 목록에서 본인과 다른 부분이 있으면, 본인이 느끼는 감정의 강도가 반영되도록 자유롭게 순서를 바꿔 보자.

분노의 심화 단계
불만족스러운

언짢은

불쾌한

속 타는

짜증 나는

분통 터지는

울화가 치미는

화가 난

아주 괘씸한

분개한

몹시 화가 한

분노한

성난

격앙된

화가 불끈 치미는

속이 끓어오르는

격노한

노발대발한

격분한

몹시 격분한

계속해서 반사적으로 반응하는 자기 자신에 크게 실망했을 때, 짜증에 대처하기

인간으로 사는 삶은 때로 혼란스럽다. 배우자나 자녀에게 다시는 화내지 않겠다고 맹세했어도, 우유가 실온에 그대로 방치된 것을 보거나, 부정직하다는 비난을 듣거나, 누군가의 거슬리는 '말투'가 다시 들리면, 뚜껑이 열린다. 이렇게 되면 미처 의식하기도 전에 남을 비꼬고, 이성을 잃을 정도로 화를 내며, 남의 말에 귀를 닫은 채 관계를 차단해 버린다. 이런 당혹스러운 상황의 원인은 전적으로 편도체와 편도체가 촉발한 자동 반응에 있다.

자신의 말을 남들이 진심으로 들어 주지 않는 경험, 신뢰가 깨진 상황, 안전성 결핍, 예측 가능성 결핍, 불편함, 경험한 트라우마가 많으면 편도체가 극도로 민감해져서, 일상의 평범한 경보에도 반응할 수 있다.[17] 그리고 이런 경험은 점점 증가한다. 몸이 느끼는 지속적인 스트레스가 일정 수준에 도달하면, 잘 안 열리는 서랍, 끼어서 걸린 손톱, 계획 변경, 사소한 의견 충돌처럼 작은 일이 성냥이 되어서 감정의 폭발을 일으킨다.

화를 돋우는 일이 한 가지이든 여러 가지이든, 신경계에 지속 가능한 변화를 만들려면 그 경험에 공명하는 공감을 적용해야 한다. 다음 유도 명상은 '**포스트허설**'이라고 이름 붙인 과정으로, 이를 주기적으로 수행하면 오래된 경고 신호들을 깨끗이 없애고 반응성과 자극을 줄일 수 있다.

포스트허설(posthearsal)은 그 순간에 주체하기 힘들어 동행되지 않았던 자아의 부분에 공명을 가져올 수 있도록, 분노를 불러일으키거나 후회하는 경험을 의도적으로 재현하는 절차다. 과거 그 순간의 자아는 이 과정을 통해 온기와 이해를 얻을 수 있고, 몸이 편안해지며, 나중에 그런 일이 다시 일어날 때 새로운 선택을 내릴 수 있다.

자제력을 잃었거나 다른 사람에게 피해 입혔다는 느낌이 들면(혹은 그랬다는 것을 알고 있으면), 자기 자신을 따뜻하게 대하기가 무척 힘들어진다. 과거를 관대하게 수용하는 내면의 일부를 찾고 발전시키는 데에는 오랜 시간이 걸릴 수 있다는 점을 되새기자. 우리가 계속 자책하는 데에는 이유가 있다. 뇌가 분노와 가혹한 행동의 수치스러운 기억을 떠올릴 때, 이 순간을 평가하는 자아는 자신에게 온화하지 않다. 자신을 징벌하면 이런 일이 다시는 안 일어날 것이라는 희망을 계속 품고 있을 수도 있다. 이를 염두에 두고서 이 명상을 해 보고, 어디까지 힘을 낼 수 있는지 보자. 불편한 마음이 들면 언제든 명상을 멈추고, 몸에 의식을 집중한 채로 심장의 목소리에 귀 기울이도록 한다.

연습

호흡에서 시작한다. 호흡에서 생생한 감각이 느껴지는 곳을 찾고, 주의를 그 곳에 둔다. 계속 호흡하면서 자신에게 따뜻한 마음을 품는다. 10~20회 호흡한 뒤에 힘들었던 그 사건의 기억으로 주의를 돌린다. 마음속에서 그 사건을 재현하면서, 몸의 느낌에 주목하자. 재현한 기억의 어떤 순간부터 분노가 시작됐다고 몸이 말하는가? 분노를 불러일으킨 말, 몸짓, 표정, 생각은 무엇이었을까? 바로 그 순간의 기억에 멈추고, 다른 모든 사람은 그 자리에 돌처럼 굳어져 있게 하자.

이 장면에서 빠져나와서 당신의 최선을 바라는 사랑스러운 존재로 주의를 가져간다. 분노하기 시작하는 당신 자신을 돌아볼 때 따뜻하고 너그러운 마음을 느낄 수 있는가? 아니면 자신에게 화가 나고 걱정되는가? 자신을 향한 따뜻한 마음이 느껴지지 않는다면, 공명하는 자기 목격자를 아직 완전히 찾지 못한 것이다.

연민 어린 공명하는 자기 목격자와 연결된 상태이면, 다음 단락으로 넘어가서 명상을 계속한다. 만일 아직 공명하는 자기 목격자를 찾지 못했다면, 이 명상은 건너뛰고 책을 계속해서 읽으면서 공명하는 자기 목격자가 형성되고 있는지 살피자. 그리고 책을 끝까지 다 읽은 뒤에 이 명상으로 돌아와서 자기 자신과 연결되는 이 경험의 기반이 더 단단히 다져졌는지 확인한다.

공명하는 동안, 걱정하거나 후회하는 지금의 자신에게 공감하는 질문을 던진다. ("희망이나 신념, 믿음이 있었으면 하니? 이 상황에 있는 다른 사람들이 염려되고, 언젠가 교훈을 얻고 치유될 수 있을지 걱정한다는 점을 인정받고 싶어?")

이제는 공명하는 자기 목격자를 활성화한 채로, 온기를 품고 자신을 돌아본다. 당신이 혼자가 되지 않도록, 과거의 자기 자신으로 시간 여행을 해 보자. 분노한 자아가 따뜻하게 품고 위로하는, 공명하는 자기 목격자의 존재를 느끼는가? 의식의 초점을 분노한 자아에 두었다가, 공명하는 자기 목격자에 두었다가 하는 식으로 바꿔 보자. 공명하는 자기 목격자가 몸의 느낌과 느껴지는 감정의 강도를 인정하고, 확인한 신체 감각을 바탕으로 감정과 욕구를 추측하는 질문을 몇 가지 더 제시하게 둔다.

위장이 경직됐다면, 두려움이나 압도감이 들지는 않는지 살펴보자. 안정성, 예측 가능성, 존중과 예의가 사라지는 건 아닌지 걱정되는가? 일어나는 모든 일에 대한 진실과 확고한 근거를 최대한 단단히 붙잡고 싶은가? 많이 지쳐서 도움이 필요하지만, 도움을 받을 가망은 없어 보이는가?

몸의 느낌을 다시 확인한다. 새롭거나 예전과는 약간 다른 느낌이 들 때, 그것이 만일 감정이라면 어떤 감정일까? 화를 불러일으킨 요인을 기억하면서 몸이 편안히 이완될 때까지 공명하는 자기 목격자를 통해 감정과 욕구를 추측하는 질문을 던져 보자. 예전과는 다르게 행동하고, 다른 조치를 취하고, 다른 말을 하는 자신을 상상한다. 그리고 이제, 긴장을 풀고 호흡으로 돌아온다. 이로써 우리는 완전한 포스트허설을 마쳤다.

이 명상이 필요한 이유

이 명상에는 몇 가지 유용한 점이 있다. 첫 번째로, 우리가 매일 아니면 최소한 매주마다 촉발 요인을 확인하고 그에 대해서 작업하면, 모든 변화의 근본인 자기 자신을 알아차리는 습관을 들이게 된다. 두 번째로, 포스트허설을 하면 폭발하지 않고 남은 불발탄을 깨끗이 치울 수 있다. 이 과정에서는 6장에서 설명했던 치유를 위한 시간 여행과 관련된 내용을 활용한다. 세 번째로, 우리가 고통의 장소와 공명하는 자기 목격자를 연결 짓고 자신을 위로하고 달랠 때마다 자기 조절 능력이 강화된다.

자신을 더 잘 조절하고 통제할 수 있게 되면, 우리는 더 잘 회복되고, 덜 자동적으로 반응하며, 더 안정적인 사람이 된다. 신체적인 차원에서도 안정을 찾게 되고, 예전 같으면 분노가 일었을 상황을 안전의 신경지를 잃지 않고서 더 수월하게 경험한다.[18] 이런 식으로 점점 힘이 생겨서 사회적 참여의 상태에 더 안정적으로 머물 수 있게 되면, 투쟁-도피-부동화 반응의 영향에 덜 휘둘리게 된다. 또 행동하기 전에 생각할 시간을 갖고 깊이 고려한 뒤 선택할 역량이 점점 커진다.

변화하는 이 모든 에너지 속에서 파괴적인 분노를 삶에 도움이 되는 자기 관리, 자기표현, 자신과 타인에 대한 지지로 바꾸려면 어떤 종류의 힘과 신체적, 정신적 안정성이 필요할까? 우리가 타인의 동기에 최악의 상황을 가정하기보다는 마음을 열어서 긍정적으로 평가하면, 그들의 행동에 대한 분노 반응이 줄어들 것이다. 새롭게 얻은 공명 능력을 바깥으로 돌려 타인에게서 긍정적인 동기를 찾는 방법을 지금부터 알아보자.

🍃 🍃 🍃

공명 기술
두 사람 모두를 위한 공명

먼저 가장 감당하기 힘든 관계 중 하나를 마음속에 떠올린다. 상대방이 당신에게 해를 끼칠 의도였음이 거의 확실하다고 느껴지는 관계나 순간을 선택하자.

종이를 세로로 반으로 접었다 편 다음, 지면 상단에 그 관계의 주된 문제, 즉 화를 돋우는 문제를 한 가지를 적는다. 예를 들어 '배우자는 외출해 있을 때 내게 전화를 거의 안 한다'라고 적을 수 있다. 그 문장 밑에다가 이 상황을 생각할 때 느껴지는 몸의 감각을 적는다. 예를 들면 '장이 경직된 느낌, 가슴이 조이고 호흡이 얕아짐, 입꼬리가 양옆으로 축 처짐'이라고 적을 수 있다.

3장에서 다룬 부정적인 감정 목록을 보면서, 종이의 왼쪽 면에 이 경험과 관련해 느껴지는 모든 감정을 적는다.

감정을 모두 나열했으면, 4장에서 설명했던 인간의 보편적인 욕구와 가치 목록을 살펴본다. 종이에 적은 각 감정 옆에, 그와 관련해 당신이 가장 중요하게 여기는 가치를 적는다. 위의 예에서는 '슬픔, 외로움, 짜증, 조급함' 같은 감정을 나열할 수 있다. 각 감정에 대해서 다음과 같이 혼잣말로 말한다. "당연히 _____ 기분이 들어. _____ 하기를 간절히 바라니까." 이렇게 하면 자신의 감정에 어떤 숨겨진 욕구가 있는지를 확인하게 된다. 위의 예에서는 관계, 온기, 인정, 파트너십이 주요 가치일 것이다.

이제는 몸의 감각에 다시 주목한다. 달라진 점이 있는가? 이 경험으로 마음이 조금이나마 편안해졌다면, 상대방에게 어떤 신체 감각, 감정, 욕구가 있을지 상상하면서 아까 사용했던 종이의 뒷면에 적어 보자.

외출 중에 연락을 안 하는 문제의 경우, 상대방인 배우자 역시 서운한 마음을 느낄 수 있다. 연락하고 나면 계속 충실히 용무를 보기가 힘들어서 그랬을 수도 있고, 아니면 집의 상황이 걱정되지만 어쩔 도리가 없으니 차라리 힘과 에너지를 보존하려고 그랬던 것일지 모른다. 어쩌면 배우자는 압박감과 짜증을 느껴서, 독립, 편안함, 자유, 그 밖의 욕구를 갈망할지 모른다.

이제 본인이 선택한 상황을 염두에 둔 채로, 그 상황의 궁금한 점들에 대해서 자기 자신과 배우자, 자녀, 고용주, 이웃에게 관대한 마음을 품어 보자.

관대한 마음을 품은 상태로 이 작업을 하는 것이 아주 중요하다. 상대방에 대한 응어리가 여전히 느껴진다면, 잠시 시간을 더 내서 자신의 신체 감각에 주목하고, 그 감각이 어떤 감정을 드러내는지, 그 감정에는 어떤 욕구가 내재하는지 질문한다. 그런 뒤에 마음속 응어리를 다시 확인한다. 내 경우 정말로 감당하기 힘든 상황에 부닥쳤을 때는 반으로 접은 종이 왼쪽에 목록에 나오는 욕구를 거의 전부 적어 넣기도 한다. 상대방의 관점을 헤아리기는 작업을 하기 전에, 반드시 자신의 몸이 편안한 상태가 되어야 한다.

이 연습은 다양한 방식으로 활용할 수 있다. 때로는 그저 자기 자신을 진지하게 받아들이고, 상대방을 진지하게 받아들이는 것만으로도 상대방에 대한 마음이 열린다. 또 이 연습은 해묵은 문제를 새로운 방식으로 논의하는 기초가 될 수 있다. 그 상황에서 충족되지 못했던 모든 욕구를 살펴봄으로써 삶을 새로운 방식으로 발전시킬 수도 있다. 중요한 것은 이 연습을 통해 자신의 감정과 욕구가 모두 타당하다는 것을 차츰 이해하고 믿게 된다는 점이다.

감정이 중요하다는 사실과 행복에 꼭 필요한 소중한 메시지를 알려 준다는 사실에 익숙해지면, 관계의 근본적인 어려움은 대개 같은 욕구가 다른 방식으로 표출된 것에 불과하다는 사실을 깨닫게 된다. 예를 들어 외출했을 때 연락하는 문제의 공명 기술 연습에서, 집에 남겨진 사람은 친밀감을 갈망하고 있다. 그리고 외출해서 전화를 안 하는 사람 역시 기이하게도, 친밀감을 갈망하면서도 전화로는 깊이 있는 관계를 나눌 수 없다는 데 절망감을 느낄 수 있다.

삶을 함께하는 사람들에 대한 이런 질문을 탐색할 때 너그럽고 호기심 어린 마음으로 접근하지 않고서는 상황을 제대로 파악할 수가 없다. 우리와 장기적으로 중요한 관계를 맺고 있는 사람이 이런 대화를 나눌 수 없거나 나눌 의지가 없다면, 그에게 무슨 일이 일어나고 있는지를 혼자서 조용히 열린 마음으로 추측해 보는 것만으로도, 두 사람 모두에게 숨 쉴 공간이 더 많아질 수 있다. 우리는 상호 관계와 친밀감이 주는 기쁨을 깨닫고 현재의 관계를 보완하여, 새로운 사람들과의 따뜻한 관계를 삶에 더해 나갈 수도 있다.

이는 인간으로 사는 삶에 관한 아주 오래된 비밀이 사람들에게 잊힌 것과 마찬가지이다. 우리는 서로에게 깊이 이해받으면서 마음이 진정되도록 만들어졌지만, 그렇게 하는 방법을 잊어버렸다. 우리가 이 비밀의 문을 열면 사람들과 점차 더 가까워질 것이다. 우리 경험에 따뜻한 호기심을 품은 사람이 곁에 있을 때의 느낌을 알면, 그런 따뜻한 관심이 그리워지기 시작한다. 그와 동시에 우리 자신에게 더 잘 공명할 수 있다. 또 외로움을 느낄 때 더 잘 의식하고, 그러면서도 역설적으로 혼자서도 더 잘 지낸다.

분노의 명예로운 표출

분노를 해롭지 않게 적절히 조절해서 표출하려면 연습이 필요하다. 몸의 감각을 주의 깊게 살피고, 말로 표현하고, 그런 감각을 자신의 깊은 가치와 연결 지어야 한다. 예를 들어 당신의 배우자가 당신이 거짓말을 하거나 뭔가 숨기는 것 같다고 말한다고 가정하자. 당신은 이 말이 사실이 아니라고 느끼기 때문에 크게 분노한다. 이럴 때 이렇게 얘기할 수 있다. "숨이 거칠어지고, 시야 가장자리에서 말 그대로 붉은색이 보이는 것 같아. 주먹을 불끈 쥐게 되고, 발가락이 오그라들고, 가슴이 무거워졌어. 아무것도 생각할 수가 없고, 나도 모르게 목소리가 떨려. 내 의도를 제대로 알아주는 건 나한테 정말 중요해. 정직하고 투명하게 사는 건 내게 가장 중요한 가치야. 그걸 알아줬으면 좋겠어. 그리고 난 당신과 진실을 공유하고 싶어."

이런 식으로 대화를 나누면 목소리가 아무리 높아지더라도, 뒤처리할 문제가 전혀 없다. 상대방을 모욕하지도 않았고, 상대방이 느끼는 기분이나 그가 당신에게 무슨 생각이나 행동을 하는지에 대한 언급도 없었다. 그저 자신의 경험에 관해서만 얘기했다. 그리고 열린 마음으로 자신의 연약함을 숨김없이 드러냈다. 배우자는 당신의 감정이 얼마나 격한지, 당신의 진심이 무엇인지 들을 수 있었다.

그러나 우리는 아직 이런 식으로 순수하게 분노를 표출할 준비가 안 됐을지 모른다. 분노에 비난, 경멸, 위협, 폭력이 더해진다면, 그것을 깨끗이 치울 책임이 있다. 비난, 경멸, 위협, 폭력은 주변 사람들의 뇌, 신체, 면역 체계에 해를 끼치므로, 이를 깨닫는 것이 중요하다.

분노가 상처를 남길 때

분노의 표출로 다른 사람에게 겁을 주거나 수치심을 안기면, 이에 대한 책임을 져야 한다. 자신이 얼마나 정당하게 느끼는지, 다른 누군가의 잘못이라고 얼마나 굳게 믿는지는 중요하지 않다. 경멸과 두려움은 관계맺은 사람들에게 상처와 흉터를 남긴다.

분노는 격하게 표출되지 않을 때조차 주변 사람들을 겁먹게 만들수 있다. 분노는 강력한 에너지이며, 분노의 초점이 되거나 목격한 아이들은 무서움과 불안함을 느낄 수 있다. (실제로 가정 폭력을 목격하는 경험은 뇌에 후유증을 남기는 일종의 트라우마이다.)

이런 일이 관계 당사자 중에 영향력이 더 약한 사람이나 아이들에게 일어날 때, 그들은 각자의 보호 에너지를 거의 이용할 수 없는 상황에 부닥치기도 한다. 어쩌면 그들 중 일부는 분노가 어떤 해를 입힐 수 있는지 알기 때문에, 화를 절대 내지 않기로 맹세했을지 모른다. 혹은 누군가가 분노해 있는 상황에 처하면 신경계가 완전히 작용을 멈출 가능성도 있다. 어린 시절이나 성인기에 공포를 그렇게 버텨 냈기 때문이다. 그러다 보니 다른 사람이 윽박지르거나 화를 낼 때 이들에게는 대처할 방법이 없다. 이는 다른 사람의 분노 행동으로 인해 보호 수단과 자기 보호 에너지를 빼앗긴 것이다.

분노 그 자체와 자기 자신, 주변 사람들을 존중하면서 분노를 표출하는 방법을 배우는 것은 온전한 자아가 되는 과정에서 꼭 필요한 부분이다. 그동안 배우자, 가족, 친구들에게 이렇게 대하지 못했다는 것을 깨달으면 자신의 분노가 주변 사람들에게 미친 영향을 시인하고 싶어질지 모른다. 그렇게 할 수 있는 한 가지 방법이 지금부터 소개할 '바로잡기'이다.

공명 기술

바로잡기

효과적인 바로잡기(repair)는 5단계로 진행된다.

1. 감정적인 지지를 충분히 받아서, 자신의 행동에 대해서나 타인의 행동에 대해서 화를 내는 일이 더 이상 없도록 하자. 그런 조건이 갖춰지지 않으면, 바로잡기를 고려하기 전에 우선 포스트 허설부터 해야 할 것이다. 상대방을 비난하거나, 그가 했던 어떤 행동이 당신을 자극해서 분노하게 했는지 생각하거나, 이 사건에 대한 책임 소재를 그가 인정하기를 바란다면, 아직은 바로잡기가 가능한 시점이 아니다. 그런 경우 대화를 나누는 정도는 가

능하겠지만, 바로잡기는 실행할 수 없다. (비난하려는 마음이 든다면, 지지와 공감부터 더 많이 받아야 한다!)

2. 상대방에게 바로잡는 과정에 함께해 줄 의향이 있는지 물어본다. 예를 들면 이렇게 물을 수 있다. "제가 했던 말(또는 행동)이 마음에 걸려요. 어떤 점이 후회되는지 이야기해도 될까요?"

3. 후회되는 점을 가능한 짧게 진술한다.

4. 당신이 벌컥 화를 냈을 때 상대방의 심정이 어땠는지와 관련해 당신에게 들려주고 싶은 이야기가 있는지 묻는다.

5. 상대방의 심정이 어땠는지에 대한 이야기를 들으면서 어떤 마음이나 생각이 들었는지 상대방에게 알린다. 말로 설명해도 되고, 몸짓으로 표현하거나, 잠자코 집중하며 곁에 앉아 있는 것으로 마음을 표현해도 된다. 잠자코 있는 것만으로는 이야기를 충실히 들어 주는 느낌이 들지 않을 수도 있으니, 상대방이 말을 마쳤을 때 충분히 전달됐다고 느끼는지 등을 그에게 질문하면서 확인하도록 한다.

지금껏 누군가가 이런 식으로 바로잡는 것을 한 번도 본 적이 없을지 모른다. 이런 경험은 북미와 유럽 사회 세계에서는 분명 아주 드문 일이다. 사람들 대부분은 "제 잘못이에요."라거나 "죄송합니다." 같은 표현을 써서 최대한 빨리 사과하려고 한다. 상대방의 경험에 대해 묻는 일은 결코 없다. 대신 자신이 왜 그랬는지를 상대방에게 말한다. 예를 들면 "네가 _____ 했을 때 진짜 화가 나더라."라거나 "이것 때문에 정말 화가 났었어."라고 말한다. 바로잡기는 실행하기 힘들지만 이에 쏟는 모든 노력 하나하나가 가치 있다. 다만 관계가 완전히 복원된 느낌이 들기까지는 보통 오랜 기간이 필요하다.

바로잡기 중에서도 특히 어려운 유형은 부모가 아이가 어릴 때 아이에게 해를 끼쳤던 부분을 바로잡아 치유하는 과정이다. 아이가 입은 이런 피해는 수십 년 동안 가족들 사이에 감돌면서 따뜻한 분위기와 친밀감이 형성되는 데 지장을 초래하기도 한다. 이런 어려움에 안타까움을 표하며, 이런 유형의 바로잡기에 도움이 되는 구체적인 방법을 소개한다.

성장한 자녀의 상처 바로잡기

자녀의 나이가 아무리 많아도, 바로잡기를 통해 건강하고 친밀한 관계를 형성할 수 있다는 사실을 알아 두면 조금은 위안이 될지 모르겠다. 성장 과정에 대해서 당신이 느낀 점을 나이 든 자녀와 이야기 나누려 한다면, 아마도 다음과 같은 방식으로 대화를 나누게 될 것이다.

당신이 짚어 내려는 요점과 관련된 사건을 하나 선택한 뒤, 자녀에게 이렇게 묻는다. "내가_____ 해서 네가 _____ 했던 때 기억나니?"

기억난다고 대답하면 대화를 이어간다. 기억이 안 난다고 하면, 당신은 기억이 나는데, 그에 대해서 뭔가 이야기를 해도 괜찮겠냐고 물어보자. 아이가 괜찮다고 하면 계속 진행한다. 괜찮지 않다고 하면, 부디 자녀의 거부 의사를 존중하자. 나중에 그에 대해서 대화 나누고 싶은 기분이 들면 언제든 알려 달라고 말해 둔다. 1년 뒤에 다시 이야기를 꺼내도 좋겠느냐고 묻고, 자녀가 그렇다고 대답하면 잊지 않게 달력이나 일정표에 적어 둔다.

자녀가 사건이 기억난다고 대답했으면, 이런 식으로 말을 꺼낼 수 있다. "그 일에 대해서 생각해 보니, 내 고통에 사로잡혀서 네게 일어나는 일에 대해서는 전혀 알 수가 없었어. 우리 두 사람의 관계에서 벌어졌던 주된 상황을 특징적으로 보여 주는 일이었던 것 같아. 네가 어릴 때

부모인 내가 너를 곁에서 세심히 지켜보고 이해해 주지 못한 것 말이야. 이런 상황이 너는 어땠니?"

자녀가 뭔가를 말한다면, 방어적인 태도를 완전히 접고 귀 기울여 들어 주는 것이 당신의 역할이다. 할 수 있다면, 아이에게 가장 중요해 보이는 대목을 따라 말하거나 '맞아' 등의 말로 공감해 준다. 아이가 사과를 요구한다면 모를까, 그렇지 않으면 아이의 이야기가 끝날 때까지 잘 들어 주고, 사과의 말은 자제한다. 아이가 말을 마쳤을 때, 사과를 해야 할 것 같은 기분이 들면, 예컨대 다음과 같은 말을 건넨다.

"정말 미안하다. 아이들, 그중에서도 특히 네가 받았으면 했던 관심 어린 보살핌과 감정적인 대응을 네게 해 줄 수 없어서 정말 유감스럽구나. 그 일에 대해서 지금 생각하면, _____ (현재 느껴지는 신체 감각) 느낌이 들어. 그때 네게 더 잘해 줬더라면 좋았을걸 정말 안타깝구나."

자기를 변호하고 싶은 마음이 들거나, 아이가 너무 힘들게 굴었거나 철이 없었다고 나무라고 싶어지면, 잠시 자신에게 집중하고 호흡하면서 미리 생각해 둔 내용을 따르도록 최대한 노력한다. 이 경험은 당신이 아니라 아이를 위한 것이다. 당신 자신의 고통에 대해서는 아이가 아닌 다른 경로를 통해서 지지받도록 하자.

공명에 아직 서툰 사람들이라면, 시작할 때 이런 식의 표현이 입에서 술술 나오기가 어려울 것이다. 하지만 침묵하면서 자기 자신에게 연민을 품겠다는 의도만으로도 큰 차이를 만들 수 있다. 우리는 순결한 존재라는 가정을 기억하자. 이 원칙에 따르면, 심지어 아이나 배우자에게 고함치는 것을 포함해서 당신이 하는 모든 행동은 삶을 살기 위한 시도이다. 자기 자신의 감정과 욕구를 추측하는 것은 고사하고 공명의 언어가 무엇인지조차 기억하지 못해도, 그저 이 원칙 하나만 기억하면 엄청난 힘을 얻을 수 있다.

이런 유형의 바로잡기는 더 넓은 차원의 대화, 즉 여러 해 동안 작은 일에 대한 바로잡기를 계속할 때 서로 치유하고 치유받는 경험의 일부이다. 여러 해에 걸친 대화에서, 아이가 이 경험이나 이와 비슷한 경험 이야기를 꺼내면 감정적인 영향에 대한 이야기를 더 깊이 하게 될 수 있다. 중요한 것은 부모가 아이가 무슨 말을 하고 싶어 하든 항상 들어 줄 준비를 갖춰야 한다는 것이다. 바로잡기가 가능한 열린 태도를 유지하면 아이와 배우자, 친구들이 중요한 존재라는 것을 각자 느끼게 된다. 자신의 연약한 부분을 드러내면 더 큰 신뢰가 형성되고, 관련된 모든 사람이 진실을 말하려는 의지가 높아진다.

다음 네 가지는 분노와의 관계를 바꿀 수 있는 중요한 기술이다.

1. 포스트허설 하는 법 익히기: 화가 나서 마음에 들지 않는 행동을 할 때마다, 이 장에 나온 유도 명상을 수행하면서 새로운 차원의 자기 연민, 자기 이해, 자기 조절 능력을 키우도록 한다. 이 과정을 혼자서도 쉽게 진행할 수 있어야 한다.

2. 분노가 일어날 때 자신에게 공감하기 : 이 작업(5장 공명 기술 참조)을 처음 시작할 때는 할 수 있는 게 많지 않다. 분노에 장악당하기 전 몇 초 동안 이번에는 다르게 대응하고 싶다는 결심을 떠올리는 게 전부일지 모른다. 그러다가 내면과의 연결을 오래 유지하겠다는 의도를 꾸준히 유지하고 명상과 연습을 계속 실행하면, 주의의 초점을 호흡에 더 오래 둘 수 있게 되면서 분노의 폭발을 막을 수 있게 된다. 결국에는 공명하는 자기 목격자가 옆에서 함께하는 것을 느끼며, 과거에 분노를 일으켰던 상황에서도 차분함을 유지할 수 있게 될 것이다.

3. 분노를 비난 없이 깨끗이 표현하는 법 익히기: 다루기 힘든 상황에서 삶의 깊은 가치를 언급하는 것을 의미한다(4장 참조). 감정과 욕구뿐만 아니라 신체 감각을 정확히 표현하면 도움이 된다. 전전두피질이 활성화된 상태로 몸에 안정적으로 머물면서 격한 감정이 우리 자신과 타인을 해치지 않고 지나가게 하는 훈련은 마치 예술 행위를 하는 것과 같다. 이는 가장 힘든 기술이다. 신체에서 느껴지는 분노의 감각은 아주 고통스러울 수 있다. 그래서 다른 기술을 능숙히 익혔더라도 여전히 격한 감정을 억누르는 경향이 있을지 모른다. 혹은 감정이 폭발해서 결국 사과하고 바로잡기도 한다. 격한 감정이 일어나는 순간에 이 감정을 처리할 수 없을 것처럼 느껴진다면, 자신이 어떤 실수를 하더라도 따뜻한 마음으로 대하는 것이 중요하다. 예를 들면 예전이라면 "이런 멍청이 같으니, 왜 이런 짓을 했어?"라고 말했을 순간에, "아주 화가 난다! 주먹이 불끈 쥐어지고, 가슴이 쿵쾅거려. 책임감과 배려가 꼭 좀 있었으면 좋겠어! 나는 당신이, 우리가, 우리 가족이 두려워!"라고 말하는 식이다.

4. 바로잡기를 효과적으로 하는 법 익히기: 바로잡기는 화를 조절하는 법을 배울 때 연습할 수 있는 가장 중요한 기술 중 하나이다. 이 연습에는 우리가 통제력을 잃거나, 폭력적이고 남을 비난하는 말과 행동을 하거나, 마음에 걸리는 행동을 한 뒤에 효과적으로 바로잡는 법을 배우는 과정이 포함된다.

지금까지 투쟁 반응과 분노 회로에 대해 탐구해 보았다. 이를 통해 우리가 안전하다고 믿는지, 우리가 중요한 존재라고 믿는지에 대해 깊이 내재된 반응 프로그래밍과 역사가 어떤 역할을 하는지를 더욱 명확하게

알 수 있었다. 8장에서는 이런 반응에 중요하게 작용할 수 있는 공포와
도피 반응을 다루려고 한다.

아주 오래된 두려움을
극복하기

"세상은 위험하고, 난 결코 안전하지 못해."
하지만 실제로는 이렇게 말할 수 있다.
"두려움에 떠는 내면이 지금 안전하다는 것을 차츰 받아들이게 되면,
비로소 나는 안심하며 편히 지내게 될 거야."

위험한 세상에서는 살기가 힘들다. 그런 세상에서 살려면 피부 수준에서
부터 끊임없이 경계해야 한다. 극도의 불안을 느끼며 사는 사람은 신경
계의 긴장이 완전히 풀리는 법이 없어서 삶에 전념하지 못한다. 그러다
보니 창의성이 저해되고, 시야가 좁아지고, 학습이 거의 불가능한 상태
가 되기도 한다.

　　모든 세포가 스트레스 환경에서 사는 것에 대응하게 되면, 몸이 긴
장된 상태로 코르티솔이 계속 분비되거나 아니면 코르티솔이 고갈되어
기진맥진해진다. 7장에서 논한 것처럼, 투쟁 반응이나 공포 반응이 나타
날 때는 폐가 수축하고 호흡이 얕아지며, 근육이 계속 경직되고, 소화 기
능이 멈춘다. 목구멍이 조여 오고, 관계나 감정의 미묘한 차이에 얼굴과
가슴이 즉각적인 반응을 나타내지 않으며, 면역 체계는 바이러스나 암
세포를 찾아 없애는 세포보다는 감염에 맞서 싸우는 면역 세포를 생성한
다. 또 다른 사람의 얼굴을 지그시 쳐다보지조차 못한다. 자신의 몸을 침
착성과 연결이 조화를 이루고 작용하는 원천으로 사용하기보다는, 생존

을 위해 바짝 경계하는 도구로 사용한다.[1] 즉 정상적인 생활 환경과는 완연히 다르다.

두려움 속에 살기

분노하거나 두려워할 때는 초점이 외적인 측면에 쏠려 있기 때문에, 디폴트 모드 네트워크가 작동하지 않는다.[2] 그러나 분노와 두려움의 요소가 담긴 부정적인 생각은 디폴트 모드 네트워크에서 나타나는 반추와 수치심의 일부로 작용하기도 한다. 속상했던 마음을 위안, 이해, 온기로 달래지 못하면, 왕성한 분노와 두려움의 여파로 이런 부정적인 생각이 떠오를 수 있다.

두려움이 들면 침착성을 잃고 바짝 경계하게 되므로, 다른 사람들에게 일어나는 일의 세세한 부분에는 주의를 기울이지 못한다. 그 대신 상황을 안전하게 만들기 위해 환경을 관리하고, 통제하며 제한하려고 애쓰거나, 견디기 어려운 공포의 내적 혼란 속에서 어쩔 수 없이 살아간다. 이렇게 되는 건 신체의 주된 욕구가 안전의 신경지(즉 두려워할 것이 없다는 사실을 신경 스스로 느끼는 아주 완벽한 안전감)이기 때문이다. 위험에 처해 있다는 느낌이 들면 몸은 긴장을 늦추지 않을 것이다.

안전의 신경지가 작동하려면, 신체적 위험이 없다는 것을 확실히 예측할 수 있어야 한다. 그리고 인간은 사회적 존재여서, 이런 안전감은 사회적 환경에서 벌어지는 일과도 관련이 있다. 즉 '나는 나와 함께하는 사람들 무리에 속해 있는가? 나는 의미 있는 존재인가? 내가 말하면 그들이 귀 기울여 들어 주는가?' 같은 부분이 확인되어야 한다.

다음으로 아주 중요한 질문은, 집단에서 힘이 유지되는 방식과 관련이 있다. 우리가 아닌 타인에게 의사 결정권이 있다면(이를테면 우리가 학생, 고객, 환자, 자녀, 부양가족, 종교 단체의 교구민, 수감자, 직원이라면), 타인이 우리에게 지배적인 힘을 행사한다. 힘을 행사하는 그 사람은 편파적인가 아니면 공정한가? 그는 자신의 인간성을 드러내는가? 그가 온기의 본보기를 보여서 가족이나 공동체의 구성원들도 서로에게 온기를 나누는가?

신체적 안전감을 느끼는 데 도움이 되는 특성

- 소속감
- 중요하다는 느낌
- 안도감
- 존경심
- 관심
- 배려
- 상대방이 내 이야기를 들어 준다는 느낌
- 예측 가능성
- 신뢰
- 위엄
- 인정
- 투명성
- 책임
- 자기 책임

창조성, 긴장 완화, 유희로 이끄는 특성

- 온기

- 기쁨과 호기심
- 환영
- 인정
- 다정함
- 침착함

이 외에 안전한 느낌과 창조성의 느낌 목록에 더 추가하고 싶은 중요한 특징은 없는가?

어릴 때 당신이 살던 세상은 얼마나 안전했는가?
지금은 얼마나 안전한가?

안전하고 편안한 느낌을 불러일으키는 특성의 목록을 다시 훑어보면서, 당신이 이 세상에 태어나서 18세가 될 때까지 부모나 책임 있는 다른 어른들이 어떻게 행동했는지 잠시 생각해 보자. 이 목록 중에 어떤 것들이 당신의 어린 시절과 관련이 있는가? 부모님 중 한 분과 단둘이 있을 때는 환경이 달랐는가? 부모님이 둘 다 계실 때는 다시 달라졌는가? 형제가 태어나기 전후나 다 커서 독립한 뒤에는 환경이 바뀌었는가? 부모님이 직장에 다니게 됐을 때나 다니지 않게 됐을 때 환경이 바뀌었는가? 주말이나 공휴일에는 평소와 달랐는가?

유치원과 초등학교 때 경험을 떠올려 보자. 선생님들이 따뜻하게 격려해 주고 학습자로서의 당신의 능력을 신뢰해 주었는가?

6장에서 트라우마에 대해서 살펴보면서, 편도체가 저장한 기억에는 시간관념이 없는 반면, 해마는 우리의 경험에 시간에 대한 기록을 남긴다는 사실을 배웠다.[3] 어릴 때 지원이나 격려가 별로 없는 환경에서 생활했다면, 편도체에 연결된 기억망이 여전히 그런 환경에서 살고 있다고 믿을지 모른다. 지금 함께 지내는 사람들은 원가족과는 아주 다른데도 말이다.

잠시 자기 자신이었던 그 어린아이와 공명해 보자. 인정, 존중, 다정함, 온기를 베푸는 기술을 이용해서, 아주 위험하고 불안하게 느껴졌던 힘든 순간을 지나온 그 어린아이에게 온전히 관심을 쏟자. 그 아이에게는 두려움을 느낄 이유가 많을 수 있다. 만일 그 아이에게 두려움이 있었다면 얼마나 강렬했을까? 이에 대해 탐색해 보자.

두려움의 심화 단계

두려움에 대해서나 두려움이 어떻게 증폭됐는지를 떠올릴 때, 사람들은 흔히 '겁이 났다', '무서웠다'라고만 생각한다. 상황이 심화함에 따라 불안이 커지는 점진적인 과정을 거친다는 사실은 떠올리지 못한다. 이번 장에서는 견딜 수 있는 수준의 두려움, 즉 불안에서 극도의 공포에 이르는 수준의 두려움을 다룬다. 이런 두려움은 공포에 완전히 질려서 움직이지 못하는 지경까지는 아니지만, 신경계에 영향을 주고 뇌와 몸에서 투쟁 반응을 유발한다. 사람의 몸에서 두려움이 점진적으로 증가하는 것을 설명하는 표현, 즉 두려움의 심화 단계를 묘사한 단어들을 살펴보자. 이 목록을 읽으면서, 어떤 두려움의 상태가 본인에게 가장 친숙한지 생각해 본다. 사람마다 미묘하게 차이가 있을 터이니, 자신에게 맞는 순서대로 단어를 배치해 볼 수 있다.

- 동요
- 불편함

- 뒤숭숭함
- 경계심
- 염려
- 초조감
- 전전긍긍
- 염려
- 불안(슬픔의 심화 단계에서는 이와 다른 종류의 불안이 나타날 수 있음)
- 우려
- 흥분과 동요
- 경악
- 깜짝 놀람
- 소스라치게 놀람
- 무서움
- 무시무시함
- 섬뜩함
- 공포(혐오와 역겨움도 포함될 수 있음)
- 공포증
- 극심한 공포
- 부동화(돌처럼 굳어 꼼짝도 못 하는 상태)

어떤 두려움의 상태가 가장 친숙한지 생각해 보자. 이런 상태에 있을 때 어떤 신체 감각이 느껴지는가? 그리고 무엇을 간절히 바라는가? 안전? 도저히 안심할 수 없는 느낌을 인정받고 싶은가? 보호, 다정함, 온화함, 온기가 필요한가? 삶의 여러 활동에 본인의 시간을 여유 있게 쓸 수 있음을 확실히 해 두고 싶은가? 밖으로 나와도 안전하다는 확신이 들 때까지 안전한 곳이나 눈에 안 띄는 곳에서 사람들을 지켜볼 수 있기를 갈망하는가?

두려움이 신체적으로 어떤 영향을 미치는지 이해하기 위해, 뇌와 신체에서 두려움이 어떤 작용을 하는지 지금부터 살펴보자.

뇌 개념
도피-몸과 뇌에서의 두려움 이해

위험의 징후가 심화하기 시작하면 편도체가 더 활발히 작용한다. 뇌의 주요 목적은 우리가 생명을 유지하고 안전히 지내도록 하는 것이다. 기억하겠지만, 편도체는 입수된 모든 정보를 1초에 12회에서 100회의 속도로 스캔해서 걱정스럽거나 감정적으로 중요한 사항이 있는지 확인한다.[4,5] 편도체가 무언가를 감지하면, 위험의 신체 징후를 유발하는 뇌의 부분과 뇌간을 통해서 몸에 경보 메시지를 보낸다. 그리고 그 반대 방향으로도 작용하여 신체를 활성화한 뇌간의 언어를 해독하고 그것을 원초적인 감정으로 바꾼 뒤에, 감정 세계를 말로 표현하는 것을 돕는 뇌의 부분에 이 정보를 보낸다.

경보가 발령되고 위험의 신체 징후가 널리 퍼지면, 신경계는 안전하다고 느끼는 상태에서 투쟁-도피 상태로 반응 방식을 바꾼다. 이런 과정을 진행되는 동안, 아래 목록에 나오는 것처럼 두려움이 증가하는 징후를 느끼게 된다. 목록에 나오는 상태 중에 친숙하게 느껴지는 경험이 있는가?

- 심박수 증가

- 혈압 상승
- 가슴으로만 쉬는 얕은 호흡
- 호흡 속도 증가
- 입이 바짝 마름
- 가슴이 두근거림
- 깜짝 놀라는 반응이 증가함
- 전반적으로 낮아진 피부 온도
- 손바닥에 땀이 맺힘
- 배탈(위와 장이 불편함)
- 미세한 움직임의 조절이 잘 안 됨(예: 열쇠를 열쇠 구멍에 넣지 못하는 것)
- 가슴이 쿵쾅거림
- 도망가거나 사람들과의 접촉을 차단함

판크세프의 두려움 회로 통합하기

모든 사람에게 보살핌 회로와 분노 회로가 있는 것처럼, 두려움 회로도 있다. 뇌 안에서 에너지와 정보의 흐름은 두려움 회로로 집중된다. 두려움 회로는 편도체의 중심부에서 시상하부 사이를 흐르면서 위험을 알리는 화학물질을 방출하고, 뇌간을 통과해 몸 전체로 내려가서 존재 전체가 두려움에서 시작된 도피 상태에 관여하게 만든다.

우리는 본래 두려움 없이는 살 수 없다. 두려움은 우리를 안전하게 지켜주고, 주변을 경계해 위험을 피해 가도록 우리의 신체 시스템에 경고한다. 우리가 원하는 것은 이런 경계 능력을 없애는 것이 아니라, 유연성, 회복탄력성, 경계 상태에서 쉽게 회복되는 것이다.

두려움, 주의, 지능

유연성이 없으면, 상황이 훨씬 어려워진다. 극도로 경계하는 의식 상태
는 진정하고 집중하는 능력이 부족하다는 점에서 주의력 결핍 과잉 행동
장애(ADHD)와 묘하게 닮아 있기도 하다. 학습에 어려움이 따를 때, 사람
들은 흔히 자신이 멍청하거나 지적 능력이 떨어진다고 생각한다. 그런데
사실 새로운 정보를 통합하는 데 어려움을 겪는 근본 원인은, 그동안 워
낙 위험한 환경에서 지내서 뇌가 수학, 철자, 역사적 사실을 배울 수 있
게 지원하기보다는 생존을 확실히 뒷받침하는 데 모든 자원을 써 왔기
때문이다. 끔찍한 스트레스를 견디며 살아온 사람들은 스트레스 화학물
질 때문에 뇌가 오랜 세월 무력해진 상태로 지내느라, 자신이 얼마나 똑
똑한지를 알아볼 기회가 거의 없었다.[6]

　방대한 지식과 정보를 동시에 기억하고 활용하는 천재적인 능력이
있는 사람들도 물론 있지만, 대부분의 사람은 평범한 수준의 지능을 갖
추고 있다. 이런 각자의 지능을 최대한 활용하려면 다음과 같은 조건이
뒷받침되어야 한다.

- 마음으로 세상을 탐험하고, 정보를 여러모로 활용하며, 지적 호
  기심이 생길 만큼 충분히 안전하다고 느끼는 것
- 배우고 싶은 것에 집중할 수 있을 만큼 충분히 안전하다고 느끼는 것
- 탐험 거리가 많은 풍성한 자극 속에서 사는 것
- 공동체에서 지원, 지도, 조언을 얻는 것

공명 기술
두려워하는 자신을 따뜻한 호기심과 공명으로 대하기

지금껏 예측 가능성, 안전성, 존중이 부족한 환경에서 살아왔다면, 그 어떤 곳도 안전하게 느껴지지 않을지 모른다. 이럴 때는 안정을 취하고 안전하다는 느낌을 감지하는 것이 큰 도움이 되기 때문에, 신뢰와 온기가 가득하고 학대와 무시에서 자유로운 환경을 상상해 보면 좋다. 그런 안전한 곳을 떠올릴 수 있으면 그곳에 가는 상상을 하면서 조금이나마 안정을 취할 수 있게 되고, 그곳에서 실제로 살 때의 신체 기능을 잠깐이나마 경험할 수 있다.

모든 사람의 안전한 공간이 다 똑같지는 않다. 어떤 사람은 자기가 사는 집에 방이 하나 더 있다고 상상하고 내면의 어린 자아가 원하는 대로 그 방을 꾸민다. 또 어떤 사람은 상상 속에서 거대한 콘크리트 벽을 세우고, 그 안에 부드러운 이끼와 야생 동물이 있는 드넓은 숲을 그린다. 어떤 사람은 이 세상이 절대 안전할 수 없다고 생각해서, 다른 세상에 집을 짓는다. 어떤 사람은 어린 자아를 아주 멀리 떨어진 행성에 데려다 놓고 싶어 한다. 산비탈에 유리로 만든 집을 짓고 살면서 멀리서 다가오는 사람들을 내다보는 상상을 하는 이들도 있다. 어떤 사람은 어린 자아를 자기 가슴 속으로 영원히 데리고 오고 싶어 한다. 안전한 공간을 만드는 데에는 틀린 방법이 없다. 사람들이 생각하는 모든 곳이 각자에게 딱 맞는 안전한 공간이다.

다음 유도 명상은 당신이 완전히 안전하다고 느끼는 장소, 당신의 모든 부분이 환영받고 보호받는 느낌이 드는 상상 속 장소를 만들기 위한 초대이다.

유도 명상 8 | 안전한 장소 찾기

🌿 **연습**

숨을 쉰다. 아주 편안한 상태에서 폐 속으로 얼마나 깊이까지 숨을 쉴 수 있는가? 잠시라도 경계 상태로 있었다면, 폐가 수축하기 전까지 들이마신 숨이 그리 깊지 않을지 모른다. 조금이라도 한계가 느껴진다면, 내면의 공명하는 자기 목격자를 부드러운 빛으로 변화시켜 폐의 수축 부위에서 세포들과 만나게 하자. 과거에 너무 무서워서 숨쉬기를 멈췄던 적이 있는지 세포들에게 물어본다. 이제는 상황이 안전하고, 당신이 무사히 살아남았으며, 지금 건강히 잘 지내고 있다는 것을 확인하고 싶은지 세포들에게 묻는다.

계속 숨을 쉬면서, 숨이 어디로 가든 편안하게 따라간다. 억지로 밀어붙이지 말고, 폐에서 자연적으로 만들어지는 숨의 형태에 그저 부드럽고 따뜻하게 주의를 가져간다.

숨을 쉴 때 갑자기 들리는 어떤 소리에 마음이 쓰이거나, 사회적 균형에 관한 걱정이 생기거나, 해야 했던 일이 기억나거나, 뭔가를 계획하는 등 주의가 다른 곳에 가 있었다는 걸 알아차리게 될지도 모른다. 주의가 흐트러졌음을 알아차릴 때마다 부드럽고 따뜻하게 다시 호흡으로 되돌린다. 주의는 당신의 안전을 지키려고 온갖 곳을 배회하기 마련이다. 그러니 주의에게 감사와 온기를 보내면서 부드럽게 호흡으로 다시 데리고 온다.

이제는 상상 속으로 당신 자신을 불러들여서, 당신이 좋아하는 장소를 보여 준다. 자연 속의 실제 장소일 수도 있고, 어떤 특정한 집, 상상으로 그린 꿈 같은 전경일 수도 있다. 이 장소를 일반적인 수단을 이용해서는 갈 수 없는 곳으로 만든다. 주위에 해자가 빙 둘러 있어서 아무도 들어오지 못하는 곳, 숲에 둘러싸여서 걸어서든 비행기를 타고서든 안으로 들어오려는 사람은 누구든 길을 잃는 곳, 높은 산 속이나 인적 없는 깊은 골짜기에 있는 곳. 이곳에는 오직 당신과 당신이 초대한 사람들만 들어올 수 있다.

이 장소는 어떻게 생겼는가? 만일 실내 공간이라면 가구와 집기들이 어떤 식으로 배치되어 있는가? 미적 감각은 어떤가? 이곳은 안전한 장소이며, 상상할 수 있는 수준에서 최대한 아름답고, 편안하고, 자양분이 많은 곳이 되어야 한다. 어떤 냄새가 나는가? 어떤 소리가 들리는가? 발밑은 어떤 느낌인가? 자리에 앉으면 어떤 느낌이 드는가?

날씨와 기온은 어떤가? 바람이 부는가? 안개가 자욱하거나 해가 쨍쨍하거나 구름이 잔뜩 끼었는가?

가장 좋아하는 음식, 책, 음악, 영화는 어떤 것인가? 당신을 기분 좋게 만드는 어떤 물건을 이곳에 가지고 갈 것인가?

이곳에 있는 어떤 것이 편안한 느낌을 주는가? 아끼는 사람들? 동물들?

이곳에서 몸은 어떻게 반응하는가? 위장이 편안해졌는가? 심박수와 호흡에는 어떤 변화가 있는가?

두 눈을 감고 잠시 이곳을 즐기면서, 안전하고 편안한 이 장소를, 편히 쉴 안전한 장소가 필요한 자신의 내면에게 소개하자. 내면의 이 부분에게, 누가 여기에 오고 누구는 오면 안 되는지를 결정할 권한이 있다는 사실을 알린다. 선택권을 가진 느낌이 어떤가?

내면의 이 부분에게, 무엇을 하고 싶고 언제 하고 싶은지를 정확히 결정할 권리가 있다는 걸 알려 주도록 한다. 자유를 얻은 기분이 어떤가?

언제든 준비가 됐을 때, 호흡과 폐에서 호흡이 만들어지는 형태로 주의를 되돌린다. 주의와의 따뜻한 연결로 돌아와서, 현재 순간으로 조심스럽게 되돌아온다.

눈을 뜬다. 주변에 무엇이 보이는가? 바로 지금 여기서, 잠시 이 순간만이라도 진심으로 안심할 수 있겠는가? 가능하다면 잠시나마 이 특별한 기분을 즐길 시간을 가져 보자. 상황이 여의치 않으면 안전한 장소가 당신 안에 있다는 것을 떠올리고, 지금 즉시 자기 자신을 수용할 준비를 한다.

이 명상이 필요한 이유

안전한 장소가 있었던 적이 한 번도 없었다면, 몸은 긴장하지 않은 상태로 안락함, 연결, 놀이, 편안함, 몰입 상태에 이르는 법을 전혀 알지 못한다. 확실한 자기 인식을 가진 사람이 되지 못하며, 본연의 모습 그대로 존재하는 타고난 권리조차 드문드문 일시적으로만 행사할 뿐이다. 사회 활동을 할 때 긴장 없이 완전히 편안한 상태로 있지 못하면, 자기 얼굴이나 타인의 얼굴에서 미세한 근육의 움직임을 읽으면서도 자신에게 그런 사회적 재능이 있다는 것을 인식하지 못한다. 자신이 어떤 식으로 유희를 즐기는지, 무엇에서 자연스럽게 재미와 즐거움을 느끼는지조차 모른다. 신체가 항상 투쟁-도피 상태로 지내면, 어떤 결정을 내릴지, 무엇이 자기 본연의 모습인지, 어떤 식으로 기여하고 싶은지, 자신의 본질적인 경계가 어디인지를 알아내기 위해 신체적 정보를 파악하기가 힘들어진다.

내면을 구제하는 개인적인 작업을 진행할 때는 기억을 가져다 놓을 장소가 필요하다. 때로는 현재의 삶이 안전하지 않게 느껴지고, 자신의 마음도 안전하지 않은 느낌이 든다. 이는 예전에 안전함을 진심으로 느껴 본 적이 없어서 혹은 안전함이 감정의 어휘에 들어 있지 않아서일 수 있다. 안심하고 지냈던 경험이 거의 혹은 전혀 없으면, 내면에 이런 안전한 장소를 만들고, 본연의 모습으로 살아가는 것이 정말로 어떤 느낌인지를 조금씩 알아 가는 것이 중요하다. 이런 시도를 더 자주 하면, 내면에 '집'이라는 느낌을 만드는 신경연결다발이 새롭게 형성될 것이다.

두려움의 영향을 받기 때문에 치유를 위한 지원을 받아야 하는 것은 뇌뿐만이 아니다. 생명을 유지하도록 돕는 일반적인 신체 작용도 우리가 두려움을 느낄 때 느려지고 중지된다. 영향을 받는 신체 작용 중에는 소화기 계통, 즉 소화계가 포함되는데, 소화계 내에 자체의 뇌가 있다는 것도 그 부분적인 이유로 작용한다.

🍃 🍃 🍃

장 신경계 - '장 뇌'

모든 사람이 부단히 '육감(gut instincts)'을 느끼면서도, **장 신경계**(enteric nervous system)라고 불리는 제2의 뇌에 대해서는 잘 모른다. '장 뇌(Gut Brain)'라고도 불리는 이 제2의 뇌는 식도에서 항문까지 연결되는 소화계로, 그 내벽 속에는 약 5억 개의 뉴런이 있다.[7] 이 뉴런들은 우리가 섭취하는 음식에 맞춰서 균형을 잡고 생명을 유지하는 복잡한 과정을 관리한다.

장 신경계는 안전과 위험의 메시지에 반응한다. 세상이 안전하지 않을 때 내장은 다음과 같은 활동을 모두 중단한다.

- 소화계를 통해 음식물을 운반하기[8]
- 소화가 얼마나 잘 되고 있는지에 대한 메시지를 뇌에 보내기[9]
- 영양분과 수분 섭취하기[10]
- 소화효소 만들기[11]
- 장의 호르몬 균형 유지[12]
- 면역 체계가 건강을 지킬 수 있도록 지원하기[13]

안전하지 않은 세상은 말 그대로 삶을 소화할 수 없게 만든다. 스트레스와 위험은 소화계통의 기능을 중지시켜 변비나 설사를 유발한다. 지속적인 두려움은 면역 체계가 위벽 세포를 재생하지 못하게 만들어서 결과적으로 위궤양을 초래할 수 있다.[14]

그런데 장의 정상적인 기능을 막는 것은 두려움뿐만이 아니다. 분노와 고통, 트라우마의 경험과 연관이 있는 사회에서의 배움도 몸과 소화 기능에 큰 피해를 준다. 특히 장 뇌와 두개골 뇌 사이에는 정보와 에너지가 쌍방향으로 교류되기 때문에 더욱 그렇다. 실제로 기능성 소화불량, 위 식도 역류 질환, 과민성대장증후군, 소화궤양 등은 모두 스트레스에서 시작된다.[15]

위와 장은 안전하고 위험이 없다고 느낄 때 최상의 상태로 기능한다. 우리는 안전하다는 것을 직감적으로 알기 전에는 안심하지 못한다. 공감과 공명은 그런 인식에 도움을 주지만, 그 환경에서 위험이 완전히 사라지지 않으면 공감과 공명 모두 효과가 없다. 이 장의 유도 명상이 각자의 안전한 장소를 찾도록 유도하는 것도 그 때문이다. 또 6장에서 시간 여행을 할 때 떠올린 기억 속 장면에서 모든 사람을 돌처럼 굳게 만들고, 트라우마를 겪은 자아가 공명하는 자기 목격자의 존재를 받아들일 수 있을 만큼 긴장을 풀도록 했던 것도 마찬가지 이유다.

공황 발작은 어떻게 나타나는 걸까?

공황 발작이 나타날 경우, 발작의 원인이 극심한 공포라고 생각하기 쉽다. 실제로 공황 발작을 겪을 때 신체적으로 그런 기분이 들기 때문이다. 숨이 잘 안 쉬어지는 무서운 경험이 특히 그렇다. 그런데 일부 연구는 공황 발작이 슬픔과 자포자기의 네트워크가 활성화된 것이라고 설명한다. 자크 판크세프의 연구에 따르면, 공황 발작은 두려움 회로와의 관련성을 엿볼 수 있는 벤조디아제핀(benzodiazepines, 신경 안정제인 바륨과 비슷한 신경전달물질)과는 관련이 없다. 그보다는 공황 발작에 내인성 오피오이드(endogenous opioid)의 감소가 동반된다는 점에 미루어, 공황 발작이 공황(PANIC) 회로에서 나오는 것임을 알 수 있다.[16] 이런 발작은 장(場, 예를 들면 관계의 장이나 존재의 장)에서 느껴지는 경험이 갑자기 흔적도 없이 사라지는 것처럼 느껴진다. 우리가 버려진 자기 자신과의 관계를 키우고 발전시키면 차츰 공황 발작의 강도가 약해지며, 슬픔이나 공황 상태에 빠진 자신을 무한한 온기와 보살핌으로 대하는 법을 배우게 된다.

공포증은 어떻게 나타나는 걸까?

공포증은 자기 자신을 위로하는 깊은 연결을 통해 완전히 뒤바뀔 수 있다는 점에서 계속되는 두려움과는 차이가 있다. 예를 들어 치유 작업을 했던 어떤 남성은 흐르는 물 위를 지날 때마다 몸이 마비된 듯 굳어 버리는 증상으로 고생해 왔다. 그런데 어릴 때 앞서가는 형을 따라 잡으려다가 강물에 빠졌던 기억과 관련이 있음을 기억하게 되면서 증상이 한결 나아졌다. 공포증이나 오랜 세월 계속되는 두려움이 있는 사람들은 다양한 접근법을 시도하고, 자기 자신에게 온기를 품는 데 도움이 될 만한 모든 시도를 조합해 보아야 한다. 무슨 일이 일어나든, 중요한 것은 자기 자신에게 다정해지고, 애정 어린 태도로 꾸준히 자기 자신을 수용하는 것이다.

다음은 사람들에게 두려움을 불러일으키는 요인으로 다른 독자들이 제시했던 답을 정리한 목록이다. 두려움을 촉발하는 자극을 접하고 완전히 굳어져 멈춰 버리는 경험을 공유하는 데 도움이 되기를 바란다. (모든 사항을 빠짐없이 수록한 목록은 아니다. 그저 사람들이 두려워할 수 있는 대상이 얼마나 많을지 가늠할 수 있도록 소개하는 것이다.)

- 높은 곳
- 깊은 바다
- 민달팽이
- 흙
- 지저분한 것
- 물건을 보유하고자 하는 것(저장 강박증)
- 물건 보유를 안 하는 것
- 세균
- 뱀
- 거미
- 쥐
- 새
- 박쥐
- 떼를 지어 다니는 곤충
- 바퀴벌레
- 구더기
- 과제와 요구
- 상대방에 대한 이해 없이 소유하려고만 하는 사랑
- 미래. 내 삶의 미래를 6개월 이상 상상할 수가 없는 것
- 마감 그리고 과제를 안 했을 때 받을 처벌(나는 이런 두려움에 무기력해지고, 마음이 혼란스러워질 때가 많다.)
- 약속과 책임을 지키는 것(내게 두려움을 유발하는 가장 강력한 요인 중 하나이다.)
- 친밀감. 서로 깊이 알고 알려지는 과정에서 경계가 뒤덮여 사라지는 것(개인적으로 그런 느낌이 든다.)

- 성공(왜냐하면 성공은 내가 속한 '집단', 예를 들어 이민자인 우리 가족, 노동자 계급의 뿌리, 정감 있고, 재밌고, 학교 성적은 별로 좋지 못한 친구들, 우리나라 등 내가 속한 집단과 나를 분리해 놓을 것이기 때문이다. 나는 특히 동일시할 수 있는 롤 모델 없이 성장했기 때문에 성공하거나 평범한 기준을 넘어서면 소멸할지도 모른다.)
- 전쟁, 집단 폭력, 집단 폭력과 전쟁이 일어난 곳의 무질서와 혼돈(그런 환경에서 살아남을 수 있을지를 내 머리로 가늠할 수 없기 때문이다.)

살면서 두려움을 느끼는 대상이 무엇이든, 겁먹었거나 두려워하거나 겁에 질린 자기 자신이 따뜻함을 느끼게 할 가능성을 탐색할 수 있다. 따뜻하게 호기심을 품고 공명하면서 몸과 기억을 살피면, 몸의 두려움에 타당한 이유가 있다는 것을 알게 된다. 몸에 어떤 타당한 이유가 있는지 알아보기 위해, 시간 여행에서 드러나는 감각과 기억을 잘 관찰하자(6장 참조).

다음 장인 9장은 투쟁과 도피가 아무런 도움이 안 될 때 우리 몸에서 일어나는 일에 대해 논한다. 이럴 때는 대개 부동성과 해리가 나타나는데, 트라우마를 겪은 과거의 자기 자신을 구제하기 위해 시간 여행을 할 때 가장 먼저 접하게 되는 신체 상태이므로, 명확하게 인정하고 공명으로 대응하는 법을 배우는 게 상당히 중요하다.

9장

해리에서 돌아오기

"나는 사실 여기에 있지 않아."
"내가 뭘 원하는지 모르겠어."
하지만 실제로는 이렇게 말할 수 있다.
"나는 지금 확실히 여기 있고, 나는 중요해."

가장 일반적으로 알려진 것처럼, **해리**(dissociation)는 몸과 더 이상 연결되지 않은 상태를 뜻한다. 이럴 때는 몸속에 존재한다는 느낌과 자의식 사이에 단절이 나타난다. 현존하는 것은 인간으로서 가장 단순하면서도 복잡한 경험이다. 얼핏 보면 아주 쉬운 일 같다. 그저 숨 쉬고, 의식하고, 존재하는 것이니 말이다. 하지만 두개골-뇌와 신체-뇌는 이와 동시에 일어나는 일에 반응하고, 과거에서 배워야 하는 것들에 주의를 기울이면서, 앞으로 다가올 일을 예상한다. 완벽히 안전하다는 느낌이 들지 않을 때 지금 이 순간과 연결된 상태로 경계하고 방어하면서 따뜻한 온기를 유지하기 위해서는 능숙하고 다정한 더 큰 자아가 필요하다. 이런 면에서 모든 영적 수행은 외부 세계에 존재하면서도 동시에 내면에도 존재한다는, 그런 난제의 답을 내놓는 것을 중심으로 이루어진다.

　몸을 의식하며 현존하다가 주의가 흐트러질 때는 몇 가지 일반적인 유형이 있다. 우선 주의의 초점이 외부로 이동할 때는 언제든 내면과의 연결이 끊어지기 쉽다. 또 내면에 초점을 두더라도 쟁점, 질문, 문제에 대해서 골똘히 생각할 때는 마찬가지로 자신과의 연결에서 쉽게 벗어난다. 시간과 자기 자신에 대한 경험이 지금 일어나는 일에 완전히 녹아든 '몰입'의 상태도 그 일부다. 그리고 이런 몰입 상태 중에는 그저 '할 일을 하면서' 일에 열중하고 다음 일을 생각하느라, 자신의 몸이나 타인과의 관계에는 전혀 관심을 기울이지 않는 상태도 포함된다. 내 경우는 글을 쓸 때 나도 모르게 이런 상태에 빠진다. 원고 수정 작업이 끝나고서 각주를 정리하는 데 온통 집중하느라 3시간 동안 꼼짝도 안 해서 허리가 욱신거린 경험도 있고, 연락 달라는 친구의 말을 까맣게 잊고 있었다는 걸 3일이 지나고서야 떠올리기도 했다.

이런 일반적인 해리 상태에 있을 때는, 주변 세계에서 감정적으로 영향을 받고 있다는 것조차 알지 못한다. 이럴 때는 온종일 로봇이 된 것처럼 지낸다. 그러면서도 아주 똑똑하게 행동하고 자기 생각을 명확히 표현할 수 있기 때문에, 학교나 직장에서 높은 성과를 올리고 긍정적인 평가를 얻기도 한다. 하지만 이렇게 지내다 보면 자기 몸을 잘 의식하고 사람들과 만족스러운 관계를 유지하는 데 어려움이 따르므로, 삶의 의미를 느끼기 힘들어질지 모른다(이런 생활방식에 대해서는 10장에서 더 자세히 다룬다).

단절된 이런 상태를 일반적인 용어로는 '해리된(being dissociated)' 상태라고 표현할 수 있다. 몸을 다시 각성시키는 것은 트라우마로 생긴 해리를 치유하는 데에는 물론이고 이런 가벼운 해리 상태에서 벗어나는 데에도 효과가 있다. 비록 이 장에서는 더 심각한 종류의 해리를 중점적으로 살펴보겠지만, 여기서 다루는 자기 자신과의 연결과 온화함은 우리가 무언가를 '하는' 동안 자신과 단절되는 경험에도 마찬가지로 적용된다는 사실을 기억해 두기 바란다.

뇌 개념
구현된 자기 인식 네트워크와 뇌섬엽

자의식은 최소한 부분적으로는, 구체화한 물리적 존재로 공간에 머물고 관계 속에서 비치는 측면의 경험에 기초한다고 일컬어진다.[1,2] 자의식을 완전히 받아들이기 위한 전제조건은 몸에 대한 의식과 연결된 안전의 신경지를 느끼는 것이다. 몸을 의식하지 않는 습관은 영유아기의 관계적 패턴과 더불어 아주 일찍부터 시작될 수 있다(자세한 내용은 10장에서 다룬다).

자신의 몸을 읽을 수 있게 하는 뇌의 네트워크는 앨런 포겔이 **'구현된 자기 인식 네트워크**(embodied self-awareness network)'라고 부르는 부위이다.[3] 이 네트워크는 우리 몸이 자리한 공간에 대한 정보, 몸의 경계, 내부감각 수용기 정보(장, 심장, 폐 등 몸 안에서 나온 감각 입력)의 모든 감각 정보를 축적해서 뇌간을 통해 변연계에 전달한다. 그런 뒤에 그 정보가 두개골—뇌의 관련 부위와 연결되면, 우리는 그 정보를 읽고 이해하여 세상과의 관계를 해독할 수 있게 된다. 이런 감각 정보는 **근육수용기**(ergoreceptor)에서 시작된다. 근육수용기는 압력, 긴장, 피로, 온도, 고통, 몸 안에서 나타나는 그 밖의 모든 감각을 감지하는 신경 말단이다. 이런 근육수용기들은 척수의 뒤쪽에 있는, 속도가 느린 무수신경섬유(unmyelinated fiber)와 연결된 뒤에 뇌간을 거쳐서 신체의 내부를 감지하고, 그 공간에서 우리가 자리한 위치를 아는 것과 관련된 뇌의 다른 부분으로 이동한다.

이때 우리가 자기 자신을 어떻게 파악하는지를 완전히 이해하려면 **뇌섬엽**(insula)이라고 불리는, 이 책에서 처음 소개하는 뇌 부위를 알아두어야 한다.[4]

뇌섬엽은 대뇌피질의 안쪽에 자리하며, 불안에 주요한 역할을 하는 전대상피질(5장 참조)과 긴밀히 협력해서 감정 경험을 정확히 표현한다. 뇌섬엽은 편도체에서 나온 원초적인 감정을 취한 뒤에 우리가 느끼는 감정을 표현하도록 돕는다. 어떤 종류의 감각은 **절망적인 분노**로 표현될 수 있고, 다른 종류는 **충격적인 슬픔**으로 표현될 수 있다. 그런데 삶에서 벌어지는 일을 말로 표현하지 않은 채 살아가는 사람들도 있다. 기능적 자기 공명 영상으로 해리된 사람들의 뇌를 살펴보면 뇌섬엽이 비활성화된 상태이다.[5] 뇌섬엽은 지속적으로 비활성화될 수도 있다. 이렇게 되면 몸에서 무슨 일이 일어나는지를 전혀 모른 채 살아가게 되며,[6] 심지어 트라우마의 기억을 떠올려 보라는 말을 들어도 뇌섬엽에서 아무런 반응이 관찰되지 않는다. 트라우마를 대면하고도 뇌섬엽이 활성화되지 않는, 즉 해리되는 경향이 클수록 트라우마를 치유하기가 더 까다로워진다.[7]

구현된 자기 인식 네트워크는 뇌섬엽뿐 아니라 복내측 전전두피질

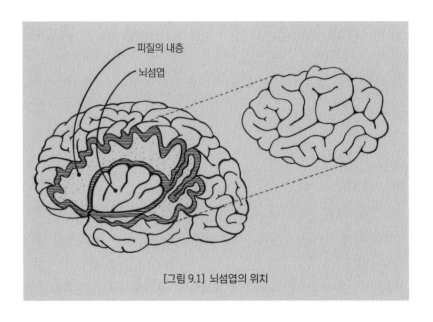

[그림 9.1] 뇌섬엽의 위치

(6장 참조)도 거쳐 가는데, 복내측 전전두피질은 편도체를 조절하고, 편도체는 뇌간과 몸을 조절해서, 행복과 평안에 도움이 되는 자기 인식과 자기 이해의 회로가 형성된다.

이 책의 가장 중요한 메시지 중 하나는 '느낄 수 있으면 **치유할 수 있다**'는 것이다. 해리의 변화와 뇌섬엽을 활성화하는 것은 이런 측면에서 건강한 삶을 위해 꼭 필요하다(몸의 소리를 깨우는 것에 대해서는 10장에서 더 자세히 알아본다). 다른 사람들과의 관계를 통해 자신의 몸에 머무는 경험을 전혀 해 보지 못했거나(일종의 애착 트라우마), 너무 무력하고 공포에 질려 어찌할 바를 모르는 상태로 지내와서 장기적으로 쇠약해졌을 때는, 전혀 인식하지 못한 채 트라우마에 의한 해리 상태가 지속되기도 한다.

트라우마성 해리 정의하기

트라우마성 해리는 내면세계와 외부의 연결 및 자의식과 신체에 균열이 생긴 상태를 지칭하는 표현이다. 몸을 떠나는 것은 충격을 받았을 때의 반응이다. 가령 늑대 무리에게 붙잡혔을 때 이런 일이 나타날 것이다. 이럴 때는 내인성 오피오이드(뇌 자체에서 만들어 내는 일종의 모르핀)가 넘치도록 분비되는데, 말 그대로 자신의 뇌 화학물질에 취하여[8] 몸이 뜯기는 고통이 느껴지지 않는다. 이런 일이 일어날 때는 경험을 명확한 기억으로 통합하는 데 기여하는 뇌의 부분이 평소보다 덜 효과적으로 작용한다.[9]

안 좋은 일이 일어났을 때, 무언가가 기억을 다시 깨워서 회상 장면이 떠오르기 전까지 의식적으로 기억을 못 하는 부분적인 이유가 거기 있다. 충격적인 경험을 할 때 해리가 나타나면, 추후 고질적인 외상 후 스트레스 장애를 앓을 가능성이 훨씬 커진다. 경험을 잘 기억하지 못할 수록 치유하기가 복잡해지기 때문이다(그렇지만 불가능하지는 않다!).[10] 또 다른 종류의 해리는 충격적인 상황에 부닥칠 때 생존하기 위해서 몸 밖으로 나가 무슨 일이 일어나는지 바깥에서 지켜보는 경우이다.

전신마취를 하고 수술을 하던 중에 의식이 부분적으로 돌아왔을 때,[11] 폭력이나 학대, 집단 괴롭힘, 성폭행, 신체 구타, 몹시 고통스러운 굴욕을 당할 때, 생명을 잃을 수도 있는 병을 진단받을 때처럼 대처하기 힘든 엄청난 경험을 할 때 해리가 나타날 수 있다.

원래의 사건은 다른 사람들이 보기에는 충격적이지 않을 수도 있다. 자신의 경험을 판단할 수 있는 것은 오직 자신뿐이다. 예를 들어 디너 파티에서 누군가가 고함을 지르고 싶을 정도로 무례한 말을 했지만 사회적 체면을 지키기 위해 참아야 하는 경우처럼, 명백히 사소해 보이는 상황에도 해리가 나타날 수 있다. 물론 폭발이 일어난 현장에서 살아남거나 신체적 부상을 입는 것처럼 중대한 사건이 계기가 될 수도 있다. 몸을 완전히 떠나거나 뇌의 일부를 단절할 만큼 '충분히' 충격적인 경험이 무엇인지는 다른 누구도 알 수 없다. 해리는 격분하거나 겁에 질린 사람의 눈을 맞추는 것만으로도 나타날 수 있다.

해리, 부동성, 미주신경 복합체

미주신경 복합체의 관점에서 해리를 살펴보자. 트라우마에 따른 해리는 사람들이 육체적으로나 사회적으로 위험에 처할 때 나타난다.[12] 이때 그들의 뇌와 신체는 투쟁이나 도피 반응이 도움이 안 된다고 믿는다. 그러면 복측 미주신경에 '**부동화**(immobilization)'가 진행된다.[13] 7장에서 투쟁 반응으로 전환할 때, 미주신경의 기어를 교감신경계 쪽으로 바꾼다고 했던 것을 기억할 것이다. 이런 현상은 두려움이나 공포가 닥쳤을 때의 도피 반응에서도 마찬가지로 나타난다. 투쟁이나 도피 반응이 나타나면 편도체가 신체에 긴급한 화학적 경보 신호를 보내서 심박수와 혈압을 높이고 호흡량을 늘리며, 소근육으로 흐르던 에너지를 대근육으로 움직여 상대와 맞서 싸우거나 재빨리 도망갈 수 있게 한다. 그러는 동안 뇌는 투쟁 도피 반응이 얼마나 효과적인지를 살핀다. 속수무책이거나 절망적이거나 궁지에 몰리거나 힘으로나 수적으로 열세에 처하거나 심각한 부상을 입으면, 뇌는 배측 미주신경 복합체로 기어를 낮춰 부동화 반응으로 대처하면서 생명과 에너지를 보존하려고 한다.[14]

　　트라우마성 해리로 이어질 가능성이 가장 큰 순간은 사회적으로나 육체적으로 절망적인 기분이 들거나 궁지에 몰릴 때로, 이럴 때는 움직임이 위험을 초래한다. 그래서 해리될 때는 심박수가 1분에 15회까지 떨어지기도 한다.[15] 심박수의 감소와 생각과 행동이 느려지는 현상은 차가 매끄럽게 포장된 자동차 전용도로보다 울퉁불퉁한 흙길을 달릴 때 속도가 느려지듯, 배측에 있는 대부분의 신경이 느리게 움직이기 때문이다. 배측 미주신경 복합체는 대체로 무수신경이다.[16] 다시 말해 에너지와 정보가 빠르게 이동할 수 있게 해 주는 흰색 피막이 없다. 안전한 느낌을 느끼거나(복측 미주신경 활성화), 분노와 두려움을 느끼면(공감의 활성화), 미엘린이 있는 신경조직으로 만들어진 포장된 고속도로를 달리게 된다. 그러면 생각과 행동이 빨라진다. 투쟁, 도피, 사회적 참여 상태에서는 반응 속도가 아주 빠르며, 에너지와 정보가 1초에 120m씩 이동한다.[17] 그러다가 압도감, 갇힌 느낌, 절망감, 충격을 느끼면, 에너지와 정보가 무수신경이 다니는 포장 안 된 길로 이동해서, 1초에 1m 이하로 이동한다.[18]

트라우마성 해리 식별하기

해리를 스스로 식별하는 것은 거의 불가능하다. 뇌의 일부가 비활성화된 상태여서 자기 자신을 전체적으로 볼 수 없기 때문이다. 자각 없이 해리를 경험하고 있을지 모르는 신호로는 몸에서 무슨 일이 일어나고 있는지 전혀 인식하지 못하는 것, 호흡이 상당히 얕아지는 것, 자신이 나무, 천, 금속으로 만들어진 무생물(예를 들면 꼭두각시 인형, 사람 인형, 로봇)처럼 느껴지는 것, 이 세상이 현실이 아니며 다른 사람들이 외계인, 로봇, 곤충처럼 느껴지는 것, 사회적 상호작용을 하는 동안 뭔가가 어긋나고 어리둥절하며 무감각한 기분이 드는 것, 과거의 기억이 예기치 않게 혹은 신호와 함께 엄습하는 것, 시간을 날리는 것, 사람 목소리가 들리는 것, 사람들의 질문을 이해하지 못하는 것, '몸에서 무슨 일이 일어나고 있는가?'라는 질문을 받고 부끄러움을 느끼는 것, 가족이나 친구에게 일어났던 일이나 행사의 시기를 잘 기억하지 못하는 것(관계 기억이 없는 것) 등이 있다. 해리 상태에 있는 사람들은 경험을 통해 배울 수 없기 때문에 같은 실수를 연거푸 반복한다. 이들은 자신을 보지 못하는 사람들과 고통스러운 관계를 맺거나 물질이나 활동에 중독된 채 지낸다.

트라우마성 해리의 징후
- 자신이 사기꾼 같고, 이 세상이 현실이 아니라는 느낌[19]
- 우울증[20]
- 신체의 메시지를 감지할 수 없음[21]
- 자살을 고려함[22]
- 무력감, 혼란, 두려움, 공포, 슬픔[23]
- 고통에 대한 무감각[24]

- 음조의 변화가 없는, 생기 없는 목소리[25]
- 표정이 심각하고 움직임이 없는 얼굴[26]
- 크게 확장되고 반응이 없는 동공[27]
- 다른 사람들이 하는 말을 놓치지 않고 들어도 파악하기가 힘듦[28]
- 다른 사람들에게 일어나는 일에 대한 세부 사항이나 사회적 세부 사항을 감지하지 못함[29]
- 아주 얕은 호흡[30]
- 낮은 심박수와 혈압[31]

사람은 대단히 복잡한 존재이기 때문에, 완벽하게 정상적으로 기능하다가도 다음 순간 아무런 예고도 없이 정상적인 기능이나 대처가 불가능해지기도 한다. 때로는 해리, 단절, 의식과 분리되어 멍해진 상태로 슬그머니 빠지기도 한다. 아니면 돌연 눈물이 터져서 몸을 덜덜 떨며 흐느껴 울 때도 있다. 이런 갑작스러운 변화는 그 자체만으로도 충격을 줄 수 있다. 일상의 삶을 살아가다가 갑자기 쾅 하고 터지면서 바닥이 무너져 내린다. 그러면서 몸을 뒤흔드는 슬픔에 사로잡히는데, 인식했던 적이 전혀 없는 고통이 원인이 되는 경우가 흔하다.

뇌 개념
트라우마의 단절된 신경망

트라우마를 경험한 사람에게는 편도체와 연결된 실제처럼 생생한 기억이 형성되며 그 기억은 오래 지속된다는 사실을 6장에서 알아보았다.[32] 편도체를 중심으로 하는 이런 기억은 과거의 경험에 대한 것이고 그중 일부는 처리되지 않은 트라우마이다. 이런 기억은 의식적으로 인식할 수 없는 수준에서 예기치 않은 자극이나 덫으로 작용하며, 사람들은 부동화 상태가 되고 나서야 자신이 덫에 걸려들었던 것임을 알아차린다. 게다가 알아차리기까지 며칠, 몇 주, 심지어 몇 년이 걸리기도 한다. 트라우마의 생생한 기억은 뇌의 통합되지 않은 기억망 속에 떠다니며, 이런 기억망은 편도체에 기반한다.[33] 이런 기억에 대해서 의식적으로 더 잘 알게 되면, 그에 관해서 이야기할 수 있고, 그러면 의식적으로 더 많이 활용할 수 있다.

현재의 어떤 자극과 과거의 위험에 대한 단서가 대략적으로 일치할 때, 정상적으로 기능하던 뇌가 감정적인 고통이나 해리에 빠져든다. 트라우마를 경험하는 도중에 해리가 나타나는 경우, 당사자가 해리된 상태에 있을지라도 사건에 대한 기억은 여전히 편도체의 지배를 받는 신경망에 그대로 저장된다(편도체는 기억하듯이 감정적으로 중요한 모든 경험을 찾아낸다). 해리가 더 완전히 나타날수록 경험에 접근하기가 그만큼 더 어려워서 치유하기가 힘들어진다.[34] 뇌가 더 통합되어 있을수록 몸의 작동을 멈추게 만드는 기억의 이런 일시적인 문제는 더 적어진다.

공명 기술

트라우마성 해리가 나타난 자아를 위한 깊은 온화함

트라우마로 해리된 자아와 공명하는 데 필요한 중요한 특성은 깊은 온화함과 느긋함이다. 트라우마성 해리 상태가 나타난 것은 일종의 잔인함, 압도감, 가혹함, 무력감으로 인한 것이므로, 인정과 동행 외에 다른 목적 없이 천천히 접근하는 것이 아주 중요하다. 동의를 구하는 말은 재연결에 도움이 된다. 예를 들면 "해리된 자아야, 내가 얘기를 좀 나눠도 괜찮을까?"라거나 "함께해 줄 사람이 있었으면 좋겠니? 원하지 않으면 돌아오지 않아도 된다는 것을 알고 싶어? 네게 맞춰 속도를 조절하는 것이 나한테 가장 중요하다는 것을 알면 조금은 안심이 돼?" 같은 말들이다.

집요한 해리에 대한 작업을 할 때는 우리의 일부가 우리에게서 조금 떨어진 곳에 있는 느낌이 들지 모른다. 때로는 해리된 자아가 어디로 갔는지 알아 두는 것이 도움이 된다. 그래서 따뜻한 호기심으로, "해리된 자아야, 어디에 있니?"라고 물을 수 있다. 왼쪽으로 3m 떨어진 곳에 있을까? 산꼭대기나 구름 위, 다른 행성에 있을까? 아니면 마치 무력감, 스트레스, 압도감이 심해서 '죽은' 것처럼, 뒤쪽 바닥에 누워 있는 걸까?

다음 유도 명상은 이야기하는 자아와 몸을 떠난 자아 사이의 연결을 발달시키는 데 도움이 될 것이다.

🧠 유도 명상 9　해리된 자아를 집으로 초대하기

시작하기 전에, 해리된 자신에게 어떤 태도를 품고 있는지 느껴 보자. 만일 짜증을 느낀다면, 아직은 공명하는 자기 목격자를 찾지 못한 것이다. 만일 그렇다면 짜증 나는 부분에 공감하며 감정과 욕구를 추측하는 질문을 던지는 과정이 반드시 필요하다. 아마도 짜증을 느끼는 당신의 일부는 행복과 생존력을 염려하고, 희망이 있다는 신호를 간절히 찾고 있는 건지도 모른다. 자기혐오가 느껴져서 이 명상을 할 수 없을 것 같으면, 평가하는 자아가 더 많은 위안과 인정을 받을 때까지는 해리된 자아를 포용하려고 억지로 애쓰지 말자. 자기혐오를 없애는 법에 대한 정보는 11장을 참조하도록 한다.

호흡이 느껴지는지 확인한다. 호흡의 느낌이 가장 생생한 곳에 조심스럽게 주의를 가져오면서 잠시 머문다. 호흡의 느낌이 느껴지지 않으면, 다음 단락으로 넘어가자.

몸에 존재하지 않는 몸의 일부가 있다면, 그 부분은 어디에 있을까? 어쩌면 이 부분이 같은 공간 내에 불과 2~3m 떨어진 곳에 있다는 느낌이 들 것이다. 아니면 과거 어딘가에 갇혀 있거나 과거와 연결되지는 않았지만 당신과 완전히 분리된 상태로, 어딘지 모를 어떤 공간에 있을지 모른다. 이런 자아가 어디에 있는지 찾아보고, 공명하는 자기 목격자가 함께한 상태에서 인식을 몸에 존재하는 자아에서 해리된 자아로 전환시킨다. 그다음 해리된 자아에서 몸으로 다시 전환한다.

기억 속의 공간에 잠시 멈추고, 그곳에 있는 다른 모든 사람이 돌처럼 굳었다고 상상해서 해리된 자아에게 안전한 환경을 만든다. 이제 마음에 깊은 온화함을 품고, 해리된 자아가 있는 곳이 2m 밖이든, 반평생 떨어진 곳이든, 지구 반 바퀴 떨어진 곳이든, 공명하는 자기 목격자가 그곳으로 간다고 상상하자. 공명하는 자기 목격자가 도착하면, 해리된 자아가 가장 편하게 느끼는 거리가 어느 정도인지 확인한다. 해리된 자아를 다정하고 따뜻하게 바라본다.

공명하는 자기 목격자가 해리된 자아를 부드러운 눈으로 바라볼 때, 해리된 자아가 자기 목격자의 존재를 알고 있는지 확인하자. 소개가 필요하면 이런 식으로 소개한다. "나는 네 안의 가장 훌륭하고 따뜻한 부분이야. 네가 외롭지 않도록 함께 있어 주려고 왔어."

자기 목격자가 해리된 자아에게 다음과 같은 이야기를 전달하게끔 해 보자. 우선 몸이 위험하거나 불편한 곳처럼 느껴졌을 때 몸에서 떨어져 있기로 선택했던 지혜를 인정해 준다. 해리된 자아에게는 안전해지려는 욕구가 있었다는 것을 인정하고, 자아가 지금껏 겪어 온 일을 돌아본다(앞에서 다룬 명상 대부분은 신체 감각에 대한 작업을 했지만, 이 명상에서는 작업할 신체 감각이 거의 없다). 가장 중요한 점은 아무런 변화나 움직임을 기대하지 않으면서 그저 온화하게 인정해 주어야 한다는 것이다. 말로 표현할 수도 있고, 포옹하거나 부드러운 손길을 내밀 수도 있다. 자기 목격자가 별도의 공간이거나 바깥에 있더라도, 해리된 자아와는 약간의 거리를 두고 서 있는 편이 좋다. 해리된 자아가 얼마나 많이 접촉하거나 연결되고 싶어 하는지 확인하자.

자기 목격자가 해리된 자아에게 던질 수 있는 공명의 추측은 예를 들면 다음과 같다.

- 육체에 머무는 것이 안전하지 않다는 확신이 있는 거지? 몸이 얼마나 안전하지 못했는지 알아줬으면 하니? 몸이 걱정되고, 해리된 자아 없이 어떻게 살아갈지 걱정돼?
- 절망감이 들고, 이 세상 자체로부터 온기, 환영받는 느낌, 소속감을 느낄 수 있기를 갈망하고 있어?
- 혼란스럽고 당황스럽니? 명확할 때는 어떤 느낌이 들었는지 기억하거나 알고 싶어?
- 무언가를 다시 믿을 수 있게 되려면 신뢰를 이식해야 할 정도로 깊은 불신을 느끼고 있어?
- 처음에 받았던 충격이 얼마나 엄청난 것이었는지 알아주었으면 하니? 그 충격은 지구와 모든 인류를 순식간에 파괴할 원자폭탄 같은 것이었을까?
- 어쩌면 좋을지 모를 기분이야? 어떻게 다시 집으로 돌아가야 할지 막막하니? 보호, 단순함, 편안함을 절대적으로 보장받고 싶은 걸까?

추측하는 질문을 마친 뒤에, 해리된 자아가 어디 있는지 확인한다. 아직도 명상을 시작했을 때와 같은 거리를 두고 있는가? 아니면 더 멀어졌거나 가까워졌는가? 지금의 위치가 어디이든, 당신의 몸으로 다시 돌아올 의향이 있는지 물어보자. 아니면 8장의 명상에서 만들어 둔 안전한 공간으로 가고 싶은지 묻자. 해리된 자아가 어떻게 반응하든 따뜻하게 수용하고 이해하는 마음으로 받아들인다.

해리된 자아를 인정하고 존중하는 따뜻한 마음으로 대하면, 때로는 그런 자아가 돌아와 몸과 재결합하면서, 딸깍 들어맞는 소리나 툭 하는 나지막하고 작은 소리와 함께 에너지가 바뀐다. 이 명상이 끝나갈 때 해리된 자아가 지금 어디에 있든, 해리된 자아가 당신의 생존을 보장하기 위해 최선을 다하고 있음을 알고 있다고 말해 주자. 그에 대한 인정이나 감사의 말을 듣고 싶은지 해리된 자아에게 물어보자. 그리고 이제는 주의를 다시 몸으로 돌린다. 호흡의 미세한 소리나 감각을 느낄 수 있는지 보고, 발가락, 발꿈치뼈, 무릎 위의 피부, 배꼽, 빗장뼈, 오른손 새끼손톱, 머리의 맨 윗부분, 몸 전체를 의식한다. 준비가 되면, 주의를 지금 이 순간의 삶으로 부드럽게 돌려놓는다.

몇 주에서 몇 달에 걸쳐 명상하는 동안 누군가가 자신을 바라보고 알아주고 응대해 준다는 것을 느끼면, 해리된 자아는 차츰 안심하면서 몸의 감각을 조금씩 느낄 수 있게 될 것이다. 때로는 인형처럼 생명력 없는 자아의 이미지가 나타날 수도 있다. 때로는 단절됐던 부분이 공명의 영향으로 몸 안으로 다시 들어온다. (이런 현상은 미주신경의 특성과 직접적으로 관련이 있다. 우리가 완전히 안전하다고 느끼면, 미주신경계는 마치 귀소성이 있는 비둘기처럼 사회적 참여로 되돌아온다.) 몸의 의식이 돌아오면서 특정한 감각이 느껴지면, 잊지 말고 그 감각에 대한 감정과 욕구를 추측해 보자.

해리된 자아의 이미지를 생각할 때 무생물 같은 이미지가 떠오른다면, 그런 인식이 이상하게 느껴질지 모르지만, 그런 자아를 확실히 이해하는 데 도움이 되는 공감과 은유의 추측을 해 본다. 이런 추측을 하는 방법은 잠시 뒤에 살펴볼 것이다.

이 명상이 필요한 이유

이 명상은 해리된 자아를 되돌리는 작업을 할 때 매일 수행하는 연습으로 활용하면 좋다. 이는 자기 사랑과 이해 외에는 아무런 의도나 계획 없이 자기 자신과 동행하는 연습이다. 해리된 부분에게 몸으로 돌아올 의향이 있는지 물어볼 때, 긍정과 부정 중 어떤 답을 듣게 되든지, 해리된 자아를 계속해서 부드럽고 따뜻하며 수용하는 태도로 대하는 것이 가장 중요하다. 이런 식으로 접근하면 우측 안와전두피질(자의식과 관련된 부위) 및 전전두피질(온기를 느끼는 부위), 해리를 유발하는 단절된 기억의 신경망 사이의 신경에 연관성이 형성된다. 치유되기 시작할 때, 우리가 아주 오랫동안 중단(해리) 상태로 있었으며 그 영향이 우리 생각보다 훨씬 더 컸다는 사실을 발견하게 되기도 한다.

현실에서 부분적으로 벗어나서 산다는 것이 어떤 의미인지를 일단 인식하고 나면, 삶에서 혼란스럽게 느꼈던 부분들이 이제는 완벽하게 이치에 들어맞는다는 것을 알게 된다. 좋지 못한 결정을 연달아 내렸던 것, 사랑하는 법을 제대로 몰라서 연인이나 아이들 곁에 제대로 있어 줄 수 없었던 상황, 만족스럽지 못한 직종이나 직업으로 옮겨 갔던 것, 중독이나 강박에서 벗어나지 못했던 경험 등이, 세상이 다시 안전해지기를 기다리며 삶의 에너지가 잠시 '중단' 상태에 있었던 것임을 깨닫게 된다.

아이러니하게도, 해리된 상태에서는 뭔가가 잘못됐음을 보여 주는 몸의 신호를 포착해서 안전을 지키기가 보통 때보다 더 힘들다. 해리 상태에서 안전을 지키려고 시도할 때는 안전한 환경에 이르는 데 도움이 되는 정보에 접근하기가 힘들기 때문이다.[35] 예를 들어 몸이 보내는 신호를 활용할 수 있으면, 누군가가 위험한 행동을 한다는 것을 알고 그에게서 멀어질 수 있다. 하지만 몸에 대해 전혀 알 수가 없으면 그 정보를 처리할 수 없어서 위험한 사람 곁에 너무 오래 머물게 될지 모른다. 혹은 현재 발생한 위험에 대응할 에너지가 없을 수도 있다. 해리에 대한 전반적인 인식과 몸의 특정한 신호는 위험을 인식하는 데 도움이 될 수 있다. 따라서 해리된 부분을 몸으로 되돌리는 것은 통합되고 완전해진 느낌과 영적 교감뿐 아니라 신체적 안전을 위해서도 필요하다.

일단 현존하는 상태가 되면, 자신과 자신의 영역 내에 있는 모든 사람에게 안전한 환경을 만들 능력이 실제로 생긴다. 그리고 일단 주변 환경이 안전해지면, 단절됐던 작은 자아가 상황을 엿보러 나오도록 만들어서 통합과 재결합이 가능해진다. 해리된 자아와의 통합은 자신을 발견하고 진실과 연결될 가능성과 희망을 열며, 진정한 영혼의 언어를 가르쳐준다. 현존하는 것 역시 신체적, 정신적 자기 보호와 자기 관리에 도움이 되는 아주 현실적인 전략을 제공한다.

🍃 🍃 🍃

해리 상태에서 자신을 인식하는 기이한 상황에 대한 작업

신체에서 어떤 감각이 느껴지는지 찾아볼 때 인형, 돌덩어리, 진흙 같은 무생물의 신체 이미지가 떠오른다면, 공명하는 목격자가 당신의 이런 측면을 인정하고 지지하는 것이 그만큼 더 중요하다. 이번에도 역시 구체화된 경험을 환영하면서 안심시킨다. 이렇게 질문한다. "인간적인 상호작용 없이 사는 것이 어떤 기분인지 알아주었으면 하니? 사람이 아닌 물건 취급을 받는 것이 어떤지? 본연의 모습이 아니라 다른 사람들이 원하는 모습으로 살아야 했을까? 바르고 착한 사람이 되려고 너무 열심히 노력하다 보니, 너 자체가 사라져 버린 거야? 너무 외로워서 이제 더는 살지 않기로 했니? 믿을 수 없을 정도로 지쳤어?" 심장과 위장 같은 신체 부위가 무생물처럼 느껴질 수도 있다. 이런 신체 부위에도 공감과 은유적 추측을 통해 인정하고 깊이 고려하며 따뜻하게 수용할 수 있다. 이 모두는 지금 자신을 이렇게 지탱하고 있는 몸의 지혜가 있으며 그 사실을 우리가 이해한다는 것을 전달한다.

성적인 특성과 해리가 혼동될 때, 그리고 해리에 전염성이 있을 때

일단 다시 생기가 돌기 시작하면 몸 또한 더 온전히 존재하게 되는데, 이는 감정적인 관계와 성적인 관계를 맺을 능력이 다시 깨어나기 시작한다는 의미이다. 안전하고 연결되어 있는 느낌이 들면, 사람들은 충격이나 해리와는 완전히 다른 것에 배측 미주신경 복합체를 이용한다.[36] 엄마와 아이는 특히 수유 중에 서로 깊이 결합하는 경험을 하게 되는데, 이때 옥시토신(유대감을 형성하는 호르몬)이 몸속에 흐르면서 배측 미주신경의 상태로 이동한다. 그리고 성관계를 나눌 때도 옥시토신이 흘러넘치면 성적으로 연결된 나른한 기분이 미주신경의 배측 경로를 통해 이동한다.

　해리와 성관계의 나른함 사이의 존재하는 신경생리학적 유사성 때문에, 성관계, 트라우마, 유대감의 경험이 합해질 때 큰 혼돈이 초래되기도 한다. (그런데 이런 현상은 성적 학대가 초래하는 복잡한 신경생리학적 비극의 일면에 불과하다!)

　자크 판크세프의 감정 회로에 대해서 배운 내용을 적용해 설명하면, 성적 학대에서는 욕정 회로가 분노, 두려움, 공황/비탄의 회로와 연결되면서 회로들 사이에 혼란이 생긴다. 이렇게 혼란이 생긴 회로를 공명으로 바로잡는 것은 치유 과정의 일부이다. 성적인 트라우마에서 생긴 매듭을 풀려면 신체 감각을 꾸준히 관찰하고 경험을 정확히 표현해야 한다. 그런데 뒤얽힌 회로를 풀 때는 반드시 누군가의 도움이 필요하다. 신체 기반의 심리치료를 전문으로 하는 치료사 중에 따뜻한 느낌이 들고, 안전의 신경지를 느낄 수 있는 이를 찾아 상담받도록 하자.

때로는 성적 학대에서 가해자가 상대에게 해를 끼치는 행위를 하면서 해리성 트랜스(trance, 최면 상태나 히스테리 상태에서 주로 나타나는 비정상적인 의식 상태로, 황홀감이나 무아지경을 느끼기도 한다-옮긴이)에 빠진다.[37] 이럴 때는 의식이 일부만 존재해서 피해자를 인간으로 보지 못하고, 자기 자신을 이해하지 못하며, 동시에 수치심, 무력감, 흥분을 느끼거나 자신의 행동을 의식적으로 알지 못하는 단절된 신경망에 사로잡힌다. 인간은 본질적으로 사회적 동물이며 서로의 뇌와 신경계에서 영향을 받도록 만들어졌기 때문에, 트랜스 상태의 가해자에게 학대당한 피해자들에게는 결국 무력함, 공포, 압도감의 트라우마와 가해자의 해리된 상태가 모두 내면화될 수도 있다.

이것을 다른 식으로 표현해 보자. 우리는 뇌와 신경계가 서로에게 영향을 미치는 사회적 동물이기 때문에, 해리된 상태에 있는 누군가와 상호작용하면 우리 뇌가 그런 해리 상태에 빠져들 가능성이 크다. 다시 말해 우리가 트랜스 상태와 비슷한 해리 상태에 있는 누군가에게 피해를 당하면 우리 뇌는 ① 우리 자신의 무력감, 공포, 압도감의 트라우마와 ② 상대방의 해리와 일치하는 우리 안의 해리 상태 양쪽 모두에 대처해야 한다. 이것은 트라우마가 전염되는 세대적 측면의 일부이며, 해리가 해리를 낳는 이런 순환은 수세기 동안 이어져 왔다. 다행히 자기 온기와 마음챙김 같은 도구는 이런 순환을 끊을 수 있다.

치유가 시작되면, 공명하는 공감과 성찰을 통해 수십 년 동안 계속됐거나 여러 세대를 거쳐 내려온 해리 상태의 얽히고설킨 관계와 성적인 특성의 뒤얽힘을 풀고, 트라우마와 혼란의 경험으로부터 완전한 자아를 되찾을 수 있다.

해리된 연인과의 관계 유지하기

해리되거나 부동화 상태에 쉽게 빠지는 사람과 관계를 유지하는 것은 어떤 경험일까? 인간은 본래 사회적 동물이고 관계를 맺게 되어 있기 때문에 신경계가 힘들어질 수밖에 없다. 부동화 상태에 빠지는 것은 그 사람의 인간성이 거의 지워지는 것과 마찬가지다. 해리된 상태로 있는 동안에는 실제로 인간성이 사라진다. 얼굴이 움직이지 않고, 목소리에 생기가 없고, 몸짓의 생동감이 사라지며, 과거에 해리된 사람과 어떤 역사가 있었는지에 따라 신경계가 경고 신호에 반응을 보인다. 해리된 부모가 있는 유아나 아동은 상당한 괴로움을 겪을 수 있다. 부모에게 그런 부모가 있었다면, 불안, 분노, 절망을 느끼거나 투쟁, 도피, 부동화 반응에 빠질 것이다. 내재된 트라우마로 인한 현재의 경험에서 보장된 것보다 더 강렬하게 공포, 분노로 반응할 수도 있다.

게다가 타인의 행동을 이해하는 데 도움을 주는 운동 피질(motor cortex) 거울 뉴런의 영향 때문에(거울 뉴런에 대해서는 11장에서 더 자세히 다룬다), 어느 정도는 상대방의 해리를 마치 자신의 것처럼 경험할 수도 있다. 거울 뉴런은 모방에 의한 학습을 하는 뇌의 기반이다. 이 말은 자신과 가까운 다른 누군가가 해리를 경험하고 있을 때 해리를 '학습'할 수 있다는 뜻이다.

자신에게 중요한 누군가가 해리되면, 분노하거나 절망할 수 있다. 누군가가 우리에게서 '사라진' 것과 마찬가지 상태가 되면, 내인성 오피오이드 수치가 떨어지고, 심박수가 증가하며, 포유류의 아기가 어미를 찾을 수 없을 때 경험하는 것과 똑같은 공황/비탄 회로가 활성화된다(5

장 참조). 그래서 상대방이 사라진 것과 마찬가지인 이런 상황에 맞서 화를 내거나 절망하거나 낙담할 수 있다. 상대방이 우리를 벌하거나 못되게 굴려고 그러는 것으로 생각할지 모르지만, 사실 상대방에게는 자신의 해리를 통제할 힘이 없다. 감정을 환영하는 창이 넓어지고 현존할 수 있게 되려면, 치유가 이루어져야 한다. 이런 상황은 부부와 가족 간의 반복적인 싸움, 고통, 폭력의 근원이기도 하다.

모든 사람이 이런 상황에 대처하고 패턴을 바꾸는 법을 배울 수 있다. 이 책에서 제시하는 도구와 공명하는 목격자는 해리를 경험하는 우리 자신과 타인을 온화하고 연민 어린 태도로 함께하도록 해 준다. 그리고 각자가 경험했고 다른 사람에게도 전파했을지 모를 온갖 트라우마에 어떻게든 대처해 보려고 허둥대는 가련한 모든 사람을 연민하고 이해할 수 있게 해 준다.

여기서 원인과 자극을 구별하는 것이 중요하다. 사람 1이 평범하게 느껴지는 목소리로 말하는데, 그의 연인인 사람 2가 위험 감지 상태로 바뀌어 갑자기 이 목소리를 고함으로 인식할 수 있다. 두 사람 사이에 일어나는 일을 판단하기는 대단히 어렵다. 사람 2의 상태 변화는 전적으로 그의 신경계의 변화 때문일 수도 있는데, 이때 그의 방어적인 성향이 사람 1의 중립적인 태도를 적대적으로 인식하게 만든 것이다. 이것이 실제로 투쟁-도피 상태로 전환됐을 때 나타날 수 있는 일이며, 이런 위험은 우리 삶 어디서든 감지된다. 그런가 하면 사람 2의 상태 변화는 사람 1이 두 사람의 관계적 공간을 떠난 것 때문일 수도 있다. 이때 사람 1은 사람 2를 고유의 삶의 여정이 있는 무한한 본질로 대하지 않고 '할 일 목록'을 대하듯 했을지 모른다. 그 밖에 사람 2의 상태 변화가 사람 1이 뭔가를 증명하려고 하면서 고집을 부렸기 때문이거나 사람 2와의 친분에 대한 희망을 잃고 그에게서 멀어졌기 때문일 수도 있다. 또 다른 가능성으로 사람 1이 자신의 감정 세계를 제대로 읽지 못해서 자기 목소리가 실제로 더 커지고 말하는 속도도 빨라졌지만 그 자신은 그랬다는 걸 알지 못했을 수도 있다. 물론 사람 1이나 사람 2가 과거의 트라우마 때문에 서로 연결된 느낌을 잃어버렸을 수도 있다.

연인들 간의 싸움 대부분은 이와 같이 신경계에 미묘한 차이가 나타나면서 일어난다. 모든 사람이 남들의 관심을 받고 싶어 한다. 또 연결된 느낌을 느끼고 싶어 하고, 남들이 자신의 생각과 마음을 알아주었으면 한다. 하지만 일단 신경계의 상태가 바뀌기 시작하면, 상황이 복잡해지고 대처할 방법도 대체로 많지 않다.

이럴 때 가장 중요한 조치는 그 상황에 공명하는 자기 목격자를 대동해서, 두 사람 모두 서로를 관대하게 수용하고, 관계에서 나타나는 모든 수준의 해리, 두려움, 분노에 온화하게 대하도록 하는 것이다. 상대방이 해리되어 침잠할 때 얼마나 힘든지를 인정해 주는 과정도 필요하다. 감정적 부재는 물리적으로 방치당하는 것 같은 느낌을 줄 수 있으며, 홀로 남겨진 사람은 내인성 오피오이드가 급락하는 경험을 하게 된다. 좋은 기분을 불러일으키는 화학물질의 수치가 낮아질 때는 자기 자신에게 의식을 집중하는 데 많은 노력이 든다. 이럴 때 다른 사람들의 감정적인 지지가 큰 도움이 될 수 있다. 상대방이 거기 있을 수 있든 아니든 간에, 일단 두 사람에게 특별한 문제가 없고, 자신에게 꾸준하게 온기와 관심을 쏟을 수 있으며 상대방에게 온화하고 부드럽게 대할 수 있으면, 안전한 분위기가 만들어지면서 둘이 대치하거나 물러나는 방법보다 상대방이 훨씬 더 빨리 효과적으로 돌아올 수 있게 된다.

해리로부터의 점진적인 복귀 및 투쟁-도피를 통한 방법

1. 해리된 상태에 있다. 심박수가 느리고, 호흡이 아주 얕다.
2. 해리가 존재한다는 것을 배운다.
3. 자신과의 단절(즉 몸을 감지할 수 없고, 깊은 호흡을 할 수 없다는 것)을 알아차리기 시작하고, 어쩌면 자신이 해리된 상태일지 모른다는 생각이 든다.
4. 해리된 자신을 부드러운 온기로 대하기 시작한다.
5. 신체 감각이 조금씩 돌아온다.
6. 감정도 돌아온다. 신체 감각과 함께, 강렬한 감정이 생길 수 있다.
7. 때론 신체 기억이 나타나면서, 놀랍고, 예상치 못했고, 원치 않는 신체 감각이 느껴질 수 있다. 이런 경험들에 공명하고 정확히 표현하면, 감각이 차분해지고 온전함과 건강을 되찾는다.
8. 곳곳에 지뢰가 숨겨진 전쟁터에서 환영받는 고향으로 뇌를 바꾸어 놓는, 이 책에 소개된 안전하고 점진적인 단계를 서서히 밟아나간다.
9. 새로운 궁금증, 새로운 결정, 새로운 의도, 기여와 영성을 포함해서, 더 큰 자아와 연결하는 다른 능력들이 돌아온다.

해리에서 벗어나서, "내 몸에서 무슨 일이 일어나고 있는가? 내가 왜 이것을 알고 싶어 하는 걸까?"라는 질문에 답하기까지는 시간이 걸린다. 사람들은 몸이 없이 살면 인류와 완전히 연결되지 않는다는 것을 차츰 확실히 느끼기 시작한다. 몸의 메시지를 받을 때, 생명력과 활력이 넘치고, 몸 안에 있는 생명력과 모든 것들과의 관계를 느낄 수 있다. 또 삶의 선물을 감사히 여기고 즐길 수 있게 된다.

몸으로 다시 들어가는 것의 유일한 문제는, 몸이 깨어나기 시작하면서 시간 속에 굳어져 있어서 접근할 수 없었던 모든 트라우마가 깨어나기 시작한다는 점이다. 예를 들어 신체적, 정서적, 성적 학대가 회상될 수 있다. 정서적 지지를 못 받는 사람들이 가능한 온갖 방법을 동원해서 몸의 목소리를 계속해서 끄고 싶어 하는 것은 어찌 보면 당연하다. 신체적 공감, 가족 세우기(family constellations, 가족 내에서 일어난 갈등이나 불화 등을 치료하는 치료법−옮긴이), 로젠 메서드(Rosen method)를 비롯한 모든 종류의 신체 치유 작업, 마음챙김에 기초한 요법인 하코미(Hakomi), 움직임 요법(movement therapy) 등 몸의 인식과 신체적 감각을 연결하는 치유 작업을 해 나가면, 과거의 기억이 이런 식으로 표면화되는 것을 보게 될 것이다.

다시 표면화되는 것들에 온기가 더 많이 동반되면, 고통스러운 기억이나 슬픔이 떠오른다 해도 이런 변화를 통합하기가 더 쉬워진다. 주의 깊게 공명하면서 작업해 나가면, 몸의 감각을 느끼고 이해하는 데 도움이 되는 환영 작업을 할 수 있을 것이다.

신경생물학에 대한 이해는 이런 새로운 경험에 도달할 확고한 기반을 제공한다. 이에 10장에서는 평생에 걸친 관계의 패턴에 대해 배우고, 그런 패턴에 온기를 품고 대하는 것이 자신 및 타인과 친밀한 관계를 맺는 능력에 어떻게 도움이 되는지 살펴본다.

10장

애착

: 뇌가 동행에 반응하는 방식

··· 66 ···

"아무도 나를 이해하지 못해."
"나는 외톨이야."
하지만 실제로는 이렇게 말할 수 있다.
"마음이 치유되니 내가 다른 사람들과 깊이 연결되어 있다는 것을 알겠어."

··· 99 ···

인간이자 사회적 동물인 우리는 어릴 때 가장 가깝게 지낸 사람의 뇌를 바탕으로 자신의 뇌를 패턴화한다. 유아기는 뉴런이 발달하여 어디와 연계를 맺고 어떻게 성장해야 하는지를 알아 가는 시기이다. 우리는 관계에 대해서, 즉 관계란 어떤 의미인지, 어떻게 하면 사랑받고 어떻게 하면 사랑을 못 받는지, 어떻게 하면 상대방의 반응을 얻고 어떻게 하면 무시당하는지를 배운다. 우리는 사랑받은 방식으로 남들을 사랑한다. 그리고 부모의 몸이 스트레스에 반응하는 방식과 그들이 성장과 도움을 위해 타인에게 의존했거나 의존하지 못했던 방식을 내면화한다. 심장은 타인의 도움을 얼마나 신뢰할 수 있다고 느끼는지에 따라 상황별로 다르게 뛴다.[1] 그리고 대체로 어릴 때 보살핌받았던 것과 같은 방식으로 우리 자신과 타인에게 마음을 쓰게 된다. 연구원들은 타인과의 유대감을 형성하는 방식과 관계에서 기대할 수 있는 것에 대한 이런 배움을 **애착**(attachment)이라고 지칭한다.

다행히도 시작점이 어디가 됐든, 우리 뇌는 돌처럼 굳어진 것이 아니어서 얼마든지 바뀔 수 있으며, 실제로도 우리는 중요한 관계를 통해 계속해서 배워 나간다. 우리는 남들에게 사랑받는 경험과 사랑에 마음을 여는 경험을 통해 배우며, 지금 우리가 하는 이 치유 여정을 통해서도 우리 자신 및 타인과 더 통합적으로 편안하게 유대를 맺게 된다. 이 책에서 하는 작업은 애착의 상처를 치유하는 작업이다. 이 작업은 우리가 했던 경험에 공명의 목소리를 적용하고 애정 어린 태도로 뇌를 재배치해서, 사람들과 진정한 상호 관계를 경험하고 온기를 주고받을 수 있게 한다. 시작점이 어디가 됐든 회복력이 더 강해지고, 더 건강해지며, 더 많은 유대 관계를 맺을 수 있다. 이것은 우리 자신 및 타인과 더 '단단히' 관계 맺어지는 여정이다. 이어지는 단원에서는 우리에게 힘이 되는 애착 패턴이 뇌에 자리 잡는 데 공명이 어떤 도움이 되는지를 알아본다.

뇌는 감정적인 의미가 있는 것을 아주 쉽게 학습하기 때문에, 우리에게 꼭 필요했던 존재인 모든 사람은(우리에게 친절했든 잔혹했든 상관없이) 뇌에 관계의 흔적을 일부 남겼을 가능성이 크다. 이런 흔적에는 감정적인 흔적뿐 아니라, 관계 기억에 남은 실질적인 물리적 신경 연결과 뉴런의 성장도 포함된다. (2장에서 인용했던 모셰 스지프의 '전전두피질의 모든 세포에 어머니가 있다'는 말을 떠올려 보라.[2]) 특히 어릴 때 처음으로 맺는 관계인 부모, 조부모와의 관계를 논할 때는 이런 관계의 흔적이 실제로 나타나는 것으로 보인다. 우리를 사랑했던 사람의 뇌가 어떤 유형이었는지가 중요하다는 사실은 흥미롭다. 통합되고 건강한 뇌를 가진 사람이 우리를 사랑해 준 경험이 많을수록, 우리가 일상의 삶을 훌륭히 영위하기가 더 쉬워진다. 어른들은 건강과 스트레스를 조절하는 능력(혹은 그런 능력의 결핍)을 사랑하는 자녀에게 물려주는데, 이것이 부모가 자녀에게 미치는 영향을 연구하는 애착 연구의 본질이다.

뇌 개념

애착은 심박수에 변화를 준다

우리는 다들 심장을 사랑의 상징으로 생각하지만, 신체적인 차원에서 심장의 작용과 심장이 스트레스에 대응하는 방식은 우리가 중요한 관계에서 어떤 대우를 받았는지와 관련이 깊다. 실제로 부모가 더 안정적이고 따뜻하며 적극적으로 반응해 주었을수록, 자녀의 심장은 건강하고 회복력도 더 좋다.[3]

연구원들은 이런 현상을 **심박변이도**(heart rate variability)라고 불리는 지표로 확인할 수 있다. 자신의 심장 박동에 대해 생각해 보자. 심장은 1분에 일정 횟수만큼 박동하는데, 휴식을 취하고 있을 때는 보통 분당 60~80회 정도다. 달릴 때는 심장이 더 빨리 뛴다. 심장이 규칙적으로 뛸수록 더 건강하다고 생각할지 모르겠지만, 실은 그렇지 않다. 사실 심박수는 정확한 횟수라기보다는 1분에 박동한 수의 평균을 낸 것이다. 심장은 숨을 내쉴 때 느려지고 들이쉴 때 빨라지는 식으로, 본래 뛸 때마다 속도가 변하게 되어 있다. 이를테면 두 번째 박동이 분당 66회의 속도였는데, 세 번째 박동은 분당 62회의 속도가 되는 식이다. 그래서 우리 몸은 사소한 응급상황에서는 코르티솔 호르몬을 분비해 투쟁-도피 반응을 촉발하기보다, 심장을 동원해서 심장을 더 빨리 뛰거나 느리게 뛰게 하는 방법으로 스트레스에 대응하도록 되어 있다.

부모의 양육 방식은 자녀의 심장이 이 세상에나 타인에게 반응하는 방식에 막대한 영향을 미친다. 그리고 심장 박동의 조절의 근본에는 앞에서 다뤘던 미주신경 복합체가 작용한다. 연구원들은 몸이 스트레스와 관계에 네 가지 주요 방식으로 반응할 수 있다는 사실을 발견했다. 그 네 가지는 안정형 애착, 회피형 애착, 양가형 애착, 혼란형 애착이다. 지금

10장 애착: 뇌가 동행에 반응하는 방식   297

부터 이 네 가지 생존 전략과 미주신경이 각 방식에 어떻게 반응하는지를 알아보자.

유형 1: 안정형 애착 및 획득된 안정형 애착

자신과 타인 모두 존재하며, 자신과 타인에 대한 따뜻한 호기심이 있는 유형이다. 아이들이 **안정형 애착**(secure attachment)[4]을 경험하면, 부모가 따뜻하고 적극적으로 대응과 공명을 해 주는 사람이라고 확신하고 의존할 수 있다. 그래서 평생 스트레스를 덜 겪는다. 이런 아이들의 심장은 대체로 삶과 조화를 이루어 춤을 추며(심박변이도가 높다는 것을 묘사하는 표현 방식 중 하나다), 뭔가가 잘못돼서 가벼운 스트레스가 생기면 굳이 투쟁-도피 반응을 동원할 필요 없이 심장이 춤추기에서 걷기(심박변이도가 약간 낮지만, 사회적 활동은 여전히 유지하는 상태)로 바뀐다.[5] 이런 아이들은 이미 부모를 내면화해서, 부모가 없을 때도 불안정형 애착이 있는 아이들의 심장과는 다르게 기능한다. 이 아이들은 혼자서 있을 때도 마치 누군가가 늘 동행해 주는 것처럼 보이며, 따뜻한 온기가 특징적으로 나타난다.

안정형 애착이 형성된 성인은 강약을 이해하고, 장기적인 결과와 세계적인 결과를 내다볼 줄 알며, 세계관이 현실적이고 균형 잡혀 있다. 이들은 이상주의자가 아닌 현실주의들자이며, 강력하고 침착하며 애정 어린 존재가 내면에 늘 자리한다. 이런 존재는 공명하는 자기 목격자로, 이 존재가 깨어서 활동할 때는 뇌와 심장, 신체, 관계가 더 효과적으로 작용한다.

아동기에 이런 안정된 뇌 패턴이 형성된 채로 어른이 될 수도 있지만, 때로는 인생을 살아가면서 치유를 통해 이런 안정된 뇌 패턴이 형성되기도 한다. 치유 작업의 결과나 힘이 되어 주는 사람들과의 관계를 통해서 불안정한 애착에서 벗어나서 자신과 타인에게서 온기를 기대하고 더 균형 잡힌 상태가 되는 것을 **획득된 안정형 애착**(earned secure attachment)[6,7]이라고 부른다.

　일단 안정형 애착이나 획득된 안정형 애착이 생기면, 타인을 신뢰하는 지속적인 관계를 맺게 된다. 자기 자신에게 좋은 감정을 느끼며 자존감도 높다. 이들은 자기가 느끼는 기분, 원하는 것, 자신의 삶에 대해서 친구들이나 동반자에게 이야기하는 것을 기분 좋게 받아들인다. 필요할 때는 사회적 지원도 흔쾌히 요청한다. 또 아끼고 사랑하는 사람들이 주위에 있어서, 힘든 일도 덜 힘들게 생각하고 고통도 덜 느낀다.[8] (안정형 애착과 획득된 안정형 애착에 대해서는 14장에서 더 자세히 논한다.)

유형 2: 회피형 애착

오직 자기 자신만 신뢰할 수 있는 유형이다. 감정을 표현했을 때 무시당한 영유아의 신체는 안정된 아이의 신체와는 다르게 반응한다.[9] 이 아이들에게는 **회피형 애착**(avoidant attachment)이 생긴다. 즉 부모의 신체가 의지할 수 있는 대상으로 느껴지지 않아서, 아이는 자기 스스로 돌보는 법을 익히게 된다. 이런 아이들의 심장은 배낭을 짊어지고 하이킹에 나선 사람처럼, 항상 평소보다 조금 더 열심히 뛰면서 조절된 상태를 유지한다. (사회적인 활동을 계속하더라도 심박변이도가 대단히 낮다. 그럼에도 여전히 스트레스 관리에 심장을 사용한다.) 심장은 상황에 맞춰 춤을 추지도 걷지도 않고, 그저 계속해서 열심히 길을 걸어 나갈 뿐이다.[10]

　회피 애착이 있는 아이들이 성인이 되면, 내적으로 자기 자신에 의존하고 사람을 쉽게 신뢰하지 못하는 성향을 바탕으로 인생을 이끌어 간다. 이런 식의 자기 연결은 감정적으로 연결된 관계에 의해 촉진되므로, 신체 인식 네트워크와의 연관성은 거의 없다.[11] 이 부류의 사람들은 춤출 수 있는 심장의 능력이 제한되어 있어서, 타인의 격한 감정적 경험을 접할 때 약간 당황할 수 있다. 다른 사람들과 맞춰서 춤추기보다 그저 계속 혼자서 하이킹을 하는 것처럼, 자신과 타인의 고통을 완전히 외면할 수도 있다. 회피 애착이 있는 채로 성장한 사람들은 타인의 동행을 기대하지 않으며, 자기 자신을 스스로 돌본다.

유형 3: 양가형 애착

스트레스가 조금이라도 생기면 즉시 자기 조절이 중단되는 유형이다. **양가형 애착**(ambivalent attachment)은 스트레스 상황이 닥치면 즉시 불안 상태가 되는 어머니(또는 아버지)가 아이를 양육한다. 아이는 부모의 이런 패턴에 따라 투쟁-도피 상태에서 몸의 체계를 관리하려고 하며, 고통의 행동 신호를 보낸다. 이런 유형은 쉽게 진정되지 않는다. 아이(그리고 부모)의 심장은 기본적으로 춤을 추는 상태이지만, 가벼운 스트레스라도 생기면 스트레스를 관리하기 위해 심장이 박동을 조절하기보다는, 긴급히 도움을 요청하면서 몸 전체에 코르티솔 반응이 나타난다. 심장은 걷지도, 하이킹하지도 않는다. 심장이 도움을 요청하지만, 양가적으로 연결된 미주신경 복합체는 어떻게 도움을 주어야 하는지 모른다.[12] 이와 비슷하게 아이가 도움을 요청하지만, 부모는 어떻게 도움을 주어야 할지 모른다. 인간의 신체에서 관계의 경험이 그대로 반영되는 이런 상황은 대단히 놀라운 현상이다.

양가형 애착은 부모가 아이를 원하지 않는다는 의미가 아니다. 그들도 아이를 아주 많이 사랑한다. 다만 스트레스가 조금이라도 생기면 곧바로 자기 연결을 잃어버려서, 자녀나 배우자를 명확하게 볼 수가 없는 것이다. 양가형 애착이 있는 부모들은 공포, 우울, 고통스러운 기억에 사로잡혀서, 아이에게 정말로 무슨 일이 일어나는지를 발견하지 못한다. 이런 어머니와 아버지들은 과거 속에 살거나 미래에 대한 걱정에 빠져 있다. 이 때문에 양가형 애착은 때로는 불안(anxious) 애착이나 침입성(intrusive) 애착이라고도 불린다. 양가형 애착이 있을 때는 자녀, 세상, 그 밖의 관계에서 벌어지는 일에 너무 큰 불안을 느껴서, 잠시 멈춰 숨을 쉬기도, 아이들을 기쁜 마음으로 있는 그대로 받아들이기도 힘들다.

어른의 관계에서도 마찬가지 상황이 벌어진다. 양가형 애착이 있는 사람은 연인이 자신을 정말로 사랑하는지 혹은 자신을 떠나는 게 아닐지 끊임없이 걱정한다. 이런 애착 유형이 있는 사람이 감정적으로 위안을 받지 못하면(즉 편도체가 적절한 위안을 받아 본 적이 없으면) 삶은 더 혼란스러워진다. 밀려드는 감정(자신과 타인의 감정 모두)에 어찌할 바를 모르는 상황이 숱하게 벌어진다. 친구나 배우자에게 계속해서 화를 내고, 사랑의 증거를 끊임없이 갈구하기도 한다. 자신이 중요한 존재라는 것과 사랑받고 있으며 어딘가에 소속됐다는 것을 결코 확신하지 못해서, 다른 사람들에게서 안심시켜 주는 말을 들으려고 애쓴다.

불만은 양가형 애착이 있는 사람들이 경험하는 주요 감정이다. 다른 사람들과 사회의 반응에 만족한 적이 전혀 없고, 완벽히 맞아떨어지는 말이나 경험을 간절히 구하지만 좀처럼 찾을 수가 없다면, 양육자가 진정하게 지켜봐 주지 않고 이해해 주지 않았던 아주 어릴 때의 경험에 대한 작업이 필요할 것이다.

유형 4: 혼란형 애착

친밀한 세계가 고통스러운 세계인 유형이다. 중요하지 않은 취급을 받거나, 남들이 자기 말을 들어 주지 않거나, 겁에 질리거나, 상처 입거나, 아무도 고통을 이해해 주지 않았던 경험이 많을수록, 행복을 지원하는 뇌의 연결이 약해진다. 그래서 우울증, 극도의 불안, 중독, 정신질환, 폭력, 학대, 방치, 분노의 폭발, 수치스러운 기분을 더 많이 경험하게 된다.[13] 겁에 질려 있거나 상대방에게 무섭게 구는 부모 밑에서 자란 아이에게는 친밀감이 절실히 필요하지만, 이런 아이들은 보통 친밀감을 두렵게 여기고 이에 예측 불가능하게 대응한다. 이런 아이들의 신체는 관계에 기이하게 반응하는데, 이런 상태를 **혼란형 애착**(disorganized attachment)이라고 부른다.

혼란형 애착은 가정 폭력과 세대를 거쳐 이어져 내려가는 학대 같은 성인기 경험에서 주로 나타난다. 뇌는 사랑하는 사람의 죽음, 신체적 폭력이 벌어지는 집에서 사는 것, 성폭력이 벌어지는 집에서 사는 것, 욕설을 들으며 사는 것, 감정이 환영받지 못하는 환경 등 삶에서 겪는 힘든 일의 영향으로 분열되기가 쉽다. 이런 위험한 순간을 견디며 살아온 심장은 친밀함이 위험하다고 믿으며, 이런 믿음은 매우 혼란스럽고 고통스러운 성인기 경험의 원인으로 작용한다. (혼란형 애착의 치유는 11장에서 더 자세히 다룬다.)

트라우마를 직접 경험하지 않더라도 뇌가 이런 식으로 바뀔 수 있다. 뇌와 신체는 지난 세대, 특히 부모와 조부모에게 발생했던 힘든 일에 영향을 받으며,[14] 그보다 더 윗대의 조상들에게서도 영향을 받을 가능성이 있다. 이런 경우는 부모가 어릴 때 아주 공포스러운 일을 겪어서 뇌의 체계에 혼란이 생겼고, 그 결과 자녀를 많이 사랑하지만 자녀에게 제공할 안정적인 기반이 별로 없는 것일지 모른다.

　동정심과 배려심이 있는 단 한 명의 목격자만 있어도 그 사람이 견뎌 낼 수 있으며 남은 평생 힘이 될 자존감을 쌓을 수 있다는 사실을 반드시 기억해야 한다. 따뜻하고 다정한 조부모가 이런 목격자로 특히 중요한 역할을 하지만[15], 때로는 트라우마를 겪는 과정에 인연이 닿은 경찰, 이웃, 교사 같은 사람들도 목격자가 될 수도 있다.

　자신의 인생에 대해 생각할 때, 사랑을 나누어 주고, 의지할 힘이 되어 주었으며, 존중하고 배려해 주었던 사람들을 떠올려 보자. 이들은 우리 내면에 남아 있다. 우리가 사랑하고 지지했던 사람의 뇌에 남아 있는 것과 마찬가지로 말이다. 아울러 당신이 다정함과 이해, 존중으로 대했던 아이들에 대해서도 생각하면서, 이 세상에 치유와 희망을 불러오는 데 자신이 어떻게 기여했는지 돌아보도록 하자.

　뇌의 체계에 생긴 혼란을 구제할 방법이 전혀 없는 건 아니다. 치유의 가능성은 여전히 우리 앞에 있다. 상대방에게 따뜻하게 대접받고 이해받는 의미 있는 경험을 할 때마다, 뇌는 애착과 관련이 있는 부위인 전전두피질에서 편도체에 이르는 신경에 더 건강한 연결을 새로 만들고 신체를 조절해 나간다.

　사람들 사이에 주고받는 온기를 대체할 수단은 없지만, 우리 모두에게는 서로 다른 치유의 길이 있다. 이 글을 읽으면서 '그렇구나' 하는 깨달음이 오거나 자기 자신에게 연민의 마음을 느낀다면, 그럴 때마다 뇌에서는 더 깊은 행복과 평안에 보탬이 되는 새로운 연결이 만들어지고 있는 것이다.

애착에서의 행하기(doing)와 존재하기(being)

최상의 상황에서, 인간은 행동을 취할 수 있으면서도(행하기) 동시에 관계 속에 머물 수 있으며(존재하기), 그런 식으로 통합된 삶을 산다. 반면 최악의 상황에서는 힘겨운 어린 시절에 겪은 애착 경험이 경직성(존재하기 없는 행하기-회피형 애착)이나 혼돈으로 바뀌어서, 스트레스가 있을 때 차분하게 행동할 능력 없이 감정 세계에 존재한다(행하기 없는 존재하기-양가형 애착). 이런 패턴은 성인기 이후 연인 관계에서나 부모가 되어 아이를 키울 때 가장 명확히 나타난다. 존재하지 않고 행동만 하는 부모 밑에서 자란 사람은, 마음을 진정시키고 관계에서 감정적 안정감을 얻으려는 욕구가 제대로 충족되지 않는다. 반대로 존재하되 행하지 않는 부모 밑에서 자란 사람은 관계 스트레스가 생기면 일촉즉발의 불안 상태에 놓인다.

한편 애착과 지배의 패턴이 좌뇌와 우뇌에 어떻게 연관되는지를 논한 연구 문헌이 많다(뇌의 반구에 내용을 복습하려면 4장으로 돌아가서 다시 살펴보자). 우리가 좌뇌(행하기)를 본질적으로 비관계적인 상태로(회피 애착), 체계화되지 않은 우뇌는 조절 장애가 생기기 쉬운 상태라고 특징짓는다면, 애착과 지배를 뇌의 반구와 관련짓는 이런 접근은 타당하다고 볼 수 있다. 애착 유형과 뇌의 구조화된 용도의 관련성을 입증한 연구는 심박변이도에 비해 인용하기가 까다롭기 때문에 앞에서 애착 유형의 기본적인 결정 요인으로 심박변이도를 든 것이지만, 개인적으로 이언 맥길크리스트(Iain McGilchrist)의 저서 『주인과 심부름꾼(The Master and His Emissary)』을 아주 감명 깊게 읽었다. 이 책은 뇌가 좌뇌와 우뇌로 나뉘어 있다는 사실이 인간의 세상에 미치는 영향을 주제로 하는데, 독자들도 꼭 한번 읽어 보도록 권하고 싶다. 뒤에 부록의 추천 도서 목록에도 이 책 제목을 넣어 두었다.

　한 세대에서 다음 세대로 전달되며 때로는 파괴적으로 작용하기도 하는 애착 유형 패턴의 영향을 이해하면, 개인에 대한 비난을 떨치기가 쉬워지며 용서, 숨 쉴 틈, 선택의 여지가 생긴다. 이런 애착 유형에 대해 알게 되니 어떤 기분이 드는가? 몸에서는 어떤 변화가 감지되는가? 워크숍에서 이런 내용을 설명하면 청중들이 갑자기 잠잠해질 때도 있다. 이럴 때 나는 사람들이 지난 세대의 애착 유형을 돌아보면서 애도하고 축복하느라 많은 시냅스가 한꺼번에 활성화되는 중임을 이해하기 때문에 잠시 쉬었다가 진행하곤 한다.

자신의 애착 유형 확인하기

타인과 관계를 맺으면서 뇌를 사용하는 방식은 자신과 세상에 대한 우리의 이야기에 반영된다.[16] 밑에 나오는 네 가지 설명을 읽으면서 각자의 몸이 어떻게 반응하는지 살펴보자. 괄호 안에 제시된 정보에는 연구자들이 성인의 사례(**성인 애착 유형**이라고 불린다)를 설명할 때 사용하는 명칭도 나와 있다. 성인 애착 유형의 분류 범주는 유아 애착 유형과 완전히 똑같지는 않다. 가령 회피형 애착은 공포 회피형과 거부 회피형으로 나뉘고, 혼란형 애착은 분류 항목에서 아예 제외된다.

1. 나는 사람들과 감정적으로 가까워지기가 쉽다. 남들에게 편히 의존하고 남들이 내게 의존하는 것을 편하게 받아들인다. 혼자가 되거나 남들이 나를 받아들이지 않는 것에 대해서는 걱정하지 않는다.
   - 성인: 안정형 애착 또는 획득된 안정형 애착 / 유아: 안정형

애착

2. 나는 사람들과 가까워지는 것이 불편하다. 감정적으로 가까운 관계를 원하지만, 사람들을 완전히 믿거나 의존하기가 힘들다. 너무 친해지면 상처를 받을 것 같아 걱정된다.

- 성인: **공포 회피형**(fearful avoidant attachment) **애착** / 유아: 회피형 애착

3. 나는 감정적으로 친밀한 관계없이도 편안하다. 내게는 독립적이고 자립적인 느낌이 매우 중요하다. 다른 사람에게 의존하지 않고, 다른 사람들 역시 내게 의존하게 하지 않는 편이 더 좋다.

- 성인: **거부 회피형 애착**(dismissive avoidant attachment) / 유아: 회피형 애착

4. 나는 사람들과 감정적으로 아주 가까워지고 싶지만, 남들이 내가 원하는 만큼 가까이 다가오지 못하고 주저한다는 생각이 종종 든다. 친밀한 관계가 없으면 마음이 불편하지만, 내가 소중하게 생각하는 만큼 남들이 나를 소중하게 생각하지 않는다는 생각에 걱정될 때가 가끔 있다.

- 성인: **불안-몰입형 애착**(anxious-preoccupied attachment) / 유아: 양가형, 불안형, 침입형 애착

혼란형 애착을 지칭하는 간단한 설명은 따로 없다. 이런 애착이 있는 사람들은 겁에 질리거나 무서워하고, 서로를 해치거나 자신이 해를 입히고 있다는 것을 인정하지 않는다. 심한 경우 중독에 빠지거나 정신질환을 앓거나 해리 상태가 된다.

과거의 애착에서 생긴 상처의 치유를 지원하기

회피형 애착을 치유하기 위한 접근법

자신에게 회피형 애착이 있다는 생각이 들고, 신체와의 연결이 거의 없거나 전혀 없으며, 친밀감을 생각했을 때 어쩌면 좋을지 잘 모르겠다면, 삶에 더 큰 의미를 품고 다른 사람들과의 유대를 강화할 수 있도록 자신의 신체적, 감정적 상태를 인식해 나가는 것이 좋다.

1. 몸의 경험을 언어로 표현해 보자. 몸을 찬찬히 살피는 이 연습을 습관으로 삼아서 날마다 해 보도록 한다. 한 손을 배에 얹고, 조금이라도 정보를 얻을 수 있는지 살펴보자. 안전한 느낌이 들면, 복부가 편안하고 열려 있으며 부드럽게 고동치는 느낌이 생길 것이다. 수축되거나 차갑거나 꽉 조이거나 막혔거나 뻣뻣하거나 아무 움직임이 없으면, 몸이 우리에게 전하려는 정보가 있는 것이다. 이제는 한 손을 가슴에 대 보자. 심장이 뛰는 것이 느껴지는가? 안전한 느낌이 들면, 심장 박동이 삶에 대응해서 춤추듯 할 것이다. 심장이 빨라졌거나 느려지거나 멈춘 느낌이거나 뭔가에 가려져 안 느껴지면, 몸이 우리에게 전하는 정보가 있는 것이다. 이제는 목, 그리고 얼굴에 손을 대 보자. 경직, 긴장, 고통, 수축 같은 것이 느껴지는가? 쇠약한 상태, 숨은 문제점, 꽉 막힌 기분이 느껴지는가?
   일과 관계없는 모든 상호작용에서 최소한 한 번은 신체적 경험을 언급하도록 하자. 예를 들어 이렇게 말해 볼 수 있다. "신기

하다. 네가 ＿＿＿ 이야기하는 걸 들으니, 뒤로 한 발짝 물러나
고 싶은 기분이 들어." 혹은 "＿＿＿를 보니까, 가슴이 쿵쾅거리
기 시작하더라고."

2. 몸에 대한 언급을 오랫동안 안 하고 있으면 몸으로 의식을 가져
   갈 수 있게 해 달라고 친한 친구에게 부탁한다. 예를 들면 친구
   에게 이런 식의 이야기를 듣게 될 것이다. "얘, 방금 네가 동생
   이 너한테 빌린 돈이 얼마나 되는지 얘기할 때, 네 몸에서 어떤
   걸 느낄 수 있었니?"

3. 하루를 보내면서 타이머를 맞춰 놓고 주기적으로 위와 장, 심장
   과 폐, 목과 얼굴을 중심으로 바디 스캔을 한다.

4. 공명과 공감을 잘 아는 전문 치료사나 상담사와 일대일로 만나
   서 작업한다. 당신의 머릿속 생각에 대해 이야기를 나누고, 생각
   을 감정, 욕구, 신체적 경험으로 돌릴 수 있도록 도움을 받는다.

양가형 애착을 치유하기 위한 접근법

일상생활에서, 부모와 자식 간의 밀착(enmeshment)이나 어른들 사이의
상호 의존이라고 불리는 것을 들어봤을 것이다.

1. 가장 가까운 사람들을 떠올려 보자. 그들과 당신 각자를 원으로
   표현해서 서로 얼마나 가까운지를 나타낸다면, 당신의 원이 다
   른 누군가의 원과 겹치는 부분이 있을까? 살짝만 겹칠까 아니면
   두 원이 완전히 겹칠까? 혹시 당신의 원이 다른 사람의 원 안에
   완전히 들어가 있지는 않은가? 아니면 다른 원들과 완전히 동떨
   어져 있지는 않은가?

2. "나는 [당신의 이름]이다. 나는 [다른 사람의 이름]이 아니다."라고 말해 보자. 이것이 진실처럼 느껴지는가? 진실이 아닌 느낌이 들 때, 당신의 몸에서 어떤 일이 일어나는가? 내면의 공명하는 자기 목격자를 불러들여서, 느껴지는 몸의 감각을 바탕으로 감정과 욕구를 추측하는 질문을 던져 보자. '나는 ~이다'라는 위의 문구가 진실처럼 느껴질 때까지 반복한다.

3. 다른 사람의 습관, 강박, 행동 방식, 중독 중에서 당신 마음을 가장 불편하게 만드는 것에 대해 생각해 보자. 불편한 감정을 촉발하는 이 요인에 대해 생각할 때, 몸에서 어떤 현상이 나타나는가? 얼굴 근육에서 변화가 느껴지는지 보자. 경멸스럽고 참기 힘든 느낌이 드는가? 그 사람에게 인격과 책임감이 있었으면 좋겠다고 생각하는가? 이 세상에서 살아남기 힘들 것 같다는 생각이 드는가? 그가 행복하고 평안해지기를 바라는가? 비록 당신이 택한 길과는 다른 길을 걷고 있지만 그가 택하는 과정이 옳다는 신념과 믿음이 필요한가? 가족들이 이겨 내야 할 것을 생각하면 겁이 나는가? 협력과 공동의 책임을 갈망하는가? 애통하고 외로운가? 유대 관계와 친밀함을 아주 소중히 여기는가? 다른 누군가를 관리하는 데 초점을 맞추기보다는 자기 지지와 자기 인정으로 초점을 돌리는 것은 어떤 느낌인가? 당신이 실제로 존재하며 당신은 중요한 존재라는 것이 기이하게 느껴지는가?

혼란형 애착의 후유증 다루기

자신에게 몸이 있다는 생각이나 다른 사람들과 관계를 맺고 있다는 생각을 할 때마다 공포, 혐오, 수치심, 실망감이 가득 차오른다면, 이렇게 해 보자(자기혐오를 치유하는 법은 11장에서도 다룬다).

1. 감정적으로 압도될 수도 있다는 것을 인식하고 자신에게 다정하게 대하면서, 몸에 서서히 접근한다.

2. 자신의 온몸과 마음을 온기로 감싸 안을 수 있기까지 얼마나 많은 단계(자기혐오, 자신을 혐오하는 자기 자신에 대한 혐오, 혐오감을 느끼는 자신에 대한 혐오 등)를 거쳐 나가야 하는지 보자.

3. 가장 중요한 건 감정을 압도하는 모든 공포와 두려움에 공감으로 대응하는 것이다(감정과 욕구를 추측하는 작업). 자기 자신과 최대한 자주 공명하고, 몸의 감각에 주의를 기울일 때 신체적, 감정적 변화가 더 많아지는 것에 주목한다.

4. 만일 도움이 된다면 해리를 다뤘던 9장의 내용을 적용해 보도록 한다. 자기 자신과의 단절을 이해하고 감정적으로 압도됐던 상황을 어떻게 넘겼는지를 따뜻한 마음으로 인정한다.

5. 당신은 조절이 안 되는 감정적 지옥을 감당하면서 살아남으려고 최선을 다하고 있다. 이 책에서 배운 과정과 유도 명상을 실행하면서 자기 조절을 계속해서 삶에 적용해 나가자.

어디서 시작하든, 획득된 안정형 애착을 목표로 치유하기

편안하고 거침없는 관계를 맺으려면 자기 자신과 자신의 몸에 대해 알아야 한다. 그렇지만 막상 시작하려고 하면 뭐부터 해야 할지 도대체 갈피가 안 잡힐 것이다. 어디서부터 시작할 수 있을까? 우리는 이런 경험을 할 때마다 내면에 자의식이 형성된다.

- 누군가가 우리에게 주목해 주는 것
- 우리를 이해해 주는 것
- 우리가 하는 말을 들어 주는 것
- 정확하게 반영되는 것
- 누군가와 조화를 이루는 것
- 우리 경험에 궁금해하는 사람이 있는 것
- 의도를 알아봐 주는 것

조언하거나 고치려 들지 않고 그저 따뜻하게 이해해 주는 사람이나 장소를 찾는 것이 어려울지 모른다. 하지만 이런 사람과 장소는 치유에 아주 중요하다. 이런 특성은 아주 훌륭한 비폭력대화 연습 모임, 12단계 프로그램(Twelve-step program), 집단 치료, 따뜻한 교회 공동체, 그런 사람들과 장소를 찾을 수 있는 조건을 만드는 지지 집단(support group)을 통해 얻는 예기치 않은 이점 중 하나다.

이 작업을 하면서, 깊이 사랑받았거나 소속감이 느껴졌던 따뜻한 순간을 기억해 보자. 이런 순간들은 삶에서 경험했던 안정형 애착의 순간들이다.

아이들에게 안전형 애착을 형성시키려면?

단단히 자리 잡은 애착 패턴을 바꾸는 것은 우리 스스로에게나 아이들에게 모두 힘든 일이다. 거듭 반복하지만 변화의 힘은 온기와 수용이다. 역설적이게도 가장 효과적인 변화의 길은 변화를 원하는 것이 전혀 아니며, 그보다는 몸의 신경생물학적 반응이 과거의 습관으로 돌아가려고 할 때 긴장을 완전히 풀고 자기 자신을 사랑하는 쪽으로 나아가는 것이다.

아이들과 대화하는 방식은 중요하다. 무엇보다도 아이들의 다음과 같은 부분에 반드시 관심을 두어야 한다.

- 생각
- 기억
- 경험
- 신체 감각
- 갈망
- 열정
- 꿈

아이와 이런 것들을 이야기할 때, 우리는 아이의 자의식을 일깨우고 키운다. 아이가 삶에서 기억의 자취를 내려놓을 수 있게 도와주면, 아이는 자의식을 발달시키고 자기 삶의 발자취를 완전히 이해하게 된다. 한때는 어린 시절에 대한 기억이 별로 없는 사람들은 과거에 학대를 당해서 기억을 억누르는 것이라고 생각했지만, 이제는 아무도 관심을 표현하지 않았을 경우에도 충분히 가능한 일임을 안다. 우리는 아이들에게 수학 문제와 운전을 기쁜 마음으로 가르치는 책임감 있는 부모일지 모르지만, 그러면서도 아이에게 호기심을 갖고 더 가까워지는 법을 모를 수 있다.

누군가가 친절하게 대해 주고 이해해 주었던 경험이 많을수록 회복탄력성이 더 높다. 그리고 가족들에게 일어난 일에 대해 가정에서 이야기를 더 많이 나눌수록 우리 자신에 대해 더 잘 알 수 있다. 또 세상과 연결된 느낌을 더 많이 느낄수록 회복탄력성이 더 높다. 예를 들어, 마셜 듀크(Marshall Duke), 앰버 라자러스(Amber Lazarus), 로빈 피비쉬(Robyn

Fivush) 박사는 뉴욕 세계무역센터 참사 생존자의 가족 중에 생존자의 경험과 가족사를 이야기 나눴던 가정의 아이들이 이야기 나누지 않은 가정의 아이들보다 심리적으로 더 행복하고 평안했다는 사실을 증명했다.[17]

 유도 명상 10 　**공동체에서의 애착**

 연습

몸에 대한 감각을 느끼는 것에서 시작하자. 몸이 차지하는 공간은 어떤 느낌인가? 당신이 주로 머무는 감정적 어조가 있는가? 그저 가만히 숨 쉬면서 현존할 때, 자신의 모습 그대로 평온하고 행복한 느낌이 드는가? 만약 그렇지 않다면 그저 무감각한가, 아니면 경직 상태여서 자신이 느끼는 충격이나 피로를 알아주었으면 하는가? 혹은 강렬한 두려움이나 외로움, 불안감을 느끼는가? 사랑하는 사람들의 평안과 행복을 위해, 어떤 안전이 보장되기를 갈망하는가? 아니면 계속해서 마음에 거슬리는 것이 있어서, 뭔가 효과적인 방법이 필요한가? 아니면 계속해서 슬픔에 잠겨 있어서, 애도하는 마음으로 지지해 주었으면 하는가? 어떤 것이 됐든 발견한 감정에 주목하고, 다정한 태도로 그런 감정과 만난다.

이제는 주의의 초점을 호흡으로 가져온다. 호흡할 때 숨이 들어오고 나가면서 갈비뼈가 움직이는 것이 느껴지는지 지켜보자. 주의에게 갈비뼈에서 가장 감각이 생생한 곳에 머물러 달라고 요청하면서, 따뜻하게 수용하는 태도로 대한다. 주의가 몸의 다른 부위나 다른 생각에 가 있으면, 호흡으로 돌아와 달라고 다정하고 부드럽게 부탁한다.

이제 눈을 감고, 공동체와 가족 구성원이 거미줄처럼 당신 주변에서 서로 연결되어 있다고 상상해 보자. 당신에게 가장 중요한 사람들은 얼마나 가까이에 있는가? 그들과 당신의 거리가 편안하게 느껴지는가? 주의의 초점을 당신과 가장 가까이에 서 있는 사람에게 두자. 이 사람이 당신과 너무 가깝거나 붙어 있으면, 그를 한 걸음 물러나게 한다. 혹은 거리가 조금 멀다고 생각되면 당신 쪽으로 한 발 더 가까이 다가오게끔 한다. 둘 중 어느 쪽이든, 거리에 변화가 생길 때 몸에서는 어떤 일이 벌어지는가? 그런 감각이 감정이라면, 어떤 감정일까? 어떤 유형의 진실성, 사랑, 자유와 자율에 대한 갈망이 그런 감정 속에 숨어 있을까?

몸의 긴장을 풀면서, 이런 움직임이 자신에게 어떤 의미가 있는지 주목해 본다. 마음의 눈에 누군가가 가까이 다가오는 것이 보이면 압도감이 드는가? 혹은 누군가가 뒤로 물러날 때, 버림받는 기분이 드는가? 공명하는 자기 목격자를 당신 옆에 세운다. 공명하는 자기 목격자는 편안히 느껴지는 거리에 있거나 당신이 선택한 만큼 떨어져 있으면서 공감과 지지의 닻이 되어 준다. 조금 더 가까이 다가오거나 혹은 더 멀리 떨어지게 해 보고, 이때 몸에서 어떤 일이 일어나는지 살펴보자. 어떤 감정이 생겼는가? 어떤 깊은 갈망이 자리하는가? 어떤 식으로든 기력이 소진된 느낌이 들거나, 희망, 의미, 신뢰가 필요한지 살펴보자. 지금의 모습 그대로 아주 적절하다는 것을 알면 기분이 좋아지겠는가? 자신에게 맞는 속도로 움직이거나 치유할 수 있다는 것을 알면 기분이 좋아지겠는가? 공동체와 가족 내의 다른 모든 사람이 각자의 치유 여정을 밟는 중이며, 무언가를 하든 안 하든 관계없이 우주가 따뜻함으로 보듬어 준다는 것을 신뢰할 수 있기를 바라는가? 계속해서 몸의 감각, 감정, 욕구를 의식하고, 몸이 당신을 이끌게 하자.

준비가 되면, 주의를 호흡과 자신의 몸이 있는 공간으로 되돌린다. 몸, 몸이 있는 공간, 당신이 속한 세상의 감정적 어조를 확인한다. 그리고 마지막으로 자신이 있는 그대로의 모습으로 사랑받고 있으며, 꽃이 피거나 건강한 아기가 성장하는 것과 마찬가지로 유기적으로 완벽하게 치유될 것이라는 생각을 하면서 호흡한다.

이 명상이 필요한 이유

모든 성인은 이런 애착 유형 분류 어딘가에 자리한다. 최근 애착과 관련한 1만 건의 인터뷰를 종합한 결과, 전 세계적으로 24%가 거부(회피형), 50%는 안전형 애착, 9%는 불안형 애착이 형성되어 있으며 16%는 확정할 수 없거나 혼란형 애착이 있는 것으로 나타났다.[18] 인간의 78%는 평생 똑같은 애착 유형을 유지한다. 20~30%는 몇 주에서 몇 달에 걸쳐 상대적으로 빠른 속도로 일어나는 애착 유형의 변화를 경험한다.[19] 애착 유형은 트라우마의 영향으로 더 나쁜 쪽으로 바뀔 수도 있고, 트라우마가 치유되면서 더 나은 쪽으로 바뀔 수도 있다.

이런 수치는 치유가 가능하며 뇌가 바뀔 수 있음을 증명하는 또 하나의 사례이기도 하다. 애착 유형이 무엇이 됐든, 있는 모습 그대로의 자신에게 따뜻함을 더 많이 느낄수록, 획득된 안정형 애착 쪽으로 더 가까워지게 된다. 안전형 애착이 형성된 사람들은 더 오래 지속되는 관계를 맺는 경향이 있는데, 그건 아마도 관계에 더 깊이 헌신할 수 있고 만족할 가능성이 더 높기 때문일 터이다.

오래 지속되는 관계도 불안정할 수 있다. 불안형 애착이 있는 사람들은 회피형 애착이 있는 사람들과 매우 안정적인 관계를 맺을 수 있지만, 이런 관계는 두 사람 모두 안정형 애착이 있거나 획득된 안정형 애착 관계로 함께 성장할 때보다는 행복감과 만족감이 덜하다. 불안형인 두 사람이 만나면 둘 다 변덕스럽고 불안정한 경향이 있기 때문에 보통은 관계가 오래 지속되지 않는다. 회피형인 두 사람이 만나면, 유대감이 부족해서 관계가 금방 중단되거나 아니면 친밀하지 않은 동반자 관계를 이어가게 된다.

애착 유형은 생활 패턴과 선택에도 많은 영향을 준다. 그 한 가지 흥미로운 예는 질투와 관련된 경험이다. 회피형 애착이 있는 사람은 연인이 다른 사람과 성적 관계를 맺었다고 생각하면 질투할 가능성이 크다. 안정형 애착이나 획득된 안정형 애착이 있는 사람은 연인이 다른 누군가와 **강한 감정적** 유대를 느낀다고 생각할 때 질투할 가능성이 크다.[20]

* * *

이제 이어지는 11장에서는 혼란형 애착의 영향이 어떻게 자기혐오로 표현될 수 있는지를 더 깊이 탐구하고, 어린 시절 트라우마의 영향을 해소하는 데 도움이 될 수 있는 방법을 몇 가지 배워 볼 것이다.

11장

자기혐오와 혼란형 애착
치유하기

"나는 나 자신을 증오해."

"나 같은 사람은 살아서는 안 돼."

하지만 실제로는 이렇게 말할 수 있다.

"자기 사랑은 가까이에 있어."

자기혐오는 밖에서 볼 때 전혀 이해가 안 된다는 점에서 미스터리하다. 완벽하게 훌륭한 뇌가 어째서 자기 스스로를 공격하는 걸까? 자기혐오에는 과연 어떤 목적이 있을까? 포악한 디폴트 모드 네트워크는 왜 있는 걸까? 자신을 몰인정하게 대하는 것의 근원에 트라우마가 있을 수도 있다는 건 배웠지만, 자기혐오의 원인이 그 외에도 또 있을까? 많은 이들이 자기 자신에게 순간적으로 매정해지기도 하고, 자신에게 따뜻함을 못 느끼기도 하지만, 그래도 자기를 혐오하거나 증오하는 상태까지는 가지 않는다. 그런데 어떤 사람들은 지속적으로 자신을 혐오하면서 끊임없는 고통 속에 살아간다.

자기혐오가 내면에 자리 잡으면, 자기 연민, 자기 관리, 공명하는 자기 목격자가 발달할 확고한 기반을 찾기가 힘들다. 자의식과 연결된 뇌가 자신을 끔찍한 고통과 연결 짓는 과거의 패턴에 장악당하기 때문에, 자신에게 온기를 품을 능력과는 연결되지 못한다.

엄마가 산후우울증을 앓거나 가족들이 트라우마를 겪는 등의 이유로 갓 태어난 아기가 환영받지 못하면, 다시 말해 사람들이 아기의 감정을 알아주거나 공명해 주지 않고 환영의 감정과 생동감이 전무하면, 아기의 몸은 힘든 시기를 보내게 된다. 존재할 필요가 없다는 느낌은 신체적으로 매우 불편할 수 있으며, 불안이나 우울의 근원으로 작용하기도 한다. 또 그런 상황이 평생 지속되는 해리를 유발할 수도 있다.

자기혐오의 디폴트 모드 네트워크는 그 사람이 인정받지 못하고 살아남을 수 없는 시스템에서 그 사람을 위한 장소를 찾는, 불가능한 임무를 달성하려고 한다. 이런 환경은 원가족에서 시작된다. 트라우마를 경험하고 단절된 부모들, 다시 말해 자신의 공간을 만들 수 없었던 부모는 아이를 위한 공간을 만들어 주기는커녕 아이를 바라보는 것조차 힘들어한다. 지켜봐 주는 사람이 없으면 아이는 자신이 이 세상에 존재하는 것이 세상을 위한 좋은 일이라는 느낌을 거의 받지 못하고 자란다. 아이는 늘 세상에 도움이 되고 싶어 한다. 아이의 존재가 기쁨, 온기, 사랑에 기여할 방법이 없으면, 아이는 자기가 이 세상에 있어서는 안 된다고 믿고, 부정적인 공간에 들어가기 위해 아주 작아지려고 한다. 그러면 존재 자체가 이러지도 저러지도 못하는 곤경에 처한다.

자기혐오를 이용해서 사회에 적응하려는 습관은 아이에게 혼란형 애착이 형성됐다는 확실한 징후다. 이런 애착 유형에서 정서적 친밀감에 대한 신경계의 반응은 예측 불가능해서, 심할 경우 사람들과 친해지면 긴장하고 거리가 생기면 안심하는 지경에 이르기도 한다. 또 사람들과 대화하면서 자신을 드러내는 것을 아주 불편하게 느끼기도 한다. 가까운 관계일 때 위험하게 행동해서, 정서적, 신체적, 성적인 폭력을 입힐 수도 있다.

이런 분열된 뇌를 가지고 사는 것은 지긋지긋한 경험이다. 멀미가 난 듯 메스껍고, 모든 세포가 전염병에 걸린 듯하고, 자신의 존재가 남에게 해가 되는 것 같았던 순간의 아픈 기억이 슬라이드 쇼처럼 머릿속에 끊임없이 떠오르기도 한다. 이런 기억 영상은 며칠 동안 계속될 수 있는데, 대개 같은 사건이 수없이 반복된다. 게다가 오래전에 곁을 떠났거나 사망한 사람들에 관한 기억이라서 바로잡거나 위안을 얻을 방법이 없을 때가 많다. 자기혐오를 초래한 트라우마가 명확한 경우는 괜찮지만, 자기혐오를 이해하는 데 도움이 되는 기억이 없을 때는 더욱 혼란스러울 수 있다. 자기혐오가 나타나는 방식을 제대로 이해하기 위해서는 혐오감과 경멸에 대해서도 알아야 한다.

혐오감과 경멸은 자기혐오에 어떻게 기여하는가

혐오감(disgust)은 중요한 목적이 있는 자연스러운 감정이다. 혐오감은 사람들이 상한 음식을 먹어서 병에 걸리지 않도록 돕는다. 구더기가 들끓는 고기를 상상하면 혐오감이 어떤 것인지 알 수 있다. 혐오감을 느끼면, 체온이 상승한다.[1] 이는 감염에 맞서 싸우는 신체의 자연 반응이다.

자기혐오와 혐오감은 서로 밀접히 관련되기 때문에, 자기혐오를 논의하려면 혐오감을 정확히 이해할 필요가 있다. 우울감에 빠지면 흔히 몸이 움츠러든다.[2] 그리고 우울증을 앓는 엄마가 낳은 아이는 자살을 고려할 가능성이 더 높은데[3], 이것은 자기혐오가 작용한다는 신호이다. 누군가가 자기 자신에 대해 살이 축 늘어졌거나 깡말랐거나 뚱뚱하거나 못생겼거나 매력이 없다고(더 나아가 혐오스럽거나 역겹다고) 말한다면, 그가 자기혐오를 경험하고 있음을 알 수 있다.

대체 혐오감이 어떻게 사람의 몸과 연관되고, 심지어 자아감과도 연결될 수 있는 걸까? 이런 결과는 보통 아기였을 때 남들에게 어떻게 보였는지와 관련이 있다. 아기들을 바라보는 것이 재밌고, 아기들이 뭔가를 먹는 것이 기쁨을 줄 수 있다. 아기들이 엉망진창을 만들어 놓아도 우습고 즐거울 수 있다. 배설물조차 건강과 생명력의 증거로 환영할 수 있다. 그런데 엄마가 우울해하거나 힘들어서 어쩔 줄 모른다면, 스트레스에 시달리거나 남에게 학대를 당하는 상태라면, 강박증이나 섭식장애, 중독증을 앓고 있다면, 아기를 즐거움으로 경험하기보다는 골칫거리로 여기고 역겹거나 버거운 존재로 받아들일 공산이 크다.

아기들에게는 부드러운 눈으로 바라봐 줄 사람이 필요하다. 생후 첫 2년간은 언어 습득 전의 인간관계를 담당하는 뇌의 부분이 성장하고 발달한다. 아기에게 새롭게 형성된 관계의 뇌가 기쁨을 느끼고, 기뻐하는 다른 사람들의 뇌와 관계 맺는 경험을 하면, 아이는 공명의 반응, 마음의 진정, 보살핌의 경험을 내면화한다. 이는 향후 안정형 애착, 유대감과 옥시토신(유대감을 형성하는 호르몬)의 원천, 스트레스의 자기 조절, 본질적인 인간미를 갖추고 인간 공동체에 소속감을 느끼는 능력을 형성하기 위한 구조이다. 한 세대에서 다음 세대로 이어지는 사랑의 흐름이 있으며, 세상에 태어난 아기는 그런 사랑과 만난다. 엄마가 어릴 때 그런 사랑을 받고 그 사랑을 자녀에게 물려줄 때, 행복에 필요한 조건이 모두에게 충분히 갖춰진다.

사람은 기뻐하며 바라봐 줄 사람이 없으면 잘 자랄 수 없다. 어머니와 아버지가 우울증을 앓거나 강박증이 있는 경우,[4] 사람을 회피하는 성향이 강하거나 심한 스트레스, 중독, 가정 폭력, 그 밖의 트라우마에 사로잡혀 있으면, 아기를 보는 눈이 부드럽지 못할 것이다. 이럴 때 끊임없이 먹고, 사랑받고, 품에 안기고, 배설해야 하는 아기의 몸은 어머니나 아버지에게 혐오감의 원천이 될 수 있다. 이것은 아기에게 일종의 트라우마가 된다. 이것은 부모의 잘못이 아니며, 그들이 악한 것은 아니다.

심지어 그들이 아이를 확실히 사랑하고 있을 수도 있다. 하지만 이런 와중에 아기는 혼란과 외로움을 경험한다. 보살핌을 받고 정성껏 대접받으면서도, 평가하는 듯하거나 역겨워하는 표정에서 나타나는 내면화된 자기혐오를 극복하려고 애쓰는, 그런 기이한 조합 속에서 살아 가야 하기 때문이다.

아기가 이런 상황을 이해하는 유일한 방법은 자신이 혐오스럽다고 믿는 것뿐이다. 아기는 스트레스에 시달리거나 정신적 충격을 입었거나 강박증을 앓는 부모를 이해하지 못한다. 이럴 때 아이들은 보통 자기 자신을 탓한다. 그런데 이때 활성화된 뉴런이 함께 연결된다. 자아감과 신체가 항상 혐오감과 연결되면, 은연중에 자기가 혐오스럽다는 믿음을 계속 품게 될 수 있다. 혐오감은 상당히 육체적인 감정이기 때문에, 사람들은 대개 이런 느낌이 전달하는 메시지가 사실이라고 믿는다. 따라서 치유 과정에 이 같은 혐오감의 영향을 이해하고, 기쁨의 원천이 되지 못했던 영유아기 경험에서 자아감을 분리하는 작업이 필요하다.

물론 사랑이 없으면 상황은 더 복잡해진다. 사랑이 없는 상황의 예는 부모의 해리와 방치 때문에 아이가 자신의 존재 여부를 확신하지 못할 때, 학대로 인해 신체적으로 위험하고 취약한 상황에 처할 때, 괴롭힘과 수치심 때문에 몸을 가진 것이 고통스러워질 때, 공포나 분노, 가정 내의 경멸과 조롱으로 사람들이 분열될 때 등이다.

이와 달리 경멸은 혐오감과는 조금 다르다. 혐오감은 부패, 감염 위험, 유기물의 분해와 밀접한 관련이 있다. 반면 경멸은 인간으로 존재하지조차 못하게 만드는, 상대에 대한 무시와 묵살이다. 경멸당하는 것은 아주 힘든 경험이어서 면역 체계에 영향을 미친다. 남녀관계를 주로 연구하는 저명한 심리학자 존 가트맨(John Gottman)은 부부간의 대화를 녹화한 영상을 본 뒤, 둘 사이에 경멸, 비난, 방어적 태도, 의도적인 회피가 나타나는지에 기초해, 결혼 관계가 지속될지 여부를 94%의 정확도로 예측한 바 있다.[5] 실제로 적대감은 면역 체계를 약화하고 바이러스와 감염 질환에 쉽게 걸리게 만든다.[6] 이 말은 연인이나 아이가 멸시당하면 감정적, 신체적으로 건강하게 지내기가 매우 어렵다는 뜻이다.

숨 쉴 가치조차 없다고 무시하는 것은 우리가 서로에게 행할 수 있는 최악의 악행의 근원이다. 우리는 그런 악행을 집단 괴롭힘, 인종차별, 노인 차별처럼 흔히 벌어지는 사건들과 증오 범죄만큼 잔인한 사건, 2차 세계대전의 홀로코스트, 아프리카와 동남아시아를 비롯한 세계 곳곳의 집단 학살 등 상상이 불가능할 정도로 사악한 사건에서 목격한다. 이런 식으로 다른 사람을 무시할 수 있다는 것은 몸과 단절됐다는 것을 보여주는 표식이자, 세계적인 수준의 살인과 파괴가 가능하게 만드는 회피형 애착의 극단을 보여 준다. 개인적인 차원이든 세계적인 차원이든, 신체와의 연결이 끊어지면 인간성은 부분적으로만 나타난다. 모든 인간이 크고 작은 규모에서 타인과 단절될 수 있는 것처럼 보인다는 점은 정말 끔찍하다.

혐오감과 경멸의 또 다른 측면은 일종의 전염성이다. 이 작용을 알아보려면, 우리가 뇌의 예측 뉴런을 이용해서 서로의 감정 세계에 관여한다는 사실을 이해해야 한다.

뇌 개념
거울 뉴런

원숭이가 다른 원숭이를 관찰하거나 사람을 관찰할 때, 원숭이 뇌의 뉴런은 다음에 일어날 일에 대한 움직임을 내적으로 예측한다. 연구원들이

거울 뉴런(mirror neuron)이라고 부르는 이런 뉴런은 뇌의 운동피질을 비롯한 다양한 부위에 분포하며, 다른 누군가의 움직임을 보고서 그의 의도를 해석하고 예측하는 기능을 한다. 거울 뉴런은 자기가 어떤 행동을 할 때와 다른 누군가가 같은 행동을 하는 것을 볼 때 모두 활성화된다.[7,8] 원숭이에게서 발견된 거울 뉴런은 인간에게도 동일하게 작용한다. 예를 들어 어떤 사람이 다른 누군가가 물잔을 집어 드는 것을 보면, 그는 그가 물을 마실지 아니면 다른 사람에게 그 잔을 건네줄지를 예측할 것이다. 인간의 표정은 근육의 움직임으로 구성되기 때문에(얼굴에는 코와 턱의 끝부분을 제외한 모든 부위에 근육이 있다), 사람들은 거울 뉴런의 자동 모방 기능에서 지속적으로 도움을 받아 주변에서 일어나는 감정을 이해한다.[9]

주변 사람의 얼굴에 나타난 표정에서 어떤 종류의 의미를 얻는지는 당사자의 나이와 감정 상태에 따라 달라진다. 아이는 누군가가 혐오나 경멸의 표정을 짓고 있는 것을 보면, 그 어른의 그런 감정이 사실은 다른 누군가나 다른 무언가를 향해 있더라도, 자신에게 화를 내거나 혐오감을 느끼거나 경멸하는 것이라고 믿을 수 있다. 아이가 사는 세상이 실제로 적대적인지 아니면 그저 무반응한 것인지에 관계없이, 그 아이는 부모가 화가 났고 자신이 뭔가를 잘못했다고 보통 믿게 된다.

분노는 우리 자신이나 아끼는 다른 사람들이 위협받을 때 느껴지는 감정이다. 그리고 우리는 확실히 아이들을 걱정하기 때문에, 분노가 자주 나타날 수 있다. 자신과 아이를 따뜻하게 대하고 걱정을 잘 다스리는 능력이 별로 없는 상태로 아이를 양육하면, 끊임없는 불안 상태로 지내게 된다. 또 지속적으로 짜증을 내거나 버겁고 힘들어서 어쩔 줄 모르는 상태로 지낼 수도 있다. 부모들은 무력감, 절망감, 압도감, 고통, 중요한 존재가 아닌 느낌을 여전히 느낄지 모른다. 아이가 한 행동 때문이 아니라 자신의 현재 걱정과 자신이 과거에 겪었던 일 때문에 아이에게 화를 낼 수도 있다.

하지만 아이는 거울 뉴런 때문에 부모가 경험하는 것을 함께 경험한다. 그래서 부모가 걱정이나 자신의 과거 때문에 분노, 경멸, 혐오감을 느끼는 것에 더해서 스스로에게도 혐오감을 느낀다면, 아이도 그런 자기혐오를 느끼며 그것이 자신을 향한 감정이라고 믿는다. 그러다 보면 영유아기의 전제적인 감정 상태가 자기혐오와 우울감으로 바뀔 수도 있다. 물론 이럴 때는 자기 공격을 막아 줄 공명하는 자기 목격자의 도움도 받을 수 없다. 그들은 단지 이것이 지금껏 삶을 살아 온 익숙한 방식이기 때문에, 계속해서 자신을 사정없이 파괴한다. 자기혐오는 자신과 타인을 통제할 때 자기혐오를 이용하는 다른 사람(주로 부모, 교사, 형제, 그 밖의 중요한 인물 등 관계에서 더 많은 영향력을 가진 사람)들에게서 받아들인 자기 관리 패턴이다.

자기혐오를 치유하려면 비판적인 자기혐오의 목소리를 진실로 받아들여선 안 된다. 고통을 다스리고, 더 나은 사람이 되기 위해 스스로를 벌하는 법을 배웠던 거라고 보아야 한다. 자신의 비판적인 자기혐오의 목소리를 믿는 한, 혼란스러운 상태는 계속될 수밖에 없다. 이 목소리가 뭔가를 제대로 알고 있는 것처럼 들릴지 모르지만, 사실은 아무것도 모른다. 자기 자신, 자녀, 세상과의 관계에서 잘 살아가려면 온기와 공명이 절실히 필요하다. 타인에게 사랑받는 경험을 내면화해서 자기애를 배울 수 있다면, 그것이 자기애를 이해하는 가장 쉬운 방법이 될 수도 있다. 하지만 자기혐오가 너무 강력하면, 새롭게 사랑을 키우기가 힘들다. 상황에 따라서는 남들이 자기를 사랑한다는 사실을 받아들이기가 절대 불가능할 수도 있다.

가족이나 집단이 지내기 힘든 곳일 때, 사람들은 어떤 일이 벌어지고 있는지에 대한 이야기를 만들어 낸다. 그런 이야기 중 일부는 남들을 비난하는 내용이다.

- "다들 나를 싫어해."
- "로봇 행성에 사는 것 같아."
- "이 사람들은 정말 지긋지긋해."

혹은 자신을 비난하는 이야기일 수도 있다.

- "내가 틀렸어."
- "나한테 뭔가 문제가 있어."
- "난 역겨운 존재야."
- "내가 죽었어야 했어."
- "내가 없으면 세상이 더 나아질 거야."

당신에게는 어떤 이야기가 있는가

이제 이어지는 목록을 읽을 때, 이런 믿음은 단지 뇌가 감정과 갈망에 부여한 표현임을 꼭 기억하기 바란다. 이것들은 뇌가 사람들의 삶을 설명하기 위해 사용하는 이야기이다. 이 진술들은 모두 고통스럽거나 충격적이었던 경험에서 우리가 만들어 낸 의미의 축약된 버전이다. 여기 나온 진술들은 진실이 아니다.

　이 목록을 읽을 때 신체 감각이 조금이라도 느껴진다면, 해당 믿음은 이제 변화할 준비가 됐다는 걸 알 수 있다. 계속해서 강조하지만, '느낄 수 있으면 치유할 수 있다(*if we can feel it, we can heal it*).' 몸에서 무언가 특별한 느낌이 들고, 그런 감정적 경험을 말로 정확히 표현할 때, 이는 치유와 변화의 준비가 갖춰진 것이다. 이 책에 나오는 방법들을 연습하면 차츰 디폴트 모드 네트워크의 어조가 바뀌면서, 끊임없이 마음의 상처를 자초하는 일이 줄어들게 된다. 이와 더불어 바로잡기가 필요한지 검토하고 계획하며 보살피는 적극적이고 따뜻하고 분위기가 형성될 것이다. 다음 목록에서 자기가 평소에 해오던 생각과 비슷하거나 읽으면서 신체 감각이 가장 많이 느껴지는 문장을 고른 다음, 뒤이어 나오는 유도 명상에서 사용하도록 한다.

- 내게는 뭔가 문제가 있다.
- 난 사랑스럽지 않다.
- 난 사회적으로 받아들여질 수 없다.
- 인간으로서, 나는 실패자이다.
- 난 나쁜 사람이다.
- 나는 게으르고, 무책임하다.
- 난 형편없다. 패배자이다.
- 아무도 나를 이해하지 못한다.
- 난 모두에게 실망을 안겼다.
- 더는 못하겠다. 완전히 지쳤다.
- 난 약해 빠졌다.
- 좋은 기분이 이제 더는 안 든다.
- 더는 참을 수가 없다.
- 난 잘하는 게 하나도 없다.
- 대체 뭐가 잘못된 걸까? 난 이 세상에서 살 수 없다. 절대 어울리지 못할 것이다.

- 난 역겹고, 뒤틀린 사람이다. 사랑이나 이해를 받을 자격이 없다.
- 난 너무 망가져서 사랑받을 수 없다. 너무 더럽고 쓸모없다.
- 난 믿을 만하지 못하다. 사람들과 친해질 수 없다.
- 난 위험한 존재다.
- 난 진짜 겁쟁이다. 용기가 없다.
- 내가 싫다.
- 난 불량하다.
- 애정에 굶주려 있다. 아무도 날 원치 않는다. 누구도 날 절대 원하지 않을 것이다.
- 못생겼고, 뚱뚱하고, 매력 없다.
- 너무 멍청하다. 진짜 바보 같다. 절대 나아질 리가 없다.
- 난 뭐 하나 제대로 끝내지 못한다.
- 좋아하는 일을 하는 것은 고사하고, 살 가치조차 없다.

다음 명상은 고통의 이야기 속에 있는 마음의 목소리를 들을 수 있게 안내할 것이다.

 유도 명상 11-1 포악한 디폴트 모드 네트워크의 이야기 한 가지를 바꾸기

> 🍃 **연습**
>
> 위의 목록에서 당신에게 가장 큰 감정적 타격을 주는 진술을 선택하거나, 디폴트 모드 네트워크가 자주 반복하는 말 중에 가장 고통스러운 진술 하나를 뽑아서 이 명상에 사용한다.
> 손에서 시작한다. 손가락과 손목을 조금씩 움직이면서 풀어 준다. 의식을

손 안쪽에 둘 수 있는가? 할 수 있다면, 피부 속의 감각을 따라서 팔뚝에서 팔꿈치로, 이두박근에서 어깨로 올라가 보자. 어깨가 몸통에 붙어 있는가? 몸통이 숨을 들이쉬고 내쉬고 있는가? 가슴 안에 뛰고 있는 심장이 있는가? 심장 박동이 느껴지는가? 10을 셀 때까지 숨을 참고, 심장이 뛰는 것이 느껴지는지 다시 확인한다. 심장이 뛰는 느낌이 안 느껴진다면, 주의를 그곳에 잠시 그대로 둔다. 몸통에서 심장 박동이 안 느껴지면, 주의를 호흡에서 생생한 감각으로 되돌리자. 주의가 흐트러지면, 따뜻하고 부드러운 태도로 주의를 호흡과 심장 박동으로 돌려보낸다. 이때 서둘지 말고 천천히 진행해야 한다. 방황하는 주의의 초점에 다정하게 집중하고, 호흡과 심장 박동으로 되돌리기를 반복하면서 3분 이상 보낸다.

이제는 자신이 선택한 진술을 말해 본다. 소리 내서 말할 때, 몸이 어떻게 반응하는지 확인하자. 어쩌면 기운이 빠지거나 눈에 눈물이 고이고 몸이 무겁게 느껴질지 모른다. 이런 감각이 감정이라면, 어떤 감정일까?

극도의 피로감, 낙담, 절망감인가? 자기애에 대한 갈망인가?

분노나 초조함, 인정받으려는 욕구가 느껴지는가? 완전한 변화를 갈망하는가? 잠시만이라도 자기 자신에서 벗어나 다른 누군가의 내면에서 살고 싶다는 생각이 드는가?

슬픔이 느껴지는가? 자신을 다정함과 배려로 대할 수 있기를 갈망하는가? 혼란스러운가? 모든 것이 아주 명확해지는 경험을 해 보고 싶은가?

자기 자신에게서 무자비한 말을 듣는 것이 무서운가? 온화함이 느껴졌으면 하는가?

진실처럼 느껴지는 자신의 욕구를 추측한 뒤에, 그 문장을 다시 말해 본다. 속에서 타들어 가는 느낌과 함께 공포나 수치심이 느껴질지 모른다. 감정 이면에 지지받거나, 다른 사람 눈에 소중하게 비쳐지거나, 그저 사랑받고 싶은 욕구가 있을 수도 있다. 이번에도 역시 몸의 긴장이 풀릴 때까지 감정과 욕구를 추측하는 작업을 계속해 보자.

몸이 이 진술에 더는 반응하지 않을 때까지 이 과정을 반복한다. 반복할 때마다, 고통을 설명하는 데 썼던 위의 질문을 참고해서 몸의 메시지에 변화가 있는지 주목한다.

이제는 잠시 멈추고, 몸이 더 마음에 들어 하는, 지금과는 다른 진실이 있는지 살펴보자. 진실이 담긴 진술로 만들기 위해 이 진술을 어떻게 바꿀 것인가?

이 명상이 필요한 이유

해로운 믿음을 치유하는 작업을 할 때, 그 믿음과 관련된 가장 강렬한 신체 감각을 찾는 것이 중요하다. 일단 그런 감각을 찾으면, 변화의 문을 여는 열쇠를 발견한 것이다. 이제는 어떤 종류의 감정과 갈망이 이런 믿음을 낳는지 알아보기 위해, 그들의 뇌섬엽(감정을 표현할 수 있게 해 주는 뇌의 영역)을 불러들일 수 있다. 엉킨 실타래와 씨름할 때처럼, 한쪽 끝에서 시작해서 하나씩 매듭을 풀어 나간다. 표현 뒤에 감춰진 감정적 의미를 발견하면, 그동안 믿어 왔던 것이 진실이라는 확신을 내려놓고, 자신은 그저 이 삶에서의 경험에 대한 이야기를 하는 것이라고 생각해 보자. 그러면 예를 들어 자신에 대한 믿음이 '난 많이 부족하다'에서 '가족들이 내게 따뜻하게 대해 줄 수 없었다는 것을 이해하기보다 내가 부족하다고 생각하는 것이 더 쉬웠기 때문에 지금껏 그렇게 생각해 왔다'로 바뀌고, 더 나아가 '나는 부족함이 없고, 삶을 잘 살아갈 만큼 충분히 크고 강하며, 기꺼이 도움받을 의향이 있다'라는 생각으로 바뀐다.

자기혐오의 문제에는 또 하나의 측면이 있는데, 이 측면은 아기가 어머니의 정서적 어휘에 맞춰서 자신의 감정 표현을 제한하는 방식에 관한 연구와 관련이 있다. 아기의 감정적 경험이 환영받지 못할 때, 아기에게는 어떤 일이 벌어질까?

🍃 🍃 🍃

소속되기와 환영의 창

인간에게 어울리기(fitting in)와 소속되기(belonging)는 거의 생존과 마찬가지이다. 내가 지금 소속되기라는 단어를 아무것도 아닌 평범한 단어처럼 사용했지만, 사실 이 단어는 우리가 사용할 수 있는 가장 중요한 단어 중 하나이다. 사람들은 사회에서 다른 사람들과 함께 살고 사랑받도록 만들어졌다. 안정형 애착이 형성되면, 아이들은 힘든 순간에 스트레스 반응이 높아지는 징후도 별로 없이(심장 박동이 빨라지지도 않고, 아드레날린이나 코르티솔이 급증하지도 않는다) 어른에게 쉽게 도움을 요청할 수 있다.[10] 2장에서 설명했듯이, 혼자 있을 때는 누군가가 동행할 때보다 넘어야 할 언덕이 더 높아 보인다.[11] 경미한 고통을 경험할 때 누군가가 함께 있으면, 고통과 관련된 신경망이 혼자 있을 때와는 다른 방식으로 활성화된다. 심지어 낯선 사람이 함께해도 도움이 되며, 연인처럼 친밀한 사람이 곁에 있으면 더 큰 도움이 된다.[12]

투쟁-도피-부동화 반응에 대해서 앞에서 배웠던 내용을 기억할 것이다. 일부 저자들은 동물이나 인간이 투쟁-도피-부동화 반응으로 넘어가지 않고 겪어 낼 수 있는 스트레스의 양을 **인내의 창**(window of tolerance)이라고 지칭한다.[13] 우리가 10장에서 애착 유형에 따른 아동의 심박변이도에 대해 배웠던 것은 사실 각 애착 유형의 인내의 창에 대해 살펴본 것이라고 말할 수 있다.

환영의 창(window of welcome)은 이와는 다른 개념으로, 관계 내에서 쉽게 나타나고 공명과 이해가 오가는 따뜻한 분위기에서 받아들여질 수 있는 감정 표현의 유형과 강도를 지칭한다. 관계 내 구성원들이 한도를 넘어서 부적절하고 용납하기 힘든 행동으로 받아들이는 감정 표현은 환영의 창 바깥에 있다.

사람은 말을 배우기 훨씬 전인 생후 4개월부터, 부모와 자식 간, 손위 형제(형, 누나, 언니, 오빠)와 동생 간, 가족, 집단, 학급, 직장 내 업무팀, 교회, 가까운 동반자 관계 등의 인간관계에서 더 큰 영향력을 가진 사람이 용납하는 감정 표현의 종류와 양을 주의 깊게 살피는 능력이 있다. 원하면 직접 시험해 볼 수 있다. 당신에게 의존하는 누군가가 슬플 때와 화가 났을 때 중 어느 쪽이 더 받아들이기 쉬운지 생각해 보자. 만약 그 사람이 슬플 때 더 쉽게 받아들일 수 있다면, 환영의 창이 분노보다는 슬픔에 더 넓게 열려 있다는 뜻이다.

개인, 가족, 공동체의 환영의 창은 넓거나 좁을 수 있으며, 어떤 감정을 다루느냐에 따라 달라지기도 한다. 예컨대 어느 직장에서는 짜증과 분노에 대한 환영의 창은 넓지만 슬픔이나 비통함에 대한 환영의 창은 아주 좁을 수 있다. 또 어느 가족 내에서 두려움은 쉽게 표현할 수 있지만 분노는 거의 받아들여지지 않을 수도 있다. 공명하는 자기 목격자와의 연결이 더 강할수록, 관계 내에서 어떤 감정이 표출되는지에 관계없이, 사람들은 더 안정적으로 자기 연결된 상태로 지낼 수 있다.

아주 흥미롭게도, 가족 관계나 공동체 관계에서 움직임, 소리의 크기, 강도, 음성 표현의 다양성, 몸짓의 생동감, 표정의 활기 등 생명 에너지의 단순한 표현에 대한 환영의 창도 있다. 이런 창은 내면의 경험이 얼마나 많이 드러나는지에 관한 것이다. 아이들 뿐만 아니라 대부분의 어른들에게도 소속의 필요성은 숨 쉴 필요성만큼이나 중요하다. 아주 활기차고 표현력이 풍부한 아이가 표현이 크게 환영받지 못하는 가정에서 태어났을 때, 그 아이를 지탱해 주고 아이에게 자기 조절하는 법을 가르쳐 주는 숨겨진 온기의 흐름이 없다면, 분노와 수치심이 반복되면서 자기혐오가 생긴다. 그 아이는 그런 자기혐오로 자기 관리하는 습관을 키울지 모른다. 이것이 얼마나 심각하고 중요한 문제인지는, 인간이 가족 집단에서 추방되는 것은 죽음과 마찬가지의 경험이라는 사실을 인정해야만 제대로 이해할 수 있다. 아이들은 소속될 수 있을 만큼 아주 작게 자기 자신을 유지해서 목숨을 부지한다.

사회적 지능과 사회적 유동성이 높은 사람일수록 집단에서 자신의 위치를 더 쉽게 찾는다. 감정 표현을 환영하고 공감하며 이해하는 환경에서 성장하는 아이들은 이미 신경계 수준에서 사회적 참여에 대한 회복탄력성을 키울 수 있게 지원받고 있다. 이 아이들은 어떤 유형의 표현이 환영받는지에 대한 사회적 신호를 읽고, 집단에 어울리도록 행동을 쉽게 수정할 수 있다. 또 이 아이들은 어디를 가든 내면화된 소속감이 있기 때문에, 스스로 용납할 만하다는 생각이 아주 강해서 남들에게 일어나는 일에 개의치 않고 자신의 생각, 느낌, 감정의 강렬함을 표현할 수 있다. 그러고 나서 이런 새로운 감정의 영역으로 확장하도록 다른 사람들에게도 자극을 준다.

화나고 겁나고 슬플 때 해리되거나 스스로를 외면하는 것이 느껴지고, 자기 자신의 감정을 환영하는 내면의 창을 넓히고 싶다면, 이 책에서 지금까지 배운 기술을 사용해 보자. 다른 사람들과 어울릴 때 자신감이 없어지고 작아지려고 할 때도 마찬가지이다. 개인이나 집단과 관계를 맺을 때 자기 몸에서 나타나는 미묘한 차이에 주목하고, 몸의 느낌이 어떤지, 그런 느낌에는 어떤 감정과 욕구가 있는지 추측해 보자.

감정에 대한 환영의 창 확장하기

느낄 수 있으면 치유할 수 있다. 그런데 강한 감정이 한꺼번에 밀려들면 그런 감정에 압도되어서 변화가 생길 가능성이 줄어든다. 따라서 압도되지는 않으면서 감정을 느낄 수 있을 정도로 감정의 강도를 줄일 방법을 찾아야 한다. 2장에서 배웠듯이, 몸의 세포 하나로 대상을 좁힌 뒤 공명하며 접근하는 상상을 해 보는 것도 한 가지 가능한 방법이다. 상상으로 거리를 두고서 작업하면서 감정을 처리하는 방법도 있다. 혹은 공명하는 자기 목격자를 주변에 있는 산꼭대기에 올려놓고, 주의의 초점을 공명하는 자기 목격자 안에 둔 채로 저 멀리서 자기 자신을 바라보는 상상을 해 볼 수 있다. 그러면 감각이나 감정의 어조가 느껴질 정도로만 감정의 강도를 충분히 낮추는 게 가능하다.

　자기 자신의 감정에 대한 환영의 창을 넓히고 싶다면, 디폴트 모드 네트워크가 이런 감정에 어떻게 반응하는지 알아차려야 한다. 예를 들어 슬픔, 수치심, 분노, 두려움을 느끼면, 추구 회로(자동적 자기 돌봄 반응으로, 3장에서 설명한 자크 판크세프의 감정 회로 중 하나이다)가 활성화돼서, 곧바로 중독성 물질이나 행동을 찾게 된다. 감정에 반응해서 그런 행동을 취했다는 것을 의식조차 못한 채로, 반쯤 먹어 치운 쿠키 조각이 손에 들려 있는 걸 문득 알아차리게 될 수도 있다. 이럴 때는 온화함, 따뜻한 호기심, 노력을 발휘해야만 스스로에게 이런 질문을 던질 수 있다. "중독 증상이 나타나기 전에 슬픈 기분이 들었니?" 혹은 "화가 나거나, 수치스럽거나, 두려웠을까?" 이런 상황이 본인에게도 낯설지 않다면, 다음에 나오는 유도 명상을 따라 하면서 공명으로 자신을 지지하도록 하자. 그러면 자신과 다른 사람들의 감정을 조금 더 편안하게 받아들일 수 있다.

주변 사람들의 환영의 창에 맞추기 위해 감정 표현을 억제하거나 숨길 수 있다는 걸 알게 됐으니, 자기혐오가 얼마나 강력한 도구가 될 수 있는지 조금은 이해될 것이다. 자기혐오는 다른 사람들과 어울리기 위해 맞추려고 열심히 애써도 가망이 없을 때 사용된다. 자기혐오의 힘을 자기 자신에게 행사하면, 스스로를 존재하지 않는 존재로 몰아넣어 영원히 작은 존재로 박제시키는데, 그로 인해 소속될 것이라는 약간의 희망을 보존하게 된다.

🌱 유도 명상 11-2 감정에 대한 환영의 창 확장하기

🍃 연습

자신의 감정 표현 때문에 불편한 기분을 느끼게 됐던 순간을 선택한다. 슬픔, 짜증, 분노, 의심, 회의, 흥분, 압도, 격노, 불안, 두려움, 공포의 순간을 선택할 수 있다.

그 순간을 떠올릴 때, 몸에서 어떤 느낌이 드는가? 수축되는 느낌이나 뉘앙스에 주목하자. 어느 부위에서 느껴지는가? 얼굴에 뭔가 느낌이 있는가? 얼굴은 보통 가장 쉽게 시작할 수 있는 곳이다. 코 주변에서 느껴지는 감각은 없는가? 코 주변은 혐오감이나 경멸을 느낄 수 있는 곳이다. 입 주변은 어떤가? 때로는 입가에서 슬픔이나 짜증을 느낄 수 있다. 눈꼬리는 어떤가? 아니면 눈썹 사이에서는? 혼란이 느껴지는가? 아니면 약간의 두려움이나 피곤함이 느껴지는가?

이런 감각의 강렬함과 그 이면에 자리한 감정에 주목할 때, 당신과 당신의 몸이 가장 중요하게 인식해야 할 것은 무엇인가?

감정 자체가 견딜 수 없고 해결할 수 없으며 불편한가? 절망감이 들 경우, 감정을 명확히 밝히는 것이 이런 절망감에 어떤 식으로든 도움이 될까? 이 감정은 당신이 성장한 가족 내에서 알려지지 않았거나 명확히 밝혀진 적이 없는 감정인가? 이 감정은 당신이 더는 존재할 수 없는 부정적인 공간으로 몸을 굽히게 만드는가? 한 번도 공명되지 못한 감정은 가슴이나 내장에 있는 공허한 감정의 공간에 모일 수 있다. 말로 표현되지 않는 경험이라면, 여기 있는 모든 미묘한 감정들에 "물론 그렇지."라고 반응하며 온화하게 동조하는 상상을 할 수 있다.

만약 어떤 생각이 다른 사람의 감정 표현이 기억나도록 이끌었다면 다음 질문을 던져 보자. 과거에 누군가가 너무 강렬하고 과한 감정으로 당신을 힘들게 했다는 사실을 인정할 필요가 있는가? 타인의 감정 경험으로부터 완전히 자유로워지기를 갈망하는가? 그리고 자신의 감정에 스스로 책임지기를 간절히 바라는가? 자신의 짜증과 좌절감을 남에게 전가하지 않고 스스로 진정시키고 마음을 달래는 세상에서 살고 싶은가? 슬픔에 빠진 모든 사람이 보살핌을 받을 것이고, 그것이 당신의 부담이 아니라는 것을 알고 싶은가?

자신이나 타인에게서 어떤 감정이 느껴질 때, 정확히 표현하고 싶은 통렬한 경멸이나 짜증이 있는가? 때로는 아무런 감정도 존재하지 않는 세상에서 살고 싶다는 생각이 드는가? 아니면 반대로 사람들이 자신의 감정을 숨기는 것에 지쳐서 무감각한 것보다는 표현이 있었으면 좋겠다는 마음이 더 간절한가?

의식에 떠오르는 다른 갈망들 중에는 어떤 것이 있는가?

너무도 강렬해서 정확히 말로 표현하고 간절한 꿈과 연결하고 싶은 그 밖의 감정이 있는가? 자신을 향한 마음을 닫게 만드는 어떤 감정을 애도하거나 인정해야 하는가?

감정적 경험에 대한 신체적 반응에 다시 주목하자. 지금 몸에서 어떤 일이 일어나고 있는가? 정확히 표현하거나 관심 가져야 할 미묘한 감정은 어떤 것인가?

여기서 혐오감이 느껴진다면, 그 감정의 껍개를 들추고 무엇이 당신을 두렵고 화나게 만드는지 찾아보는 상상을 해 본다. 발견한 것이 있으면 무엇이든 온화하게 받아들인다. 여기서 자기 경멸을 발견했다면, 인간이 수용할 수 있는 수준을 초월해 자기 경멸을 느꼈던 때를 떠올려 보자.

몸을 다시 살펴본다. 감정을 떠올릴 때의 몸의 감각에 조금이라도 변화가 있다면 신경가소성이 작용하기 시작했고, 공명의 영향으로 환영의 창이 점진적으로 변화하고 있다는 뜻이다.

이 명상이 필요한 이유

이 명상은 이 책의 핵심 질문인, '가족과 관련된 어린 시절 경험에 이해나 조율이 거의 없었을 때, 감정적으로 자기 자신을 지지하는 법을 어떻게 배울 수 있을까?'라는 문제를 다룬다. 이 명상은 우리가 지금껏 연마한, 몸과 연결되고 몸의 상태를 읽는 기술을 이용해 자아와 접촉하는 가장 깊은 곳에서 작업함으로써, 몸과 뇌에 진정한 변화를 일으킨다.

🌿 🌿 🌿

자기혐오에 대한 지식에 환영의 창을 통합하기

감정에 대한 환영의 창은 작고 자기 자신에게 따뜻하게 대하는 능력은 거의 없는 이중고를 겪고 있다면, 어떻게 해야 할까? 이런 사람들은 어떻게든 마음을 가라앉혀야 한다. 공명으로 자기 자신을 진정시킬 수 없으면, 이들은 사회적으로 어울리는 데 필요한 모든 수단을 사용할 것이다.

사람들이 사용하는 한 가지 방법은 침착함을 유지할 수 있는 환경으로 바꾸는 것이다. 집안을 흠 잡을 데 없이 깨끗하고 깔끔하게 정리하거나 조용하게 만드는 것도 침착함을 유지하는 데 약간은 도움이 될지 모른다. 그리고 가족 구성원들이 '마땅히 그래야 하는' 방식으로 행동한다면, 감정이 감당 가능한 수준으로 유지될 것이다.

외부 환경을 바꾸려고 노력하지 않는다면, 자책과 수치심이라는 채찍으로 자신을 관리하려고 애쓰고, 이 두 가지를 이용해서 아주 작은 환영의 창 안에 머물려고 할 수도 있다. 집단의 일원이 되려는 욕구는 아주 강해서, 사람들은 그 집단에 소속되기 위해 할 수 있는 일이라면 뭐든지 하려고 한다. 그런데 이때 그들이 속한 집단도 표현에 대한 환영의 창이 아주 작으면 '자책, 붕괴, 자책, 붕괴'의 패턴이 나타난다. 일을 망친 것에 자책하고, 수치심으로 무너지고, 무너진 것에 대해 자책한다. 그러다가 잠시 바짝 정신이 들어서 얼마간 제 역할을 제대로 하다가, 또다시 일을 망친 것을 비난하고, 자책하고, 무너져서 결국 아무것도 못하는 부동화 상태에 이를 것이다. 이것은 지속 가능한 순환이 아니다.

4장에서 알아보았듯이, 자기비판자는 다음과 같은 자기비판을 사용한다.

- 모욕, 무시, 욕하기
- 비교와 측정
- 불만족, 완벽에 대한 갈망
- 비인간적인 기대
- 지나친 일반화: '나는 항상', '나는 절대'
- 잘못된 핵심 신념: '나는 충분하지 않다', '나한테는 뭔가 문제가 있다', '나는 여기 속해 있지 않다', '아무도 내게 관심이 없다', '나는 사랑을 할 수 없다'

비판적인 목소리에게는 이해, 연민, 자비, 인간성을 느끼는 능력이 없다는 사실을 기억해야 한다. 비판적인 목소리는 자신이 무슨 말을 하는지 아는 것처럼 들리지만, 인간성이나 존재의 완전성에 대해서는 손톱만큼도 모른다. 자기혐오의 순환은 현존하는 것과 소속감이 느껴질 정도로 작은 상태로 지내려는 것이 계속 반복되는 상태라고 볼 수도 있다. 증오와 비난을 외부로 돌리는 것도 물론 가능하지만, 만일 비난을 내면으로 돌릴 경우, 내면에서는 다음과 같은 방식의 순환이 형성된다.

자기혐오의 순환

1. 남들과 공유하고 싶은 것이 생긴다.
2. 그것을 말로 표현한다.
3. 스스로 동행하지 않으면(즉 내면의 자아가 함께하지 않으면) 우리는 다른 사람의 반응에 전적으로 의존한다. 이럴 때 우리는 자기표현이 받아들여지는지 확인하려고 상대방을 지켜본다. 자기표현이 받아들여지지 않으면 수치심을 느끼거나 심리적으로 와해되기 시작하고, 여기서부터 자기혐오의 순환이 시작된다. 우리가 사회와 어울리기에는 너무 크거나 과했던 것이다. 우리가 사회적으로 배제됐다는 느낌을 더 많이 느낄수록 더 큰 고통을 겪는다.
4. 비교, 비판, 평가를 사용해서, 잘못한 자기 스스로를 비난한다. (투쟁-도피 반응이 우리를 부동화 상태에서 끌어낼 수 있다.)
5. 수치심, 후회, 절망이 동반된 자기 비난을 경험한다. (더 많이 무너진다.)
6. 얼음처럼 굳어진(부동화) 상태를 더 많은 경멸, 혐오, 자기혐오의 근거로 사용한다. (자기혐오로 넘어갈 때 투쟁-도피 반응이 나타나 다시 움직이게 될 수도 있다).

7. 더 많은 수치심과 피로를 경험한다.
8. 이런 과정이 끊임없이 되풀이된다.

이것이 자기혐오로 자기 관리를 할 때 일어나는 일이다. 이런 상태는 마치 보일러를 세게 틀었다가 완전히 껐다가 하는 것을 반복하면서 집의 온도를 좁은 범위 내에서 유지하려고 애쓰는 것과 마찬가지이다. 스스로에게 동조하고 공명하면서 다스리지 못하고, 이런 순환을 몸에 익혀서 자기 관리하면, 극도로 피곤한 상태가 계속된다. 이 목소리의 말을 믿고 이런 순환에 빠져들면 혼란스럽고, 어리둥절하고, 무력한 상태로 삶을 살아가게 된다. 더 나아가 오랫동안 우울증에서 벗어나지 못할 수도 있다.

자기 폭력을 멈추는 첫 단계는 패턴을 파악하는 데 있다. 사람들은 조율에 담근 화가용 붓이 아니라 수치심에 담근 페인트 롤러로 자기 자신을 돌보려고 하고 있다. 그것이 가족에게 건네받은 도구였기 때문이다. 아마도 가족들은 부드럽고 정확한 공명의 붓이 존재한다는 사실조차 몰랐을 것이다.

우리가 공명하는 자기 목격자를 데리고 와서 자기 공감으로 스스로를 조절하고 자기 자신에 대한 공격을 멈출 때, 변화가 일어날 수 있다. 자기혐오를 치유하는 과정은 다음과 같이 나타날 수 있다.

자기혐오를 치유하는 단계

1. 자기 증오, 자기혐오, 자기 경멸의 개념을 명확히 밝힌다: '아, 내가 스스로에게 이런 행동을 하고 있었구나!'
2. 판단하는 목소리의 내적 갈망을 파악하고 이해한다: '내면의 비판자가 신뢰할 수 없는 의견을 내놓고 있어. 감정적인 문제를 관

리하려고 하는 걸 거야.'

3. 내면에 존재하는 자기혐오의 목소리를 확인한다: '아야! 이거 너무 아픈데.'

4. 접근 방식을 선택한다: '흠, 이런 경우 어떤 명상이 가장 효과적일까?'

5. 공명하는 자기 목격자에 접근한다: '내가 따뜻한 마음으로 내게 관심을 가지면 어떤 느낌이 들까?'

6. 자아감에서 수치심, 경멸, 혐오감을 분리해 내고 해독한다: '아, 이게 나야. 나한테는 아무 문제도 없어. 그저 나 자신을 돌보려고 최선을 다했을 뿐이야.'

7. 책에 나온 방법을 실행한다: 공명 기술을 적용하고, 명상을 실행하고, 도움을 구한다.

8. 사람들에게 마음을 연다: '어머, 나를 사랑한다고? 이렇게 기쁠 수가.'

뇌 개념

학대가 뇌에 미치는 영향

이제 전반적인 폭력과 성폭력에 관해 살펴보고자 한다. 생생한 묘사가 포함되어 있으므로, 이런 내용을 읽고 심리적으로 자극을 받아 불편해질 것 같으면 이 부분은 건너뛰도록 하자.

지금까지 아이들을 겁에 질리게 하고 뇌를 분열시키며 혼란을 야기하는 행위의 종류를 명시하지 않고, 혼란형 애착과 트라우마의 영향에 대해서 학문적으로만 논의해 왔다. 아동에게 벌어지는 고통스럽고 힘든 일들은 뇌에 영향을 미칠 뿐 아니라 감정과 기억의 균열을 초래할 수 있다.

공포는 사람을 분열시킨다. 공포가 뇌의 작용을 멈추면, 뇌의 시스템이 범람하면서 기억이 작은 파편들로 분열된다. 극단적인 공포에 노출되면 움직이지 못하고 그대로 굳어 버리는 부동화 상태에 빠진다. 사람들이 어떻게 직감으로 세상을 받아들이고, 말, 고성, 신체적 폭력이 없이도 타인의 표현에서 드러나는 강렬함을 포착할 수 있는지, 그리고 그런 경험이 어떻게 인간의 뇌와 신체를 분열시킬 수 있는지를 이해하는 것은 중요하다. 이에 대한 지식은 혼란형 애착의 영향을 이해하는 데 큰 도움이 된다. 부모가 겁에 질려 있거나 아이에게 무섭게 굴면 아이의 뇌에 혼란이 생긴다.

일관되고 따뜻한 성찰이 없으면, 자아감을 하나로 묶을 수가 없다. 이런 점을 고려할 때, 무섭거나 무서워하는 보호자에게 지속적으로 노출되는 것이 신체 정신적 분열을 초래하는 것도 어찌 보면 당연하다. 이럴 때는 편도체를 관통해 흐르는 신경망(암묵적 기억)이 단절되며, 개인의 역사를 시간순으로 명확하게 저장하는(자아에 대한 명시적 기억) 해마와의 접촉이 제대로 이루어지지 않는다.

학대는 크게 네 가지 방식으로 뇌에 영향을 미친다.[14]

- 변연계의 과민성 및 뇌파 이상
- 좌뇌의 불완전한 발달
- 좌뇌와 우뇌 간의 의사소통 문제
- 소뇌의 비정상적인 활동

이 중 세 가지는 반구와 관련이 있으므로, 학대와 방치가 뇌에 미치는 영향을 충실히 이해하려면 4장에서 좌반구와 우반구에 대해 배운 내용을 기억하는 것이 중요하다. 좌우반구 모두 우리의 행복과 평안에 기여하며, 트라우마로 균열이 생기면 양쪽 반구가 화합하기가 힘들어진다. 좌뇌는 행동 엔진으로, 우리가 쏟는 에너지와 노력을 일상 언어와 통합한다. 또 과업을 성취하고 의도한 바를 실행하도록 돕는다. 트라우마를 겪으면 좌뇌의 수행 능력이 손상된다. 그리고 누군가가 우리에게 공명해 주었던 경험이 전혀 없다면, 우뇌에 자기 관리와 자기 온기에 도움이 되는 구조가 통합되지 못한다. 보호자가 따뜻하게 수용하고 이해해 줄 때, 정서적으로 건강한 우뇌의 특징인 통합적이고 회복력 있는 신경섬유의 혜택을 누릴 수 있다.

지금부터는 혼란형 애착을 형성하고 아이들의 뇌에 흔적을 남기는 양육 행동을 몇 가지만 살펴보려고 한다. 이런 흔적이 성인에게 미치는 영향에 대해서도 간략히 소개한다. (이런 세부적인 정보가 지금 당장은 필요하지 않다면, 이 부분은 읽지 않고 건너뛰어도 좋다.)

신체적 학대

신체적 학대에는 손이나 손에 든 물건으로 때리기, 엉덩이 때리기, 두들겨 패기, 채찍질, 뺨 때리기, 주먹질, 꼬집기, 찌르기, 머리 잡아당기기, 흔들기, 발로 차기, 화상 입히기, 계단에서 밀치기, 차로 치기, 집 밖에 유기하기(어떤 장소, 길거리, 이웃), 강제로 운동시키기, 찬물 또는 뜨거운 물 속에 들어가게 하기 등 수많은 유형이 있다. 이런 신체적 학대를 당할 경우 뇌의 측두엽과 변연계 부위에서 발작(측두엽 간질)이 일어날 확률이 38% 높아진다.[15]

성적 학대

아동기에 강간, 추행, 구강이나 질, 항문에 접촉이나 삽입을 통한 끔찍한 경험을 하거나 협박이나 강압에 의해 시각적, 언어적, 촉각적으로 성적 경험을 하게 되면, 해마의 왼쪽 부위(사실 기억이 저장되는 곳)가 더 작아져서 성인기까지 이어지는 해리 증상이 나타나고 언어 기억력에 문제가 생긴다. 또 주의력과 감정 조절에 도움을 주는 뇌 기저부의 작은 부위인 소뇌([그림 1.2] 참조)에 혈류가 비정상적으로 흘러든다. 위에서 언급했던 측두엽 간질은 보통 사람들보다 성적 학대를 당했던 사람들에게서 49% 더 높은 비율로 나타난다. 그리고 신체적, 성적 학대를 모두 경험하면, 발작이 나타날 가능성이 113%나 더 높다. 여아의 경우, 좌뇌와 우뇌의 다리 역할을 하는 뇌량(corpus callosum)이 특히 약하며 크기도 더 작다.[16]

정서적, 언어적 학대와 가정 폭력 목격

언어적 학대에는 욕설, 경멸하는 태도로 비교하기, 조롱하기, 모욕하기, 희생양 만들기, 무시하기('너무 예민하다. 너무 유치하다, 유머 감각이 없다' 등), 협박하기, 요구하기, 부인하기, 고함지르기, 비명 등이 포함된다. 부모와 또래의 언어폭력(집단 따돌림)을 포함한 정서적 학대를 당했거나 가정 폭력을 목격하면 좌뇌에 비정상적인 뇌파가 발생할 가능성이 높아진다.[17] 이런 문제와 좌뇌의 발달 저하는 다른 유형의 학대에서도 발생하지만, 특히 심리적 학대에서 더 두드러지게 나타난다.

방치

방치는 얼핏 보기에 학대보다 덜 해로워 보일지 모르지만, 2장에서 언급했듯이 심각하게 방치됐던 사람의 뇌는 무게가 보통 사람보다 훨씬 덜 나갈 수 있다. 뇌는 관계를 통해 발달에 필요한 영양분을 공급받기 때문에, 관심과 보살핌을 받지 못하면 영양분을 얻을 수 없다. 방치는 남아와 여아 모두에게 해를 끼치는데, 남자아이들의 경우 특히 뇌량에 신체적 학대나 성적 학대보다 더 큰 피해가 나타난다. 방치의 경험은 두려움 속에서 살고, 위험에 과잉 반응할 가능성을 높이며, 신진대사의 변화, 면역 반응과 염증 반응 억제, 신경의 민감성, 발작 발생 가능성 상승 등을 불러올 수 있다.[18]

굴욕과 사생활 침해

굴욕과 공개적인 조롱은 오래전부터 있었지만, 최근에는 인터넷이라는 새로운 장이 더해졌다. 인터넷이 나오기 전에는, 부모들이 자녀가 숨기고 싶어 할 만한 이야기를 하거나, 널리 알리거나, 남들 앞에서 억지로 공개하게 만드는 등의 행동을 했다. 이제는 부모들이 자녀가 감정적으로 힘들어하는 모습을 동영상으로 찍어서 올리고 있다. 이런 행위는 학대이다. 아이들이 생떼를 쓰거나 폭발하듯 격한 감정을 쏟아 내는 것은 뇌의 불균형, 외상, 학대, 가정에서의 문제 때문이다. 부모가 그런 영상을 촬영하고 온라인에 게재하는 것은, 아이에게 회복할 수 없는 수치를 안기는 경험이다. 또래 간의 굴욕도 마찬가지이다. 당사자 동의 없이 개인적인 자료를 온라인에 올리는 것은 신뢰를 위반하고 존재를 침해하는 행동이다.

만일 이런 형태의 트라우마를 경험했다면, 특히 무슨 일이 일어나고 있는지를 맨 처음으로 깨달은 순간에 공명하는 자기 목격자를 불러들여서 도움을 얻는 것이 대단히 중요하다. 이런 순간은 충격과 공포의 순간이므로 반드시 공명과 인정을 받아야 하며, 이러한 경험에서 오는 손실을 정확히 밝히고 애도해야 한다.

그렇다면 학대를 겪은 사람들에게는 희망이 없는 걸까? 전혀 그렇지 않다. 뇌는 엄청나게 복잡하며, 늘 성장하고 변화할 수 있다. 학대가 남긴 구조적 흔적은 바꿀 수 없을지 몰라도, 고통으로 생긴 자국을 메우는 데 도움이 되는 보조적인 새로운 신경을 키울 수 있다. 그렇더라도 심각하게 여기며 접근해야 한다. 자신이 겪은 공포가 얼마나 큰 것인지, 그리고 그것이 신경계를 어떻게 멈추게 했는지 이해할 수 있을 때, 비로소 내면의 어린 자아가 편안해지기 시작하고, 단절된 뇌 영역 속에 얼어붙은 생명 에너지를 되찾을 수 있다.

🖋 쿠엔틴의 이야기

여러 해 동안 성적 학대를 겪었던 아이의 이야기를 듣고 싶지 않다면, 이 이야기는 그냥 건너뛰도록 한다.

어느 날 남자 교도소에서 내 수업을 듣던 한 남성이 가해자를 살려 주기로 마음먹었다고 말했다. 그는 수년간 강간을 당했는데, 강간을 멈출 수 있을 만큼 나이가 들었을 때 비로소 자신에게 선택권이 있었다는 걸 깨달았다. 그는 자신에게 상처를 준 그 남자를 실제로 죽일 수 있을 만큼 자랐고, 경찰에 신고하여 사법제도를 통해 정의를 실현할 수 있을 만큼 지식을 쌓았다. 결국 그는 경찰에 신고하겠다고 결정했다. 그 수업을 함께 들었던 동료들은 그가 어떤 복잡한 감정을 느꼈으며 무엇을 원했을지에 대해서 추측을 했다. 동료들은 그가 분노와 인정에 대한 갈망으로 가득 차 있었고, 죄를 응징해서 균형을 찾을 수 있다고 느끼고 싶었으나 한편으로는 완전히 지쳐서 평화를 얻고 싶었고, 진실되게 행동하려고 했다고 추측했다.

다음 주에 그가 수업에 나오지 않았다. 나는 그가 감당하기에 너무 힘든 문제여서 수업을 포기한 것은 아닌지 염려됐다. 하지만 그는 그 다음 주에 다시 수업에 참석했다. "응급 수술 때문에 외부로 나가야 해서 잠시 시립 교도소에 가 있었습니다." 그가 말했다. "수술을 마치고 시립 교도소에 수감됐을 때, 제가 배정받은 감방이 저를 학대했던 사람 바로 옆 방이라는 걸 알게 됐어요. 그 사람 옆에 3일 동안 갇혀 있었죠. 2주 전에 제가 여기서 그런 대화를 나누지 않았다면, 전 아마 자살했을 거예요. 제가 살아남을 수 있었던 건 그때 모든 사람이 제 마음을 이해해 줬던 것을 기억했기 때문이었어요."

이 이야기는 우리 각자의 역사가 바뀌지는 않더라도, 다른 사람들이 동행해 줄 때 우리 각자의 능력을 변화시킬 수 있음을 보여 준다. 이를 통해 역사를 극복하고 진실성을 지키며 계속 성장하고 치유해 나갈 수 있다는 사실을 일깨운다. 이들은 변화에 대한 희망이 없는 피해자가 아니다. 물론 많은 심리적 패턴이 아주 어릴 때 형성되지만, 세상에서 일어나는 일에 대응하는 역량을 키워서 다른 방식으로 살 수 있다. 우선 다른 사람들이나 책, 기타 자료의 도움을 받아서 우리 자신에게 다르게 반응하는 법부터 배우면, 다른 사람과 세상에 다르게 반응하는 법도 자연스럽게 몸에 익힐 수 있다.

수치심의 수수께끼 풀기

인간은 사회를 이루어 살고 소속감을 추구하도록 정교하게 만들어졌다. 앞에서 배운 것처럼, 우리는 함께하는 두 사람, 가족, 집단 내에서 허용되는 감정의 종류와 표현 강도의 범위를 벗어나기가 물리적으로 거의 불가능하다. 환영받는 것보다 더 격렬한 감정을 표현한 데 따른 대가가 바로 우리가 수치심이라고 부르는 일련의 신체 감각이다. 이런 감각으로는 등 위쪽과 목 뒤쪽의 힘이 빠지고, 얼굴과 가슴에 홍조를 띠고, 시선을 들기 어렵거나 사람들 눈을 맞추기 힘들고, 속이 메스껍고, 비특이성 통증이 느껴지는 것 등이 있다. 수치심과 함께 나타나는 자기의식(self consciousness, 자기 자신의 모습이나 행동을 과도하게 의식하는 것으로, 수줍어하는 반응으로 흔히 표출됨–옮긴이)은 몸의 코르티솔 수치를 그 어떤 감정보다 많이 높인다. 게다가 자기의식적인 감정은 염증을 증가시켜서 면역체계를 손상시킨다.[19] 집단과 사회에 소속되는 것은 인간에게 이처럼 중요한 문제다. 수치심은 위에서 설명한 학대에 따른 영향과 비슷한 심리생물학적 반응을 일으킨다. 그리고 이런 모든 정서적 상태는 정신적, 신체적 건강과 행복에 장기적인 영향을 미친다.

사회적 상황에서 감정 표현을 축소시키는 가장 명백하고 눈에 잘 보이는 예는 경멸을 이용해서 수치심을 유도하는 것이다. 수치심을 유발하는 것은 조용히 만드는 데 아주 효과적이어서, 부모와 교사들은 아이들의 행동을 통제해야 할 때 이 방법을 흔히 사용한다. 그러면 아이들은 자라서 마찬가지로 수치심을 이용해 자신의 감정 경험을 관리한다. 이들은 이렇게 혼잣말한다. '어쩌면 이렇게 멍청할 수 있어?', '멍청이 같으니라고!', '언제쯤이나 돼야 배울 수 있겠어?'

수치심은 때로는 혼란스럽기도 하다. 수치심이 어떻게 시작됐는지

감을 잡을 틈도 없이, 사회적인 상황에서 갑자기 수치심이 느껴질 수 있다. 이런 순간에는, 즉 우리가 자신의 생명 에너지와 노력, 취약성을 다른 사람에게까지 확장했는데 인정받지 못했을 때는, 신경생물학적인 붕괴가 나타날 수 있다는 사실을 알아 두는 게 도움이 된다. 어떤 사람이 손을 내미는 행동은 현수교의 교각 양쪽 중 한쪽 절반을 바다 쪽으로 내려놓는 것과 마찬가지다. 예를 들어 이 사람이 칵테일파티에서 농담을 하기 시작한다. 농담을 절반쯤 했는데, 모여 있던 사람들이 고개를 돌려 버리고 다른 누군가와 신나게 떠들기 시작한다. 그러면 이 사람은 내면에서 일어나는 신경생물학적 붕괴를 감당해야 한다. 그가 교각의 절반을 바다 쪽으로 내렸는데 반대편에서 아무도 교각의 절반을 내려주지 않는 것이다. 다리 양쪽이 중간에서 만나 연결될 수가 없으면, 신경생물학적 짐이 너무 무거워서 혼자서는 버틸 수가 없다. 특히 교각을 내민 사람이 연약하거나 영향력이 별로 없거나 지지를 별로 못 받거나 자원이 적으면 더욱 그렇다. 이때 누군가가 언어적으로나 비언어적으로 의사소통을 하면서 다가올 때, 즉 제시한 것에 어떤 식으로든 반응을 보이면, 교각의 양쪽이 중간에서 만나서 튼튼하게 지탱된다.

수치심은 신경생물학적으로 다양한 양상으로 나타난다. 때로는 투쟁–도피 반응이 유발되면서 경계경보가 울리고 코르티솔이 방출된다. 때로는 무감각한 메스꺼움처럼 내면에 스며들어 무력감과 체념을 불러일으키기도 한다(이는 몸의 에너지와 정보의 흐름이 해리 상태로 가고 있을지 모른다는 신호이다). 판크세프의 감정 회로에서 수치심은 공황/비탄의 특징 중 하나이며 내인성 오피오이드와 옥시토신 수치의 감소를 동반하기 때문에, 생각해 보면 수치심이 그토록 불쾌하고 회복하기 힘든 것은 당연한 일이다. 그리고 사람들이 소속되려고 그토록 열심히 애를 쓰는 것도 당연하다.

수치심을 자기 연민으로 바꾸기

수치심은 본질적으로 동행해 주는 사람이 아무도 없는 순간에 겪는 일종의 축소된 트라우마이기 때문에, 자아에 공명하는 과정에 근본적으로 어려움이 따른다. (동행된 자아는 수치심을 느낄 수 없다.) 6장에서 트라우마를 치유하기 위해 시간 여행을 할 때 환경을 안전하게 만들기 위해 주변 환경과 사람들이 돌처럼 굳어졌다고 상상했던 것을 기억할 것이다. 수치심을 느끼는 내적 환경은 안전하지 않으며, 이는 공명하기가 어려운 이유 중 하나이다. 경멸하는 자아는 돌처럼 굳어지게 만들고 수치심을 느끼는 자아는 공명을 위해 그대로 깨워 두는 일이 너무 어렵기 때문에, 대신 판단하는 자아에게 공명하는 일부터 시작해야 할 수도 있다.

첫 단계는 수치심을 경험하는 동안에 자신의 일부가 자신을 외면했는지 알아내는 것이다. 한 가지 방법은 이렇게 말해 보는 것이다. "지금 나 자신에 대해 경멸이나 혐오감을 느낀다면 그것은 내가 _____ (정직, 헌신, 충성심, 진실성, 사회적 품위, 이해, 배려 등 자신에게 적합한 말을 고른다)를 대단히 가치 있게 생각하기 때문일 것이다." 이렇게 탐색하는 과정을 통해 마음이 조금이라도 편안해졌는가?

이제 수치심을 느끼는 자아에게 어떤 공명이 일어나는지 살펴보자. 이 순간에는 확신이 정말로 큰 힘이 될 수 있다. "무슨 일이 있어도 나는 소속되어 있다는 사실을 알아야 할까? 소속된 나의 이런 상태를 그 누구도 빼앗을 수 없다는 것을? 내가 소중하다는 것을? 내 목소리가 중요하고 내 기여가 꼭 필요하다는 것을? 내가 괜찮다는 것을 알아야 할까? 나는 내가 속한 공동체에서 중요한 존재라는 확실한 느낌을 간절히 원하는가? 사람들에게 필요한 존재라는 것을 알고 싶은가?"

탐색하고, 창의력을 발휘하며, 무엇이 당신의 행복에 진정한 보탬이 되는지에 주목하는 것이 중요하다. 그러면 수치심에 빠져 있을 때 당신을 지탱해 줄 체계와 깊은 이해가 갖춰질 것이다.

자살을 생각하는 것에 대한 짧은 언급

자기혐오와 혼란형 애착을 가지고 살다 보면, 죽음만이 유일한 휴식일지 모른다는 생각이 들 정도로 지칠 수 있다. 뼛속에서 끝없는 피로감이 느껴지기도 한다. 아마도 이런 순간이 사람들이 자살에 대해 생각하는 순간일 것이다. 이럴 때는 절벽으로 자동차를 몰고 가서 허공으로 솟아오르는 이미지가 반복적으로 떠오르기도 한다. 한발 더 나아가서 실제로 시도하는 사람들도 많고, 남겨진 사람들에게는 슬픈 일이지만, 그중 일부는 성공한다.

탈진은 독성 디폴트 모드 네트워크가 작용한 결과이다. 혐오감과 자기혐오는 연일 계속되는 것은 고사하고 이따금 나타나더라도 견딜 수 없이 피곤하다. 절망감과 무의미함은 가까운 친구이다. 이런 모든 감정이 우리를 생명 에너지에서 멀어지게 만들어서, 우리가 활용할 수 있는 자원은 계속해서 줄어들기만 한다.

다시 한번 강조하지만 트라우마와 힘든 삶 사이의 연관성은 매우 깊다. 어릴 때 네 가지 이상의 부정적인 경험을 한 사람은 어린 시절에 트라우마를 경험하지 않은 사람보다 우울증에 걸릴 확률이 훨씬 높다. 6장에 설명했던 부정적 아동기 경험 연구(ACE 연구)의 트라우마 문항에서 '예'라고 답한 개수가 7개인 사람은 자살을 시도할 확률이 30%에 달했다. 모든 자살 시도의 3분의 2에서 5분의 4는 어린 시절의 부정적인 경험과 연관이 있다.[20] 따라서 자신과 타인에 대한 온기를 되돌려 주는 치유 작업을 수행하면 자살에 대한 생각과 시도에서 벗어날 수 있다.

자살의 불가사의에는 이런 자아와의 어려운 관계뿐만 아니라 외상성 뇌손상, 약물 부작용, 경제적인 문제나 고용과 관련해서 겪는 곤경, '자살 전염'의 영향도 포함된다. 청소년의 경우, 친구나 가족의 자살 행동에 노출되는 것은 심각한 우울증에 걸리는 것만큼이나 위험하다.[21]

자살 시도가 성공적이었을 때 남겨진 사람들이 느끼는 황폐함, 비통함, 당혹감은 정신을 마비시키는 듯하고, 도저히 이해할 수가 없으며, 영원히 끝날 것 같지 않다. 시도하는 것만으로도 이미 엄청난 충격을 준다. 그 노력이 죽음으로 끝나면, 마치 지구의 문이 열리면서 실종자를 통째로 삼켜 버린 것처럼 느껴진다.

공감한다고 이미 일어난 일이 바뀌는 건 아니지만, 이런 일을 겪어낸 사람들이 느끼는 상실감의 막대함을 인정하고, 관련된 모든 사람이 누구든 더 쉽게 살아가도록 지지하는 법을 배울 수 있다.

자기혐오는 혼란형 애착의 대물림과 관련된 더 큰 그림의 일부이다

학대가 일어나지 않더라도 분열(학대의 영향)은 세대에서 세대로 전달된다. '그래. 아이에게 무섭게 대하거나 학대하거나 방치하는 보호자가 어떻게 아이를 분열시키는지는 이해하겠어. 그런데 왜 무서운 보호자 이야기를 꺼내는 걸까?'라고 생각할지 모르겠다. 보호자는 우리 존재의 기반을 만든다. 아이들은 보호자들이 옆에서 함께하고 반응해 줄 필요가 있다. 아이가 보호자의 눈을 들여다보면서 보호자가 겁에 질려 있는 것을 보면, 아이의 존재의 기반이 사라진다. 그리고 이 경험은 겁에 질린 어머니나 아버지에게서 나타났던 것과 똑같이, 아이 신경계의 정상적인 기능을 중지시킨다. 더욱이 지속적인 공포 상태에서 생활하는 것은 누구에게

나 견딜 수 없는 일이기 때문에, 겁에 질린 보호자들에게는 해리 상태가 나타나는 경향이 있으며, 이는 자녀의 감정적 의사소통을 이해하거나 반응할 수가 없다는 뜻이다. 방치된 아이들은 누군가가 자신을 알아주었던 경험 없이 이 세상을 살아가며, 그렇기 때문에 자기 자신을 잘 알 수 없게 된다. 이것이 바로 아동 학대와 방치가 2세대에 끼치는 영향이다. 부모가 직접 학대하거나 노골적으로 방치하지 않았는데도 분열과 혼란을 경험할 수 있는 건 바로 이 때문이다.

자녀가 이미 성장해서 어른이 됐는데 이제야 이런 영향에 대해 알게 됐다면, 가정환경이 아주 안전했더라도, 공포와 혼란이 세대를 넘어 전이되는 것을 막지 못한 것에 대해 큰 고통과 후회, 슬픔이 느껴질 수 있다. 만일 실제로 그렇다면, 막대한 애정과 인정으로 우리 자신을 보듬고, 우리가 살아 있는 한 충분히 바로잡을 수 있다는 것을 스스로에게 상기시켜야 한다.

이런 생각을 이해하기 시작하면, 뇌 공간을 비워서 공명하는 자기 목격자의 중요성을 위한 공간을 만들고, 언제든 몸, 온기, 연결로 돌아가서 상황을 극복하도록 스스로를 가르칠 수 있다. 그리고 최선을 다해 이 모든 것을 이겨 낸 아이에게 연민과 온기를 쏟기 시작하면서 우리는 치유를 시작하게 된다.

✎ 캐리의 편지: 캐리가 직접 말하는 경험담

내 이름은 캐리다. 가슴이 찢어지는 듯한 아픔을 느끼며 이 글을 쓴다. 나는 어릴 때 2세대 학대 피해를 입었다. 부모님은 내게 대응해 줄 수 없거나 나를 이해하지 못할 때에도 늘 내게 육체적으로 온화하게 대해 주셨다. 하지만 어머니는 아주 자주 해리 상태에 빠져서 내게 반응을 해 주지 않았으며, 육체적으로 학대하지는 않았지만 때때로 내게 무섭게 대했다. 그래서 나는 회복탄력성이 부족했고, 우울증, 자살 충동에 대해 혼란스러움을 느끼며 성인이 되었다. 그런 생각들은 난데없이 튀어나온 것 같았다.

아들이 어렸을 때 아들의 감정 세계를 이해하기가 얼마나 힘들었는지가 기억난다. 어느 날 친구가 내게 "애가 겁먹은 거 안 보이니?"라고 물었다. 그 순간 친구의 말이 맞다는 걸 알았지만, 개인적으로는 전혀 가늠할 수 없었다. 나는 정말로 겁이 나는 놀이를 하며 아들과 놀아 주었다. 아들의 비명 소리가 기쁨이 아니라 진짜 두려움이라는 사실을 알지 못했다. 나는 슬픔과 후회, 부끄러움을 느낀다. 만약 내가 15년 전에 이 정보를 알았더라면 아이를 더 세심하게 보살피고 반응해 줄 수 있었을 텐데 하는 아쉬움이 남는다. 지금 내 눈에는 눈물이 조금 고인다. 이 글을 통해서, 자녀가 원하는 방식으로 곁에 있어 주지 못했던 당황스러운 경험을 한 다른 부모들이 연민과 온기로 자기 자신을 바라볼 수 있는 문을 열 수 있었으면 한다.

12장

우울증을 부드럽게
치유하기

···❝···
"내 인생은 무의미해."
하지만 실제로는 이렇게 말할 수 있다.
"소중함과 의미를 찾을 수 있어."

···❞···

여러 해 동안 우울증을 앓으며 살 수도 있다. 그럴 때는 특히 아침에 침대에서 일어나기가 힘들고 양치질, 샤워, 식사 같은 최소한의 자기 관리도 힘들어진다. 사람들은 자기 자신에게 야단치거나 회유하거나 기도하거나 해야 할 일을 모두 꼽아 보는 등 다양한 방법을 써 가면서 어떻게든 움직여 보려고 한다. 다리를 침대 가장자리로 움직여서 일어서게 만드는 힘은 흔히 남들보다 저 멀리 뒤처지는 것에 대한 두려움이다.

공명하는 자기 목격자가 현실화하고 그런 목격자에 시시각각 접근할 수 있게 되면 변화가 일어난다. 밤에 잠자리에 누울 때, 갈망을 인정해 주는 따뜻함으로 만들어진 담요를 덮는 상상을 할 수도 있다. 진실이 가슴을 따뜻하게 만들 수도 있다. 안심과 위안이 복부에 자리 잡고, 약간의 도움과 다정함이 머리를 부드럽게 안을 수 있다.

아침도 달라질 수 있다. 잠에서 깰 때 따뜻한 마음과 자세로 자신과 만나면 어떻게 될까? 자리에서 일어나기 싫을 때, 자기를 경멸하는 말을 건네기보다는 "벌써 피곤하고 압도된 기분이 드니?"라고 다정히 묻는다면 말이다.

숨 쉴 공간이 있었으면 좋겠다는 생각이 간절한가? 기쁨을 느끼는 자기 자신의 능력과 연결되기를 바라는가? 그런 능력이 도대체 어디로 간 건지 모르겠다는 생각이 드는가? 지금으로도 충분하며 있는 그대로의 모습으로 환영받는 느낌이 들었으면 하는가? 오늘 하루가 당신에게 딱 맞는 하루이기를 바라는가? 그리고 모든 짐을 직접 짊어지고 가는 것이 아니라, 아주 가벼워서 무언가에 실려 저절로 움직여지는 경험을 하고 싶은가?

하루를 여는 첫 경험이 이와 같다면, 침대에서 아주 수월하게 일어날 수 있다. 번득이는 유머로 세상을 바라보기가 예전보다 쉬워진다. 놀이와 유희가 일깨워지기 시작하고, 그렇게 되면 우울증에 대한 회복력이 더 향상된다.[1]

이런 변화는 그다지 짙지 않은 가벼운 수준의 우울증일 때 좀 더 쉽게 일어난다. 더 깊은 우울증도 변화시킬 수는 있지만 아무래도 좀 더 힘들다. 그럼 우울감에 사로잡힐 때 사람들이 어떤 경험을 하게 되는지 지금부터 알아보자.

우울증이 있으면 어떤 현상이 나타날까?

우울증은 갑자기 찾아들기도 한다. 이 증상은 인생을 바꾸어 놓을 만큼 강력할 수도 있고, 의식하기 힘든 수준의 가벼운 우울증이 수십 년 동안 이어지기도 한다. 사람들은 아플 때, 중독을 끊을 때, 장기간 스트레스를 받을 때 우울해질 수 있다. 또한 트라우마를 경험할 때, 그중에서도 특히 이별이나 죽음으로 사랑하는 사람을 떠나보낼 때 우울증이 생기기도 한다. 우울증은 흐리거나 비가 오는 날씨가 이어질 때도, 생리 중이나 폐경기에 호르몬 변동이 있을 때도 나타날 수 있다.

평생 우울증을 앓으며 사는 사람도 있는데, 특히 어머니가 임신 중 우울증이나 산후 우울증을 앓았던 경우 그럴 가능성이 있다. 환영받지 못하는 가정에 태어나거나, 환영받으며 태어났더라도 부모가 이 세상에서 소속감을 전혀 못 느끼며 살았다면, 그런 상황을 이해하려고 애쓰다가 결국 자신이 나쁘고 혐오스럽고 잘못됐다는 믿음을 갖게 되면서 우울증이 생기기도 한다. 우울증을 앓는 사람의 절반 가까이는 불안증에도 시달린다. 또 불안증이 있는 사람의 절반 가까이는 우울증이 있다. 우울증은 조울증에서처럼, 기분이 고양된 항진 상태인 조증과 번갈아 가며 나타나기도 한다. 이런 상태에서는 조증이 아주 심해져서 현실 감각을 잃을 수도 있다.

때로는 우울증이 뇌 자체의 관성인 것처럼 보일 수도 있다. 이럴 때의 뇌는 욕구 충족을 완전히 포기한 것처럼 느껴지기도 한다. 마치 기력을 전부 소진하는 고통스러운 정적에 빠져들었고, 그 정적의 중심에 괴로움이 있는 것과 같다. 그저 계속해서 숨을 쉬는 것 말고는 그 어떤 것도 할 수 있는 에너지가 없다. 숨 쉬는 건 의지와 상관없이 이루어지는 활동이기에 가능할 뿐이다.

짙은 구름 속에서 사는 이런 삶은 슬픔이나 애도와는 다르다. 그보다는 중력이 예전보다 훨씬 무거워졌으며, 먹거나 자거나 자기 관리를 하거나 일하거나 관계를 지속하기 위해 몸을 들어 올릴 에너지가 부족한 상태와 비슷하다. **즐거움**이라는 단어가 더는 이해가 되지 않는다. 마치 뇌의 모든 자원과 에너지원을 도난당한 것만 같다. 그렇기 때문에 지원을 받지 않고서는 우울증을 벗어나기가 힘들 수도 있다. 우울증으로 고생하는 사람들에게는 도움이 필요한데, 손을 내밀어 도움을 구할 수 있다는 희망조차 품기가 어려울지 모른다.

우울증의 징후와 증상

- 슬프거나 불행한 느낌
- 사소한 일에도 불쑥 치미는 짜증이나 좌절
- 자신이나 타인의 성과 또는 기여에 대한 만성적인 불만
- 성과와 기여를 말로 일일이 표현함
- 일상적인 활동에 대한 흥미와 즐거움 상실
- 성욕 저하
- 불면증 또는 과다 수면
- 식욕 변화. 식욕과 체중이 감소하거나 아니면 식욕을 억제하기 힘들고 체중이 증가함
- 동요 또는 불안. 예를 들어 서성거리거나, 손을 자꾸 쥐었다 폈다 하거나, 가만히 앉아 있지 못함
- 화를 잘 내고 폭발하듯 분노를 분출함
- 생각, 말, 몸의 움직임이 느려짐
- 망설임, 산만함, 집중력 저하
- 피로, 피곤, 에너지 감퇴. 간단한 일을 하는 데에도 노력이 많이 필요한 것처럼 느껴짐
- 무가치한 기분이나 죄책감을 느끼고 과거의 실패에 집착함. 일이 순조롭게 진행되지 않을 때 자신을 탓함
- 생각, 집중, 결정, 기억하기가 힘듦
- 죽음, 죽는다는 것, 자살에 대해 자주 생각함
- 뚜렷한 이유도 없이 눈물이 쏟아짐
- 요통이나 두통처럼 원인을 알 수 없는 신체적 증상이 나타남

그렇다면 우울증을 일으킬 수 있는 요인은 어떤 것들인지 생각해

보자. 우울증에 시작점이 있다는 것을 알아 두면 좋다. 그래야 우울증에서 벗어나는 움직임을 예측할 수 있고 종료점에 도달할 수 있으니 말이다. 때로는 촉발 요인을 인식하는 것이 우울증에 빠져드는 자신에 관한 판단을 내려놓는 데 도움이 된다. 또 그런 인식이 있으면, 샤워 같은 일상적인 자기 관리를 제대로 하지 못하는 자신을 그렇게까지 심하게 비난하지 않을 수 있게 된다.

우울증의 원인이 될 수 있는 요인

- 장기간 지속되는 스트레스
- 애착의 트라우마
- 소중한 사람을 잃은 경험(이별 또는 사망)
- 기분을 조절하는 뇌의 기능 오류
- 중독 치료
- 임신 중 우울증이나 산후우울증
- 유전적 취약성
- 호르몬 변동
- 빈곤과 학대처럼 스트레스가 많은 사건
- 직업, 경력, 일자리와 연관된 상실의 경험
- 재정, 안전, 안정성의 문제
- 계절에 따른 빛의 변화
- 건강 문제
- 약물 치료
- 포악한 디폴트 모드 네트워크

우울증과 트라우마

어린 시절에 힘든 일을 경험하면 나중에 우울증에 걸릴 가능성이 커진다. 또 살면서 겪은 트라우마의 종류가 많을수록 우울증이 생길 가능성이 더 크다.[2] 다른 방식으로 이렇게 표현할 수도 있다. 어릴 때 남들보다 힘든 일을 많이 겪었고, 더 많은 종류의 학대를 견뎌야 했으며, 가족에게 나쁜 일이 많이 일어났다면, 삶이 무의미하다고 느끼거나 절망과 에너지 부족으로 고생할 가능성이 더 크다. 이 말을 들으면서 '그래서 뭐 어떻다는 거야? 지금 내 삶이 힘든 건 부모님이 힘든 일을 겪어서 내게 함부로 대했기 때문이고, 부모님이 그랬던 건 그들의 부모님이 힘든 일을 겪어서 자식들에게 함부로 대했기 때문이라면, 결국 희망도 없고 변화의 가능성도 없는 거잖아?'라고 생각할지 모른다. 그러나 온기와 애정으로 자기 자신을 대하는 법을 배우고 삶에서 더 많은 의미를 만들수록, 자신과 타인을 대하는 방법에 있어서 더 많은 선택의 여지가 생긴다.

치유 작업은 중요하다. 우울증은 우리 자신, 친구들과 이웃들, 자녀와 손주에게 영향을 미친다. 심한 우울증을 앓는 사람들에 관한 어느 연구에서, 거의 모든 연구 대상자가 '애정 없는 통제'로 자녀를 양육했던(자녀에게 이래라저래라 명령하고, 온기와 온화함, 사랑을 전혀 표현하지 않으면서 아이를 훈육했다는 의미) 부모 밑에서 자랐다는 사실이 확인됐다. 그리고 이 연구에서, 모든 대상자의 면역 체계에서 염증 수치가 높게 나타났다. 어릴 때 방치되고 학대당한 경험이 많을수록 면역 체계에 미치는 영향은 더 컸다.[3]

우울증에 관한 이런 정보를 알게 되니 어떤 기분이 드는가? 가벼운 마음을 느끼고 싶고, 인정과 도움을 받고 싶은 마음이 간절한데 이런 이야기를 들으니 마음이 우울해지는가? 몸에서 어떤 변화가 감지되는가? 확인과 인정을 받고, 현실을 공유한다는 데 안도감이 드는가? 궁금한 것이 많아서 더 많은 정보를 얻고 싶은가? 자기 인식의 고통으로 속이 메스꺼우며, 너무도 힘든 이 기분을 인정받고 싶은가? 약간의 낙관적인 믿음과 신념이 어우러진 강한 희망이 필요한가?

공명 기술
온화함과 인정

우울증을 다룰 때 가장 중요한 두 가지 기술 첫째는 강렬한 온화함을 포용하는 방법을 아는 것이고, 둘째는 우울한 자아의 진실을 인정할 줄 아는 것이다. 이때 우울한 자아에게 잘못이 있다고 여기거나 우울한 자아의 목소리가 진실이라고 믿어서는 안 된다. 두 가지 기술 모두 자신과의 관계에서 역설적인 상황에 있다. 그리고 둘 다 '함께하기'가 필요하다. 함께하기는 우울하지 않은 자신을 기억하고 생명 에너지와 편안함이 돌아오기를 바라면서도, 어떤 변화도 요구하지 않는 것이다.

도움이 가장 많이 되는 태도는 어떤 식으로도 강요하거나 밀어붙이지 않으면서, 우리 자신에게 가장 좋은 결과를 바라는 것이다. 이런 태도는 함께 존재하고 동행해 주는 온화함으로써, 우울증 때문에 황량하고 에너지가 고갈된 구역에 부드러움과 편안함의 에너지가 들어갈 수 있게 해 준다.

여기서 필요한 인정은 우울한 자아가 받아들이는 진실이 뭐가 됐든지 이렇게 인정해 주는 것이다. "생명력 없는 이런 상태가 끝없이 계속되고 있다는 걸 인정받고 싶은 거야?", "이 세상에는 희망이 없다는 사실을 남들도 공감했으면 좋겠어?" 이런 식으로 말하는 건 다소 급진적이어서, 어쩌면 냉혹하고 삭막한 이 진술에 이의를 제기하고 싶을지 모른다. 하지만 무엇이 진실인지를 탐구하는 관점에서 우울한 자신에게 이런 질문을 던지면, 결과가 매우 흥미로울 수도 있으니, 시도하기 전에 미리 판단해서는 안 된다. 지금 바로 시도해 봐도 좋다. 당신의 존재가 인정받기 바라는 가장 우울한 측면은 어떤 것인가? 우울한 자신에게 이것에 대한 인정이 필요한지 물어보자. 몸에서는 어떤 일이 일어나는가? 이런 식으로 인정받는 것에 익숙하지 않아서 때로는 피식 웃음이 나고, 때로는 안도의 깊은숨을 쉬고, 때로는 머리가 맑아지는 느낌이 든다. 물론 우울증에 대해 언급하지 않는 방법으로 우울증에 대처할 수도 있지만, 뇌가 인식하는 것을 정확히 표현하기 시작하는 것도 우리에게 큰 안도감을 주는 방법이다.

우울증이 나타나는 다양한 방식을 알아보는 동안, 이런 상태의 근원에 뇌의 활동과 관련한 공통적인 패턴이 있는 건 아닌지 궁금한 사람들도 있을 것이다. 이에 관해 연구에서 밝혀진 관련 내용을 살펴보자.

뇌 개념
우울증과 관련이 있는 뇌 영역

우울증이 있는 사람의 뇌를 기능적 자기 공명 이미지로 살펴보면, 뇌 활동이 거의 관측되지 않고, 그저 어둡게 표현되는 변연계 깊숙한 곳에 생명의 작은 불씨가 빛을 발하는 것이 보일 뿐이다. 이런 현상은 우울증에서 벗어나는 것이 왜 이렇게 악명높은지 이해하는 데 도움이 된다. 우울증은 회복에 필요한 뇌 부위와 관련 자원의 작용을 차단하고 훼손한다.

우울증이 있을 때, 편도체는 괴로움과 압도감을 인식한다. 편도체가 더 활발히 작용할수록 뇌와 몸 전체에 코르티솔이 더 많이 흐른다. 편도체를 뒷받침하는 전전두피질의 영향력이 약할수록, 공명하는 자기 목격자의 목소리는 더 작아지고 우울증은 더 심해진다.[4] 한편 코르티솔이 더 많이 분비될수록 해마의 활동성이 떨어진다.[5] 해마는 기억과 학습을 담당하는 모든 영역을 조절하고 협력 작용하는 부위다. 트라우마로 격한 감정에 휩싸이거나 우울해진 아동들이 학교에서 힘든 시기를 보내고 나중에 커서 자신에게 뭔가 문제가 있다고 믿게 되는 것도 이 때문이다.

우울증이 차츰 치유되면 공명하는 자기 목격자가 일깨워지고, 뇌의 균형도 되돌아온다. 우울증을 앓는 사람은 좌뇌와 우뇌 모두 전전두피질의 활성도가 낮다.[6] 특히 결정을 내리고 과업을 수행하는 집행 기능 (executive function)을 뒷받침하는 뇌 부위인 좌뇌의 전전두피질에서는 활동이 거의 나타나지 않는다.[7] 우울증이 있을 때는 전전두피질의 일부인 하전두회([그림 1.5] 참조)의 활성도가 높아진다.[8] 하전두회는 부정적인 사건을 자의식과 연결 짓는 데 관여해서, 포악한 디폴트 모드 네트워크가 형성되게 만든다. 이런 작용이 나타나면, 수치심, 슬픔, 우울, 비관, 절망에 사로잡히고, 부정적인 감정, 비관적인 생각, 비건설적인 사고방식의 끝없는 순환에 휘말리기도 한다. 이런 부정적인 순환에 갇히면 더 바짝 경계하고 긴장하게 되므로 끝없이 반복되는 생각을 멈추기가 더 힘들어지고, 심하면 수면 장애를 겪을 수도 있다.[9]

우울증이 있어서 통제되지 않은 감정에 이끌리면(전전두피질이 활성화되지 않아서, 공명하는 자기 목격자의 도움을 받을 수 없다는 의미이다) 다음과 같은 영향이 나타날 수 있다.

- 반추: 세상에서 물러나 주의의 초점을 내면에 둔 채로, 고통스러운 자기 성찰을 하게 되는 경향이다.[10]
- 과도한 경계: 낮은 수준의 지속적인 위험이 예측된 상태에서 편도체가 작용하면서, 더 많은 스트레스가 유발된다. 몸에서 코르

티솔이 분비되어 지속적인 경계 상태가 유지되는데, 이런 작용은 면역 체계의 기능을 약화시키고, 다른 질병에 걸릴 위험을 높인다 (우울증을 앓을 때 다른 병에 잘 걸리는 이유는 이 때문이다).[11]

• 쾌락 불감증(anhedonia): 뇌의 보상 체계가 전부 작용을 안 해서, 쾌락을 전혀 못 느끼는 우울한 상태가 된다.[12]

우울증이 생기는 두 가지 주요 경로

신경과학자 자크 판크세프가 제시한 일곱 가지 감정 회로에 대해서는 이 책의 3장에서부터 꾸준히 논의해 왔다. 우리는 추구 회로를 이용해서 필요한 것을 얻고 필요한 행동을 취한다. 버림받을 때는 공황/비탄 회로를 이용한다. 두려움 회로는 위험한 상황에서 도망치거나 얼어붙은 듯 그 자리에 멈춰서 안전을 지킬 수 있게 해 준다. 분노 회로는 우리 자신과 다른 사람들을 보호할 수 있게 돕는다. 욕정 회로는 성관계를 맺을 수 있게 도와준다. 또 보살핌 회로를 이용해 우리 자신과 다른 사람들을 먹이고 챙긴다. 안전하고 행복한 상태에서는 놀이 회로가 활성화된다.

5장에서 불안이 발현되는 두 가지 경로를 살펴보았는데, 이와 비슷하게 판크세프의 연구는 우울증이 발현되는 두 가지 경로를 제시한다. 다음 이어지는 내용을 하나씩 살펴보자.

포악한 디폴트 모드 네트워크와 우울증

우울증에서 벗어나는 과정에는 포악한 디폴트 모드 네트워크를 변화시키는 과정도 포함된다. 공명하는 자기 목격자에 자기 온기를 불어넣을 때 일어나는 일과 그중에서도 특히 우리가 전전두피질을 올바른 방향으로 맞출 때 얻을 수 있는 효과를 탐색하는 것은 이 책의 전체적인 초점이었다. 포악한 디폴트 모드 네트워크는 장기간 이어지는 만성적인 스트레스를 유발해 우울증을 불러일으킨다. (물론 경제적인 문제, 일 스트레스, 가족 문제, 건강 문제처럼 인생에서 겪는 여러 문제도 우울증의 원인인 만성 스트레스를 유발한다.) 판크세프는 장기적인 스트레스가 이런 식으로 감정 회로에 영향을 주어 우울증을 초래하는 과정을 다음과 같이 추적했다.[13]

1. 두려움 회로는 스트레스에 반응해 신경전달물질을 분비시킨다.
2. 스트레스가 계속되면서 뇌를 작용시키는 이런 신경전달물질이 고갈된다.
3. 이렇게 되면 뉴런의 성장이 중단되고 뇌의 염증이 증가한다.
4. 추구 회로의 작용이 둔화하고, 목적이나 목표가 사라진다. (놀이 회로와 보살핌 회로의 작용도 둔화한다.)
5. 우울증이 나타난다.

이런 종류의 우울증을 다룰 때는, 포악한 디폴트 모드 네트워크를 조용하고 차분하게 만드는 방법에 집중하는 것이 도움이 된다.

평생의 외로움과 우울증

장기적인 스트레스가 뇌에 영향을 주면서 우울증이 발생하지만, 평생의 외로움을 통해서도 우울증이 발생한다. 이 세상에 태어난 아이를 가장 먼저 반갑게 맞이해 주어야 할 엄마가 아이에게 제대로 응대해 주지 않고, 특히 엄마가 임신 중 우울증이나 산후우울증을 앓으면서 반응성이 심각하게 부족해지면, 아이는 공황/비탄 회로가 영구적으로 활성화된 상태로 평생을 살아가게 될 수도 있다. 평생토록 지속되는 우울증은 산후우울증, 입양, 이른 나이에 경험한 부모의 죽음, 쌍둥이 형제의 죽음 같은 심각한 상실이나 관계의 완전한 단절에서 시작되기도 한다.

평생 우울증으로 고생하는 사람들은 애착을 바로잡는 작업이 필요하며, 포악한 디폴트 모드 네트워크를 바꾸는 것보다도 더 큰 노력과 수고가 든다(포악한 디폴트 모드 네트워크는 애착을 바로잡는 과정에서 함께 변화할 것이다). 이럴 때는 보살핌을 받는 친밀한 대인관계를 형성하고 유지해야 하며 감정적인 지원이 큰 힘이 된다. 판크세프는 대처하기 힘든 애착 패턴에서 우울증이 발전하는 과정을 이렇게 추적한다.[14]

1. 분리가 공황/비탄 회로를 활성화해서, 슬프고 버림받은 느낌을 불러일으킨다.
2. 슬픔과 공황이 나타나면, 내인성 오피오이드처럼 안정감을 주는 뇌 화학물질이 고갈되고, 옥시토신과 젖샘의 기능을 증진하는 프로락틴(prolactin)이 감소하며, 코르티솔의 분비는 늘어난다.
3. 외로움을 더 많이 느낄수록 고통, 우울, 피로를 더 많이 경험한다.
4. 추구 회로가 축소되고, 목표나 목적이 사라진다(놀이 회로와 보살핌 회로의 작용도 둔화한다).
5. 우울증이 나타난다.

우울증의 두 가지 근원을 다루기 위해, 이 장에서는 치유에 도움이 되는 명상 두 가지를 배운다. 두 가지 모두 일회성 연습으로 끝나는 것이 아니라 장기적인 변화를 도모하는 자기 온기 훈련과 통합해서 활용하도록 만들어졌다. 자신에게 맞는 쪽으로 수정하거나 변경해서 활용해 보자.

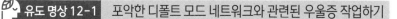

🍃 연습

몸에서부터 시작하되, 아주 조심스럽게 다가간다. 이번에는 호흡에 의식을 두는 것이 아니라 보호 작용을 하는 금빛 오라(aura)가 심장을 둘러싸고 신체 주변에 형성되는 것을 느껴 보자. 이 오라가 당신 자신으로부터 당신을 보호하는 보살핌의 아주 작은 빛줄기가 되도록 만든다.

이런 경험이 어떤 느낌일지 잠시 살펴본다. 당신 안에는 보살핌을 받을 가치가 있는 부분이 있으며, 이 부분은 심지어 당신 자신으로부터도 보호받는다.

이제 증오에 찬 냉혹한 자기혐오의 목소리를 견딜 수 있도록 도움의 손길을 데려오자. 당신의 일부인 이 부분에게, 어찌할 바를 모르겠고 완전히 지치며 어리둥절한 상태인지, 도울 방법이 도무지 없어 보이는지 물어보자. 어떤 공격에도 해를 입지 않는 사람이 되고 싶은지, 이 삶에서 비판과 책망을 초월하는 힘이 있었으면 하는지 묻는다. 또 당신의 연약함과 고통에 화가 많이 나는지 그래서 강철처럼 강인해지기를 갈망하는지 묻는다. 기준이 너무 높아서 비인간적으로 느껴지는지도 질문한다. 당신의 일부인 이 부분은 당신의 관심과 이해에 어떻게 반응하는가? 감정과 욕구에 대한 추측이 이외에도 더 있으면, 몸에 의식을 두고서 어떤 감정과 갈망이 명확히 표현되기를 기다리고 있는지 살펴보자.

이제 심장으로 돌아와서, 심장이 당신의 다정한 마음을 기꺼이 받아들이려고 하는지 살핀다. 심장은 건강하고 온전한 느낌인가, 아니면 아프거나 힘겨워하는가? 연붉은색이 아닌 다른 색이거나 심장 조직이 아닌 물질로 만들어졌는가? 무엇을 발견하든, 자신에게 이런 질문을 던진다. 이런 대화를 통해 감정을 알 수 있다면, 어떤 감정이 확인됐는가? 그 감정에는 어떤 갈망이나 욕구가 숨겨져 있을까?

심장의 기력이 소진돼서 에너지 보충과 지원이 필요한가? 지금껏 심장은 외부에서 아무것도 공급되지 않는 상황에서 몸에 영양을 공급하는 피를 혼자 힘으로 만들어 내야 했고, 그래서 기력이 완전히 소진됐을 수 있다. 심장이 자신만을 위한 사랑을 필요로 하고 갈망하는가? 심장에게 구름으로 만든 아기 침대나 산소와 꿈으로 만든 둥지가 필요한가?

심장이 슬픔으로 부서지고 찢어졌는가? 심장은 자신이 어떤 손실을 보았는지 인정해 주기를 바라는가? 자신이 사랑했던 것들이 모두 사라지고 나서 계속해서 사는 것이 얼마나 힘들었는지 인정받고 싶어 하는가? 심장이 자신의 상실과 고통 외에 다른 심장의 상실과 고통까지 함께 안고 있는지 확인해 보자.

보호의 빛줄기가 공명하면서 심장을 관심과 인정으로 대한다. 이 빛줄기에는 당신의 심장의 진실 외에는 그 어떤 진실도 필요치 않다.

이제는 애정과 관심을 품고서 주의를 몸 전체로 되돌린다. 그저 당신의 존재 전체에게, 인정하는 마음을 품는다. 그리고 만일 가능하다면, 인간인 우리가 자기 인생을 얼마나 살기 힘들게 만드는지에 대한 냉소적인 유머도 마음에 품어 본다.

🎐 유도 명상 12-2 · 평생의 외로움과 연관된 우울증에 다정하게 다가가기

🍃 연습

주의의 초점을 몸으로 가져온다. 숨을 들이마시면서 호흡의 움직임이 느껴지는 곳에 주목한다. 근육의 움직임, 공기의 움직임을 의식한다. 주의에 따뜻한 관심을 쏟으면서, 주의가 호흡의 감각에 머물게 하고 흐트러지면 다시 부드럽게 호흡으로 되돌아오도록 다정하게 격려한다. 호흡의 질감은 어떠한가? 만일 호흡에 색깔이 있다면 무슨 색일까?

그러고 싶은 마음이 들면, 숨을 들이쉴 때 힘이 되는 좋은 감정을 불러들이고, 숨을 내쉴 때는 분노, 우울, 공포, 슬픔 같은 고통스러운 감정을 밖으로 내보낸다고 상상해 보자.

이 작업을 진행하면서, 경험 속의 자기 자신이 완전히 외톨이인지 의식한다. 그렇게까지 철저히 홀로 떨어져 있는 건 아니라면 어떨까? 당신도 진정한 이 세상의 일원이라면? 호흡이 더 넓은 세상에 존재하는 감정적 자아를 인정해 주는 것이라고 받아들이자. 숨을 들이쉴 때, 이 세상이 공명하면서 당신을 보호해 주는 것을 느끼고, 힘이 되어 줄 공명하는 자기 목격자를 내면에서 불러낸다.

공명하는 자기 목격자가 연민 어린 마음으로 당신에게 이렇게 묻는다고 상상한다. "완전히 지쳐서 쉴 수 있는 안전한 곳이 있었으면 좋겠어?"

"참기 힘들 정도로 화가 나서 포기해 버린 거니? 희망과 균형, 자기 자신에 대한 책임감이 필요해?"

"뼈에 사무칠 정도로 외로운 거야? 단 몇 초라도 따뜻하고 애정 어린 공동체에 깊이 소속된 기분을 느끼고, 그러면서도 자유와 개성을 한껏 느끼는 경험을 해 보고 싶니?"

"자기표현이 남들을 밀쳐 내는 행동이 아니라 남들과 더 가까워지는 계기가 된다고 확신할 수 있었으면 하니? 있는 그대로의 모습으로 지내면서도 남들과 친분을 맺는 것이 가능한지 알고 싶어?"

내쉬는 숨과 함께 감정을 내뿜어서, 당신이 느끼는 감정이 날숨에 실려 이 세상에 전달되게 하자. 또 들이쉬는 숨과 함께 세상이 당신에게 응답하게 하자. 당신의 슬픔을 세상이 함께 느끼고 위로하게 하고, 마음에서 일어나는 동요를 세상이 묵묵히 느끼게 하자.

육체적인 존재 속으로 더 깊숙이 들어가 본다. 당신의 일부인 아주 작은 존재, 즉 세포 수준에 남아 있는 우울함을 찾는다. 세포 안으로 이동하려는 갈망이나 꿈이 있고 세포에서 나와 우주로 이동하라는 요구가 있다면, 결과는 어떤 식으로 나타날까? 세포들은 누군가가 자신을 진정으로 알아주는 데 따른 안도감을 느끼고 싶어 하는가? 아니면 그런 표현이 너무 이질적이어서 거의 이해할 수 없을 정도인가? 이해가 되면 좋겠다는 생각이 드는가?

공명하는 자기 목격자가 외로운 세포들과 이야기를 나눈다고 상상해 본다. 자기 목격자가 무엇인지 아직 제대로 감이 안 온다면, 당신이 신뢰할 수 있는 사람을 공명하는 자기 목격자로 정한다. 신뢰하는 사람이 없다면, 동물 중에서는 어떤가? 믿음 가는 동물이 있는가? 아니면 나무나 자연의 어떤 장소는 어떤가? 이런 존재나 본질에 당신의 세포들은 어떻게 반응하는가? 세포들은 지금껏 계속 외롭고 혼란스러웠다는 사실을 인정받고 싶어 하는가?

인간적 존재인 자신보다 더 크고 위대한 누군가가 있었으면 좋겠다고 생각하는가? 원할 때 기댈 수 있고, 원할 때는 언제든 벗어날 수 있으며, 나중에 다시 돌아왔을 때 같은 자리에 그대로 있어 줄 따뜻하고 믿을 만한 누군가가 있었으면 하는가? 지지받는 느낌이 어떤지, 친밀함이 어떤 느낌인지 알고 싶은가? 무슨 일이 있든 늘 사랑받는 경험을 해 보고 싶은가? 당신이 했거나 하지 않았던 행동과 전혀 관계가 없는 사랑을 해 보면 좋겠다는 생각이 드는가? '조건 없는 사랑'이 무슨 의미인지 알고 싶어지는가? 이 세상에 완전히 속해 있고, 사랑받고 있으며, 남들이 당신을 이해해 준다는 것을 알고 싶은가?

이런 식으로 접근하고 이에 관해 이야기 나누는 과정에서 인정받고 싶은 슬픔이나 비통함이 있는가? 어린 사회적 동물이 결코 감당할 수 없을 만큼 긴 시간을 홀로 지냈는가? 몸의 모든 세포는 미토콘드리아 DNA 안에 어머니 세포의 일부가 아주 조금씩 들어 있다. 세포를 이런 식으로 생각하면, 자기 몸의 모든 세포가 뒤에서 우리를 도와주는 어머니들(조상들)에게 지지받고 사랑받고 있다는 걸 알 수 있다.

이제는 호흡으로 돌아와서, 어떤 감정이 숨과 함께 들어오고 나가는지를 살펴본다. 몸 전체의 감각은 어떤가? 인정하는 작업은 여기서 잠정적으로 마무리하고, 이제는 일상의 삶으로 되돌아가자.

이 명상들이 필요한 이유

우울증을 치유하는 작업을 할 때는 상냥함을 최우선으로 하는 것이 중요하다. 우울증을 앓아 온 사람들은 평생 분노, 냉대, 분개, 짜증, 비판하는 방법으로 우울한 자신에게 어떻게든 영향을 미치려고 애써 왔다. 반면 따뜻하게 대하고 굳건히 함께해 주는 것은 통합에 이르는 근본적으로 다른 접근법이다. 이는 자기혐오에 따른 수치심과 분노 사이에서 끝없이 망설이지 말고 안전과 사회적 참여로 되돌아와야 한다는 요청이다. 따뜻한 존재감이 일정하게 유지되어야 한다는 점도 중요하다. 하루에 두 번 30초 동안 온기 어린 호흡 명상을 실천하는 것은 실행 가능한 방법이며, 일주일에 한 번 15분 동안 명상하는 것보다 마음에 더 큰 위안이 된다.

　이 두 가지 명상법의 유용성을 고려할 때 언급하고 넘어가야 할 뇌 화학물질이 몇 가지 있다. 우리가 감정적 온기를 경험할 때마다, 옥시토신 호르몬의 균형이 잡힐 가능성이 크다. 옥시토신은 소속감을 느낄 때 뇌에서 생성되는 물질이다. 옥시토신은 인체 시스템을 진정시키는 데 엄청난 효과가 있다(다만 친밀감이 안전하게 느껴질 때만 그렇다. 지금껏 온기 어린 관심을 안전하게 느꼈던 적이 없었다면, 사람들은 대체로 따뜻함을 피하려고 애쓴다). 친밀감이 완전한 느낌으로 자리 잡으려면 표현과 개성이 필수적임을 반드시 이해해야 한다. 소속되기 위해서 자신의 일부를 버려야 한다면, 결국 깊은 우울과 뼈에 사무치는 외로움 속에서 살게 될 것이다. 우울증에서 완전히 벗어나려면 깊은 온기를 경험해야 할 뿐 아니라 남들이 자신을 완전히 알아주는 경험을 해야 한다. 현재 자신에게 따뜻하게 대해 주는 공동체가 없다면, 지금부터 그런 공동체를 만들고 발전시킬 수 있다. 어쩌면 이 책을 읽으면서 변화의 여정을 밟고 있는 사람들과 함께한다는 상상을 하는 것만으로도 온기를 느끼게 될지 모른다.

균형 잡힌 상태를 유지하는 데 이런 명상이 도움이 되는 또 다른 뇌 화학물질은 도파민이다. 우울증의 경험에는 어떤 행동을 취해야 할지 도무지 모르는 난감함, 좌절감, 무력감, 당황스러움이 포함되는데, 이 모든 감정은 도파민이 몸에 제대로 흐르지 않고 있다는 것을 나타낸다. 이런 상황에서 사람들이 행동을 취하면, 뇌의 움직임을 자극하게 된다. 유도 명상을 실행하는 것은 뭔가를 하는 행위다. 뇌에게 자신을 온기 있게 대해 달라고 요청하는 행동을 취하는 것이다. 좌뇌가 도움을 주기 위해서 무언가 행동에 나서게 하는 것은 우울증 때문에 굳어진 내면이 풀리기 시작하는 유용한 움직임이 될 수 있다.

우울증을 치유하는 방법으로 연구된 거의 모든 접근법에서, 해당 방법(운동, 항우울제, 침술 등)을 시도한 사람의 약 50%가 효과를 얻었다. 이런 자원과 정보를 찾을 수 있는 곳은 많으니, 여기서는 공명에 기초한 접근법으로 도움을 얻는 데 중점을 두도록 하자.

🍃 🍃 🍃

우울증 치료에 도움이 되는 공명을 활용하기

현재 우울증을 앓고 있으며, 공명하는 자기 목격자와의 관계를 발달시키는 중인 사람들에게는 변화가 일시에 나타나는 것이 아니라 점진적으로 나타난다. 이 책에서 배운 내용을 적용하면서 시작할 수 있는 몇 가지 실천 사항을 소개한다.

- 포악한 디폴트 모드 네트워크가 있다는 것을 인정한다.
- 심한 우울감이 몰려올 때와 공명하는 자기 목격자와의 관계를 발

전시킬 때 사이의 틈을 기회로 삼는다.

- 이 책에 나온 명상법을 이용해서 공명에 기초한 마음챙김 훈련을 시작한다.
- 우울감을 느끼는 상태에서는 작은 것에서부터 시작한다. 예를 들면 온기를 품고 호흡을 3회까지 세는 것부터 실천한다.
- 호흡으로 주의를 돌릴 때, 자신을 상냥하고 따뜻하게 대해야 한다는 점을 기억한다(차갑게 대하거나 넌더리를 내면서 재촉해서는 안 된다).
- 저절로 자꾸 떠오르는 생각을 바꾸고, 감정을 정확히 표현하며, 어떤 갈망이 있을지 추측한다. 새로운 기술을 사용해서 포착한 디폴트 모드 네트워크를 누그러뜨린다.
- 이 책에 나온 방법으로 오래된 애착 유형을 치유하고, 애정 없는 통제와 어린 시절 트라우마의 영향을 뒤집는다. 우울증의 원인 중 하나인 염증을 유발할 수 있는 트라우마를 치유할 수 있다.
- 놀이 회로를 경험해 볼 방법을 찾는다.

🖊 칼의 편지: 칼이 직접 말하는 경험담

나는 칼이다. 아내를 암으로 떠나보내고 더는 삶의 의미를 느낄 수가 없었던 나는, 공명하는 자아에 대한 수업을 듣고 실천하기 시작했다. 하지만 내 몸에서 일어나는 일을 살필 때, 손과 발은 느낄 수 있었지만 몸속은 전혀 들여다볼 수가 없었다.

내 안에도 공명하는 자기 목격자가 있다는 생각은 아주 생소했다. 이 개념에 익숙해진 뒤에야, 내게 공감하고 내 마음을 추측해 줄 공명하는 자기 목격자를 찾아야겠다는 마음이 생겼다. 나 자신에게 이렇게 물었다. "아내가 처음 암 진단을 받았을 때, 그리고 암 치료를 받으면서 아내가 쇠약해지다가 마침내 세상을 떴을 때, 충격과 상실이 얼마나 컸는지 인정받을 필요가 있었어?"

나는 이 사건들을 하나씩 차례로 작업했다. 충격 때문에 몸이 얼은 듯 굳어져 버리는 일이 없도록 신경 썼다. 그러면서 이렇게 물었다. "암이라는 말을 들었을 때 심장이 멎어 버렸고, 그 뒤로는 사실상 전혀 안 뛰었던 거야?"

"암 치료가 아내에게 어떤 영향을 미치는지 봤을 때, 너도 아내와 함께 고통을 느꼈니? 터무니없는 엄청난 분노에 차 있었고, 다정함과 관심이 필요했을까?"

"아내가 죽었을 때, 마치 네 일부가 함께 죽은 것 같았어?"

이런 식으로 질문을 던지며 이 일이 얼마나 엄청난 경험이었는지를 인정하자, 감각이 차츰 몸으로 돌아왔다. 몸이 회생되면서 우울증이 차츰 물러가기 시작했다. 나는 자신과 공명하면서 더 많은 질문을 던졌는데, 이 과정은 아주 서서히 부드럽게 진행됐다. 우선 몸의 모든 의견을 살피고, 몸에 더 이상 의견이 남지 않게 됐을 때는 공감하면서 내 생각들을 하나씩 살폈다.

나를 완전히 인정하게 되면서 아내의 육체적인 존재가 사라졌다는 데 애통하긴 하지만 아내의 사랑이 내 안에 남아 있다는 것을 느끼게 됐고, 다시 살아야겠다는 생각이 조금 더 커졌다. 나 자신을 위한 의미를 되찾았던 것이다. 이런 새로운 방식으로 살기로 결심하면서, 애착의 뇌 신경을 키우고 강화했고, 뇌가 더 쉽게 조절되고 균형을 이루게 만들었다. 내가 찾은 의미가 더 확실해지자 공명하는 자기 목격자가 모습을 완전히 드러냈고, 일상의 삶을 살면서 차츰 내 자신을 연민과 온화함으로 대할 수 있게 되었다.

중독과 강박에서
완전히 벗어나기

: 자기 이해와 공명의 힘

중독에 맞서 싸우는 것이 얼마나 어려운지를 생각하면, 어린 시절의 경험이 신경계에 영구적인 영향을 줄 수 있음을 유추할 수 있다. 엄마와 아이의 상호작용은 삶에 좀 더 쉽게 대응하는 능력에 흔적을 남기며, 이는 심장을 조절하는 신경의 균형과 뇌 구조를 바꾸어 놓는다.[1] 어린 시절에 관계를 통한 지지를 덜 받을수록, 외부 세계와 내면세계, 타인과의 관계 속에서 살아가는 데 더 큰 노력이 든다. 또 자기 내면의 힘을 생존에 더 많이 투자해야 할수록, 외적인 의존 수단(설탕, 알코올, 마약, 속도, 니코틴 등)에 더 많이 이끌리게 된다.

이럴 때 사람들은 문제가 되는 활동이나 중독성 물질의 복용을 중단해야 한다고 자기 스스로 다그치다가 공황 상태에 빠진다. 사실상 외로움에 무방비 상태로 맞서라고 요구하는 것과 마찬가지임에도, 이런 요구의 심각성을 좀처럼 이해하지 못한다.

외로움에 뇌가 어떻게 반응하는지를 알고 나서야, 위안을 주고 기분 좋게 만들고 때로는 약간의 황홀감까지 들게 하는 모든 작용(설탕, 지방, 소금이 뇌와 몸에 내인성 오피오이드와 옥시토신을 방출하는 것)이 중독적 갈망이 될 수도 있음을 비로소 이해한다. 애타는 아쉬움을 채워 줄 수 있는 모든 것은 의존의 대상이 될 가능성이 매우 짙다. 이것이 중독의 본질이다.

뇌를 변화시키는 물질을 섭취하거나 투약해서 뇌의 작용 방식을 바꾸는 것은 자신을 지지해 줄 공명하는 자기 목격자를 불러들이기보다 훨씬 쉽다. 하지만 다행스럽게도, 자기 온기에 의존하는 습관이 들면 자신에게 따뜻하게 대하는 데 노력이 덜 든다. 그래서 이런 선택을 할 때마다 따뜻하게 대하기가 점점 더 쉬워진다.

효과가 가장 좋은 중독 프로그램들은 외로움과 단절의 근원을 해결하는 데 도움이 된다. 특히 알코올 중독자 갱생회(Alcoholics Anonymous; AA)의 12단계 모임은 따뜻한 공동체와 영향력이 큰 단체와의 깊은 유대를 통해 중독자 본인과 중독자를 둔 가족 모두의 문제를 다룬다. 포르투갈에서는 실제로 그 효과가 확인됐다. 포르투갈은 십여 년 전에 중독을 처벌 대상에서 제외하고 그 대신 재정적 자원을 마약 치료, 따뜻한 공동체, 주거 안정, 일자리 보조금에 쏟아부었다. 현재 포르투갈의 마약 중독자 수는 50%가 감소한 상태이다.[2]

외로움과 단절의 근원 치유는 마음챙김 기반의 재발 방지 프로그램을 통해서도 이루어진다. 교육생들은 자기 조절에 대해 배우고, 애착과 자기 연결의 신경조직을 삶에 적용해 나간다. 아울러 참가자들이 서로 따뜻한 유대 관계를 맺는 병원의 환자 치료 프로그램도 근원 치유에 상당히 큰 도움이 된다. 물론 공명하는 자기 목격자를 깨우고 더 깊은 온기와 안도감으로 자신을 대하기 시작할 때에도 이런 치유가 나타난다. 이런 과정은 몸과 마음 모두 진정으로 집에 온 느낌을 처음으로 느껴 볼 기회가 되기도 한다.

트라우마와 중독의 신경생물학

중독이라는 단어의 정의는 다양하지만, 가장 단순한 정의를 들면 '해로 운데도 계속 사용하는 것'이다. 중독은 술, 담배, 음식, 약물 등의 물질을 대상으로 할 수도 있다. 혹은 충동구매, 성적인 활동, 도박, 일 등의 행동이 대상이 되기도 한다. 물질이든 행동이든, 중독은 뇌가 문제를 해결하려고 최선을 다한 결과다. 이런 결과는 뇌 차원에서 볼 때 뭔가 균형이 안 맞는 상태에서 시작된다. 예컨대 역할을 행하고 남들과 어울리는 데 필요한 에너지가 없거나, 신체적 고통과 소외의 고통이 느껴지거나, 내면의 냉랭함을 누그러뜨려서 따뜻함을 느끼고 싶은 욕구가 간절하거나, 대응하기 힘든 감정이 들거나, 포악한 디폴트 모드 네트워크의 목소리를 잠재우고 싶은 경우이다. 이 모든 상태가 물질이나 행동에 대한 중독적 갈망을 불러일으킬 수 있다. 사람들은 늘 행복하고 차분한 상태로 돌아오려고 애쓴다. 하지만 감정적으로 어떤 작용이 일어나고 있으며, 뇌가 이런 감정을 다스리거나 해소하려고 애쓰고 있다는 사실을 인식하지 못할 때가 많다. 중독은 뇌가 자신하는 전략이다. 예전에, 즉 공명하는 자기 목격자의 따뜻함이나 자기 자신을 진정시키는 힘을 전혀 활용할 수 없었고 행복하고 평안한 상태에 이를 수 없었을 때, 이것이 큰 효과가 있었기 때문이다.

통증을 유발하는 자극이 끊임없이 일어나 시시때때로 중독 물질이나 행동에 기대는 사람들도 있다. 예를 들어 혐오감이나 자기혐오가 자의식과 뒤얽혀 있다면, 자기 자신과 관련이 있는 무언가를 생각할 때마다 고통이 찾아와서, 중독 물질이나 행동을 맨 처음 사용했을 때 얻은 안도감을 다시 느끼고 싶은 욕구가 일어난다. 불행히도 뇌는 중독에 익숙해지고, 중독된 상태를 새로운 기준으로 받아들이기 시작한다. 그래서 중독이 주는 좋은 기분의 맥락에 맞춰서 모든 것의 균형을 유지하기 위해 뇌 화학물질의 흐름을 조절한다. 기분이 좋아지는 중독성 경험이 쇄도하면서, 신경전달물질의 분비를 줄이고 기분이 좋아지게 만드는 뇌 화학물질의 수용체 수를 감소시키는 쪽으로 새롭게 균형이 잡힌다. 그 결과 중독이 시작되기 전보다 훨씬 심각한 상태가 된다. 게다가 수용체가 감소하면 중독성 행동이나 물질이 더는 고통을 없애 주지 못한다. 이쯤 되면 주체할 수 없는 기억과 습관의 노예가 되지만, 중독에 대한 갈망은 절대 멈추지 않는다. 중독자들은 고통을 멈추려고 애쓰는 과정에서 자기 자신과 주위 사람들을 해치고, 더 많은 고통을 유발하는 끝없는 악순환에 빠진다. 그런데 외적인 수단으로 뇌 안을 바꿔 보려는 시도는 오히려 문제를 악화시킬 뿐이다. 건강에 해롭기도 하지만, 진정으로 자기 자신을 돌보는 것에 비하면 효과가 아주 보잘것없다. 그러므로 뇌를 직접 치료하려고 시도할 것이 아니라, 뇌를 이용하는 방식을 바꾸어야 한다.

고통이 더 크고 뇌가 트라우마의 영향을 더 많이 받을수록, 중독 증상이 더 강력해지기 쉽다. 6장에서 설명했던 ACE 연구에 따르면, 어린 시절에 감정적인 충격을 받은 경험이 늘어날 때마다 어린 나이에 술을 마실 가능성이 2배나 3배로 증가한다. 육체적 학대와 성적 학대를 둘 다 경험한 사람은 한 가지만 경험한 사람보다 마약을 사용할 가능성이 최소 2배 높다. 또 네 가지 이상의 트라우마를 경험한 남자아이들은 주사기로 투여하는 마약을 사용할 가능성이 트라우마를 경험하지 않은 남자아이들에 비교해 12배 높으며, 특히 여섯 가지 이상의 트라우마를 겪은 아이들의 경우는 그 수치가 46배나 높았다.[3]

베트남에서 복무했던 모든 참전 용사 중 절반 가까이가 전쟁 중에 헤로인을 사용한 경험이 있지만, 귀국 후에도 중독적으로 헤로인을 사용한 사람은 5%에 불과했다.[4] 헤로인을 한 번 사용한 뒤의 중독률은 보통 23%쯤 되는 것으로 보고되는데, 이 수치는 방금 설명한 참전 용사의 통계와는 부합하지 않는다. 지금껏 알려진 중독률은 알코올이 23%, 코카인이 21%, 마리화나는 9%이다. 단 한 차례 노출된 뒤의 중독성이 가장 강한 물질은 니코틴이다. 니코틴을 단 한 번 사용한 사람의 68%가 장기간에 걸쳐 습관적으로 이 약물을 사용했다.[5] 하지만 전반적으로 봤을 때, 약물 자체의 중독성은 흔히 믿는 것만큼 높지는 않다. 사실 중독성이 높은 것은 고통을 없애거나 뇌의 균형을 맞추려는 욕구다. 의외라는 생각이 들지 모른다. 약물과 관련해서 사람들이 주로 하는 말은 이런 약물은 중독성이 강하므로 노출을 피해야 한다는(혹은 '무조건 거부해야 한다'는) 것이지, 고통이 중독을 유발한다거나 뇌에서 애착의 신경조직을 치유하고 다시 키워야 한다는 이야기는 거의 언급되지 않기 때문이다.

관심의 초점이 고통과 불균형이 아니라 중독 물질에 맞춰지는 이유 중에는 중독에 관한 연구 대다수가 실험실 환경에서 극도의 스트레스 속에 지내는 쥐를 대상으로 했기 때문이기도 하다. 사람들에게 대체로 잘 알려져 있지 않지만, 실험실 쥐는 스트레스가 많은 과밀한 환경에서 무력한 삶을 산다.

중독을 연구하는 캐나다 과학자 브루스 알렉산더(Bruce Alexander)는 생활 환경이 바뀔 때 실험 쥐의 중독성 행동에 변화가 나타나는지 알아보았다.[6] 그는 실험 쥐들을 위해서 탁 트이고 넓고 서로 교류할 수 있는 환경을 마련했다. 그는 이 장소를 생쥐 공원이라고 이름 붙이고, 암컷 쥐와 수컷 쥐를 모두 데려다 놓았다.

알렉산더는 생쥐 공원에 쥐들이 먹을 물통 2개를 설치하고, 물통 한 곳에는 모르핀을 넣고 다른 한 곳에는 넣지 않았다. 실험 결과, 쥐들은 모르핀이 든 물을 마시지 않았으며, 모르핀에 쥐들이 아주 좋아하는 설탕을 섞어 놓았을 때도 결과는 마찬가지였다. 이번에는 과학자들이 생쥐 공원의 쥐 몇 마리에게 2주 동안 모르핀을 억지로 먹여서 '중독시키고', 이후의 행동을 관찰했다. 중독된 쥐들은 선택권이 있었는데도 여전히 모르핀을 기피했다.

이처럼 윤택한 환경이 갖춰진 생쥐 공원에서는 원하면 모르핀이 든 물을 마실 수 있었는데도 쥐들이 모르핀을 기피했으며, 신체적으로 중독됐을 때조차 같은 선택을 했다. 반면 일반적인 사육장에서 생활하는 쥐들은 이와 비교해 모르핀을 20배나 더 많이 복용했다. 이렇게 보면 베트남 전쟁터를 떠나 고국의 편안하고 안락한 환경으로 돌아온 뒤에 헤로인 투약을 중단했던 참전 용사들이 그토록 많았던 것도 당연해 보인다.

일반 언론에서는 고통과 중독 사이의 관계를 대체로 잘 다루지 않는다. 중독에 대해 가르치는 사람들도 감정적 요인을 논할 준비가 아직 안 됐다고 느끼기 때문에, 트라우마를 중독성 행동의 근원 요인으로 제기하는 것을 주저한다. 나는 최근에 어느 학구(學區)에서 주최한 청소년 약물 중독에 관한 수업에 참가했는데, 수업에서 트라우마의 근본 원인은 전혀 언급되지 않았다. 나는 담당 선생님에게 ACE 연구에 대해 들어봤는지 그리고 아동이 경험한 고통과 중독 사이의 관련성에 대해서 알고 있는지 물었다. 그러자 선생님은 이렇게 대답했다. "지금 이 아이들은 심리 치료를 받고 있는 게 아닌걸요. 여기서는 감정적 처리 문제는 지원하지 않아요."

사람들이 중독의 근원인 고통에 관해 이야기 나누지 않는 또 하나의 이유는, 자기 인식이 형성되어야만 이 문제를 이해할 수 있기 때문이다. 이런 자기 인식은 그 자체가 중독의 해독제 역할도 한다. 공명하는 자기 목격자가 내면에 확고히 자리하지 못하면, 사람들은 트라우마와 중독 사이의 연결에서 곧바로 튕겨 나온다. 자기 인식이 없는 뇌는 트라우마가 중독과 충동에 어떤 식으로 얽혀 있는지를 이해하지 못한다.

중독을 치유하는 작업을 시작하면, 흔히 이런 생각이 들 것이다. '별어지는 일은 아무것도 없었어. 그저 난데없이 시작된 거야. 중독적인 갈망은 갑자기 이유도 없이 찾아들었어.' 하지만 실마리의 흔적을 쫓아 근본 문제를 이해할 수 있게 되면 고통 또한 명확해진다.

그럼 지금부터 이른바 '무조건 거부해야 한다'는 단순한 접근법이 뇌 차원에서는 얼마나 복잡한 문제인지 살펴보기로 하자.

중독과 '자기 통제'

코끼리와 코끼리에 올라탄 사람의 은유를 이용하면 중독이나 강박을 다스리기가 얼마나 복잡한지를 조금 더 쉽게 이해할 수 있다. 코끼리의 힘은 올라탄 사람의 힘보다 훨씬 더 세다. 마찬가지로 습관의 기류가 자리 잡힌 뇌의 심층 구조는 전전두피질과 편도체 사이의 무질서한 연결보다 훨씬 강하다. 양쪽 세계 모두, 사람과 코끼리, 공명하는 자기 목격자와 뇌 습관의 심층적인 기류 사이의 소통이 필요하다. 이런 소통은 강압적으로 이루어질 수도 있고(북미 문화권에서 중독을 통제하는 데 사용하는 일반적인 방식처럼), 관계를 인정하고 자기 온기의 장기적인 습관을 만드는 식으로 이루어질 수도 있다. 이런 방법이 가장 바람직한 방향으로 진행될 경우, 코끼리(신체와 깊은 습관적 충동)가 올라탄 사람(공명하는 자기 목격자)의 인도를 따르고 보살핌 받으려는 마음이 생기는 최선의 결과에 이른다.

중독 회복의 한 가지 측면은 '자기 통제'이다. 자기 통제는 세 가지 주요 요소로 구성되며, 그 세 가지는 '만족 지연, 반응 억제, 주의가 산만

해져도 목표를 유지하는 것'이다. 이 책에서 지금까지 우리가 살펴봤던 방법들은 과거와는 다른 선택을 내리고 중독에서 벗어나는 결과로 나아가는 이 세 가지 경로를 뒷받침한다.

1. **만족 지연**: 즉각적인 만족이라는 단순한 목표보다 더 장기적인 목표가 있다는 사실을 기억해야 한다. 최상의 조건에서는 뇌의 모든 부위가 중독에서 벗어나는 데 기여하도록 구성되는데, 그 안에는 다른 전략을 선택하고 선택에 따라 행동하며 장기적인 행복을 염두에 두는 것이 포함된다.

2. **반응 억제**: 이미 시작한 행동이나 충동을 중단하기까지 시간이 얼마나 소요될까? 갈망에 대한 무의식적 반응을 멈추는 것은 대단히 복잡한 행동이며, 엄청난 감정적 자원이 필요하다. 공명하는 자기 목격자나 다른 사람들의 지원을 얻을 수 있으면, 혼자 힘으로 헤쳐 나갈 때보다 대체로 더 잘 해낼 수 있다.

3. **주의가 산만해져도 목표를 유지하는 것**: 삶이 우리 앞에 던져 놓은 모든 것들 속에서도 더 나은 삶을 살고 도움이 되는 선택을 내리겠다는 목표에 계속 집중할 수 있을까? 이 경우에도 공명하는 자기 목격자와 관련 공동체와의 유대를 이어가는 것이 장기적인 목표를 기억하는 데 도움이 된다.

중독성 행동을 바꾸는 데 도움이 되는 방법들

따뜻하면서도 확고하게 반응할 수 있게 되면 본연의 삶에 차츰 더 가까워진다. 이때 다음 두 가지 수준에서 작업하는 것이 중요하다. 첫 번째는 균형을 잃고 중독이 주는 위안을 찾아 달려가는 일이 없도록 내면에 잠재한 지뢰를 제거하는 것(즉 코끼리를 진정시키는 것), 두 번째는 이 접근법에 전념해서 내외적으로 확신과 지지가 바탕이 되는 환경을 만드는 것이다. 예컨대 12단계 프로그램을 따르는 중이라면 각 단계를 충실히 밟아 나가고, 마음챙김이나 요가, 운동을 선택했다면 정해진 훈련을 매일 빠짐없이 수행한다(즉 코끼리에 올라탄 사람의 힘을 돋운다). 잠시 뒤에 소개할 유도 명상에서는 갈망이 일어날 무렵에 공감하면서 7장에서 소개했던 포스트허설을 실행해 볼 것이다. 이를 통해 중독적 행동으로 되돌아오게 만드는 감정적 지뢰밭을 제거할 수 있다.

중독에 의존해서 전적으로 모든 생활을 꾸려 가고 있다면, 중독 물질이나 활동에 접근할 기회를 최소화하는 쪽으로 인생과 환경을 구성하는 것도 아주 중요하다. 중독을 거부할 때마다(즉 충동과 싸울 때마다), 의지와 의사 결정을 위해 남겨 둔 에너지가 소진된다. 그러므로 중독을 떠올리게 만드는 자극을 덜 받고 의지를 발동해 중독을 거부해야 하는 상황이 적을수록, 새로운 행동에 실어 줄 힘이 더 커진다. 그러니 찬장에 있는 과자는 모두 꺼내서 쓰레기통에 버리고, 숨겨 둔 마리화나는 흙에 섞어 퇴비를 만들고, 마약 성분이 든 알약은 이중으로 싸서 원두커피 찌꺼기 사이에 깊이 넣은 뒤에 내다 버리고, 일을 안 하는 날이나 컴퓨터를 사용할 계획이 없는 날은 컴퓨터나 텔레비전의 코드를 뽑거나 위에 덮개를 덮어 두도록 하자.

중독을 치유하는 과정에서 믿음, 기억, 감정 같은 내적인 측면에 대한 작업이 필요하지만, 앞서 언급한 생쥐 공원의 실험 쥐들처럼, 외적인 환경이 지원되면 치유 작업이 한결 쉬워진다. 외적인 환경을 지금 당장 바꾸기 힘들더라도 상관없다. 그저 그런 변화를 의도하고 자기 인식의 일부로 유지하면 된다. 따뜻하고 힘을 북돋아 주는 12단계 모임을 찾아가는 것도 외적 환경의 긍정적인 변화가 될 수 있다. 가장 중요한 것은 우리가 속한 세계에서 환영받는 느낌을 느끼는 것이다.

중독의 치유는 간단하지가 않다. 할 수는 있지만 많은 사람의 관심과 도움이 필요하며, 의식의 끈을 놓지 않아야 한다. 중독은 방대한 고통의 그림자 속에서 몸을 숨기고 생존할 수 있게 해 준다. 그런 중독에서 벗어나려면 무엇보다도 자기 연민, 끈기, 트라우마 후유증에 대한 이해, 공명하는 공감으로 대해 줄 사람들이 필요하다. 그래야 자기 연결을 위한 뇌 경로가 자리 잡고 치유될 수 있다.

이 여정에 도움을 줄 유도 명상을 소개한다. 갈망이 들 때는 주의를 다른 데로 돌리는 것 (즉 에너지를 운동이나 다른 자기 관리 전략에 쓰는 것)이 전통적인 마음챙김보다 더 효과적이라는 사실이 연구로 밝혀졌음을 알아 두기 바란다. 따라서 지금 소개하는 명상은 일상에서 문득문득 갈망이 들 때 그런 갈망을 없애려고 사용할 것이 아니라 흔들리지 않는 강한 힘을 느끼고 내면의 배경을 변화시킬 수단으로 사용해야 한다.

 유도 명상 13   온화함과 열린 호기심으로 중독적인 갈망을 대하기

 연습

가장 먼저 자신에게 갈망이 있다는 것을 알아차린다. 갈망이 일어나는 이 순간에 새로운 반응을 불러들이자. 갈망을 인식한 상태로 숨을 쉬기 시작하면서, 공명하는 자기 목격자가 주의의 초점과 갈망 모두와 관계를 맺게 만들어야 한다. 이 갈망이 어떤 느낌인지 살펴본다.

처음에 이런 초대에 발을 들여놓을 때는 자신의 갈망이 그저 머릿속에 머물고 있으며, 갈망을 참거나 거부하기 힘들다는 생각이 들지 모른다. 이 갈

망은 당신의 몸에서 어떤 식으로 이야기하는가? 숨을 쉴 때, 극단적인 이 욕구는 스스로를 어떻게 드러내는가? 때로는 감각이 심장을 중심으로 느껴지고, 때로는 얼굴의 턱 주변에서 느껴지며, 때로는 내장에서 느껴진다.

몸이 이런 갈망을 경험할 때, 당신을 돌보려는 것인지 몸에게 질문하자. 몸은 당신이 느끼는 불안을 해결하고 싶어 하는가? 희박하고 부족해질 때를 위해 당신을 '대비' 시키려고 하는 것인가? 구석구석 스며든 공포와 공허감에 머물러 있는 주의를 다른 곳으로 돌리려고 애쓰고 있는가?

감각이 느껴질 때마다 스스로에게 이렇게 묻자. 이 느낌이 감정이라면, 어떤 감정일까? 외로움? 무서움? 짜증? 절망? 이런 감정의 이면에는 어떤 욕구가 숨어 있을까? 당신은 무척 지쳐 있어서, 인생을 수월하게 살아가도록 도와줄 따뜻한 관심과 지원을 갈망하는가? 당신에게 위안을 주고 해낼 수 있도록 온 힘을 다해 돕는 마법의 구름이 있다면 정말 좋겠다는 생각이 드는가? 일상의 복잡한 상황을 마주하며 절망감이 들어서, 삶이 단순하고 편안해지기를 바라는가? 당신 자신과 아끼는 주변 사람들이 바로 다음에 취하면 좋은 최선의 행동이 무엇인지 알고 싶은가? 그리고 그다음에 취할 최선의 행동도? 안전에 대한 확신을 간절히 느끼고 싶은가? 그렇게 말하면서도 모든 것이 얼마나 섬세하게 균형을 이루고 있는지, 당신과 아끼는 주변 사람들의 삶이 얼마나 취약한지를 알아주었으면 하는가? 당신이 처해 있고 균형 잡고 있는 모든 것, 신경 쓰는 모든 것을 단 한 순간이라도 다른 누군가가 진정으로 이해해 준다면 정말 좋겠다는 생각이 드는가?

몸으로 돌아와서, 자신의 감각, 감정, 욕구에 지금 무슨 일이 일어나고 있는지 살피자. 이 감정의 흔적을 쫓으면서, 지금껏 배운 과정 중 어떤 것이든 사용할 수 있다는 사실에 주목한다. 자기도 모르게 자신에 대한 해로운 믿음을 되뇌고 있다면 배운 과정을 적용해 본다. 고통스러운 기억이 떠오를 때는 내면의 공명하는 자기 목격자를 그 기억 속으로 불러내서, 온화함과 배려로 감정과 욕구를 추측하는 질문을 던지며 몸의 감각을 살핀다.

> 몸의 긴장이 차츰 풀리면, 이 기회를 중독과 관련해서 가장 효과가 좋은 자기 관리법(예를 들어 지원 모임의 일원에게 전화를 걸거나 마음챙김 명상을 시작하거나 운동하러 나가는 것 등)을 적용할 기회로 삼자.

이 명상이 필요한 이유

각자의 몸과 연결되고, 화나거나 두렵거나 슬퍼지거나 실수하게 만드는 과거의 습관과 생각을 정리하는 모든 작업은 선택의 여지를 높인다. 덕택에 더 편안해지면서 타인의 도움을 더 흔쾌히 받아들이도록 이끌 수 있다. 내면의 조화를 이룬 상태로 지낼 여지가 더 많이 생기면 모임이나 단체에 참여할 수 있는 여유가 생긴다. 그러면 따뜻한 공동체의 일원이 되어, 중독의 실존적 고독을 인류에 합류하는 능력으로 바꿀 기회가 생긴다. 중독 습관으로 되돌아가든 그렇지 않든, 이 과정에서 공명하는 자기 목격자와 재연결되는 경험은 우리가 흔들림 없이 치유 과정을 밟을 수 있도록 이끌어 준다(이에 대해서는 다음 장에서 확인하게 될 것이다).

우울증의 회복을 위해 작업할 때와 마찬가지로(12장 참조), 중독 치유 과정에서도 창의적으로 접근하고 한 가지 이상의 접근법을 동시에 활용하면 효과가 크다. 예를 들어 병원에서 진행하는 입원 또는 외래 치료 프로그램, 상담, 본인의 상황에 맞는 12단계 프로그램을 함께 진행할 경우 중독 회복률이 더 높아진다.

중독 습관으로 되돌아갈 때

안정적인 회복기에 이르기 전에 중독 습관을 끊으려고 몇 번이나 시도했는지에 대한 통계를 살펴보면, 끊임없는 노력이 가장 중요하다는 사실을 다시 한번 확인할 수 있다. 흡연자들은 실제로 일정 기간 금연을 실천하기 전에 여러 번 담배를 '끊는' 시도를 하며, 알코올 중독자들도 의미 있는 변화가 생기기 전에 여러 차례 술을 끊는다. 중독성이 강한 물질이나 활동으로 위안을 얻으려는 인간적인 성향에 맞서 고투할 때 가장 필요한 것은 희망, 자기 신뢰, 믿음, 회복탄력성이다.

회복기에 머문 기간이 길수록, 장기적으로 중독에서 벗어날 확률이 높아진다. 예를 들면 술을 안 마신 기간이 1년 미만인 사람들은 그 이후에도 금주 상태를 이어 가는 사람이 약 3분의 1에 불과했다. 1년 동안 금주에 성공한 사람들은 그 이후에 다시 술을 마시는 사람이 2분의 1 이하였다. 그리고 5년 동안 금주를 실천한 사람들은 알코올 중독으로 돌아갈 확률이 15% 이하였다.[7]

중독 습관으로 되돌아갔을 때 자신을 학대할수록 중독이 지속되는 기간이 더 길어진다. 중독은 분노와 수치심이 번갈아 나타나는 자기혐오와 아주 잘 들어맞기 때문이다. 예컨대 내가 식사 습관을 바꾸려고 노력하고 있다고 해 보자. 당류를 안 먹겠다고 다짐해 놓고도 초콜릿을 먹었다면 화가 나고 수치스러운 기분이 든다. 그러면 신체 체계의 균형이 더 심하게 어그러지고, 이에 대처하기 위해 단 것을 더 찾게 된다. 결국 수치심을 더 많이 느끼고, 초콜릿을 더 많이 먹는 악순환이 계속된다. 우리 자신에게 온화해지면 예전의 습관으로 잠시 돌아가더라도 불에 기름을 붓는 일 없이, 공명하는 자기 목격자의 도움을 받아서 회복하겠다는 원래의 목표로 돌아갈 수 있다.

만약 예전의 습관에 다시 빠질 경우나 스스로에게 공명하며 접근할 경우, 다음과 같은 대화를 해 보자.

세라야, 너 자신에게 화가 났구나? 좀 더 책임감 있게 스스로를 보살피기를 바라니? 이제는 그만둘 거라고 말한 게 벌써 몇 번째인지가 떠올라 좌절되고 기운이 빠지는 거지? 인생을 바꾸고 싶다고 분명히 말했는데, 상황이 힘들어지자 목표가 속절없이 꺾이는 걸 보고 당황했구나? 조금 더 정신을 바짝 차리고, 너 자신을 신뢰할 수 있었으면 싶은 거지? 부끄럽고 걱정스러운 마음으로, 온전성을 찾을 수 있기를 바라니? 지지, 온기, 온화함이 필요할까? 너 스스로의 인간성을 지키기 위해 몸부림치면서도, 네가 세상에 기여할 수 있는 가치 있는 존재라는 것을 알고 싶은 마음이 간절한 거지? 다른 사람들도 살아남고 버티기 위해 중독성 물질이나 활동에 기대지만, 그들 역시 진정한 관계를 나누는 장의 일부라는 것을 알았으면 싶은 거지?

고통이 우리에게서 비롯된 것이 아니라면?

그런데 때로는 견뎌야 할 상황이 개인적 차원을 훌쩍 뛰어넘기도 한다. 사람들은 트라우마의 후유증뿐 아니라 빈곤, 교육 수준, 전쟁, 이주의 사회경제적 영향 때문에 곤란을 겪을 수도 있다. 이런 영향은 세대를 거쳐 전해지기도 한다. 다시 말해 후성유전학에서 증명했듯 과거 세대의 고통을 안고 살아갈 수도 있다는 뜻이다.

후성유전학자 모셰 스지프는 머지않아 후성유전학적 구조를 살펴서 가족 트라우마의 역사를 읽는 것이 가능해질 것으로 예측했다. 그는 1998년 퀘벡에서 발생한 얼음 폭풍의 생존자들을 연구해서 이런 결론에 이르렀는데, 당시 생존자들에게서 모두 비슷한 트라우마의 후성유전학적 패턴이 나타났다.[8] 이 연구는 우울증과 중독 두 가지 모두 지난 세대의 감정적 고통이 후대에 전수될 수 있다고 지적한다. 이런 말을 들은 뒤에 나는 다른 사람들을 경이로운 눈으로 바라보면서 이렇게 자문했다. '우리가 이번 생에 각자 경험한 것에 더해서, 부모와 조부모에게서 물려받은 감정적 고통까지 지닌 채 살고 있다고?'

이런 궁금증이 생기자, 슬픔, 우울, 중독의 문제를 다루면서도 어떻게 하면 공명을 이용해서 사람들에게 힘이 되는 변화를 만들 수 있을지 더 깊이 고민하게 됐다. 나는 수전 스카이가 개발한 기본 과정을 바탕으로, 몸과 관련된 작업을 추가해서 치유 과정을 완성했다. 이 과정은 몸의 신호를 읽고 그 신호가 가리키는 곳을 따라가게 해 준다.

치유 과정을 밟는 동안 내 몸과 내담자들의 몸을 추적 관찰하면서, 많은 이들이 실제로 자신에게서 나온 것이 아닌, 지난 세대의 감정적 짐을 지고 산다는 사실을 확인했다. 이 장 끝에 나오는 공명 기술은 내재된 짐을 가볍게 만들어 주는 기술인데, 이 기술을 실천했을 때 내담자들의 몸이 새로운 방식으로 이완되어 있었다. 나는 개인적 경험에 대해서도 알아보고 싶어서, 친구 2명을 옆에 앉혀 놓고, 내가 느껴 왔던 채워지지 않는 한없는 배고픔의 느낌을 깊이 파고들어 보았다. 아래 이어지는 글은 그때 내가 경험한 이야기다.

✎ 나의 이야기: 아버지의 배고픔

나는 평생 사탕과 초콜릿 같은 단 음식에 끝없는 식욕을 느끼며 살았다. 이런 갈망에 공감으로 대응해 봤지만, 조금 나아졌을 뿐 결코 완전히 사라지는 않았다. 50여 년 동안 단 음식을 먹어서 속이 안 좋았거나 배가 불렀던 적은 전혀 없었다. 주위에서 '그건 칼로리가 너무 높아'라고들 말하면, 나는 전혀 이해가 안 간다는 표정을 지어 보이면서, 포만감이 들면 어떤 기분이 들지 궁금해하곤 했다.

그래서 나는 내담자들에게 해 왔던 채워지지 않는 배고픔에 대한 질문, 즉 "만일 이것이 당신의 감정이 아니라면, 누구의 감정일까요?"라 는 질문을 내게 해 보기로 했다. 이런 접근법은 직관을 실험하는 것이 다. 이 방법에서는 몸의 진실을 듣기 위해 최선을 다한다. 우리는 때로 완벽히 이해하기가 힘든 메시지를 지닌 채 살아가는데, 이 질문은 문자 그대로의 진실을 묻는 것이 아니라, 가족의 사연과 믿음이 우리에게 물 리적으로 남긴 흔적을 묻는 것이다.

나는 자신에게 이렇게 물었다. "이 배고픔이 내 것이 아니라면, 누구 것일까?" 어머니의 몸이 내게 덧씌운 상상을 해 봤지만, 어머니의 배 고픔처럼 느껴지지는 않았다. 아버지의 몸인지 질문하자, 배고픈 감각 이 더 생생히 느껴졌다. 아버지 목소리가 들리기 시작했다. 가슴이 무거 웠고 위가 텅 빈 느낌이었다. 만 13세 소년인 아버지가 내 안에서 말하 기 시작했다. 1차 세계대전을 겪고 외상 후 스트레스 장애를 앓았을 때, 그리고 대공황 때 할머니가 신경쇠약에 걸린 아버지를 정신 병원에 입 원시켰을 때, 아버지가 느꼈을 탈진과 절망이 느껴졌다. 이런 일들이 벌 어질 때 아버지와 아버지 형제들은 서로 흩어져서 각기 다른 친척들에 게 맡겨졌는데, 친척들은 폭력적이고 무서웠다. 내 배 속에서 느껴지는 고통과 불안 속에서 할머니에 대한 아버지의 걱정, 동생들에 대한 염려, 할아버지의 무력함에 대해 아버지가 느끼는 분노와 절망이 느껴졌다. 나는 가족들에게 기여하고 싶었던 아버지의 갈망과 안전과 도움을 애타 게 바라는 마음을 추측하는 질문을 던졌다. 또 아버지가 집을 그리워했 거나 익숙함을 느끼고 싶어 했는지, 그리고 무엇보다 할머니의 행복을 간절히 바라고 있었는지 질문했다. 공명하는 추측이 끝나자, 내가 느끼는 아버지의 배고픔, 그리고 내 안에 함께하는 아버지에 대한 느낌이 서서히 사라졌다.

나는 계속해서 몸을 의식하고 있었는데, 이내 몸에서 느껴지는 감각이 달라졌다. 내 육체적 경험은 감정적으로 허물어지는 것에 대한 할머니 내면의 공포로 바뀌었는데, 마치 배 속에서 블랙홀이 열리는 듯한 느낌이었다. 나는 할머니가 안정과 견실함을 갈망했고 잘 지내겠다고 다짐했었는지 질문다. 이제 내 배 속에는 균형을 유지할 수 있을지에 대한 잠정적 불안이 가득했다. 내 안의 할머니에게, 다른 사람들에게 배려와 관심을 받고 싶었는지 물었다. 할머니는 온화함, 안정감, 에너지 흐름의 회복이 필요했고, 확고한 바탕이 어디인지 알아야 했던 게 아닐까?

몸이 편안해지고 내 안에 있었던 친척들의 존재감이 조금씩 사라지면서, 할머니의 요리책이 머릿속에 떠올랐다. 요리책에는 스노우 케이크, 바나나 케이크, 무화과 에클레르, 헤이즐넛 토르테, 오렌지 구름 케이크 등 할머니가 손으로 적은 쉰여섯 가지의 다른 케이크 조리법이 적혀 있었다. 내가 추측한 건 아버지의 어린 시절에, 할머니가 정신질환을 앓았던 때를 제외하고 그 나머지 시기에는 날마다 케이크를 만들어 주시지 않았을까 하는 것이었다. 케이크에 대해서 생각하면서 아버지 몸에서 단 음식이 어떤 의미였을지 조금씩 이해할 수 있었고, 모르는 사이에 아버지로부터 이런 의미를 전해 받았다는 사실도 알게 됐다.

이 작업을 진행하고 며칠 뒤에 있었던 일이다. 당류를 끊은 지 몇 주가 지난 참이었는데, 어느 파티에 참석했다가 내가 제일 좋아하는 독일식 초콜릿 케이크가 있는 걸 보았다. 단것이 끝없이 들어가던 몸에 어떤 변화가 생겼는지 알아보려고 얇게 자른 케이크 한 조각을 먹어 봤는

데, 더 먹고 싶다는 생각이 안 들었다. 그 이후로 나는 포만감의 생소한 느낌에 더 익숙해졌다.

나는 "이 배고픔이 내 것이 아니라면, 누구 것일까?"라는 질문을 통해, 아버지와 할머니의 이야기를 내 몸 안에 지니고 있다는 것을 알게 됐다. 내가 느끼는 감각을 추측하면서 내 삶의 대상으로 오로지 나 자신만 생각했을 때, 지금껏 경험하지 못했던 방식으로 몸의 긴장이 풀리고 편안해졌다. 우리가 느끼고 이해할 수 있는 것은 무엇이 됐든 우리 안에서 바뀔 수 있다. 그 사연을 맨 처음 경험한 사람이 우리인지 아닌지 관계없이 말이다.

그러니 이렇게 해 보자. "이것(배고픔, 중독, 고통, 우울, 공포, 해리 등)이 내 것이 아니라면, 누구 것일까?"라는 간단한 질문을 던진다. 그리고 몸에서 가장 생생하게 느껴지는 감각을 추적하면서 어떤 결과에 이르는지 확인해 보자. 다음 공명 기술은 혼자서 이 과정을 탐색하는 예를 보여 준다.

공명 기술
내재된 짐에 귀 기울이기

1. 몸에서 느껴지는 우울, 불안, 갈망, 그 밖의 감정적 고통을 알아 차린다.
2. 스스로에게 이렇게 묻는다. "이 고통이 내 것이 아니라면, 누구 것일까?" 우울, 불안, 갈망이 가족 내의 다른 사람(어머니, 아버지, 삼촌, 이모, 조부모 등)에게서 일어난 것인지 확인한다.
3. 영향을 받은 가족을 자신의 내면에서 느껴 본다. 몸에서 느껴지

는 감각이나 상상에 몸을 맡겨 보자. (위험을 무릅쓸 필요가 있다. 대담하고 무모한 행동이지만, 몸의 이야기를 들을 가능성에 마음을 열지 않으면 몸이 무엇을 말하려 하는지 결코 알 수 없다.) 우울, 불안, 갈망이 비슷하게 느껴지는가?

4. 작업해야 할 사람에 대한 감을 잡았으면, 공명하는 자기 목격자를 불러들인 뒤, 몸에서 일어나는 일을 바탕으로 감정과 욕구를 추측하는 질문을 던진다.

5. 자기 자신만의 우울, 불안, 갈망의 느낌을 확인한다.

6. 1~5단계를 반복하면서 다른 사람의 경험에서 겹겹이 쌓인 부분을 찾는다. 그리고 본인의 고통이 가족의 복잡한 경험과 겹치는 부분을 찾는다. 계속해서 몸에 의식을 두고 추적한다면, 제대로 잘하고 있는 것이다.

물론 우리가 부모님의 어머니나 아버지가 될 필요는 없다. 외부 세계에서 우리가 부모님을 돌보는 건 아니니 말이다. 우리는 그저 우리 몸에 남아 있는 감정적 패턴을 치유하는 작업을 하는 것뿐이다.

만일 관련된 가족에게 분노를 느끼거나 가족 내에서 트라우마나 학대가 있었다면 그들에게 공감하기가 힘들 테고, 그럴 때는 이 작업이 적절한 방법이 되지 못한다. 이 작업을 하는 상상만 해도 끔찍해서 몸이 움찔한다면, 몸의 의견을 들어 주자. 언제든 적당한 시기가 되면, 당신 안에 남은 가족의 흔적과 공명한다는 생각에 더는 몸서리치지 않게 될 것이다.

비록 지난 세대의 트라우마의 영향으로 상처를 받을 수는 있겠지만, 우리는 가족의 사연과 역사 속 우리의 위치에서 의미를 찾을 수 있다. 상황을 깊이 이해하게 되면 우리가 느끼는 모든 감각도 새롭게 바뀔 것이다. 우리의 임무는 타고난 본연의 모습인 최선의 자기 자신이 되는 것이다. 그런 최선의 자기 자신이 되는 과정에는 지난 세대의 삶을 이해하고 공감하는 과정도 포함된다. 때로는 조부모나 선대 조상 대신 짊어진 과거의 슬픔과 걱정, 분노, 부당함, 인정받지 못한 고통, 비통함에 발이 묶이기도 한다. 이런 경험을 연민으로 받아들이면, 조상의 영향에서 벗어나서 온전한 자기 자신의 삶으로 더 완전히 옮겨 갈 수 있게 된다.

14장

기쁨, 공동체,
외부의 목소리

: 공명하는 자기 목격자를
타인에게 적용하기

드디어 이 책의 마지막 장이다. 지금까지 우리가 했던 작업으로 다소나마 신경계를 포용했다면, 아마도 자기 자신을 예전보다 더 따뜻하고 다정하게 바라보게 됐을 것이다.

사람은 힘든 일에 공감받아야 하는 것만큼이나 기쁨, 기대, 신나는 기분, 행복, 즐거움, 환희, 열정, 사랑, 축하의 감정에도 공감받아야 한다. 이런 좋은 기분을 다른 사람들과 함께 나누지 못하면, 감각이 얼어붙은 샴페인 거품처럼 가슴에 남아서 마음이 불편하고 때로는 수치심까지 생긴다. 수치심은 흥분, 기쁨, 축하의 감정이 들기까지의 과정을 남들이 전혀 알아주지 않을 때, 더 심각하게는 조롱당하거나 멸시당할 때 가장 강렬해진다.

우리가 안전해지고, 남들 눈에 타당한 사람이 되고, 이 세상과 인류의 일원이 될 수 있다는 가능성이 보이면, 신경계와 몸이 이완된다. 이렇게 되면 심장은 주변에서 일어나는 모든 것들과의 관계에서 춤을 출 수 있다. 얼굴 근육은 생동감이 돌고, 만나는 사람들 얼굴에 반응할 수 있다. 타인을 바라볼 때 그들이 겪은 트라우마 이후의 상황이 보이고, 안전한 기분을 느꼈다면 표현했을 감정을 속에 감추고 있다는 사실이 눈에 들어온다. 이제 우리는 자신과 다른 사람들을 더 깊이 알 수 있게 됐다.

뇌 개념
복측 미주신경 복합체(사회적 참여와 자기 연결)

7장에서 몸의 내부와 두뇌를 연결하는 큰 신경다발인 미주신경에 대해 알아보았다. 안전하다고 느낄 때 미주신경에서 어떤 일이 일어나는지 배웠던 것도 기억할 것이다. 몸과 뇌 사이를 오가는 에너지와 정보는 이 커다란 신경다발 내에서 유수신경섬유로 전환된다. 연구원인 스티븐 포지스는 이런 현상을 '복측 미주신경으로의 전환' 혹은 '사회적 참여로의 전환'이라고 부른다(이는 투쟁-도피 반응 및 부동화 반응에 대비되는 개념이다). 이렇게 되면 모든 것이 더 빨리 움직이기 시작하고, 뇌는 우리가 살면서 경험하는 복잡한 감정들을 모두 인지할 수 있다.

안전하며 환영받고 있다고 느낄 때는 자동으로 이런 방식으로 삶을 살게 된다. 호흡이 깊고 완전해지고, 자주 웃고, 남들과 눈을 잘 맞추고, 귀는 다른 사람의 목소리에 초점을 맞추고, 생각 없이도 사회적 품위가 생기고, 자의식이 사라져서 남의 시선을 두려워하지 않고, 진정으로 편안하게 지낸다. 지금의 자신과는 무척 거리가 멀게 느껴질지 모르지만, 이런 상태는 모든 사람 안에 여전히 존재한다. 이런 상태를 한 번도 제대로 경험해 보지 못했다면, 진정하게 안전함을 느껴 본 적이 없는 것이다. 우리는 몸과 마음이 아주 편안해지면서 자신을 더 충실히 알아 가게 될 순간을 여전히 고대하고 있다.

우리가 사회 속에서 관계를 맺을 때(즉 자신이 중요한 존재이며 사회에 소속되어 있다고 느낄 때) 몸은 다음과 같은 방식으로 이완되고 한층 효율적으로 기능한다.[1]

- 얼굴의 미세 근육에 활기가 생겨서 감정을 더 잘 표현하고 다른 사람들을 더 잘 이해할 수 있게 된다.[2]
- 눈은 사람 얼굴에 초점을 맞춘다.[3]
- 중이(中耳)의 근육이 조여지면서 다른 사람의 목소리에 초점이 맞춰진다.[4]
- 후두가 이완되면서 목소리가 더 생생히 표현된다.[5]
- 심박변이도가 높아진다.[6]
- 폐의 기관지가 확장돼서 산소를 더 많이 흡수한다.[7]
- 내장에 더 원활한 기능을 위해 혈액을 최대로 공급하라는 '전진' 신호가 켜진다.[8]

이 책에서는 각자가 타고난 은혜로운 상태에 도달하는 데 방해가 되는 장벽을 제거하는 문제를 주로 다루었다. 지금까지 우리는 진실을 인정하고, 모든 감정에 나름의 존재 이유가 있다는 사실을 확인했으며, 공명과 자기 연민을 향한 길을 걸어왔다.

당신의 이야기: 지금은 어떻게 달라졌는가

디폴트 모드 네트워크가 고통과 수치의 기억으로 되돌아갈 때, 이제 우리는 스스로 관심과 온화한 호기심을 품고 공명해서 편도체를 진정시키고, 고통스러운 기억을 단순한 삶의 기록으로 바꾸어 놓을 수 있게 됐다. 감정이 너무 강렬해서 혼자 힘으로 감당하기 힘들 때는 어떻게 도움을 구해야 하는지 알고 있다.

그러려면 내 개인적인 경험이 중요하다는 사실을 신뢰해야 한다. 가끔은 혼자 힘으로 해내야 한다는 과거의 핵심적인 믿음이 아우성치며 나타나기도 한다. 다른 사람이 굳이 내게 노력을 들일 가치가 없다는 믿음은 특히 강력하다. 내 안의 이런 성향에 맞서려면, 친구들과 만나 조언이나 의견을 구하지 않은 채 그저 공명하면서 서로의 이야기를 충실히 듣고, 그런 오래된 믿음 속에 고립되는 일이 없도록 해야 한다.

이 여정은 때로는 조용하고 때로는 시끄러운 강렬한 기쁨으로 나를 이끌었다. 나는 기여, 자기 이해, 연민에 만족감과 행복을 많이 느낀다. 어쩌면 기쁨을 느낄 수도 있고, 더 나아가 기쁨이 흔히 느껴지는 감정이 될 수도 있다는 사실이 조금씩 이해되고 있다. 수치심에 허덕이는 순간은 여전히 많으며, 내가 뭔가를 잘못했다는 관점에서 세상을 볼 때 특히 그렇다. 하지만 이제는 도움을 구할 수 있으며, 탐색을 다시 시작하고 삶에 충실히 접근할 수 있다는 것을 안다.

뇌를 살펴보면서 우리가 서로 영향을 미친다는 것을 확인할 때, 우리는 변화한다. 인간의 행복에 필수적인 사회적 상호 연결은 말로는 적절히 묘사할 수 없다. '관계'라는 단어를 제대로 알려면, 우리 몸에서 일어나는 일에 대해 멈추고 숨 쉬며 그 다채로움과 가능성을 한껏 상상하면서 느껴 봐야 하는 것과 같다.

이런 개념을 실천할 때, 우리의 뇌는 위안과 치유를 얻기 위해 다른 뇌들이 따라 할 수 있는 뇌의 모델을 만든다. 제임스 코언의 연구를 살펴보고, 타인의 존재로 우리의 육체적 고통과 삶의 노고가 완화된다는 사실을 확인할 때,[9] 우리는 변화한다. 우리는 활기 넘치고 정의하기 힘든 무언가에 초대된다. 이 초대는 관계 속에서 시간을 보내고, 서로에 대한 기여를 가치 있게 여기며, 따뜻한 공동체를 우선시하자는 권유다. 또 자기 공명으로의 대단하고 아름다운 초대이기도 하다.

　더 멀리 진보하고 더 많은 곳을 치유해야 하지만, 우리에게는 딛고 설 굳건한 기반이 있다. 우리는 이 접근법으로 꾸준하고 믿을 만한 기반을 찾고, 도움을 주고받기 위해서 다른 사람들에게 더 가까이 다가갈 수 있다.

유도 명상 14　기쁨을 키우는 명상

다른 사람들이 모두 긴장하고 경직되어 있다면, 사회적 관계를 나누는 데 집중하기가 대단히 어렵다. 우리가 이룬 성취와 업적을 혼자서 축하하기도 힘들다. 이 명상은 축하의 순간에 혼자가 되지 않도록 동행의 경험을 지원한다. 시작하기 전에, 최근에 했던 행동이나 경험 중에 자랑스러웠던 일, 작은 만족감을 느꼈던 때, 기뻤던 순간, 다른 사람들과 공유하고 싶었지만 하지 못했던 경외의 순간을 정해 둔다.

🍃 연습

호흡에서 시작한다. 숨결이 몸에 들어오는 것을 느끼면서 공기가 폐에서 얼마나 깊은 곳까지 닿는지 의식하자. 들숨과 함께 폐 깊숙이 들어왔다가 다시 폐와 코를 거쳐 밖으로 나갔다가 하는 동안, 주의의 초점을 계속 호흡에 두자. 늘 그렇듯, 주의가 흐트러질지 모른다. 그러면 부드럽고 다정하게 호흡의 움직임이 느껴지는 곳으로 주의를 되돌려 놓는다.

조심스럽게 주의를 만족스러웠던 순간으로 가져간다. 이런 기분 좋은 일에 대한 몸의 느낌은 어떠한가? 눈가에 잔주름이 생겼는가? 숨이 약간 더 깊어졌는가? 갈비뼈가 더 넓게 확장됐는가? 아니면 가슴에서 약간의 고통이나 수축이 느껴지는가? 축하할 일에 남들이 동의해 주지 않으면, 그때의 감정이 남아서 가벼운 경련이 생기거나 몸이 이완되지 않고 팽창되지 않는 등의 현상이 나타나기도 한다.

이번에는 주의를 심장으로 가져가자. 심장은 당신을 자랑스러워하는가? 당신이 이런 성공을 거둔 것을 보고 은근하게 또는 확연하게 행복해하는가? 당신이 어떻게 기여했는지 기억하며 기뻐하는가? 심장의 경험을 알아봐 주고 들어주는 동안, 가슴에서 온 방향으로 퍼져 나가는 행복감이 몸에서 느껴질지 모른다.

이제는 위장에서 일어나는 현상에 주목하자. 이런 성취를 혼자서 축하하는 당신을 지지하기 위해 복부의 근육이 팽팽해졌는가? 복부의 근육들은 당신이 잠시 기쁨을 즐기는 것이 정말로 안전한지 확신하지 못하는가? 만일 그렇다면 이런 일을 당신 혼자서 축하하는 것은 이상할지 모른다는 사실을 가볍게 인정해 주자. 복부의 근육들이 마치 샴페인 거품이 배에서 가슴으로 이동하는 것 같은 아주 작은 숨겨진 만족감을 느끼고 싶어 하는지 살펴본다. 당신이 이런 근육들의 마음과 그들이 당신을 세심하게 대해 준다는 것을 알아봐 주니, 근육의 긴장이 조금이라도 풀리는가?

그리고 원한다면 조금 더 강렬한 무언가, 예컨대 몸이나 목, 머리에서 빛이 번쩍하는 것 같은 뚜렷하고 갑작스러운 기쁨의 감정이나 슬며시 새어 나와서 얼굴 전체를 환하게 만드는 환한 미소를 찾아보아도 좋다. 입과 목은 즐겁고 신이 나서 탄성을 지르고 싶어 하는가? 두 발이 꼼지락거리는가? 세포들이 행복의 춤을 추며 방방 뛰고 싶어 하는가? 당신이 이런 일을 해냈다는 것이 다소 의외인가? 결승점에 도달했다는 데 놀랐는가? 안도감에 마음이 차분해지면서도 기쁨에 마음이 붕 뜬 기분이 드는가?

다시 호흡으로 돌아간다. 긍정적인 인식의 이 여정을 마치고 나니 무언가가 달라졌는가? 주의가 호흡과 함께 폐 깊은 곳까지 내려가게 하자. 얼마나 깊이 까지 내려가는가? 호흡이 닿는 가장 깊은 곳에서는 무슨 일이 벌어지는가? 이 제 주의가 다시 호흡을 따라 밖으로 나와서 외부 세계로 돌아가게 하자.

공명을 세상으로 가져오기

공명에 대해 배우는 또 다른 방법은 다른 사람들에게 동조하는 연습을 하면서 당신이 그들을 이해하고 있는지 말로 직접 질문하는 것이다. 3장에서 다뤘던 유쾌한 감정과 불쾌한 감정 목록, 4장에서 다뤘던 인간의 보편적인 욕구와 가치 목록을 익혀 두면 도움이 될 것이다. 전통적인 비폭력 대화의 질문법은 "_____ 해야 했기 때문에, _____ 기분이 드는 건가요?"라고 묻는 것이다. 이런 질문법은 어색하고 조금 투박하게 느껴지기도 한다. 그리고 때로는 느낌에 관해 언급한다는 것 자체가 마음에 거슬릴지 모른다. 질문을 잘 다듬어서 다른 사람들과의 대화에서 사용하려면 다음 4단계를 참고하도록 한다.

1. 상대방을 존중하며 접근한다. 그들에게 무슨 일이 있는지 우리는 잘 모르며, 그들의 경험은 성스럽고 소중하다. 그래서 우리 뜻을 전달하는 것이 아니라 물어보는 것이다. 우리가 건네는 말은 추측이지 보고가 아니다.

2. 상대방과 아주 친밀한 관계이거나 상당한 신뢰가 쌓인 경우, 감

정 표현을 사용하기로 정식으로 합의한 것이 아니라면, 상대방의 감정을 추측만 하되 명확히 말로 표현하지는 않는다.

3. 어떤 욕구가 가장 중요한지 추측해 본다. 예를 들면 "당신의 말을 들어 주었으면 하나요?"

4. 그런 다음 그가 하는 말을 듣는다.

상대방에게 어떤 욕구가 있을지 생각하고, 포괄적인 용어로 다음과 같이 표현해 보자.

- 계산대에서 바로 앞에 서 있던 까다로운 고객을 상대하느라 애를 먹은 계산원에게 이런 말을 건넨다. "아무리 고객이라도 조금 더 정중하면 좋을 텐데요."
- 선생님에게 벌점을 받고 온 자녀에게 이렇게 말한다. "네가 어떤 의도로 그랬던 건지 선생님이 알아주시면 좋겠다는 마음이 들었던 거지?"
- 아버지가 언성을 높이며 하는 말을 들어야 했던 형에게 이렇게 말한다. "언성을 낮추거나 조금 더 부드럽게 얘기해 주시면 좋을 텐데, 그렇지?"
- 연인이 거짓말을 했다는 사실을 알게 된 친구에게 이렇게 말한다. "그가 정직하고 믿을 만하게 행동하지 않아서 안타깝겠다."

이런 낯선 방식으로 표현할 용기를 냈을 때, 상대방에게 어떤 일이 벌어지는지 주목해 보자. 상대방이 그렇다고 수긍하면서 힘주어 고개를 끄덕이는가? 아니면 '아뇨, 그렇다기보다는 사실은 ___'이라고 대답하는가? 혹은 (아마도 상대방이 10대 청소년일 때) "헐!"이라고 대답하는가? 이런 반응은 모두 진정한 대화의 신호다. 마음을 나누려는 당신의 진심 어린 노력이 받아들여졌음을 알리는 것이기 때문이다. 비록 우리가 이해한 바를 표현하려고 최선을 다하고는 있지만, 우리의 추측이 맞는지 틀리는지는 중요하지 않다. 중요한 건 상대방의 경험이 정말로 어땠는지에 우리가 진정하고 따뜻한 관심을 기울이고 있다는 사실이다.

"헐!"이라고 대답하는 사람에게는 추측하는 질문을 던지기가 어려울지 모른다. 설사 그런 대답이 전적인 긍정을 나타내더라도 마음속에서 수치심이 올라올 수 있으니 말이다. 그런 반응을 듣고 말문이 막히는지 주목한다. 상대의 그런 반응에서 긍정의 의사가 명확히 나타나고 그 사람과 더 친해진 기분이 드는 것이 아니라면, 굳이 억지로 관계를 맺으려고 애쓸 필요는 없다. 자기 자신에게 온화하게 대하자. 이 새로운 소통 방식은 가치 있고 보람 있는 기분이 들 때 시도하도록 한다.

이 책을 읽기 전에 어떤 기분이 들었는지 생각해 보자. 지금은 무엇이 달라졌는가? 우리가 밟아 온 여정을 넓은 시야로 조망하면 다음과 같이 정리할 수 있다.

치유의 영역에서 우리는 무엇을 발견했는가

우리가 걸어온 여정을 돌아보자. 우선 아무것도 안 할 때 자기 자신에게 말하는 방식인 디폴트 모드 네트워크의 목소리에 귀를 기울여서, 우리 뇌가 자신을 인식하기 시작하도록 이끌었다. 아울러 포악한 디폴트 모드 네트워크가 어떤 종류의 말로 우리를 조종하는지 알아보았다.

이런 인식을 토대로, 감정적 경보 체계라고 불리는 부분(편도체)과 공명하는 자기 목격자라고 불리는 부분(전전두피질이 포함된다) 사이의 관계를 알아보고, 경보 체계는 우리의 생존을 위해서 다른 모든 부분의 작동을 꺼 버릴 수 있다는 사실을 이해할 수 있었다. 또 스트레스가 많을 때는 의식적인 학습과 기억을 담당하는 뇌의 부분이 작동을 안 한다는 사실도 알게 됐다. 덧붙여 필요한 모든 뇌세포가 모두 있는데도 자신이 멍청하다는 믿음이 생길 수도 있다는 것과 지금껏 스트레스와 트라우마를 견뎌 내느라 뇌세포들을 제대로 사용할 수 없었다는 것도 차츰 이해하게 됐다. 전전두피질이 더 강해지고 우리가 삶에서 경험한 온기를 내면화하면, 자신에게 공명하고 자신을 완전히 새로운 방식으로 대할 수 있게 된다. 그러면서 과거의 감정적인 짐이 조금씩 해소되기 시작한다.

편도체가 단순히 감정적 경보를 울리는 역할만 하는 건 아니다. 편도체는 우리 생명을 지키기 위해 감정적인 기억을 시간에 대한 기록 없이 항목으로 정리하는데, 트라우마는 바로 이런 방식으로 기억에 저장된다. 편도체가 이런 식으로 기억을 보유하기 때문에, 기억이 떠오르는 순간 우리가 느낄 수 있고 공명하는 반응이나 해결의 대상이 될 수 있다.

이와 다른 종류의 기억은 명시적 기억으로, 해마에 의해 관리되고 뇌 전체에 저장된다. 시간 정보와 순서가 기록되기 때문에 과거는 명확히 과거의 일로 남는다. 뇌에 기억이 남는 이런 방식들을 일단 이해하면, 원한이나 짜증 같은 사소한 감정이든 외상 후 스트레스처럼 심각한 감정이든 우리를 괴롭히는 모든 기억 속의 트라우마가 현재의 일로 받아들여진다는 것을 알 수 있다. 다행인 것은 우리가 느끼는 모든 감정에 공명과 치유를 적용할 수 있다는 사실이다(이때 몸이 감정을 느끼되 쇄도하는 감정에 휩쓸리지 않도록, 조심스럽게 시작해야 한다).

다른 사람들이 우리를 진정 이해할 때는 별다른 노력 없이도 공명이 일어난다. 이때 공명은 상대방의 감정 세계가 자신의 감정 세계와 같은 주파수에서 진동하는 것과 같다. 다른 사람에게 자신을 맞추려면, 자신의 몸을 상황 속으로 데리고 와야 한다. 조언하거나, 무언가에 대해서 생각하는 법을 알려 주거나, 주제를 바꾸는 방법으로는 동조할 수 없다. 몸에서 느껴지는 감각을 이야기하거나 상대방이 간절히 원하는 것, 그를 부채질하는 것, 그가 목표하는 것이 무엇인지 추측하는 방법으로만 공명 상태에 이를 수 있다. 상대방의 말을 들을 때 떠오르는 시각 이미지나 은유가 그에게 어떤 의미가 있는지 질문함으로써 동조된 상태에 더 가까워질 수 있다. 대화가 이런 방향으로 흐를 때 두 사람은 어떤 특정한 유형의 정확성에 도달한다. 이는 어떤 일이 정말로 일어나고 있는지에 대한 감정적 정확성으로, 긴장을 풀고 의미를 찾는 데 도움이 된다.

몸에 더 세심히 귀를 기울이기 시작하면, 어릴 때 어머니와의 신경생물학적 관계가 얼마나 중요한지를 받아들이게 된다. 질문은 어머니 자궁 속에서 지낼 때 어떤 느낌이었는지를 묻는 것에서 시작한다. 어머니가 불안하고 우울해했는가? 임신 기간에 따뜻하게 보살핌을 받았는가? 어머니가 할머니 자궁 속에 있을 때는 어떤 느낌이었을까? 출생 전 태아에게 비슷한 감정적 어조가 전해 내려온 것이 얼마나 많은 세대 동안 이어졌을까? 이렇게 알게 된 사실에 공명하는 자기 목격자를 접목하면 아주 어릴 때의 기억 및 감정과 연결될 수 있으며, 느껴지는 모든 감정을 수용하고 누그러뜨릴 수 있다는 사실을 알게 된다.

어머니와 어머니 뇌의 관계는 우리에게 대물림된다. 우리는 대체로 어머니와 같은 방식으로 뇌를 사용하며, 특히 자기 관리와 자기 조절에 있어서는 더욱 그렇다. 이런 경향은 애착 유형으로 불리며, 계속해서 혼자 힘으로 하려고 하는 회피형 애착, 절충적인 감정 없이 삶의 즐거움을 느끼다가 곧바로 스트레스 반응으로 옮겨 가는 양가형 애착, 친밀감에서 역설적인 두려움을 느끼는 혼란형 애착, 마지막으로 가능한 모든 상황에서 모든 것이 최선의 상태에 이르는 안정형 애착 또는 획득된 안정형 애착도 있다. 안정적인 애착이 형성된 부모는 아이에게 일어나는 일에 더

민감하게 적극적으로 반응한다는 점에서 다른 모든 부모와 구별된다. [10]

우리와 가까이 지내는 모든 사람은 뇌를 사용하는 방식 측면에서 우리에게 영향을 미친다. 어머니, 아버지, 조부모, 형제자매, 선생님, 친구들 모두 각자가 가진 특성을 우리에게 전한다. 따라서 우리는 서로에게서 배우고, 서로에 의해 패턴화된다. 우리가 얼마나 안전하게 느끼는지, 그 사람이 우리에게 기쁨을 줄 수 있는지에 따라 애착 방식이 서로 다르게 형성된다.

이 세상에 태어나서 첫 2년 동안 자의식이 깨어나는 과정의 핵심은, 영혼으로서 기쁨을 느끼고 우리에게 중요한 다른 사람들의 공헌을 내 삶에 가져와 조율하는 독특한 과정이다. 영유아기에 필요한 조율과 공명의 경험을 하지 못하면, 이후에 획득된 안정형 애착을 발전시키는 작업을 계속하면서 온기와 사랑을 찾고 받아들인다. 설사 온기와 사랑을 받아들일 수 있을 정도로 타인을 깊이 신뢰하기가 힘들더라도, 우리 자신을 인정하고 있는 그대로의 상태를 받아들이는 법을 배워서 치유할 수 있다.

어른이 되어 부모를 떠나 세상으로 나가면, 우리는 다른 사람들과 새로운 관계를 맺는다. 그러면서 부모와 맺었던 애착 유형과는 다른 애착 유형을 다른 사람들과 맺는다. 원가족에서 불안정형 애착이 형성되었더라도, 성인기에 사회로 나가서 안정형 애착을 쉽게 맺을 수 있는 사람을 만나면, 애착 관계를 치유하고 획득된 안정형 애착으로 이동할 수 있다. 이런 시기에 다른 사람들은 우리에게 의미 있는 존재가 되기 시작한다. 우리에게는 다른 사람과 관계를 끊었을 때 알아차리고 원하면 다시 친한 관계로 돌아갈 능력이 있다.

우리 몸은 통합에 이르는 여정의 모든 측면에서 중심 역할을 한다. 몸은 감정적 이해에 있어서 늘 우리보다 한발 앞서 있다. 구현된 자기 인식 네트워크와 미주신경 복합체는 뇌와 몸의 주요한 소통 경로다. 앞에서 다뤘던 내용을 기억하겠지만, 미주신경은 척추 앞쪽과 심장 뒤쪽에 있는 신경다발로, 몸에서 두개골–뇌까지 연결된다. (대부분의 신경은 위쪽으로 흐르고, 이 중 10~20%만 아래쪽으로 흐른다.) 이 신경다발은 우리가 이 세상에서 잘 지내고 있는지를 알려 주는 정보의 고속도로다. 사람들은 대개 자신이 이성적인 생각에 기초해야 할 일과 하지 말아야 할 일을 결정한다고 믿는다. 그러나 우리가 몸을 통해 들어오는 엄청난 양의 정보와 일단 관계를 형성하기 시작하면, 잘 조절된 뇌가 몸을 뒷받침할 때는 몸이 원하는 바를 파악하고 그 꿈을 실현하기 위해 행동을 취할 주요 자원이라는 사실을 알게 된다.

미주신경 복합체는 이 세상에서 느끼는 안전감에 대응해서, 유효성이 인식되느냐 절망감이 느껴지느냐에 따라 나타나는 투쟁(또는 분노), 도피(또는 공포), 부동화(또는 해리)의 반응을 담당하는 신체 부위이다. 원가족의 감정적 어조가 어떠한지에 따라 투쟁, 도피, 부동화가 주로 나타나는 상태로 성인기에 도달할 수도 있다. 다시 말하지만, 대부분은 자신의 몸을 느끼기 시작하고, 감정과 느낌을 명확히 표현하며, 경험의 근본에 어떤 갈망이 있는지를 찾을 수 있는 한, 그런 상태가 점차 변화하면서 우리 몸은 머물기 쉬운 곳이 될 수 있다.

모든 사람에게는 세상을 경험하는 자기만의 방식이 있으며, 어떤 유형의 공명이 가장 도움이 되는지에 열린 마음으로 접근해야 한다는 점을 반드시 알아 두자. 해리된 부분이 있는 사람들은 특별히 더 조심스럽게 수용하는 법을 배울 수 있다. 우리는 모두 각자에게 적합한 방법을 찾아야 한다.

우리가 감정적인 짐에 더해서 어떤 신경학적인 짐을 지고 있는지를 더 분명히 알게 되면, 수치심의 영향, 수치심이 어떻게 자의식과 얽힐 수 있는지, 기쁘게 받아들여지는 것의 중요성, 이런 본질적인 경험을 우리가 거의 해 보지 못했다는 사실을 느끼기 시작한다. 신체의 고통을 전송하는 회로는 소외당하는 경험을 하거나 배제되는 느낌을 느낄 때도 작동한다.[11] 우리는 어린 시절 뇌의 한계 때문에 우리를 보살피는 사람들의 한계를 보지 못하고 우리가 나쁜 것이라는 믿음을 키워 왔다.

우리는 확연히 감정 중심적 존재이다. 심지어 논리에 근거해서 판단할 것으로 당연히 여겨지는 돈을 쓰는 법에 있어서도, 우리는 감정을 이용하지 않으면 타당한 결정을 내리지 못한다.[12] 전전두피질이 강력하고 공명하는 상태에 있지 못하면, 감정은 단순히 정보를 주는 것이 아니라 우리를 좌지우지한다. 우리는 무한히 창의적인 존재이기 때문에, 자기 관리를 위해 감정을 우리에게 해로운 방식으로 이용한다. 원가족이 안전하게 생각했거나 누렸던 것보다 더 큰 에너지를 우리가 표현한다면, 스스로 수치스럽게 여기며 굴복할지 모른다. 자기혐오의 분노와 경멸은 허용되는 감정과 표현의 내면화된 창 안에 머물 수 있도록 우리 자신을 아주 작게 만드는, 언제든 이용 가능한 편리한 도구일 수 있다.

자기혐오의 순환 고리는 불안, 우울증, 모든 종류의 중독, 자살을 고려하는 것, 자살을 실제로 행하는 것에서 핵심적인 역할을 한다. 성장할 때 인정과 보상을 더 많이 받을수록 회복탄력성이 커지고, 이런 식으로 자신을 파괴할 가능성이 줄어든다.

뇌가 자신을 바라보고 스스로에 대해 생각하게 함으로써, 우리는 암묵적인 기억의 빙하에 덜 좌우되고, 선택권이 더 많아지며, 현재 순간과 더 많이 관계 맺는 새롭고 더 온화한 방식으로 살도록 지원하는 신경망을 만들기 시작한다. 우리는 감정적 경험을 명확히 밝힐 때 뇌의 행복을 지원한다는 것과 치유를 돕는 방식으로 배우는 타고난 능력을 이용할 수 있다는 것을 배웠다.

그리고 우리가 내면의 목소리를 새롭게 바꿀 때, 외면의 목소리도 변화하기 시작해서, 가족과 공동체의 삶이 새로워지고, 내면의 목소리를 변화시키는 중인 다른 사람들과 새로운 연결을 형성한다. 안전하다고 느끼면, 우리는 다른 사람들에게도 안전한 느낌을 불러일으키는 언어 표현을 사용한다. 대화 방식이 바뀌고, 더 책임 있게 생각하고 말하며 행동하는 법을 배우면서, 우리 몸도 함께 편안해진다.

동시에 우리는 불명확한 영역에서 무한히 활약하는 한없이 인간적인 존재다. 잘 알지 못하기에 겸손해지고, 두려움, 질투, 옹졸함으로 인해 무릎 꿇기도 하지만, 우리를 사랑해 준 사람들에게서 받은 변치 않는 따뜻함 덕분에 다시 일어서면서 지금껏 살아왔다.

뇌의 이런 부분에 관한 글을 읽는 행동 자체가 그런 부분들 사이의 연결을 형성하고, 공명하는 자기 목격자를 이 세상에 내보낸다. 비록 가능성과 자기 연민이 여전히 자신과 아주 먼 개념처럼 느껴지더라도 말이다. 뇌에서의 배움은 처음에는 사소한 것에서 시작하지만, 살면서 점점 더 깊고 복잡해진다. 우리 자신과 사람들이 잘못됐거나 나쁘다고 믿기가 점점 더 힘들어지고, 일상생활의 특성에서 트라우마의 흔적이 보이기 시작한다. 또 우리가 어떤 대접을 받고 삶이 어떠해야 하는지에 대한 과거의 믿음이 실제보다 훨씬 비좁고 제한적이라는 사실을 알아차리기 시작한다. 다른 사람들이 더 흥미롭게 느껴지며, 아이들은 다시 기적적인 존재가 된다. 그리고 이런 앎에 관해 언급할 때마다 삶 전체를 위한 더 많은 의미와 연결을 발견한다.

사람들의 생명 에너지를 목격하고 우리의 에너지가 다른 사람들 눈에 목격될 때, 집합적인 안전의 신경지(우리가 안전하다는 것을 세포 수준에서 아는 것)가 발생한다. 이 책에 나오는 내용을 접하기 전에는, 집단 내에서 안전함을 느끼는 것은 말할 것도 없고, 다른 누군가와의 관계에서 안전하고 환영받는 기분을 느끼는 인생 경험이 완전히 이질적인 개념이었을지 모른다. 안전하고 환영받는 느낌은 서로 간에 말하는 방식과 상대의 말을 듣는 방식을 변화시킨다. 우리 몸의 체계는 따뜻함, 온화함, 기쁨을 느끼며 진정한 사회적 상태에 이른다. 이 상태에서는 쉽게 통합하고 이해할 수 있으며, 언어와 몸짓에 스트레스 대신 상냥하고 장난스러운 측면이 대신 자리 잡는다. 일단 이런 존재 방식이 자리 잡기 시작하면, 관계와 공동체가 완전히 새롭게 변화한다.

이 책을 읽는 경험이 어땠는지에 대한 마지막 질문

책을 끝까지 다 읽으니 안도감이 드는지 궁금하다. 책을 읽으면서 희망을 찾게 되어 기뻤던 순간이 있었는가? 이 여정을 완수한 자기 자신에게 고마운 마음이 드는가? 약간의 부담감과 편안함을 간절히 바라는 마음도 있지 않은가? 책을 모두 읽었으니, 이제 이 내용이 뇌와 몸에 저절로 입력되면 얼마나 좋을까 하는 생각이 들지는 않는가? 이 책의 내용을 알기 전에 잃어버린 시간과 생명 에너지가 너무 아쉽고 비통해서, 그런 비통함에 대한 작업부터 바로 하고 싶은가? 분노, 억울함, 무력감을 애도하고 놓아 보낼 시간이 필요한가? 엄청난 슬픔을 인정받아야겠는가? 그리고 이제는 치유 여정 전체를 볼 수 있고 실제로 이 여정을 시작했다는 데에서 희망이 느껴지는가?

자기평가 검토

이 책에서 배운 내용을 확인할 수 있는 복습 자료이다. 질문을 읽을 때, 몸에 의식을 집중한 채로 각 질문에 '네' 또는 '아니오'로 답변한다. '아니오'라고 답했던 질문이 유도 명상에 더 집중해야 할 부분이다. 정답이나 오답은 따로 없다. 그저 준비된 문을 하나씩 열어 보면서 어떤 결과인지 확인하는 과정으로 생각하면 된다. 질문을 읽을 때는 공명하는 목격자가 당신의 손을 잡아 준다고 상상해 보자.

들어가는 글
1. 나는 뇌가 더 좋게 바뀔 수 있다는 것을 안다.

1장
1. 디폴트 모드 네트워크가 무엇인지, 그 어조가 내게 어떤 영향을 끼치는지를 안다.
2. 내 디폴트 모드 네트워크의 목소리를 들을 수 있다.
3. 디폴트 모드 네트워크가 내게 하는 말의 예를 생각나는 대로 떠올려 보자.
4. 나는 주의를 호흡에 둘 수 있다.
5. 주의는 자신이 중요하다고 생각하는 것을 내가 알아차리기를 원하기 때문에, 주의가 내가 요청했던 집중의 대상에서 벗어나 이리저리 배회하는 것이 당연하다는 사실을 이해한다.

6. 나는 주의가 어떤 행동을 하든 주의를 다정하고 따뜻하게 대할 수 있다.

2장

1. 나에게 편도체, 신체 감각, 감정적 생활이 있다는 것을 안다.
2. 연민하고 공감하는 데 도움을 줄 수 있는 전전두피질이 내게 있다는 것을 안다.
3. 주의에 온기를 품을 수 있으면, 내 존재 전체에 차츰 온기를 품을 수 있음을 안다.
4. 자기 온기를 품기가 힘들면, 세포 하나에 집중함으로써 조금 더 쉽게 접근할 수 있다.

3장

1. 나는 공명하는 자기 목격자가 무엇인지 이해하고, 이 개념이 전전두피질이 편도체를 부드럽게 안고서, 나를 진정시키고 달래며 조절하게 해 주는 연결망을 뜻한다는 것을 이해한다.
2. 공명하는 자기 목격자를 지금 성장시키고 있거나 앞으로 성장시킬 수 있다고 믿는다.
3. 나는 자기 연민에 이르는 길을 굳건히 하고, 인생의 힘든 시기에 이런 자기 연민이 나를 지탱하게 할 수 있다.
4. 내 몸의 감각이 내가 어떤 감정을 느끼는지 알 수 있도록 돕는다는 것을 이해한다.
5. 내 감정의 단계적 변화와 미묘한 차이를 인식할 수 있다.
6. 나는 몇 가지 감정이 아닌 모든 감정을 느끼는 복잡한 사람이라고 믿는다.
7. 내가 존재한다는 사실을 인식할 때마다 감정이 느껴진다면, 그 감정이 어떻게 내 모습과 얽힐 수 있는지 이해한다. 화가 나거나 부끄럽거나 불안하거나 겁에 질리는 기분을 경험할 수 있다.
8. 자기 온기를 품는 것은 어렵지만, 나는 모든 포유류와 마찬가지로 뇌 패턴에 보살핌 회로가 내장되어 있다는 것을 안다. 포유인 내 뇌에는 자신과 타인에게 온기를 베푸는 데 도움이 되는 구조가 갖춰져 있다.

4장

1. 나는 내가 경험한 다른 사람들과의 모든 상호작용이 결합해서 자의식이 형

성된다는 것을 이해한다.

2. 나는 포악한 디폴트 모드 네트워크가(내게 그런 디폴트 모드 네트워크가 있다면) 내게 도움이 되려고 했었다는 사실을 믿는다.

3. 내게 느끼는 모든 감정은 간절한 갈망 및 가치와 연관되어 있다고 생각할 수 있다.

4. 몸과 감정의 목소리를 듣지 못하면 내 경험과 직관을 무시하거나 묵살할지 모른다.

5. 공명하는 자기 목격자가 없으면 스스로 비난하고 비판하거나, 외면이나 내면을 통제하는 방식으로 감정을 처리했을지 모른다.

6. 내면의 비판자가 내 행복에 기여하려고 최선을 다하고 있다는 것을 안다. 다시 말해, 내면의 비판자는 내 삶을 풍요롭게 만들고, 주변 상황을 개선하고, 가치에 부응할 수 있게 해 주고, 궁극적인 의도를 충실히 따를 수 있게 돕고 싶어 하는, 성실한 잔소리꾼이나 골목대장 같은 존재이다.

7. 내 몸의 감각을 살피고 공명하면서 감정과 욕구를 추측하는 방법으로 내면의 비판자의 목소리에 대처할 수 있다.

5장

1. 내 불안의 근원이 있다면 그것이 과연 무엇일지 늘 궁금했다.

2. 불안감을 느낄 때, 나는 이 감정과 관련된 가장 어릴 때 경험을 살펴본다.

3. 나는 어머니 배 속에 있을 때의 느낌, 어머니가 나를 임신했을 때의 경험, 어머니의 어머니가 했던 경험, 그 어머니의 경험, 또 그 어머니의 경험에 대해서 생각해 보았다.

4. 불안에는 두려움과 외로움이라는 두 가지 뿌리가 있다는 사실을 이해한다.

5. 불안을 자극하는 뇌의 쳇바퀴인 전대상피질에 대해서 최소한 들어 본 적이 있다.

6. 공명하는 자기 목격자가 더욱 강력한 힘, 온화함, 이해심으로 불안한 자아에게 응대해 주면, 바깥세상에서 무슨 일이 일어나든 관계없이 내가 느끼는 불안이 차츰 진정될 것임을 이해한다.

6장

1. 기억이 고통스럽고 생생할 때, 과거를 돌아보면서 공명할 수 있다는 것을 안다.

2. 아픈 기억에 주목하는 것의 가치를 이해한다.
3. 아픈 기억으로 공명하며 시간 여행을 떠나서 따뜻한 호기심과 이해심을 품는 것이 어떤 느낌인지 탐색하기 시작했다.
4. 고통스러웠던 기억이 떠오른 상태에서 내 몸이 긴장을 풀 때, 내게 필요한 감정적인 정보를 이미 얻었다는 것을 이해한다.
5. 내게 외상 후 스트레스를 주었던 여러 차례의 공격을 이해하고 연민하며, 트라우마의 후유증을 안고 있는 나 자신을 특별히 더 온화하게 대하려고 최선을 다한다.

7장

1. 나 자신과 타인의 분노에는 생명 에너지가 있다는 것을 안다.
2. 나 자신에게나 타인에게서 사회적 참여와 투쟁-도피 반응의 차이를 구별할 수 있다.
3. 분노를 의식하고, 내가 안전하다는 사실을 기억할 수 있다.
4. 내가 다른 사람들과 진정한 관계를 맺는 대신 투쟁 모드 상태가 됐을 때, 내가 그렇다는 것을 알아차릴 수 있다.
5. 내 분노에 영향을 받았던 다른 사람들과의 경험을 바로잡는 것이 중요함을 인식한다.
6. 포스트허설 과정을 적용하면서 상황에 대한 반응 방식이 바뀌고, 일상적으로 나타나는 분노의 수준이 낮아지기 시작했다.
7. 나 자신과 타인의 분노를 더는 두려워하지 않는다.

8장

1. 내가 느끼는 두려움에 연민의 마음을 품고 있으며, 두려울 때 공명하는 자기 목격자를 내 옆에 세워 둘 수 있다.
2. 아직은 그런 장소를 상상하기 힘들지만, 안전한 장소를 갖는 것의 중요성을 인식한다.
3. 아이들이 얼마나 공포에 질릴 수 있는지 그리고 내가 얼마나 공포에 질렸을지 이해한다.
4. 공포와 분노는 소화계의 기능을 중단시킨다는 사실과 완전한 건강과 행복을 얻기 위해서는 안전의 신경지가 필요하다는 것을 안다.
5. 혼란형 애착의 영향과 공포가 뇌를 어떻게 분열시키는지에 대해서 조금은

이해하게 됐다.

6. 내가 느끼는 공포를 무시할 때, 무시하는 목소리는 내 몸이나 감정과 연결되어 있지 않다는 것을 인식한다.

7. 나 자신을 위한 안전한 장소를 상상하려고 적극적으로 노력할 생각이다.

9장

1. 사람들 사이에 소속되려는 욕구는 타협할 수 없는 것임을 알게 됐다.

2. 관계 내에서 감정 표현과 표현의 강도에 열려 있는 공간을 나타내는, 환영의 창이라는 개념을 이해한다.

3. 나 자신과 타인에게 작용하는 환영의 창을 알아보기 시작했다.

4. 사회적인 상황에서 나타나는, 인정받지 못하는 것과 수치심을 느끼는 것 사이의 관계를 인식한다.

5. 나의 생명 에너지를 인정받지 못할 때 수치심이 들 수 있다는 것을 안다.

6. 나는 수치심을 느끼는 자신을 온화하게 안심시켜 주는 법을 이해한다.

7. 해리를 감당하기가 점점 힘들어질지 몰라도, 해리는 늘 나 자신을 보호하는 전략으로 사용되어 왔다는 것을 안다.

8. 내 어린 시절이 안전하지 못했다는 사실, 혹은 모든 아이가 누려야 한다고 믿는 희망, 동행, 지지, 자신감을 내가 어린 시절에 얻지 못했다는 것에 대해 대체로 잘 알고 있다.

9. 안전하다고 느끼지 않으면, 신경계는 우선 투쟁-도피 모드에 진입하고, 그 방법이 아무런 효과가 없으면 부동화 모드에 진입한다는 것을 안다.

10. 불안에 사로잡히거나(투쟁-도피 상태) 해리에 사로잡혀서(부동화 상태) 지낼 수도 있지만, 공명하는 자기 목격자가 자리를 잡으면 안전하다고 느끼는 상태로 더 긴 시간을 보내기 시작하고, 신경계도 사회적 참여에 더 많은 시간을 보낼 것임을 이해한다.

10장

1. 내가 뇌를 사용하는 방식은 내 부모가 자기 관리와 자기 조절을 위해 뇌를 사용한 방식과 똑같을 가능성이 크다.

2. 모든 것을 혼자서 해야 한다고 믿는 나 자신의 일부(회피형 애착)에 대해 온기를 품고 바라볼 수 있게 됐다.

3. 갑작스러운 불안과 고통에 빠지는 나 자신의 일부(양가형 애착)에 공명하면서

온화하게 대할 수 있다.

4. 내게 예전과 다른 애착 유형이 느껴지기 시작한다면, 나 자신에게 온기, 관심, 이해로 동행해 줌으로써, 획득된 안정형 애착을 향해 나아갈 수 있음을 안다.

11장

1. 자기혐오에 이르는 순환적인 작용은 생존을 위한 시도에서 나온 것임을 이해한다.

2. 나 자신에게 화가 났을 때, 스스로 부동화에 빠짐으로써(자신에서 수치심을 주어서 굴복하게 만드는 것) 생명 에너지를 작게 만들어 관리한다는 것을 알게 됐다.

3. 자신을 공격해서 부동화에서 벗어나게 만들기 위해(자신에게 수치심을 주어서 행동하게 만드는 것) 분노를 사용할 수도 있다는 것을 알게 됐다.

4. 내면의 비판자의 목소리의 진실성에 대해 회의적인 시각을 갖기 시작했다.

12장

1. (우울증을 앓고 있다면) 우울한 상태가 지속되는 경험에서 부정적인 자기 대화가 어떤 역할을 하는지 알아볼 수 있게 됐다.

2. 우울증에는 평생의 외로움을 드러내거나 부정적인 자기 이미지를 드러내는 두 가지 형태가 있다는 것을 안다.

3. 그런 두 가지 경험 중 나와 관련이 있는 경험이 있다면, 나 자신을 연민으로 대할 수 있다.

4. 우울감을 증폭시키는 비판적인 목소리에 공명하며 더 따뜻하게 대할수록, 행복을 되찾는 데 힘이 되어 줄 치유의 길을 탐색할 에너지가 더 많아질 것이다.

13장

1. 중독이나 강박은 자기 조절을 위한 뇌의 시도임을 이해한다.

2. 과거의 트라우마가 뇌에 어떤 영향을 미치는지, 특히 얼마나 다양한 종류의 트라우마를 얼마나 많이 경험했는지, 그런 경험이 뇌를 어떻게 파괴했으며, 그렇게 됐을 때 뇌가 기능하기 위해 중독에 어떻게 더 많이 의존하게 됐는지를 안다.

3. 지난 세대의 트라우마가 현재 가족들에게서 나타나는 중독 증상에 영향을

미쳤을지 모른다는 것을 안다.

4. 자기 조절 전략을 바꾸기 위해 더 많이 공명할수록, 회복에 보탬이 되는 공간이 더 많아진다는 것을 이해한다.

14장

1. 전통적으로 힘든 감정뿐 아니라 기쁨, 경외, 즐거움, 흥분, 행복 같은 즐거운 감정에도 공감하고 공명하는 것이 중요하다는 것을 본능적으로 이해한다.
2. 이제는 타인을 위한 온기와 관심을 겉으로 드러낼 수 있으며, 나도 타인에게 애착을 품을 수 있는 사람임을 조금은 느끼게 됐다.
3. 따뜻한 공동체의 중요성을 인식한다.
4. 깊고 다채로운 공동체의 삶을 살 수 있으며, 나 자신과 타인과의 유대감을 느낄 수 있다고 믿는다.
5. 어찌할 바를 모를 정도로 힘들거나, 굳어져 버리거나, 겁에 질렸거나, 엄청나게 화가 났을 때, 공동체에 도움과 지지를 요청할 의향이 있다.
6. 진실성과 자아와의 깊은 유대감 속에서 결정을 내릴 수 있다.
7. 진정한 자아에 대한 감각 속에서 목적과 의미를 찾는 중이다.
8. 나 자신뿐 아니라 다른 사람들에게도 공명하며 대응하려는 마음이 점점 더 많이 든다.

온라인 자료

1. 유도 명상 녹음 파일은 온라인 홈페이지에서 내려받을 수 있다.
   https://www.yourresonantself.com

2. 세라 페이턴의 홈페이지
   https://sarahpeyton.com/

3. 신체 기반 치료 사이트
   - 신체 심리 치료(Body psychotherapy)-https://usabp.org
   - 하코미(Hakomi)-https://hakomi.com
   - 로젠 메서드(Rosen Method)-https://roseninstitute.net
   - 소매틱 익스피리언싱(Somatic Experiencing)-https://somaticexperiencing.com

4. 비폭력대화에 대한 더 자세한 정보
   - 비폭력대화센터(Center for Nonviolent Communication)-https://www.cnvc.org
   - 공명하는 자아 통합 프로그램(Your Resonant Self Integration Program)-https://www.yourresonantself.com

5. 대인관계 신경생물학에 대한 정보
   - 보니 베이드녹(Bonnie Badenoch) - https://www.nurturingtheheart.com
     (보니 베이드녹은 『뇌의 치료사가 되기(Being a Brain-wise Therapist)』의 저자이며, 이 책의 추천 서문을 쓴 사람이기도 하다. 홈페이지에 보니 베이드녹의 이름이 언급되지는 않지만, 그렇다고 살펴보기를 중단하지는 말자! 위 주소가 그녀의 웹사이트이다.)
   - 국제 대인관계 신경생물학 연구 협회(Global Association for Interpersonal Neurobiology Studies) - https://www.mindgains.org
   - 다니엘 시겔(Daniel Siegel, M.D.) - https://www.drdansiegel.com

6. 이 책에서 비중 있게 논의한 연구원들에 대한 더 자세한 정보
   - 제임스 코언(James Coan, Ph.D.) - https://jamescoan.com
   - 매튜 리버먼(Matthew D. Lieberman, Ph.D.) - https://www.uclascnlab.com/
   - 스티븐 포지스(Stephen Porges, Ph.D.) - https://stephenporges.com

부록 3
추천 도서

- Badenoch, B. (2008). *Being a brain-wise therapist: A practical guide to interpersonal neurobiology*. New York, NY: Norton.
- Badenoch, B. (2011). *The brain-savvy therapist's workbook*. New York, NY: Norton.
- Bowers, E. (2016). *Meet me in hard-to-love places: The heart and science of relationship success*. Vancouver, BC: Eric Bowers.
- Fogel, A. (2013). *Body sense: The science and practice of embodied self-awareness*. New York, NY: Norton.
- Maté, G. (2010). *In the realm of hungry ghosts: Close encounters with addiction*. Berkeley, CA: North Atlantic Books.
- McGilchrist, I. (2009). *The master and his emissary: The divided brain and the making of the Western world*. New Haven, CT: Yale University Press.
- Morgan, B. (2015). *Coming home: A first step into the world of family constellations*. Bucharest: Editura Har Tios.
- Perry, B. D., & Szalavitz, M. (2006). *The boy who was raised as a dog, and other stories from a child psychiatrist's notebook: What traumatized children can teach us about loss, love, and healing*. New York, NY: Basic Books.

- Siegel, D. J. (2015). *The developing mind: Toward a neurobiology of interpersonal experience*. New York, NY: Guilford Press.
- Van der Kolk, B. (2015). *The body keeps the score: Brain, mind and body in the healing of trauma*. New York, NY: Penguin Books.
- Wolynn, M. (2016). *It didn't start with you: How inherited family trauma shapes who we are and how to end the cycle*. New York, NY: Viking.

용어 사전

ㄱ

가바(GABA): 감마-아미노뷰티르산(gamma-aminobutyric acid). 두개골-뇌와 신체-
뇌에서 신경전달물질로 작용하는 아미노산이다. 신경 전달을 제한해서 신
경 활동을 억제한다.

가시(spine): 다른 **뉴런**의 **축삭돌기**에서 정보를 받아 새로운 연결을 형성할 수 있
으며, 충분히 많이 사용하면 새로운 **가지돌기**로 발달할 수 있는 **가지돌기**
의 한 부위.

가지돌기(dendrite): 뉴런의 가지.

감정을 정확히 말하기(naming emotions): 감정을 말로 표현하는 것으로, 자기 조
절의 한 형식이다.

감정적 온기(emotional warmth): 애정과 환대로 응대받거나 응대하는 경험이다.
신체적 차원에서는 상대방의 체온이 느껴질 정도로 가까이 있을 때 온기가
느껴진다. 그래서 감정적 온기라는 개념에는 친밀감과 신체적인 접촉에서
오는 위안도 포함된다.

감정적 트라우마(emotional trauma): 현재 일어나는 일이 너무 힘들거나 무섭거나
고통스러워서 뇌-신체가 견디기 힘들며, 그 경험이 도무지 통합되지 않는
순간들.

감정표현불능증(alexithymia): 신체의 감정적인 메시지를 읽지 못하는 상태로, 몸

맹(body blindness)이라고도 불린다.

감정 회로(circuits of emotion): 포유류의 다양한 생명 에너지를 담은 일곱 가지 기본 감정 네트워크로, 신경과학자 자크 판크세프가 정의했다. 보살핌, 추구, 탐색, 공황/비탄, 공포, 욕정, 두려움, 놀이 회로가 있다.

거부 회피형 애착(dismissive avoidant attachment): 정서적으로 친밀한 관계가 없어도 편안하게 받아들이는 **성인 애착 유형**으로, 독립적이고 자족적인 느낌을 아주 중요하게 생각한다. 타인에게 의존하지 않고 타인이 자신에게 의존하지 않는 것을 선호한다.

거울 뉴런(mirror neuron): 운동피질에 있는 뉴런으로, 다른 사람의 행동을 이해하는 데 도움을 준다.

공명(resonance): 다른 존재가 우리를 완전히 이해하고 정서적으로 따뜻하고 관대하게 바라보고 있다는 것을 느끼는 경험. 상대방이 우리 마음을 알아주고, 우리의 감정과 갈망을 이해한다는 것을 아는 느낌이다.

공명 기술(resonance skill): 다른 사람이나 자기 자신에게 더 가까이 다가서도록 언어를 사용할 줄 알고, 실용적 표현과 관계적 표현을 구별할 수 있으며, 관계적 언어를 선택할 수 있는 것.

공명의 언어(resonant language): 우리를 관계적 공간으로 이동시키는 언어로, 감정, 꿈, 갈망, 욕구, 신체 감각, 관계에서 일어나는 일, 신선한 은유, 시각적 이미지, 시 등에 대해 추측하고, 정확히 표현하는 활동이 포함된다.

공명하는 자기 목격자(resonating self-witness; RSW): 자기 온기를 베푸는 것과 **자기 조절**이 가능한 뇌의 부위를 의인화한 것이다.

공포 회피형 애착(fearful avoidant attachment): 다른 사람과 가까워지는 것을 불편해하고, 정서적으로 친밀한 관계를 원하지만 다른 사람을 완전히 신뢰하거나 의존하기 어려우며, 다른 사람과 너무 가까워지면 상처받을 것을 걱정하는 성인 애착 유형이다.

공황/비탄 회로(PANIC/GRIEF circuit): 판크세프의 일곱 가지 감정 회로 중 하나로, 버림받음, 외로움, 상실, 애도에 반응한다.

교감신경 활성화(sympathetic activation): 투쟁-도피 반응을 의미하는 것으로, 스트레스에 대한 신체 반응이 활성화되면서 심박수가 증가하고, 위험으로부터 자신을 방어하거나 위험의 근원에서 벗어나기 위한 행동을 취한다.

구현된 자기 인식 네트워크(embodied self-awareness network): 우리 몸이 공간에 있는 모든 감각 정보, 그 경계, 내부감각수용기 정보(장, 심장, 폐 등 신체 내부에서 들어오는 감각 정보)를 가지고 뇌간을 통해 **변연계**로 전달한 뒤에, **두개골-뇌**에 있는 **연상**과 연결해서 이 정보를 읽고 이해해 세상과의 관계를 해독하는 것.

근육수용기(ergoreceptor): 압력, 긴장, 피로, 온도, 고통, 몸 안에서 나타나는 그 밖의 모든 감각을 감지하는 신경 말단.

기능적 자기 공명 영상(functional magnetic resonance imaging; fMRI): 혈류와 관련된 변화를 감지해서 뇌 내부의 작용을 사진으로 찍는 방법.

ㄴ

내인성 벤조디아제핀(endogenous benzodiazepine): 신경안정제 바륨(Valium)처럼 항불안, 근육 이완, 진정, 최면 효과가 있는 일련의 뇌 화학물질이다.

내인성 오피오이드(endogenous opioid): 엔도르핀(endorphin)이라고도 불린다. 뇌 자체에서 생성되는 모르핀과 헤로인으로, 통증을 완화하고 행복감을 불러일으킨다.

내측(medial): 뇌와 신체 내에서, 정중선을 향한 방향.

내측 전전두피질(medial PFC): 뇌의 정중선을 따라 위치한 **전전두피질**의 한 부위로, **디폴트 모드 네트워크**의 일부이다. 회고적 기억과 미래의 계획에 대한 기억, 다른 사람의 입장이 되어 보는 것에 특히 중요한 역할을 한다.

내측 측두엽(medial temporal lobe): 뇌의 정중선에 가까운 **측두엽**의 한 부위이다. 기억에 중요한 역할을 하며, **디폴트 모드 네트워크**의 일부이다.

놀이 회로(PLAY circuit): 판크세프의 일곱 가지 **감정 회로** 중 하나로, 사람과 동물에게 즐거움과 웃음을 주는 능동적이고 상호적인 교류를 지원한다.

뇌(brain): 두개골에 있는 뇌를 포함하여 몸 전체에 걸쳐 작동하는 전체 신경계.

뇌섬엽(insula): 대뇌피질의 안쪽에 자리하며, 편도체에서 나오는 원초적인 감정을 받아들이고 우리가 느끼는 감정을 정확히 말할 수 있게 돕는다.

뉴런(neuron): 뇌의 기본 세포.

뉴런의 리모델링(neuronal remodeling): 뉴런 가시(spine)의 성장 또는 손실.

ㄷ

대인관계 신경생물학(interpersonal neurobiology; IPNB): 인지 및 사회신경과학, 애착 연구, 복잡성 이론, 심리학 분야를 종합해서, 관계적 **뇌**(뇌 자체뿐 아니라 뇌가 서로에게 영향을 미치는 방식)를 연구하는 학문이다.

도파민(dopamine): 뇌의 주요 **신경전달물질** 중 하나로, **추구 회로**에 큰 도움이 되며 에너지와 쾌감을 준다.

동행(accompaniment): 걱정해 준다고 느끼는 사람이 실제로 함께하거나 상상 속에서 함께하는 것. 자기 조절의 한 형식이다.

두개골-뇌(skull-brain): 두개골 안에 있는 뇌 조직.

두려움 회로(FEAR circuit): 자크 판크세프의 일곱 가지 감정 회로 중 하나로, 위험에 직면했을 때 도망치거나 물러서고 숨을 수 있게 돕는다.

두정엽(parietal lobe): 머리의 양쪽 측면에 자리한 **두개골-뇌**의 한 부위.

두정엽 피질(parietal cortex): **두정엽**의 가장 바깥쪽 표면(회백질)으로, 자기 인식과 자기 추적에 특히 중요하다.

디폴트 모드 네트워크(default mode network; DMN): 기억과 창의적 사고를 자아감과 통합하는 자동 사고 네트워크.

ㅁ

명시적 기억(explicit memory): 우리가 의식하고 있는 기억, 즉 우리가 알고 있다는 것을 아는 기억.

무수(unmyelinated, 無髓): 미엘린이 없는 상태.

미엘린(myelin): 뉴런 피막 바깥에 형성되어 에너지와 정보의 전달 속도를 높이는 절연체이다. 미엘린은 흰색으로, **백질**의 색을 낸다.

미주신경 복합체(vagus nerve complex): 몸 안쪽에서 두개골-뇌로 올라가는 신경 다발로(약 80%는 뇌에, 약 20%는 몸에 있다), 모든 장기와 소화기관의 정보 대부분을 전송한다.

ㅂ

반구(hemisphere): **두개골-뇌**의 반쪽.

배내측 전전두피질(dorsomedial PFC): 뇌의 정중선 근처, 이마의 위쪽 뒤편에 위치한 **전전두피질**의 한 부위로, 자신의 자전적 역사를 고려하고 과거, 현재, 미래의 사회적 맥락에서 생각하는 데 특히 중요한 역할을 하는 **디폴트 모드 네트워크**의 일부이다.

배측(dorsal, 등쪽): 뇌와 신체에서 척추를 향한 방향이며, **후측(posterior, 후방, 뒤)**으로도 표현된다. 배측은 두개골-뇌 바로 안쪽의 방향을 의미하기도 해서, 전전두피질은 **앞쪽 아래(ventral, 복측)**와 **약간 뒤쪽 위(배측)**의 두 부분으로 나뉜다.

배측 미주신경 복합체(dorsal vagal complex): **미주신경계**에 있는 **무수신경** 경로로, 주로 장, 심장, 폐와 같은 내장에서 얻은 정보를 통합해서 **두개골-뇌**로 가져온다. 이 신경 복합체가 활성화되면 **부동화**(immobilized) 상태가 시작된다.

배측 주의 네트워크(dorsal vagal complex): 주의 집중이 필요한 새로운 작업을 할때 온라인 상태가 되는 뇌 네트워크로, 자기 자신과는 아무런 관련이 없다. **디폴트 모드 네트워크**를 가장 완벽하게 중단시키는 사고 패턴이다.

변연계(limbic system): **두개골-뇌** 안쪽 깊숙이 자리해서 신체와 두개골-뇌를 연결하는 뇌 조직으로, 감정, 기억, 유대감, 위험 감시 등에 도움을 준다. 변연계는 피질과는 다른 종류의 뇌 조직으로, **편도체**와 **해마** 등 여러 기관과 조직이 변연계에 속해 있다.

보살핌 회로(CARE circuit): 온기와 애정을 지지하고 자신과 타인을 육성하는, 판크세프의 일곱 가지 감정 회로 중 하나.

부동화(immobilization): 투쟁이나 도피 반응 모두 효과가 없을 때 나타나는 신체의 반응으로, 스트레스 상황에서 무력감을 느낄 때 교감신경 활성화가 중단되고 배측 미주신경 복합체가 활성화되면서 충격, 행동 중지, 죽은 척하기, 실신, 절망감, 얼어붙은 듯 움직이지 않는 것, 해리 등이 나타난다.

부정적 아동기 경험(Adverse Childhood Experiences; ACE): 트라우마의 경험과 건강 악화, 중독, 자살과의 연관성을 조사한 대규모 연구(참가자 수는 1만 7000명).

분노 회로(RAGE circuit): 판크세프의 일곱 가지 감정 회로 중 하나이며, 안전, 존중, 웰빙, 효율성의 욕구가 좌절된 데 따른 반응이다.

분산 신경계(distributed nervous system): **두개골-뇌**의 뉴런을 포함한 신체의 모든 신경을 말한다.

불안(anxiety): 신체가 뭔가 잘못됐다는 경고 신호로 해석하는 감정으로, 두려움과 기대감이 지속적으로 느껴지는 상태이다. 불안의 50%가 우울증을 동반한다.

불안-몰입형 애착(anxious-preoccupied attachment): 다른 사람들과 정서적으로 완전히 친해지기를 원하지만, 다른 사람들이 자신이 원하는 만큼 가까이 다가오지 않는다고 생각하는 성인 애착 유형이다. 이들은 친밀한 관계없이 지내는 것을 불편해하지만, 때로는 다른 사람들이 자신을 가치 있게 여기지 않는다고 걱정한다.

복내측 전전두피질(ventromedial PFC): 뇌의 정중선을 따라 복측-배측 선에서 아래쪽 앞에 있는 전전두피질의 한 부위로, 신체와 정서적 인식을 연결하고 감정을 관리하는 데 특히 중요한 디폴트 모드 네트워크의 일부이다.

복외측 전전두피질(ventrolateral PFC): 뇌의 정중선에서 멀리 떨어진 곳에, 복측-배측 선에서 아래쪽과 앞쪽으로 이동한 부위에 자리한다. 디폴트 모드 네트워크의 일부이며, 활동을 중단하기로 결정하는 것과 현재 주의의 초점 외에서 발생하는 지각으로 주의의 초점을 전환하는 것에 특히 중요한 역할을 한다.

복측(ventral): 뇌와 신체 내에서 몸의 앞쪽을 향하는 방향. 한편 **두개골-뇌**에서는 **전전두피질**을 앞쪽의 아래편(**복측**)과 약간 뒤쪽의 위편(**배측**)의 두 부분으로 구분하는 방향을 뜻한다.

복측 미주신경 복합체(ventral vagus complex): 미주신경 복합체에서 유수신경으로 구성된 부분으로, 신경계에 안전의 신경지가 갖춰졌을 때 사용된다. 이런 **사회적 참여**의 상태에서, 사람들은 산소를 주 연료로 사용하기 시작하고, 뇌와 신체는 사회적 신호를 세심히 읽고 표현하는 역할로 전환된다.

ㅅ

사회적 참여(social engagement): **복측 미주신경 복합체**를 사용하는 신경계 상태로, **안전의 신경지**가 있을 때 나타난다. 이 상태에서는 산소를 주 연료로 사용하기 시작하며, 뇌와 신체가 사회적 신호를 세심히 읽고 표현하는 역할을 한다.

상부(superior): 뇌와 신체 내에서 정수리 쪽으로 위를 향한 방향이다.

성인 애착 유형(adult attachment styles): 애착 연구자들이 성인 애착의 패턴을 논할 때 사용하는 범주로, 안정적인 애착, 두려움-회피형, 부정-회피형, 불안 집착형이 있다.

세대를 초월한 트라우마(transgenerational trauma): 힘들었던 역사적, 개인적 사건의 영향이 생존자의 자녀와 손자의 신경생물학에 나타나는 것.

소뇌(cerebellum, 라틴어로 '작은 뇌'라는 뜻): **두개골-뇌** 아래쪽에 있는 작은 부위로 생각과 행동을 조정하며 학대의 영향을 받는다.

쐐기앞소엽(precuneus): 쐐기 모양의 뇌 조직으로 **두정엽**의 뒤쪽에 위치하며, 자신에 대한 기억과 반성을 담아 두고 다른 사람의 행동을 추적하는 역할을 한다. **디폴트 모드 네트워크**의 일부이다.

수용기(receptor): 가지돌기 끝에 있는 부위로, 화학적 메시지를 수신한다.

시냅스(synapse): 뉴런 사이의 연결.

신경가소성(neuroplasticity): 뇌의 변화 능력을 의미하는 과학 용어.

신경발생(neurogenesis): 새로운 뉴런의 성장.

신경전달물질(neurotransmitter): **뉴런** 간 소통을 담당하는 여러 **뇌** 화학물질 중 하나 이다.

심박변이도(heart rate variability): 심장이 뛰는 속도의 변화 정도.

ㅇ

안전의 신경지(neuroception of safety): 신경계 수준에서 일어나는 안전에 대한 느낌.

안정형 애착(secure attachment): 예측 가능한 온기, 반응성, 공명을 상대방에게 얻 을 수 있다는 기대를 체득한 사람들의 애착 유형이다.

암묵적 기억(implicit memory): 우리가 의식하지 못하는 기억, 즉 우리가 안다는 사실을 알지 못하는 기억.

애착(attachment): 유대감을 형성하는 방법과 관계에서 기대할 수 있는 것에 대해 배우는 것.

양가형 애착(ambivalent attachment): 스트레스가 생기면 투쟁-도피 반응으로 즉시 바뀌는 애착 유형. 이런 애착 유형이 있는 사람들은 고통의 신호를 행동으 로 표출하려고 계속 애쓰며 마음이 쉽게 진정되지 않는다.

엔도칸나비오이드(endocannabinoid): 트라우마 치유에 도움을 주는 뇌의 주요 화 학 반응 중 하나이다.

연상(association): 서로 닿아 있지도 않은 뉴런과 뇌 영역이 사고 패턴에 의해 연 결되는 것.

엽(love. 葉): **두개골-뇌**의 한 부위.

옥시토신(oxytocin): 유대감의 호르몬.

외상 후 스트레스 장애(posttraumatic stress disorder; PTSD): **트라우마**의 경험으로 인해 지속적인 상처와 혼란을 겪는 뇌 상태로, 트라우마에 대한 침입성 기 억과 해리가 나타나기도 한다.

외측(lateral): **뇌**와 신체 내에서, 정중선에서 벗어나 측면으로 향하는 방향.

욕정 회로(LUST circuit): 판크세프의 일곱 가지 **감정 회로** 중 하나로, 성적인 특성 을 뒷받침한다.

우뇌(right hemisphere, **우반구**): 몸의 오른쪽에 있는 두개골 뇌의 절반.

우울증(depression): 슬픈 기분과 상태, 즐거움의 결여, 삶에 대한 흥미 상실이 계속되는 것으로, 피로감과 지속적인 압도감이 동반되기도 한다. 우울증의 50%는 **불안**이 따른다.

유수(myelinated, 有髓): **미엘린**으로 덮여 있음.

인내의 창(window of tolerance): 동물이나 사람이 투쟁-도피 또는 부동화 반응으로 전환되지 않으면서 경험하고 회복할 수 있는 스트레스의 양.

ㅈ

자기 관리(self-management): 중독, 강박, 다른 사람들이나 환경을 통제하는 것, 자신을 객관화해서 판단하고 비판하는 것 등 스트레스에 대응해서 우리가 사용하는 외적인 전략.

자기 조절(self-regulation): 신체 기능을 조절하고, 강렬한 감정을 경험한 후 균형을 되찾고, 집중력과 주의력을 유지하는 능력을 갖추는 것.

장 신경계(enteric nervous system): 장 뇌(gut brain)라고도 불린다. 식도에서 항문까지 연결되는 소화계 벽 속에 있는 약 5억 개의 뉴런으로 구성된다.

재구성하기(reframing): 상황을 다른 방식으로 생각하는 것으로, **자기 조절**의 한 형식이다.

전대상피질(anterior cingulate cortex, anterior cingulate; ACC): 피질에서 띠 모양으로 둘러싸인 부분의 앞쪽으로, **두개골-뇌**에서 **후대상피질**(posterior cingulate cortex) 앞에 자리한다. 이 부분은 특히 감정과 생각을 통합하고 자신만의 자전적 이야기를 고려하는 데 중요하다. 우리 자신을 이 세상의 과거, 현재, 미래의 사회적 맥락에 둘 수 있게 해 준다. 주요한 작용 요인은 불안이며, 때에 따라서는 **디폴트 모드 네트워크**(DMN)의 일부로 여겨지기도 한다.

전두(Frontal): 두개골-뇌의 가장 앞쪽에 있는 부위. **전방**(anterior)이라고도 불린다.

전방(anterior, 前): 뇌와 신체에서 앞을 향한 방향, **전두**(frontal)라고도 한다.

전전두피질(the prefrontal cortex; PFC): **전두엽** 앞쪽에 위치한다. 자기 조절, 계획, 행동 실행을 돕는 부위이기 때문에, 의도와 관련된 부위인 **공명하는 자기 목격자**가 자리한 곳이기도 하다.

조율(attunement): 누군가 따뜻함, 존중, 호기심으로 우리에게 관심을 가져 주고, 몸 전체-뇌의 체계가 우리로서 지내는 것이 어떤 느낌인지 궁금해하는 것.

조절 장애(dysregulation): 이유 없는 짜증, 폭력, 남을 학대하는 행동, 치유되지 않은 **트라우마**와 **해리**의 후유증을 안고 살아가는 경우처럼, 스트레스에 반응하면서 건강하지 못한 방식으로 대응하는 것.

좌뇌(left hemisphere, **좌반구**): 몸의 왼쪽에 있는 **두개골-뇌**의 절반.

주의 분산(distraction): 신경 쓰이는 문제 대신 다른 문제에 대해 생각하는 것으로, **자기 조절**의 일종이다.

ㅊ

추구 회로(SEEKING circuit): 판크세프의 일곱 가지 감정 회로 중 하나로, 필요한 것을 얻고 탐색하며 발견하기 위한 행동을 취하도록 지원한다.

축삭돌기(axon): 뉴런의 뿌리.

측두엽(temporal lobe): 관자놀이 안쪽에 있는 두개골-뇌의 부위로, 기억의 대부분이 이곳에 저장된다.

ㅋ

코르티솔(cortisol): 스트레스가 발생하면 자원을 동원하고, 안전한 상태로 돌아오면 스트레스 반응을 끄기 위해 뇌와 신체가 함께 작용해 생성하는 화학 물질.

ㅌ

트라우마성 해리(traumatic dissociation): 단절된 존재 상태, 즉 내면세계와 외부 세계, 자아 감각과 신체 감각 사이의 연결이 단절된 상태.

ㅍ

편도체(amygdala): **변연계**에서 감정 및 **암묵적 기억**(무의식)을 담당하는 기관으로, 들어오는 모든 정보를 거르고 현재의 경험을 자동 분류해서, 과거의 어렵거나 위험한 상황과 유사성을 확인해 일치하는 것이 발견되면 경보를 울린다.

포스트허설(posthearsal): 그 순간에 압도당하고 동행되지 않았던 자아의 일부에 공명하기 위해, 자극을 받아 원하지 않는 반응을 하게 됐던 경험이나 지금 돌아볼 때 후회되는 경험을 의도적으로 재연하는 방법.

피질(cortex): 생각하는 뇌의 부위로, **두개골-뇌** 전체를 덮고 있는 피부와 비슷하다. 피질(라틴어로 '껍질'이라는 뜻)은 회백질이라고도 불린다.

ㅎ

하부(inferior): 뇌와 신체 내에서, 발을 향해 내려가는 방향.

하전두회(inferior frontal gyrus): **전전두피질**의 한 부위이다. 이 부위와 **디폴트 모드 네트워크** 사이의 연결성에 문제가 생기면, 부정적인 생각과 삶에 대한 해석, 자아감 사이에 연결고리가 생긴다.

해리(dissociation): 신체와 더 이상 연결되어 있지 않다는 느낌으로, 신체에서 느끼는 감각과 자아감 사이에 단절이 나타난다.

해마(hippocampus): **변연계**의 기관으로, 기억(특히 **명시적 기억**)을 형성하고 보유하며 처리하는 데 관여한다.

혼란형 애착(disorganized attachment): 우울증, 과도한 불안, 중독, 정신질환, 폭력, 학대, 방치, 분노 폭발, 수치심이 특징인 애착 유형으로, 친밀감에 목말라하면서도 친한 느낌을 경계하고 예측할 수 없게 대응한다. 관계와 친분에 기이하고 예측하기 힘든 반응을 보인다.

환영의 창(window of welcome): 관계 내에서 공명하고 이해하는 따뜻한 분위기에서 받아들여질 수 있는 감정 표현의 유형과 강도.

회피형 애착(avoidant attachment): 다른 사람이 자신에게 도움이 되는 존재라는 인식이 없이 자신을 돌보는 법을 배웠던 사람들의 애착 유형.

획득된 안전형 애착(earned secure attachment): 불안정한 애착에서 벗어나서 더 균형 잡힌 애착으로 나아가고, 치유 작업이나 힘이 되는 관계의 결과로 타인과 자신에게서 따뜻함을 기대하는 것.

후대상피질(posterior cingulate cortex): **두개골-뇌** 안쪽에 있는 뇌량의 주위를 띠 모양으로 감싼 부위의 뒤쪽으로, 아주 깊이 있어서 일부 학자들은 이 부위를 **변연계**의 일부로 본다. (변연계는 **디폴트 모드 네트워크**의 일부로, 모든 것을 통합할 수 있게 돕는다.)

후두엽(occipital lobe): 머리 뒤쪽에 위치한 **두개골-뇌**의 한 부위.

후성유전학(epigenetics): 유전 암호 자체의 변형이 아닌 유전자 발현의 변형을 연구하는 학문.

후측(posterior): 뇌와 신체 내에서, 척추를 향하는 방향이며 배측을 의미하기도 한다.

참고문헌

들어가는 글

1. Wilson, T. D., Reinhard, D. A., Westgate, E. C., Gilbert, D. T., Ellerbeck, N., Hahn, C., ... Shaked, A. (2014). Just think: The challenges of the disengaged mind. *Science, 345*(6192), 75−77. doi:10.1126/science.1250830

2. Lieberman, M. D. (2013). *Social: Why our brains are wired to connect.* New York, NY: Broadway Books, p. 21.

3. Buchheim, A. (2000). The relationship among attachment representation, emotion-abstraction patterns, and narrative style: A computer-based text analysis of the adult attachment interview. *Psychotherapy Research, 10*(4), 390−407. doi:10.1093/ptr/10.4.390

4. Pelvig, D., Pakkenberg, H., Stark, A., & Pakkenberg, B. (2008). Neocortical glial cell numbers in human brains. *Neurobiology of Aging, 29*(11), 1754−1762. doi:10.1016/j.neurobiolaging.2007.04.013

5. Yuan, T., Li, J., Ding, F., & Arias-Carrion, O. (2014). Evidence of adult neurogenesis in nonhuman primates and human. *Cell and Tissue Research, 358*(1), 17−23. doi:10.1007/s00441-014-1980-z

6. Fukazawa, Y., Saitoh, Y., Ozawa, F., Ohta, Y., Mizuno, K., & Inokuchi, K. (2003). Hippocampal LTP is accompanied by enhanced F-actin content within the dendritic spine that is essential for late LTP maintenance in vivo. *Neuron, 38*(3), 447−460. doi:10.1016/s0896-6273(03)00206-x

7. Kiebel, S. J., & Friston, K. J. (2011). Free energy and dendritic self-organization. *Frontiers in Systems Neuroscience, 5*. doi:10.3389/fnsys.2011.00080

8. Coan, J. A., Beckes, L., & Allen, J. P. (2013). Childhood maternal support and social capital moderate the regulatory impact of social relationships in adulthood. *International Journal of Psychophysiology, 88*(3), 224−231. doi:10.1016/j.ijpsycho.2013.04.006

9. Ibid.

10. Saunders, R., Jacobvitz, D., Zaccagnino, M., Beverung, L. M., & Hazen, N. (2011). Pathways to earned-security: The role of alternative support figures. *Attachment and Human Development, 13*(4), 403−420. doi:10.1080/14616734.2011.584405

1장

1. Raichle, M. E. (2015). The restless brain: How intrinsic activity organizes brain function. *Philosophical Transactions of the Royal Society B: Biological Sciences, 370*(1668). doi:10.1098/rstb.2014.0172

2. Lieberman, M. D. (2013). *Social: Why our brains are wired to connect*. New York, NY: Crown, p. 21.

3. Ostby, Y., Walhovd, K. B., Tamnes, C. K., Grydeland, H., Westlye, L. T., & Fjell, A. M. (2012). Mental time travel and default-mode network functional connectivity in the developing brain. *Proceedings of the National Academy of Sciences of the USA, 109*(42), 16800−16804. doi:10.1073/pnas.1210627109

4. Greicius, M. D., Kiviniemi, V., Tervonen, O., Vainionpää, V., Alahuhta, S., Reiss, A. L., & Menon, V. (2008). Persistent default-mode network connectivity during light sedation. *Human Brain Mapping, 29*(7), 839−847. doi:10.1002/hbm.20537

5. Raichle (2015).

6. Shannon, B. J., Dosenbach, R. A., Su, Y., Vlassenko, A. G., Larson-Prior, L. J., Nolan, T. S., ... Raichle, M. E. (2012). Morning-evening variation in human brain metabolism and memory circuits. *Journal of Neurophysiology, 109*(5), 1444−1456. doi:10.1152/jn.00651.2012

7. Shamloo, F., & Helie, S. (2016). Changes in default mode network as automaticity develops in a categorization task. *Behavioural Brain Research, 313*, 324−333. doi:10.1016/j.bbr.2016.07.029

8. Raichle (2015).

9.   Howard-Jones, P. A., Jay, T., Mason, A., & Jones, H. (2016). Gamification of learning deactivates the default mode network. *Frontiers in Psychology, 6*. doi:10.3389/fpsyg.2015.01891

10. Welborn, B. L., & Lieberman, M. D. (2015). Person-specific theory of mind in medial PFC. *Journal of Cognitive Neuroscience, 27*(1), 1–12. doi:10.1162/jocn_a_00700

11. Bado, P., Engel, A., Oliveira-Souza, R. D., Bramati, I. E., Paiva, F. F., Basilio, R., ... Moll, J. (2013). Functional dissociation of ventral frontal and dorsomedial default mode network components during resting state and emotional autobiographical recall. *Human Brain Mapping, 35*(7), 3302–3313. doi:10.1002/hbm.22403

12. Spunt, R. P., Meyer, M. L., & Lieberman, M. D. (2015). The default mode of human brain function primes the intentional stance. *Journal of Cognitive Neuroscience, 27*(6), 1116–1124. doi:10.1162/jocn_a_00785

13. Carvalho, F. M., Chaim, K. T., Sanchez, T. A., & Araujo, D. B. (2016). Time-perception network and default mode network are associated with temporal prediction in a periodic motion task. *Frontiers in Human Neuroscience, 10*. doi:10.3389/fnhum.2016.00268

14. Sheline, Y. I., Barch, D. M., Price, J. L., Rundle, M. M., Vaishnavi, S. N., Snyder, A. Z., ... Raichle, M. E. (2009). The default mode network and self-referential processes in depression. *Proceedings of the National Academy of Sciences of the USA, 106*(6), 1942–1947. doi:10.1073/pnas.0812686106

15. Soch, J., Deserno, L., Assmann, A., Barman, A., Walter, H., Richardson-Klavehn, A., & Schott, B. H. (2016). Inhibition of information flow to the default mode network during self-reference versus reference to others. *Cerebral Cortex*. Advance online publication. doi:10.1093/cercor/bhw206

16. Lieberman, M. D. (2007). Social cognitive neuroscience: A review of core processes. *Annual Review of Psychology, 58*(1), 259–289. doi:10.1146/annurev.psych.58.110405.085654

17. Spreng, R., & Andrews-Hanna, J. (2015). The default network and social cognition. *Brain Mapping*, 165–169. doi:10.1016/b978-0-12-397025-1.00173-1

18. Yang, R., Gao, C., Wu, X., Yang, J., Li, S., & Cheng, H. (2016). Decreased functional connectivity to posterior cingulate cortex in major depressive disorder. *Psychiatry Research: Neuroimaging, 255*, 15–23. doi:10.1016/j.pscychresns.2016.07.010

19. Devinsky, O., Morrell, M. J., & Vogt, B. A. (1995). Contributions of anterior

cingulate cortex to behaviour. *Brain*, *118*(1), 279–306. doi:10.1093/brain/118.1.279

20. Soch et al. (2016).

21. Spreng, R. N., & Mar, R. A. (2012). I remember you: A role for memory in social cognition and the functional neuroanatomy of their interaction. *Brain Research*, *1428*, 43–50. doi:10.1016/j.brainres.2010.12.024

22. Turner, G. R., & Spreng, R. N. (2015). Prefrontal engagement and reduced default network suppression co-occur and are dynamically coupled in older adults: The default-executive coupling hypothesis of aging. *Journal of Cognitive Neuroscience*, *27*(12), 2462–2476. doi:10.1162/jocn_a_00869

23. Daniels, J. (2011). Default mode alterations in posttraumatic stress disorder related to early-life trauma: A developmental perspective. *Journal of Psychiatry and Neuroscience*, *36*(1), 56–59. doi:10.1503/jpn.100050

24. Ibid.

25. Hao, L., Yang, J., Wang, Y., Zhang, S., Xie, P., Luo, Q., … Qiu, J. (2015). Neural correlates of causal attribution in negative events of depressed patients: Evidence from an fMRI study. *Clinical Neurophysiology*, *126*(7), 1331–1337. doi:10.1016/j.clinph.2014.10.146

26. Cha, J., Dedora, D., Nedic, S., Ide, J., Greenberg, T., Hajcak, G., & Mujica-Parodi, L. R. (2016). Clinically anxious individuals show disrupted feedback between inferior frontal gyrus and prefrontal-limbic control circuit. *Journal of Neuroscience*, *36*(17), 4708–4718. doi:10.1523/jneurosci.1092-15.2016

27. Wilson, T. D., Reinhard, D. A., Westgate, E. C., Gilbert, D. T., Ellerbeck, N., Hahn, C., … Shaked, A. (2014). Just think: The challenges of the disengaged mind. *Science*, *345*(6192), 75–77. doi:10.1126/science.1250830

28. Howard-Jones et al. (2016).

29. Hahn, B., Ross, T. J., Yang, Y., Kim, I., Huestis, M. A., & Stein, E. A. (2007). Nicotine enhances visuospatial attention by deactivating areas of the resting brain default network. *Journal of Neuroscience*, *27*(13), 3477–3489. doi:10.1523/jneurosci.5129-06.2007

30. Simon, R., & Engsträ, M. M. (2015). The default mode network as a biomarker for monitoring the therapeutic effects of meditation. *Frontiers in Psychology*, *6*. doi:10.3389/fpsyg.2015.00776

31. Mantovani, A. M., Fregonesi, C. E., Lorençoni, R. M., Savian, N. U., Palma, M. R., Salgado, A. S., … Parreira, R. B. (2016). Immediate effect of basic body awareness therapy on heart rate variability. *Complementary Therapies in*

Clinical Practice, 22, 8–11. doi:10.1016/j.ctcp.2015.10.003

32. Tamir, D. I., Bricker, A. B., Dodell-Feder, D., & Mitchell, J. P. (2015). Reading fiction and reading minds: The role of simulation in the default network. *Social Cognitive and Affective Neuroscience, 11*(2), 215–224. doi:10.1093/scan/nsv114

33. Goldstein, T. R., & Winner, E. (2012). Enhancing empathy and theory of mind. *Journal of Cognition and Development, 13*(1), 19–37. doi:10.1080/152 48372.2011.573514

34. Lutz, J., Brühl, A., Doerig, N., Scheerer, H., Achermann, R., Weibel, A., ... Herwig, U. (2016). Altered processing of self-related emotional stimuli in mindfulness meditators. *NeuroImage, 124*, 958–967. doi:10.1016/ j.neuroimage.2015.09.057

35. Kornfield, J. (n.d.). Even the best meditators have old wounds to heal. Retrieved August 28, 2016, from https://www.buddhanet.net/psymed1.htm

36. Lanius, R. A., Bluhm, R. L., Coupland, N. J., Hegadoren, K. M., Rowe, B., Théberge, J., ... Brimson, M. (2010). Default mode network connectivity as a predictor of post-traumatic stress disorder symptom severity in acutely traumatized subjects. *Acta Psychiatrica Scandinavica, 121*(1), 33–40. doi:10.1111/j.1600-0447.2009.01391.x

37. Modi, S., Kumar, M., Kumar, P., & Khushu, S. (2015). Aberrant functional connectivity of resting state networks associated with trait anxiety. *Psychiatry Research: Neuroimaging, 234*(1), 25–34. doi:10.1016/ j.pscychresns.2015.07.006

38. Beaty, R. E., Kaufman, S. B., Benedek, M., Jung, R. E., Kenett, Y. N., Jauk, E., ... Silvia, P. J. (2015). Personality and complex brain networks: The role of openness to experience in default network efficiency. *Human Brain Mapping, 37*(2), 773–779. doi:10.1002/hbm.23065

2장

1. Siegel, D. J. (2012). *The developing mind: How relationships and the brain interact to shape who we are.* New York, NY: Guilford Press, p. 20.

2. Lalo, E., Gilbertson, T., Doyle, L., Di Lazzaro, V., Cioni, B., & Brown, P. (2007). Phasic increases in cortical beta activity are associated with alterations in sensory processing in the human. *Experimental Brain Research, 177*(1), 137–45. doi:10.1007/s00221-006-0655-8.

3. Hughes, J. R. (2008). Gamma, fast, and ultrafast waves of the brain: Their relationships with epilepsy and behavior. *Epilepsy and Behavior, 13*(1), 25–31. doi:10.1016/j.yebeh.2008.01.011

4. Shafer, A. T., & Dolcos, F. (2014). Dissociating retrieval success from incidental encoding activity during emotional memory retrieval, in the medial temporal lobe. *Frontiers in Behavioral Neuroscience, 8*(177), 1–15. doi:10.3389/fnbeh.2014.00177

5. Bisby, J. A., Horner, A. J., Hørlyck, L. D., & Burgess, N. (2016). Opposing effects of negative emotion on amygdalar and hippocampal memory for items and associations. *Social Cognitive and Affective Neuroscience, 11*(6), 981–990. doi:10.1093/scan/nsw028

6. Coan, J. A., Beckes, L., & Allen, J. P. (2013). Childhood maternal support and social capital moderate the regulatory impact of social relationships in adulthood. *International Journal of Psychophysiology, 88*(3), 224–231. doi:10.1016/j.ijpsycho.2013.04.006

7. Vrticka, P., Sander, D., Anderson, B., Badoud, D., Eliez, S., & Debbané, M. (2014). Social feedback processing from early to late adolescence: Influence of sex, age, and attachment style. *Brain and Behavior, 4*(5), 703–720. doi:10.1002/brb3.251

8. Sakaki, M., Yoo, H. J., Nga, L., Lee, T., Thayer, J. F., & Mather, M. (2016). Heart rate variability is associated with amygdala functional connectivity with MPFC across younger and older adults. *NeuroImage, 139*, 44–52. doi:10.1016/j.neuroimage.2016.05.076

9. Lanius, R. A., Frewen, P. A., Tursich, M., Jetly, R., & McKinnon, M. C. (2015). Restoring large-scale brain networks in PTSD and related disorders: A proposal for neuroscientifically-informed treatment interventions. *European Journal of Psychotraumatology, 6*. doi:10.3402/ejpt.v6.27313

10. Szyf, M. (2013, July). *Epigenetics.* Paper presented at the Brain Development and Learning Conference, Vancouver, British Columbia, Canada.

11. Lieberman, M. D., Inagaki, T. K., Tabibnia, G., & Crockett, M. J. (2011). Subjective responses to emotional stimuli during labeling, reappraisal, and distraction. *Emotion, 11*(3), 468–480. doi:10.1037/a0023503

12. Coan, J. A., Schaefer, H. S., & Davidson, R. J. (2006). Lending a hand: Social regulation of the neural response to threat. *Psychological Science, 17*(12), 1032–1039. doi:10.1111/j.1467-9280.2006.01832.x

13. Lieberman et al. (2011).

14. Coan, J. A. (2011). The social regulation of emotion. In J. Decety & J. T. Cacioppo (Eds.), *The Oxford Handbook of Social Neuroscience*. Oxford Handbooks Online. doi:10.1093/oxfordhb/9780195342161.013.0041

15. Coan et al. (2013).

16. Hopper, J. W., Frewen, P. A., Kolk, B. A., & Lanius, R. A. (2007). Neural correlates of reexperiencing, avoidance, and dissociation in PTSD: Symptom dimensions and emotion dysregulation in responses to script-driven trauma imagery. *Journal of Traumatic Stress, 20*(5), 713−725. doi:10.1002/jts.20284

17. Tabibnia, G., Lieberman, M. D., & Craske, M. G. (2008). The lasting effect of words on feelings: Words may facilitate exposure effects to threatening images. *Emotion, 8*(3), 307−317. doi:10.1037/1528-3542.8.3.307

18. Park, E. R., Traeger, L., Vranceanu, A., Scult, M., Lerner, J. A., Benson, H., ... Fricchione, G. L. (2013). The development of a patient-centered program based on the relaxation response: The Relaxation Response Resiliency Program (3RP). *Psychosomatics, 54*(2), 165−174. doi:10.1016/j.psym.2012.09.001

19. Uher, T. (2010). Alexithymia and immune dysregulation: A critical review. *Activitas Nervosa Superior, 52*(1), 40−44. doi:10.1007/bf03379564

20. Foran, H. M., & O'Leary, K. D. (2012). The role of relationships in under-standing the alexithymia-depression link. *European Journal of Personality, 27*(5). doi:10.1002/per.1887

21. Frewen, P.A., Lanius, R.A., Dozois, D.J.A., Neufeld, R.W.J., Pain, C., Hopper, J.W., ... (2008). Clinical and neural correlates of alexithymia in posttraumatic stress disorder. *Journal of Abnormal Psychology, 117*(1):171-181. doi:10.1037/0021−843x. 117.1.171

22. Teicher, M. H., & Samson, J. A. (2016). Annual research review: Enduring neurobiological effects of childhood abuse and neglect. *Journal of Child Psychology and Psychiatry, 57*(3), 241−266. doi:10.1111/jcpp.12507

23. Coan et al. (2006).

24. Telzer, E. H., Qu, Y., Goldenberg, D., Fuligni, A. J., Galván, A., & Lieberman, M. D. (2014). Adolescents' emotional competence is associated with parents' neural sensitivity to emotions. *Frontiers in Human Neuroscience, 8*(558), 1−12. doi:10.3389/fnhum.2014.00558

25. Natalie, E., & Fischer, H. (2015). *Emotion and aging: Recent evidence from brain and behavior*. Frontiers Media. doi:10.3389/978-2-88919-425-4

3장

1. Siegel, D. J. (2012). *Pocket guide to interpersonal neurobiology: An integrative handbook of the mind*. New York, NY: Norton, p. 6-5.
2. Ibid., p. 19-3.
3. Panksepp, J. (1998). *Affective neuroscience: The foundations of human and animal emotions*. New York, NY: Oxford University Press, pp. 246−260.
4. Salat, D. H., Kaye, J. A., & Janowsky, J. S. (2001). Selective preservation and degeneration within the prefrontal cortex in aging and Alzheimer disease. *Archives of Neurology, 58*, 1403−1408. doi:10.1001/archneur.58.9.1403
5. Dolcos, S., Katsumi, Y., & Dixon, R. A. (2014). The role of arousal in the spontaneous regulation of emotions in healthy aging: A fMRI investigation. *Frontiers in Psychology, 5*. doi:10.3389/fpsyg.2014.00681
6. Hecht, D. (2014). Cerebral lateralization of pro- and anti-social tendencies. *Experimental Neurobiology, 23*(1), 1. doi:10.5607/en.2014.23.1.1
7. Coan, J. A., Beckes, L., & Allen, J. P. (2013). Childhood maternal support and social capital moderate the regulatory impact of social relationships in adulthood. *International Journal of Psychophysiology, 88*(3), 224−231. doi:10.1016/j.ijpsycho.2013.04.006
8. Lewis, M., Haviland-Jones, J. M., & Barrett, L. F. (2008). *Handbook of emotions*. New York, NY: Guilford Press. pp. 116−119.
9. Hebb, D. O. (1949). *The organization of behavior*. New York, NY: Wiley.
10. The mnemonic phrase is usually attributed to Carla Shatz at Stanford University, referenced, for example, in Doidge, N. (2007). *The brain that changes itself*. New York: Viking Press, p. 427.
11. Longe, O., Maratos, F. A., Gilbert, P., Evans, G., Volker, F., Rockliff, H., & Rippon, G. (2010). Having a word with yourself: Neural correlates of self-criticism and self- reassurance. *NeuroImage, 49*(2), 1849−1856. doi:10.1016/j.neuroimage.2009.09.019

4장

1. Peasley-Miklus, C. E., Panayiotou, G., & Vrana, S. R. (2016). Alexithymia predicts arousal-based processing deficits and discordance between emotion response systems during emotional imagery. *Emotion, 16*(2), 164−174. doi:10.1037/emo0000086
2. Thoma, P., & Bellebaum, C. (2012). Your error's got me feeling — How

empathy relates to the electrophysiological correlates of performance monitoring. *Frontiers in Human Neuroscience, 6.* doi:10.3389/fnhum. 2012.00135

3. Cauda, F., D'agata, F., Sacco, K., Duca, S., Geminiani, G., & Vercelli, A. (2011). Functional connectivity of the insula in the resting brain. *NeuroImage, 55*(1), 8−23. doi:10.1016/j.neuroimage.2010.11.049

4. Joseph, R. (1988). The right cerebral hemisphere: Emotion, music, visual-spatial skills, body-image, dreams, and awareness. *Journal of Clinical Psychology, 44*(5), 630−673. doi:10.1002/1097-4679(198809)44:53.0.co;2-v

5. Godfrey, H. K., & Grimshaw, G. M. (2015). Emotional language is all right: Emotional prosody reduces hemispheric asymmetry for linguistic processing. *Laterality: Asymmetries of Body, Brain and Cognition, 21*(4−6), 568-584. doi: 10.1080/1357650x.2015.1096940

6. Jackson, P. L., Brunet, E., Meltzoff, A. N., & Decety, J. (2006). Empathy examined through the neural mechanisms involved in imagining how I feel versus how you feel pain. *Neuropsychologia, 44*(5), 752−761. doi:10.1016/ j.neuropsychologia.2005.07.015

7. Laeng, B., Zarrinpar, A., & Kosslyn, S. M. (2003). Do separate processes identify objects as exemplars versus members of basic-level categories? Evidence from hemispheric specialization. *Brain and Cognition, 53*(1), 15−27. doi:10.1016/s0278-2626(03)00184-2

8. Perani, D., Cappa, S. F., Bettinardi, V., Bressi, S., Gorno-Tempini, M., Matarrese, M., & Fazio, F. (1995). Different neural systems for the recognition of animals and man-made tools. *NeuroReport, 6*(12), 1637−1641. doi:10.1097/00001756-199508000-00012

9. Balconi, M., & Pagani, S. (2014). Social hierarchies and emotions: Cortical prefrontal activity, facial feedback (EMG), and cognitive performance in a dynamic interaction. *Social Neuroscience, 10*(2), 166−178. doi:10.1080/17470 919.2014.977403

10. Ocklenburg, S., Friedrich, P., Güntürkün, O., & Genç, E. (2016). Intrahemispheric white matter asymmetries: The missing link between brain structure and functional lateralization? *Reviews in the Neurosciences, 27*(5). doi:10.1515/ revneuro-2015-0052

11. Chance, S. A. (2014). The cortical microstructural basis of lateralized cognition: A review. *Frontiers in Psychology, 5.* doi:10.3389/fpsyg.2014.00820

12. Lamb, M. R., Robertson, L. C., & Knight, R. T. (1989). Attention and inter-

ference in the processing of global and local information: Effects of unilateral temporal-parietal junction lesions. *Neuropsychologia, 27*(4), 471–483. doi:10.1016/0028-3932(89)90052-3

13. Exchange of views. (n.d.). Retrieved December 27, 2016, from https://iainmcgilchrist.com/exchange-of-views/

14. Faust, M., & Mashal, N. (2007). The role of the right cerebral hemisphere in processing novel metaphoric expressions taken from poetry: A divided visual field study. *Neuropsychologia, 45*(4), 860–870. doi:10.1016/j.neuropsychologia.2006.08.010

15. Foldi, N. S. (1987). Appreciation of pragmatic interpretations of indirect commands: Comparison of right and left hemisphere brain-damaged patients. *Brain and Language, 31*(1), 88–108. doi:10.1016/0093-934x(87)90062-9

16. Sidtis, D. V., & Postman, W. A. (2006). Formulaic expressions in spontaneous speech of left- and right-hemisphere-damaged subjects. *Aphasiology, 20*(5), 411–426. doi:10.1080/02687030500538148

17. Huth, A. G., Heer, W. A., Griffiths, T. L., Theunissen, F. E., & Gallant, J. L. (2016). Natural speech reveals the semantic maps that tile human cerebral cortex. *Nature, 532*(7600), 453–458. doi:10.1038/nature17637

18. Foldi (1987).

19. Tranel, D., Bechara, A., & Denburg, N. L. (2002). Asymmetric functional roles of right and left ventromedial prefrontal cortices in social conduct, decision-making, and emotional processing. *Cortex, 38*(4), 589–612. doi:10.1016/s0010-9452(08)70024-8

20. Rosenberg, M. B. (2015). *Nonviolent communication: A language of life: Life-changing tools for healthy relationships.* Encinitas, CA: Puddle Dancer Press. p. 52.

21. Ibid. p. 52.

5장

1. Ball, T. M., Ramsawh, H. J., Campbell-Sills, L., Paulus, M. P., & Stein, M. B. (2012). Prefrontal dysfunction during emotion regulation in generalized anxiety and panic disorders. *Psychological Medicine, 43*(7), 1475–1486. doi:10.1017/s0033291712002383

2. Panksepp, J. (2007). Neuroevolutionary sources of laughter and social joy: Modeling primal human laughter in laboratory rats. *Behavioural Brain*

Research, 182(2), 231–244. doi:10.1016/j.bbr.2007.02.015

3. Panksepp, J. (2011). What is an emotional feeling? Lessons about affective origins from cross-species neuroscience. *Motivation and Emotion, 36*(1), 4–15. doi:10.1007/s11031-011-9232-y

4. Panksepp, J., & Biven, L. (2012). *The archaeology of mind: Neuroevolutionary origins of human emotions*. New York, NY: Norton, p. 189.

5. Ibid. p. 333.

6. Ibid., p. 333.

7. Ibid., p. 333.

8. Ibid., p. 335.

9. Kidd, T., Hamer, M., & Steptoe, A. (2013). Adult attachment style and cortisol responses across the day in older adults. *Psychophysiology, 50*(9), 841–847. doi:10.1111/psyp.12075

10. Panksepp & Biven (2012), p. 335.

11. Kazi, A., & Oommen, A. (2014). Chronic noise stress-induced alterations of glutamate and gamma-aminobutyric acid and their metabolism in the rat brain. *Noise Health, 16*(73), 343. doi:10.4103/1463-1741.144394

12. Bowers, M. E., Choi, D. C., & Ressler, K. J. (2012). Neuropeptide regulation of fear and anxiety: Implications of cholecystokinin, endogenous opioids, and neuropeptide Y. *Physiology and Behavior, 107*(5), 699–710. doi:10.1016/j.physbeh.2012.03.004

13. Laeger, I., Dobel, C., Radenz, B., Kugel, H., Keuper, K., Eden, A., ... Zwanzger, P. (2014). Of "disgrace" and "pain" – Corticolimbic interaction patterns for disorder- relevant and emotional words in social phobia. *PLoS ONE, 9*(11). doi:10.1371/journal.pone.0109949

14. Giebels, V., Repping-Wuts, H., Bleijenberg, G., Kroese, J. M., Stikkelbroeck, N., & Hermus, A. (2014). Severe fatigue in patients with adrenal insufficiency: Physical, psychosocial and endocrine determinants. *Journal of Endocrinological Investigation, 37*(3), 293–301. doi:10.1007/s40618-013-0042-9

15. Oliveira, J. F., Dias, N. S., Correia, M., Gama-Pereira, F., Sardinha, V. M., Lima, A., ... Sousa, N. (2013). Chronic stress disrupts neural coherence between corticolimbic structures. *Frontiers in Neural Circuits, 7*. doi:10.3389/fncir.2013.00010

16. Bierer, L. M., Bader, H. N., Daskalakis, N. P., Lehrner, A. L., Makotkine, I., Seckl, J. R., & Yehuda, R. (2014). Elevation of 11 -hydroxysteroid dehydrogenase type 2 activity in Holocaust survivor offspring:

Evidence for an intergenerational effect of maternal trauma exposure. *Psychoneuroendocrinology, 48*, 1−10. doi:10.1016/j.psyneuen.2014.06.001

17. Olsson, A., Kross, E., Nordberg, S. S., Weinberg, A., Weber, J., Schmer-Galunder, S., ... Ochsner, K. N. (2014). Neural and genetic markers of vulnerability to posttraumatic stress symptoms among survivors of the World Trade Center attacks. *Social Cognitive and Affective Neuroscience, 10*(6), 863−868. doi:10.1093/scan/nsu125

18. Robinson, O. J., Krimsky, M., Lieberman, L., Allen, P., Vytal, K., & Grillon, C. (2014). The dorsal medial prefrontal (anterior cingulate) cortex-amygdala aversive amplification circuit in unmedicated generalised and social anxiety disorders: An observational study. *Lancet Psychiatry, 1*(4), 294−302. doi:10.1016/s2215-0366(14)70305-0

19. Vogt, B. A., & Peters, A. (1981). Form and distribution of neurons in rat cingulate cortex: Areas 32, 24, and 29. *Journal of Comparative Neurology, 195*(4), 603−625. doi:10.1002/cne.901950406

20. King, A. P., Block, S. R., Sripada, R. K., Rauch, S., Giardino, N., Favorite, T., ... Liberzon, I. (2016). Altered default mode network (DMN) resting state functional connectivity following a mindfulness-based exposure therapy for posttraumatic stress disorder (PTSD) in combat veterans of Afghanistan and Iraq. *Depression and Anxiety Depress Anxiety, 33*(4), 289−299. doi:10.1002/da.22481

21. Liu, T., Li, J., Zhao, Z., Zhong, Y., Zhang, Z., Xu, Q., ... Chen, F. (2016). Betel quid dependence is associated with functional connectivity changes of the anterior cingulate cortex: A resting-state fMRI study. *Journal of Translational Medicine, 14*(1). doi:10.1186/s12967-016-0784-1

22. Jahn, A., Nee, D. E., Alexander, W. H., & Brown, J. W. (2014). Distinct regions of anterior cingulate cortex signal prediction and outcome evaluation. *NeuroImage, 95*, 80−89. doi:10.1016/j.neuroimage.2014.03.050

23. Smith, R., Alkozei, A., & Killgore, W. D. (2016). Contributions of self-report and performance-based individual differences measures of social cognitive ability to large-scale neural network functioning. *Brain Imaging and Behavior.* Advance online publication. doi:10.1007/s11682-016-9545-2

24. Zendehrouh, S., Gharibzadeh, S., & Towhidkhah, F. (2014). Reinforcement-conflict based control: An integrative model of error detection in anterior cingulate cortex. *Neurocomputing, 123*, 140−149. doi:10.1016/j.neucom.2013.06.020

25. Marcus, S., Lopez, J. F., Mcdonough, S., Mackenzie, M. J., Flynn, H., Neal, C. R., ... Vazquez, D. M. (2011). Depressive symptoms during pregnancy: Impact on neuroendocrine and neonatal outcomes. *Infant Behavior and Development, 34*(1), 26–34. doi:10.1016/j.infbeh.2010.07.002

26. Veenendaal, M., Painter, R., Rooij, S. D., Bossuyt, P., Post, J. V., Gluckman, P., ... Roseboom, T. (2013). Transgenerational effects of prenatal exposure to the 1944–45 Dutch famine. *BJOG: An International Journal of Obstetrics and Gynaecology, 120*(5), 548–554. doi:10.1111/1471-0528.12136

27. Yehuda, R., Daskalakis, N. P., Bierer, L. M., Bader, H. N., Klengel, T., Holsbuer, F., & Binder, E. B. (2016) Holocaust exposure induced inter-generational effects on FKBPS methylation. *Biological Psychology, 80*(5), 375–380. doi:10/1016/j.piopsych.2015.08.005

28. Vukojevic, V., Kolassa, I., Fastenrath, M., Gschwind, L., Spalek, K., Milnik, A., ... Quervain, D. J. (2014). Epigenetic modification of the glucocorticoid receptor gene is linked to transmatic memory and post-traumatic stress disorder risk in genocide survivors. *Journal of Neuroscience, 34*(31), 10274–10284. doi:10.1523/jneurosci.1526-14.2014

29. Stalder, T., Evans, P., Hucklebridge, F., & Clow, A. (2011). Associations between the cortisol awakening response and heart rate variability. *Psychoneuroen-docrinology, 36*(4), 454–462. doi:10.1016/j.psyneuen.2010.07.020

30. Kao, L., Liu, Y., Tzeng, N., Kuo, T. B., Huang, S., Chang, C., & Chang, H. (2016). Linking an anxiety-related personality trait to cardiac autonomic regulation in well-defined healthy adults: Harm avoidance and resting heart rate variability. *Psychiatry Investigation, 13*(4), 397. doi:10.4306/pi.2016.13.4.397

31. Lehman, B. J., Cane, A. C., Tallon, S. J., & Smith, S. F. (2014). Physiological and emotional responses to subjective social evaluative threat in daily life. *Anxiety, Stress, and Coping, 28*(3), 321–339. doi:10.1080/10615806.2014.9685 63

32. Kolesnikov, O. L., Dolgushin, I. I., Selyanina, G. A., Shadrina, I. V., Shalashova, M. A., & Kolesnikova, A. A. (2006). Dependence of immune system function and metabolism on reactive anxiety. *Bulletin of Experimental Biology and Medicine, 142*(2), 219–221. doi:10.1007/s10517-006-0332-8

33. Smith, A. P. (2011). Breakfast cereal, digestive problems and well-being. *Stress and Health, 27*(5), 388–394. doi:10.1002/smi.1390

34. McAuley, M. T., Kenny, R., Kirkwood, T. B., Wilkinson, D. J., Jones,

J. J., & Miller, V. M. (2009). A mathematical model of aging-related and cortisol induced hippocampal dysfunction. *BMC Neuroscience*, *10*(1), 26. doi:10.1186/1471-2202-10-26

35. Laar, M. V., Pevernagie, D., Mierlo, P. V., & Overeem, S. (2014). Subjective sleep characteristics in primary insomnia versus insomnia with comorbid anxiety or mood disorder. *Sleep and Biological Rhythms*, *13*(1), 41–48. doi:10.1111/sbr.12100

36. Coan, J. A., Beckes, L., & Allen, J. P. (2013). Childhood maternal support and social capital moderate the regulatory impact of social relationships in adulthood. *International Journal of Psychophysiology*, *88*(3), 224–231. doi:10.1016/j.ijpsycho.2013.04.006

6장

1. Bailey, C. H., Kandel, E. R., & Harris, K. M. (2015). Structural components of synaptic plasticity and memory consolidation. *Cold Spring Harbor Perspectives in Biology*, *7*(7). doi:10.1101/cshperspect.a021758

2. Ritov, G., Ardi, Z., & Richter-Levin, G. (2014). Differential activation of amygdala, dorsal and ventral hippocampus following an exposure to a reminder of underwater trauma. *Frontiers in Behavoral Neuroscience*, *8*. doi:10.3389/fnbeh.2014.00018

3. Kensinger, E. A., Addis, D. R., & Atapattu, R. K. (2011). Amygdala activity at encoding corresponds with memory vividness and with memory for select episodic details. *Neuropsychologia*, *49*(4), 663-673. doi:10.1016/j. neuropsychologia.2011.01.017

4. Ge, R., Fu, Y., Wang, D., Yao, L., & Long, Z. (2012). Neural mechanism underlying autobiographical memory modulated by remoteness and emotion [Abstract]. *Proceedings of the SPIE, 8317*. doi:10.1117/12.910870

5. Zelikowsky, M., Hersman, S., Chawla, M. K., Barnes, C. A., & Fanselow, M. S. (2014). Neuronal ensembles in amygdala, hippocampus, and prefrontal cortex track differential components of contextual fear. *Journal of Neuroscience, 34*(25), 8462-8466. doi:10.1523/jneurosci.3624-13.2014

6. Kensinger et al. (2011).

7. Roy-Byrne, P., Arguelles, L., Vitek, M. E., Goldberg, J., Keane, T. M., True, W. R., & Pitman, R. K. (2004). Persistence and change of PTSD symptomatology. *Social Psychiatry and Psychiatric Epidemiology, 39*(9), 681-685.

doi:10.1007/s00127-004-0810-0

8. Lonsdorf, T. B., Haaker, J., & Kalisch, R. (2014). Long-term expression of human contextual fear and extinction memories involves amygdala, hippocampus and ventromedial prefrontal cortex: A reinstatement study in two independent samples. *Social Cognitive and Affective Neuroscience, 9*(12), 1973-1983. doi:10.1093/scan/nsu018

9. Lanius, R. A., Frewen, P. A., Tursich, M., Jetly, R., & Mckinnon, M. C. (2015). Restoring large-scale brain networks in PTSD and related disorders: A proposal for neuroscientifically-informed treatment interventions. *European Journal of Psychotraumatology, 6.* doi:10.3402/ejpt.v6.27313

10. Nader, K. (2015). Reconsolidation and the dynamic nature of memory. In K. P. Giese & K. Radwanska (Eds.), *Novel mechanisms of memory* (pp. 1–20). doi:10.1007/978-3-319-24364-1_1

11. Tranel, D., Bechara, A., & Denburg, N. L. (2002). Asymmetric functional roles of right and left ventromedial prefrontal cortices in social conduct, decision-making, and emotional processing. *Cortex, 38*(4), 589(612). doi:10.1016/s0010-9452(08)70024-8

12. Sheline, Y. I., Barch, D. M., Price, J. L., Rundle, M. M., Vaishnavi, S. N., Snyder, A. Z., ... Raichle, M. E. (2009). The default mode network and self-referential processes in depression. *Proceedings of the National Academy of Sciences of the USA, 106*(6), 1942-1947. doi:10.1073/pnas.0812686106

13. Furini, C., Myskiw, J., & Izquierdo, I. (2014). The learning of fear extinction. *Neuroscience and Biobehavioral Reviews, 47,* 670–683. doi:10.1016/j.neubiorev.2014.10.016

14. Kohrt, B. A., Jordans, M. J., Tol, W. A., Perera, E., Karki, R., Koirala, S., & Upadhaya, N. (2010). Social ecology of child soldiers: Child, family, and communitydeterminants of mental health, psychosocial well-being, and reintegration in Nepal. *Transcultural Psychiatry, 47*(5), 727-753. doi:10.1177/1363461510381290

15. Danese, A., & Mcewen, B. S. (2012). Adverse childhood experiences, allostasis, allostatic load, and age-related disease. *Physiology and Behavior, 106*(1), 29-39. doi:10.1016/j.physbeh.2011.08.019

16. BRFSS Adverse Childhood Experience (ACE) Module. (n.d.). Retrieved December 29, 2016, from https://www.bing.com/cr?IG=A16C959918EC45 FFB92BF67738ED00C9&CID=276E50666D956BDD04EE599C6CA46AB3&rd= 1&h=LlP9HQeb4wZVKF86RdJ2yVXGtpOiIpPQ1fEWGK11uo&v=1&r=https%

3a%2f%2fwww.cdc.gov%2fviolenceprevention%2facestudy%2fpdf%2fbrfss_
adverse_module.pdf&p=DevEx,5084.1

17. Child Abuse and Neglect: Consequences. (2016). Retrieved December 29, 2016, from https://www.cdc.gov/violenceprevention/childmaltreatment/consequences.html

18. Seedall, R. B., Butler, M. H., Zamora, J. P., & Yang, C. (2015). Attachment change in the beginning stages of therapy: Examining change trajectories for avoidance and anxiety. *Journal of Martial and Family Theraphy*, *42*(2), 217-230. doi:10.1111/jmft.12146

19. Bhasin, M. K., Dusek, J. A., Chang, B., Joseph, M. G., Denninger, J. W., Fricchione, G. L., ... Libermann, T. A. (2013). Relaxation response induces temporal transcriptome changes in energy metabolism, insulin secretion and inflammatory pathways. *PLoS ONE*, *8*(5). doi:10.1371/journal.pone.0062817

20. Roisman, G. I., Padron, E., Sroufe, L. A., & Egeland, B. (2002). Earned-secure attachment status in retrospect and prospect. *Child Development*, *73*(4), 1204-1219. doi:10.1111/1467-8624.00467

21. Ramo-Fernández, L., Schneider, A., Wilker, S., & Kolassa, I. (2015). Epigenetic alterations associated with war trauma and childhood maltreatment. *Behavioral Sciences and the Law*, *33*(5), 701-721.doi:10.1002/bsl.2200

22. Teicher, M. H., Samson, J. A., Sheu, Y., Polcari, A., & Mcgreenery, C. E. (2010). Hurtful words: Association of exposure to peer verbal abuse with elevated psychiatric symptom scores and corpus callosum abnormalties. *American Journal of Psychiatry*, *167*(12), 1464-1471. doi:10.1176/appi.ajp.2010.10010030

23. Ibid.

24. Cancel, A., Comte, M., Truillet, R., Boukezzi, S., Rousseau, P., Zendjidjian, X. Y., ... Fakra, E. (2015). Childhood neglect predicts disorganization in schizophrenia through grey matter decrease in dorsolateral prefrontal cortex. *Acta Pschiatrica Scandinavica*, *132*(4), 244-256. doi:10.11111/acps.12455

25. Parks, R. W., Stevens, R. J., & Spence, S. A. (2007). A systematic review of cognition in homeless children and adolescents. *Journal of the Royal Society of Medicine*, *100*(1), 46-50. doi:10.1258/jrsm.100.1.46

26. Sheikh, T. L., Mohammed, A., Agunbiade, S., Ike, J., Ebiti, W. N., & Adekeye, O. (2014). Psycho-trauma, psychosocial adjustment, and symptomatic posttraumaticstress disorder among internally displaced persons in Kaduna, northwester Nigeria. *Frontiers in Psychiatry*, *5*. doi:10.3389/

fpsyt.2014.00127

27. Lanius, R. A., Hopper, J. W., & Menon, R. S. (2003). Individual differences in a husband and wife who developed PTSD after a motor vehicle accident: A functional MRI case study. *American Journal of Psychiatry, 160*(4), 667-669. doi:10.1176/appi.ajp.160.4.667

28. Cain, A. C. (2006). Parent suicide: Pathways of effects into the third generation. *Psychiatry: Interpersonal and Biological Processes, 69*(3), 204–227

29. Benjet, C., Bromet, E., Karam, E. G., Kessler, R. C., Mclaughlin, K. A., Ruscio, A. M., ... Koenen, K. C. (2015). The epidemiology of traumatic event exposure worldwide: Results from the World Mental Health Survey Consortium. *Psychological Medicine, 46*(2), 327-343. doi:10.1017/s0033291715001981

30. Ibid.

31. Jenkins, E. J., Wang, E., & Turner, L. (2014). Beyond community violence: Loss and traumatic grief in African American elementary school children. *Journal of Child and Adolescet Traum, 7*(1), 27-36. doi:10.1007/s40653-014-0001-4

32. Kousha, M., & Kiani, S. (2012). Normative life events and PTSD in children: How easy stress can affect children's brain? *Neuropsychiatrie de l'Enfancd et de l'Adolescence 60*(5). doi:10.1016/j.neurenf.2012.04.627

33. Tomoda, A., Polcari, A., Anderson, C. M., & Teicher, M. H. (2012). Reduced visual cortex gray matter volume and thickness in young adults who witnessed domestic violence during childhood. PLoS ONE, 7(12). doi:10.1371/journal.pone.0052528

34. Benjet et al. (2015).

35. May, C. L., & Wisco, B. E. (2016). Defining trauma: How level of exposure and proximity affect risk for posttraumatic stress disorder. *Psychological Trauma: Theory, Research, Practice, and Policy, 8*(2), 233-240. doi:10.1037/tra0000077

36. Kun, P., Chen, X., Han, S., Gong, X., Chen, M., Zhang, W., & Yao, L. (2009). Prevalence of posttraumatic stress disorder in Sichuan Province, China after the 2008 Wenchuan earthquake. *Public Health, 123*(11), 703-707. doi:10.1016/j.puhe.2009.09.017

37. Burri, A., & Maercker, A. (2014). Differences in prevalence rates of PTSD in various European countries explained by war exposure, other trauma and cultural value orientation. *BMC Research Notes, 7*(1), 407.doi:10.1186/1756-

0500-7-407

38. Loo, C. M., Fairbank, J. A., Scurfield, R. M., Ruch, L. O., King, D. W., Adams, L. J., & Chemtob, C. M. (2001). Measuring exposure to racism: Development and validation of a Race-Related Stressor Scale(RRSS) for Asian American Vietnam veterans. *Psychological Assessment*, *13*(4), 503-520. doi:10.1037/1040-3590.13.4.503

39. Liberzon, I., Ma, S. T., Okada, G., Ho, S. S., Swain, J. E., & Evans, G. W. (2015). Childhood poverty and recruitment of adult emotion regulatory neurocircuitry. *Social Cognitive and Affective Neuroscience*, *10*(11), 1596-1606. doi:10.1093/scan/nsv045

40. Ritchwood, T. D., Traylor, A. C., Howell, R. J., Church, W. T., & Bolland, J. M. (2014). Socio-ecological predictors of intercourse frequency and number of sexual partners among male and female African American adolescents. *Journal of Community Psychology*, *42*(7), 765-781. doi:10.1002/jcop.21651

41. Langlois, K. A. & Garner, R. (2013). Trajectories of psychological distress among Canadian adults who experienced parental addiction in childhood. *Health Reports*, *24*(3), 14-21.

42. Walsh, K., Wells, J. B., Lurie, B., & Koenen, K. C. (2015). Trauma and stressor- related disorders. *Anxiety Disorders and Gender*, 113−135. doi:10.1007/978-3-319-13060-6_6

43. Levinson, C. A., Rodebaugh, T. L., & Bertelson, A. D. (2013). Prolonged exposure therapy following awareness under anesthesia: A case study. *Cognitive and Behavioral Practice*, *20*(1), 74-80. doi:10.1016/j.cbpra.2012.02.003

44. Elmir, R., & Schmied, V. (2016). A meta-ethnographic synthesis of fathers' experiences of complicated births that are potentially traumatic. *Midwifery*, *32*, 66-74. doi:10.1016/j.midw.2015.09.008

45. Benjet et al. (2015).

46. Hansson, J., Hurtig, A., Lauritz, L., & Padyab, M. (2016). Swedish police officers' job strain, work-related social support and general mental health. *Journal of Police and Criminal Psychology*. Advance online publication. doi:10.1007/s11896-016-9202-0

47. Benjet et al. (2015).

48. Maybery, D., Reupert, A., Goodyear, M., Ritchie, R., & Brann, P. (2009). Investigating the strengths and difficulties of children from families with a parental mental illness. *Advances in Mental Health*, *8*(2),165-174. doi:10.5172/

jamh.8.2.165

49. Benjet et al. (2015).

50. Ibid.

51. Chan, K. L. (2011). Correlates of childhood sexual abuse and intimate partner sexual victimization. *Partner Abuse*, *2*(3), 365−381. doi:10.1891/1946-6560.2.3.365

52. Briere, J., & Runtz, M. (1988). Multivariate correlates of childhood psychological and physical maltreatment among university women. *Child Abuse and Neglect*, *12*(3), 331-341. doi:10.1016/0145-2134(88)90046-4

53. Teicher, M. (2006). Sticks, stones, and hurtful words: Relative effects of various forms of childhood maltreatment. *American Journal of Psychiatry*, *163*(6), 993. doi:10.1176/appi.ajp.163.6.993

54. Lanius et al. (2015).

7장

1. Sato, W., Kochiyama, T., Uono, S., Matsuda, K., Usui, K., Inoue, Y., & Toichi, M. (2011). Rapid amygdala gamma oscillations in response to fearful facial expressions. *Neuropsychologia*, *49*(4), 612−617. doi:10.1016/j.neuropsychologia.2010.12.025

2. Lieberman, M. D., Eisenberger, N. I., Crockett, M. J., Tom, S. M., Pfeifer, J. H., & Way, B. M. (2007). Putting feelings into words: Affect labeling disrupts amygdala activity in response to affective stimuli. *Psychological Science*, *18*(5), 421−428. doi:10.1111/j.1467-9280.2007.01916.x

3. Ibid.

4. Couppis, M. H., & Kennedy, C. H. (2008). The rewarding effect of aggression is reduced by nucleus accumbens dopamine receptor antagonism in mice. *Psychopharmacology*, *197*(3), 449−456. doi:10.1007/s00213-007-1054-y

5. Goldstein, R. Z., & Volkow, N. D. (2011). Dysfunction of the prefrontal cortex in addiction: Neuroimaging findings and clinical implications. *Nature Reviews Neuroscience* 12(11), 652−659. doi:10.1038/nrn3119

6. Fulwiler, C. E., King, J. A., & Zhang, N. (2012). Amygdala-orbitofrontal resting-state functional connectivity is associated with trait anger. *NeuroReport*, *23*(10), 606−610. doi:10.1097/wnr.0b013e3283551cfc

7. Keay, K. A., & Bandler, R. (2001). Parallel circuits mediating distinct emotional coping reactions to different types of stress. *Neuroscience and Bio-*

behavioral Reviews, 25(7–8), 669–678. doi:10.1016/s0149-7634(01)00049-5

8. Porges, S. W. (2009). The polyvagal theory: New insights into adaptive reactions of the autonomic nervous system. *Cleveland Clinic Journal of Medicine, 76*(Suppl. 2). doi:10.3949/ccjm.76.s2.17

9. Ibid.

10. Porges, S. W., Bazhenova, O. V., Bal, E., Carlson, N., Sorokin, Y., Heilman, K. J., ... Lewis, G. F. (2014). Reducing auditory hypersensitivities in autistic spectrum disorder: Preliminary findings evaluating the Listening Project Protocol. *Frontiers in Pediatrics, 2*. doi:10.3389/fped.2014.00080

11. Porges (2009).

12. Wang, Z., Deater-Deckard, K., & Bell, M. A. (2016). The role of negative affect and physiological regulation in maternal attribution. *Parenting, 16*(3), 206–218. doi:10.1080/15295192.2016.1158604

13. Porges (2009).

14. Soussignan, R., Chadwick, M., Philip, L., Conty, L., Dezecache, G., & Grèzes, J. (2013). Self-relevance appraisal of gaze direction and dynamic facial expressions: Effects on facial electromyographic and autonomic reactions. *Emotion, 13*(2), 330–337. doi:10.1037/a0029892

15. Geisler, F. C., Kubiak, T., Siewert, K., & Weber, H. (2013). Cardiac vagal tone is associated with social engagement and self-regulation. *Biological Psychology, 93*(2), 279–286. doi:10.1016/j.biopsycho.2013.02.013

16. Sinha, R., Lovallo, W. R., & Parsons, O. A. (1992). Cardiovascular differentiation of emotions. *Psychosomatic Medicine, 54*(4), 422–435. doi:10.1097/00006842-199207000-00005

17. Swartz, J. R., Williamson, D. E., & Hariri, A. R. (2015). Developmental change in amygdala reactivity during adolescence: Effects of family history of depression and stressful life events. *American Journal of Psychiatry, 172*(3), 276–283. doi:10.1176/appi.ajp.2014.14020195

18. S iegel, D. J. (2010). *The mindful therapist: A clinician's guide to mindsight and neural integration*. New York, NY: Norton, p. 50.

8장

1. Porges, S. W. (2009). The polyvagal theory: New insights into adaptive reactions of the autonomic nervous system. *Cleveland Clinic Journal of Medicine, 76*(Suppl. 2). doi:10.3949/ccjm.76.s2.17

2. Beissner, F., Meissner, K., Bar, K., & Napadow, V. (2013). The autonomic brain:

An activation likelihood estimation meta-analysis for central processing of autonomic function. *Journal of Neuroscience, 33*(25), 10503−10511. doi: 10.1523/jneurosci.1103-13.2013

3. Salz, D. M., Tiganj, Z., Khasnabish, S., Kohley, A., Sheehan, D., Howard, M. W., & Eichenbaum, H. (2016). Time cells in hippocampal area CA3. *Journal of Neuroscience, 36*(28), 7476−7484. doi:10.1523/jneurosci.0087-16.2016

4. Lalo, E., Gilbertson, T., Doyle, L., Lazzaro, V. D., Cioni, B., & Brown, P. (2006). Phasic increases in cortical beta activity are associated with alterations in sensory processing in the human. *Experimental Brain Research, 177*(1), 137−145. doi:10.1007/s00221-006-0655-8

5. Hughes, J. R. (2008). Gamma, fast, and ultrafast waves of the brain: Their relationships with epilepsy and behavior. *Epilepsy and Behavior, 13*(1), 25−31. doi:10.1016/j.yebeh.2008.01.011

6. Piccolo, L. D., Sbicigo, J. B., Grassi-Oliveira, R., & Salles, J. F. (2014). Do socioeconomic status and stress reactivity really impact neurocognitive performance? *Psychology and Neuroscience, 7*(4), 567−575. doi:10.3922/j.psns.2014.4.16

7. Young, E. (2012). Gut instincts: The secrets of your second brain. *New Scientist, 216*(2895), 38−42. doi:10.1016/s0262-4079(12)63204-7

8. Bonnet, M. S., Ouelaa, W., Tillement, V., Trouslard, J., Jean, A., Gonzalez, B. J., ... Mounien, L. (2013). Gastric distension activates NUCB2/nesfatin-1-expressing neurons in the nucleus of the solitary tract. *Regulatory Peptides, 187*, 17−23. doi:10.1016/j.regpep.2013.10.001

9. Dockray, G. J. (2013). Enteroendocrine cell signaling via the vagus nerve. *Current Opinion in Pharmacology, 13*(6), 954−958. doi:10.1016/j.coph.2013.09.007

10. Bonnet et al. (2013).

11. Ibid.

12. Ibid.

13. Ibid.

14. Panksepp, J. (1998). *Affective neuroscience: The foundations of human and animal emotions.* New York, NY: Oxford University Press, p. 208.

15. Nardone, G., & Compare, D. (2014). The psyche and gastric functions. *Digestive Diseases, 32*(3), 206−212. doi:10.1159/000357851

16. Panksepp (1998), p. 340.

9장

1. Schneider-Hassloff, H., Straube, B., Jansen, A., Nuscheler, B., Wemken, G., Witt, S., ... Kircher, T. (2016). Oxytocin receptor polymorphism and childhood social experiences shape adult personality, brain structure and neural correlates of mentalizing. *NeuroImage, 134*, 671−684. doi:10.1016/j.neuroimage.2016.04.009

2. Fogel, A. (2011). Embodied awareness: Neither implicit nor explicit, and not necessarily nonverbal. *Child Development Perspectives, 5*(3), 183−186. doi:10.1111/j.1750-8606.2011.00177.x

3. Ibid.

4. Craig, A. D. (2002). How do you feel? Interoception: The sense of the physiological condition of the body. *Nature Reviews Neuroscience, 3*(8), 655−666. doi:10.1038/nrn894

5. Mickleborough, M. (2011). Effects of trauma-related cues on pain processing in posttraumatic stress disorder: An fMRI investigation. *Journal of Psychiatry and Neuroscience, 36*(1), 6−14. doi:10.1503/jpn.080188

6. Craig (2002).

7. Daniels, J. K., Coupland, N. J., Hegadoren, K. M., Rowe, B. H., Densmore, M., Neufeld, R. W., & Lanius, R. A. (2012). Neural and behavioral correlates of peritraumatic dissociation in an acutely traumatized sample. *Journal of Clinical Psychiatry, 73*(4), 420−426. doi:10.4088/jcp.10m06642

8. Pfeiffer, A., Brantl, V., Herz, A., & Emrich, H. (1986). Psychotomimesis mediated by kappa opiate receptors. *Science, 233*(4765), 774−776. doi:10.1126/science.3016896

9. Minshew, R., & D'Andrea, W. (2015). Implicit and explicit memory in survivors of chronic interpersonal violence. Psychological Trauma: Theory, Research, Practice, and Policy, 7(1), 67−75. doi:10.1037/a0036787

10. Frewen, P. A. (2006). Toward a psychobiology of posttraumatic self-dysregulation: Reexperiencing, hyperarousal, dissociation, and emotional numbing. Annals of the New York Academy of Sciences, 1071(1), 110−124. doi:10.1196/annals.1364.010

11. Whitlock, E. L., Rodebaugh, T. L., Hassett, A. L., Shanks, A. M., Kolarik, E., Houghtby, J., ... Avidan, M. S. (2015). Psychological sequelae of surgery in a prospective cohort of patients from three intraoperative awareness prevention trials. Survey of Anesthesiology, 59(3), 147−148. doi:10.1097/01.sa.0000464111.57640.a7

12. Mooren, N., & Minnen, A. V. (2014). Feeling psychologically restrained: The effect of social exclusion on tonic immobility. European Journal of Psychotraumatology, 5. doi:10.3402/ejpt.v5.22928

13. Porges, S. W. (2015). Making the world safe for our children: Down-regulating defence and up-regulating social engagement to 'optimise' the human experience. Children Australia, 40(2), 114-123. doi:10.1017/cha.2015.12

14. Porges, S. W. (2009). The polyvagal theory: New insights into adaptive reactions of the autonomic nervous system. Cleveland Clinic Journal of Medicine, 76(Suppl. 2). doi:10.3949/ccjm.76.s2.17

15. Ibid.

16. Ibid.

17. Hsu, K., & Terakawa, S. (1996). Fenestration in the myelin sheath of nerve fibers of the shrimp: A novel node of excitation for saltatory conduction. Journal of Neurobiology, 30(3), 397−409. doi:10.1002/(sici)1097-4695(199607)30:33.0.co;2-

18. Mussa, B. M., Sartor, D. M., & Verberne, A. J. (2010). Dorsal vagal pregang-lionic neurons: Differential responses to CCK1 and 5-HT3 receptor stimulation. Autonomic Neuroscience, 156(1−2), 36−43. doi:10.1016/j.autneu.2010.03.001

19. Daniels et al. (2012).

20. Lemche, E., Surguladze, S. A., Brammer, M. J., Phillips, M. L., Sierra, M., David, A. S., ... Giampietro, V. P. (2013). Dissociable brain correlates for depression, anxiety, dissociation, and somatization in depersonalization-derealization disorder. CNS Spectrums, 21(01), 35−42. doi:10.1017/s1092852913000588

21. Frewen (2006).

22. Batey, H., May, J., & Andrade, J. (2010). Negative intrusive thoughts and dissociation as risk factors for self-harm. Suicide and Life-Threatening Behavior, 40(1), 35−49. doi:10.1521/suli.2010.40.1.35

23. Vermetten, E. (2015). Fear, helplessness, and horror—if it does not stop: Reflections on the evolving concept of impact of trauma. European Journal of Psychotraumatology, 6. doi:10.3402/ejpt.v6.27634

24. Dykema, R. (2006). How your nervous system sabotages your ability to relate: An interview with Stephen Porges about his polyvagal theory. Retrieved March 8, 2015, from https://www.nexuspub.com/articles_2006/interview_porges_06_ma.php

24. Ibid.

25. Ibid.

26. Ibid.

27. Ibid.

28. Ibid.

29. Ibid.

30. Ibid.

31. Ibid.

32. Kensinger, E. A., Addis, D. R., & Atapattu, R. K. (2011). Amygdala activity at encoding corresponds with memory vividness and with memory for select episodic details. *Neuropsychologia*, *49*(4), 663–673. doi:10.1016/j.neuro-psychologia.2011.01.017

33. Ritchey, M., Dolcos, F., & Cabeza, R. (2008). Role of amygdala connectivity in the persistence of emotional memories over time: An event-related fMRI investigation. *Cerebral Cortex*, *18*(11), 2494–2504. doi:10.1093/cercor/bhm262

34. Daniels et al. (2012).

35. Nazarov, A., Frewen, P., Parlar, M., Oremus, C., Macqueen, G., Mckinnon, M., & Lanius, R. (2013). Theory of mind performance in women with posttraumatic stress disorder related to childhood abuse. *Acta Psychiatrica Scandinavica*, *129*(3), 193–201. doi:10.1111/acps.12142

36. Porges, S. W. (2003). Social engagement and attachment. *Annals of the New York Academy of Sciences*, *1008*(1), 31–47. doi:10.1196/annals.1301.004

37. Becker-Blease, K., & Freyd, J. J. (2007). Dissociation and memory for perpetration among convicted sex offenders. *Journal of Trauma and Dissociation*, *8*(2), 69–80. doi:10.1300/j229v08n02_05

10장

1. Paret, L., Bailey, H. N., Roche, J., Bureau, J., & Moran, G. (2014). Preschool ambivalent attachment associated with a lack of vagal withdrawal in response to stress. *Attachment and Human Development*, *17*(1), 65–82. doi:10.1080/14616734.2014.967786

2. Szyf, M. (2013, July). *Epigenetics*. Paper presented at the Brain Development and Learning Conference, Vancouver, British Columbia, Canada.

3. Zelenko, M., Kraemer, H., Huffman, L., Gschwendt, M., Pageler, N., & Steiner, H. (2005). Heart rate correlates of attachment status in young mothers

and their infants. *Journal of the American Academy of Child and Adolescent Psychiatry, 44*(5), 470−476. doi:10.1097/01.chi.0000157325.10232.b1

4. Beebe, B., & Steele, M. (2013). How does microanalysis of mother-infant communication inform maternal sensitivity and infant attachment? *Attachment and Human Development, 15*(5−6), 583−602. doi:10.1080/14616734.2013.841 050

5. Paret et al. (2014).

6. Saunders, R., Jacobvitz, D., Zaccagnino, M., Beverung, L. M., & Hazen, N. (2011). Pathways to earned-security: The role of alternative support figures. *Attachment & Human Development, 13*(4), 403-420. doi:10.1080/14616734.20 11.584405

7. Roisman, G. I., Padron, E., Sroufe, L. A., & Egeland, B. (2002). Earned-secure attachment status in retrospect and prospect. *Child Development, 73*(4), 1204−1219. doi:10.1111/1467-8624.00467

8. Beckes, L., & Coan, J. A. (2011). Social baseline theory: The role of social proximity in emotion and economy of action. *Social and Personality Psychology Compass, 5*(12), 976−988. doi:10.1111/j.1751-9004.2011.00400.x

9. Leerkes, E. M., Parade, S. H., & Gudmundson, J. A. (2011). Mothers' emotional reactions to crying pose risk for subsequent attachment insecurity. *Journal of Family Psychology, 25*(5), 635−643. doi:10.1037/a0023654

10. Paret et al. (2014).

11. Siegel, D. J. (2012). *The developing mind: How relationships and the brain interact to shape who we are.* New York, NY: Guilford Press, p. 247.

12. Paret et al. (2014).

13. Beebe, B., Lachmann, F., Markese, S., & Bahrick, L. (2012). On the origins of disorganized attachment and internal working models: Paper I. A dyadic systems approach. *Psychoanalytic Dialogues, 22*(2), 253−272. doi:10.1080/10 481885.2012.666147

14. Yehuda, R., & Bierer, L. M. (2007). Transgenerational transmission of cortisol and PTSD risk. *Progress in Brain Research, 167*, 121−135. doi:10.1016/s0079-6123(07)67009-5

15. Saunder et al. (2011).

16. Bartholomew, K., & Horowitz, L. M. (1991). Attachment styles among young adults: A test of a four-category model. *Journal of Personality and Social Psychology, 61*(2), 226−244. doi:10.1037/0022-3514.61.2.226

17. Duke, M. P., Lazarus, A., & Fivush, R. (2008). Knowledge of family history

as a clinically useful index of psychological well-being and prognosis: A brief report. *Psychotherapy: Theory, Research, Practice, Training, 45*(2), 268−272. doi:10.1037/0033-3204.45.2.268

18. Bakermans-Kranenburg, M. J., & Ijzendoorn, M. H. (2009). The first 10,000 Adult Attachment Interviews: Distributions of adult attachment representations in clinical and nonclinical groups. *Attachment and Human Development, 11*(3), 223−263. doi:10.1080/14616730902814762

19. Baldwin, M. W., & Fehr, B. (1995). On the instability of attachment style ratings. *Personal Relationships, 2*(3), 247−261. doi:10.1111/j.1475-6811.1995. tb00090.x

20. Levy, K. N., & Kelly, K. M. (2009). Sex differences in jealousy: A contribution from attachment theory. *Psychological Science, 21*(2), 168−173. doi:10.1177/0956797609357708

11장

1. Stevenson, R. J., Hodgson, D., Oaten, M. J., Moussavi, M., Langberg, R., Case, T. I., & Barouei, J. (2012). Disgust elevates core body temperature and up-regulates certain oral immune markers. *Brain, Behavior, and Immunity, 26*(7), 1160−1168. doi:10.1016/j.bbi.2012.07.010

2. Simpson, J., Hillman, R., Crawford, T., & Overton, P. G. (2010). Self-esteem and self-disgust both mediate the relationship between dysfunctional cognitions and depressive symptoms. *Motivation and Emotion, 34*(4), 399−406. doi:10.1007/s11031-010-9189-2

3. Tsypes, A., Burkhouse, K. L., & Gibb, B. E. (2016). Classification of facial expressions of emotion and risk for suicidal ideation in children of depressed mothers: Evidence from cross-sectional and prospective analyses. *Journal of Affective Disorders, 197*, 147−150. doi:10.1016/j.jad.2016.03.037

4. Challacombe, F. L., Salkovskis, P. M., Woolgar, M., Wilkinson, E. L., Read, J., & Acheson, R. (2016). Parenting and mother-infant interactions in the context of maternal postpartum obsessive-compulsive disorder: Effects of obsessional symptoms and mood. *Infant Behavior and Development, 44*, 11−20. doi:10.1016/j.infbeh.2016.04.003

5. Gottman Institute. (n.d.). Research FAQs. Retrieved August 27, 2016, from https://www.gottman.com/research/research-faqs/6. Kiecolt-Glaser, J. K., Malarkey, W. B., Chee, M., Newton, T., Cacioppo, J. T., Mao, H. Y., &

Glaser, R. (2013). Negative behavior during marital conflict is associated with immunological down-regulation. *Psychosomatic Medicine, 55*(5), 395–409. doi:10.1097/00006842-199309000-00001

7. Keysers, C., & Gazzola, V. (2014). Hebbian learning and predictive mirror neurons for actions, sensations and emotions. *Philosophical Transactions of the Royal Society B: Biological Sciences, 369*(1644), 20130175. doi:10.1098/rstb.2013.0175

8. Coude, G., Festante, F., Cilia, A., Loiacono, V., Bimbi, M., Fogassi, L., & Ferrari, P. F. (2016). Mirror neurons of ventral premotor cortex are modulated by social cues provided by others' gaze. *Journal of Neuroscience, 36*(11), 3145–3156. doi:10.1523/jneurosci.3220-15.2016

9. Livingstone, S. R., Vezer, E., Mcgarry, L. M., Lang, A. E., & Russo, F. A. (2016). Deficits in the mimicry of facial expressions in Parkinson's disease. *Frontiers in Psychology, 7.* doi:10.3389/fpsyg.2016.00780

10. Bernard, K., & Dozier, M. (2010). Examining infants' cortisol responses to laboratory tasks among children varying in attachment disorganization: Stress reactivity or return to baseline? *Developmental Psychology, 46*(6), 1771–1778. doi:10.1037/a0020660

11. Coan, J. A., & Sbarra, D. A. (2015). Social baseline theory: The social regulation of risk and effort. *Current Opinion in Psychology, 1,* 87–91. doi:10.1016/j.copsyc.2014.12.021

12. Ibid.

13. Odgen, P., & Fisher, J. (2015). Neuroception and the window of tolerance. *Neuropsychotherapist,* (12), 6–19. doi:10.12744/tnpt(12)006-019

14. Teicher, M. H., & Samson, J. A. (2016). Annual research review: Enduring neurobiological effects of childhood abuse and neglect. *Journal of Child Psychology and Psychiatry, 57*(3), 241–266. doi:10.1111/jcpp.12507

15. Teicher, M. H., & Parigger, A. (2015). The "Maltreatment and Abuse Chronology of Exposure" (MACE) scale for the retrospective assessment of abuse and neglect during development. *PLoS ONE, 10*(2). doi:10.1371/journal.pone.0117423

16. Teicher, M. H., & Samson, J. A. (2016). Annual research review: Enduring neurobiological effects of childhood abuse and neglect. *Journal of Child Psychology and Psychiatry, 57*(3), 241–266. doi:10.1111/jcpp.12507

17. Ibid.

18. Ibid.

19. Dickerson, S. S. (2008). Emotional and physiological responses to social-evaluative threat. *Social and Personality Psychology Compass, 2*(3), 1362–1378. doi:10.1111/j.1751-9004.2008.00095.x

20. Dube, S. R., Anda, R. F., Felitti, V. J., Chapman, D. P., Williamson, D. F., & Giles, W. H. (2001). Childhood abuse, household dysfunction, and the risk of attempted suicide throughout the life span. *JAMA, 286*(24), 3089. doi:10.1001/jama.286.24.3089

21. Nanayakkara, S., Misch, D., Chang, L., & Henry, D. (2013). Depression and exposure to suicide predict suicide attempt. *Depression and Anxiety, 10*, 991–996. doi:10.1002/da.22143

12장

1. Burgdorf, J., Colechio, E., Stanton, P., & Panksepp, J. (2016). Positive emotional learning induces resilience to depression: A role for NMDA receptor-mediated synaptic plasticity. *Current Neuropharmacology, 14*. Advance online publication. doi:10.2174/1570159x14666160422110344

2. Chapman, D. P., Whitfield, C. L., Felitti, V. J., Dube, S. R., Edwards, V. J., & Anda, R. F. (2004). Adverse childhood experiences and the risk of depressive disorders in adulthood. *Journal of Affective Disorders, 82*(2), 217–225. doi:10.1016/j.jad.2003.12.013

3. Zeugmann, S., Buehrsch, N., Bajbouj, M., Heuser, I., Anghelescu, I., & Quante, A. (2013). Childhood maltreatment and adult proinflammatory status in patients with major depression. *Psychiatria Danubina, 25*(3), 227–235.

4. Satterthwaite, T. D., Cook, P. A., Bruce, S. E., Conway, C., Mikkelsen, E., Satchell, E., ... Sheline, Y. I. (2015). Dimensional depression severity in women with major depression and post-traumatic stress disorder correlates with fronto- amygdalar hypoconnectivity. *Molecular Psychiatry, 21*(7), 894–902. doi:10.1038/mp.2015.149

5. Reser, J. E. (2016). Chronic stress, cortical plasticity and neuroecology. *Behavioural Processes, 129*, 105–115. doi:10.1016/j.beproc.2016.06.010

6. Renner, F., Siep, N., Lobbestael, J., Arntz, A., Peeters, F. P., & Huibers, M. J. (2015). Neural correlates of self-referential processing and implicit self-associations in chronic depression. *Journal of Affective Disorders, 186*, 40–47. doi:10.1016/j.jad.2015.07.008

7. Gradin, V. B., Pérez, A., Macfarlane, J. A., Cavin, I., Waiter, G., Tone, E.

B., ... Steele, J. D. (2016). Neural correlates of social exchanges during the prisoner's dilemma game in depression. *Psychological Medicine*, *46*(6), 1289–1300. doi:10.1017/s0033291715002834

8. Hao, L., Yang, J., Wang, Y., Zhang, S., Xie, P., Luo, Q., ... Qiu, J. (2015). Neural correlates of causal attribution in negative events of depressed patients: Evidence from an fMRI study. *Clinical Neurophysiology*, *126*(7), 1331–1337. doi:10.1016/j.clinph.2014.10.146

9. Ebdlahad, S., Nofzinger, E. A., James, J. A., Buysse, D. J., Price, J. C., & Germain, A. (2013). Comparing neural correlates of REM sleep in posttraumatic stress disorder and depression: A neuroimaging study. *Psychiatry Research: Neuroimaging*, *214*(3), 422–428. doi:10.1016/j.pscychresns.2013.09.007

10. Wang, K., Wei, D., Yang, J., Xie, P., Hao, X., & Qiu, J. (2015). Individual differences in rumination in healthy and depressive samples: Association with brain structure, functional connectivity and depression. *Psychological Medicine*, *45*(14), 2999–3008. doi:10.1017/s0033291715000938

11. Wimalawansa, S. J. (2016). Endocrinological mechanisms of depressive disorders and ill health. *Expert Review of Endocrinology and Metabolism*, *11*(1), 3–6. doi:10.1586/17446651.2016.1127755

12. Mccabe, C. (2014). Neural correlates of anhedonia as a trait marker for depression. In M. S. Ritsner (Ed.), *Anhedonia: A comprehensive handbook*(Vol. 2, pp. 159–174). doi:10.1007/978-94-017-8610-2_6

13. Panksepp, J., & Yovell, Y. (2014). Preclinical modeling of primal emotional affects (SEEKING, PANIC and PLAY): Gateways to the development of new treatments for depression. *Psychopathology*, *47*(6), 383–393. doi:10.1159/000366208

14. Panksepp, J. (2016). The cross-mammalian neurophenomenology of primal emotional affects: From animal feelings to human therapeutics. *Journal of Comparative Neurology*, *524*(8), 1624–1635. doi:10.1002/cne.23969

13장

1. Hill-Soderlund, A. L., Mills-Koonce, W. R., Propper, C., Calkins, S. D., Granger, D. A., Moore, G. A., ... Cox, M. J. (2008). Parasympathetic and sympathetic responses to the strange situation in infants and mothers from avoidant and securely attached dyads. *Developmental Psychobiology*, *50*(4),

361–376. doi:10.1002/dev.20302

2. Hughes, C. E., & Stevens, A. (2010). What can we learn from the Portuguese decriminalization of illicit drugs? *British Journal of Criminology, 50*(6), 999–1022. doi:10.1093/bjc/azq038

3. Dube, S. R., Felitti, V. J., Dong, M., Chapman, D. P., Giles, W. H., & Anda, R. F. (2003). Childhood abuse, neglect, and household dysfunction and the risk of illicit drug use: The Adverse Childhood Experiences study. *Pediatrics, 111*(3), 564–572. doi:10.1542/peds.111.3.564

4. Robins, L. N. (1993). Vietnam veterans' rapid recovery from heroin addiction: A fluke or normal expectation? *Addiction, 88*(8), 1041–1054. doi:10.1111/j.1360-0443.1993.tb02123.x

5. Lopez-Quintero, C., Cobos, J. P., Hasin, D. S., Okuda, M., Wang, S., Grant, B. F., & Blanco, C. (2011). Probability and predictors of transition from first use to dependence on nicotine, alcohol, cannabis, and cocaine: Results of the National Epidemiologic Survey on Alcohol and Related Conditions (NESARC). *Drug and Alcohol Dependence, 115*(1–2), 120–130. doi:10.1016/j.drugalcdep.2010.11.004

6. Alexander, B. K. (2008). *The globalisation of addiction: A study in poverty of the spirit.* Oxford, UK: Oxford University Press, pp. 193–195.

7. Dennis, M. L., Foss, M. A., & Scott, C. K. (2007). An eight-year perspective on the relationship between the duration of abstinence and other aspects of recovery. *Evaluation Review, 31*(6), 585–612. doi:10.1177/0193841x07307771

8. Cao-Lei, L., Massart, R., Suderman, M. J., Machnes, Z., Elgbeili, G., Laplante, D. P., … King, S. (2014). DNA methylation signatures triggered by prenatal maternal stress exposure to a natural disaster: Project Ice Storm. *PLoS ONE, 9*(9). doi:10.1371/journal.pone.0107653

14장

1. Porges, S. W. (2009). The polyvagal theory: New insights into adaptive reactions of the autonomic nervous system. *Cleveland Clinic Journal of Medicine, 76*(Suppl. 2). doi:10.3949/ccjm.76.s2.17

2. Porges, S. W. (1998). Love: An emergent property of the mammalian autonomic nervous system. *Psychoneuroendocrinology, 23*(8), 837–861. doi:10.1016/s0306-4530(98)00057-2

3. Ibid.

4. Porges, S. W., Bazhenova, O. V., Bal, E., Carlson, N., Sorokin, Y., Heilman, K. J., ... Lewis, G. F. (2014). Reducing auditory hypersensitivities in autistic spectrum disorder: Preliminary findings evaluating the Listening Project Protocol. *Frontiers in Pediatrics*, *2*. doi:10.3389/fped.2014.00080

5. Porges (1998).

6. Porges (2009).

7. Porges (1998).

8. Porges (2009).

9. Coan, J. A. (2011). The social regulation of emotion. In J. Decety & J. T. Cacioppo (Eds.), *The Oxford Handbook of Social Neuroscience*. Oxford Handbooks Online. doi:10.1093/oxfordhb/9780195342161.013.0041

10. Collins, N. L., & Ford, M. B. (2010). Responding to the needs of others: The caregiving behavioral system in intimate relationships. *Journal of Social and Personal Relationships*, *27*(2), 235-244. doi:10.1177/0265407509360907

11. Rotge, J., Lemogne, C., Hinfray, S., Huguet, P., Grynszpan, O., Tartour, E., ... Fossati, P. (2014). A meta-analysis of the anterior cingulate contribution to social pain. *Social Cognitive and Affective Neuroscience*, *10*(1), 19-27. doi:10.1093/scan/nsu110

12. Aïte, A., Barrault, S., Cassotti, M., Borst, G., Bonnaire, C., Houdé, O., ... Moutier, S. (2014). The impact of alexithymia on pathological gamblers' decision making. *Cognitive and Behavioral Neurology*, *27*(2), 59-67. doi:10.1097/wnn.0000000000000027

찾아보기

주요 인명 및 책명

지은이

세라 페이턴 Sarah Peyton
신경과학 지식과 치유 경험을 결합하여 사람들의 뇌와 신체를 통합하는 데 열정을 쏟고 있다. 또한 신경과학의 최신 연구 성과를 토대로 공명하는 언어의 힘이 어떻게 뇌를 재구성하고 자기애와 행복을 위한 역량을 회복하는 데 도움이 될 수 있는지 탐구한다. 현재 비폭력대화 국제공인트레이너로서 전 세계의 청중을 만나면서 관계의 트라우마가 뇌에 미치는 영향을 공감으로 이해하는 작업을 진행하고 있다.

옮긴이

신동숙
끊임없이 배우고 탐구하는 삶이 좋아서 번역가의 길을 걷기 시작했다. 주옥같은 글에 어울리는 우리말 옷을 입히는 과정에 큰 재미를 느끼며, 의식 성장에 도움이 되는 좋은 책을 많이 소개하고 싶은 마음으로 열심히 활동하고 있다. 고려대학교 영문과 대학원을 졸업하고 바른번역 소속 번역가로 활동하면서 다양한 분야의 책을 번역해 왔다. 주요 역서로는 『예민함이라는 선물』, 『학습과학 77』, 『메이커스 북』, 『메모리 코드』, 『사회 변화를 위한 시스템 사고』, 『앞서가는 아이들은 어떻게 배우는가』, 『천재의 식단』, 『먹어서 병을 이기는 법』, 『인간은 필요 없다』, 『인간은 과소평가 되었다』, 『제리 카플란-인공지능의 이해』, 『지금 당신의 차례가 온다면』 등이 있다.

공명하는 자아
－뇌의 치유 능력을 활성화하는 유도 명상과 훈련

펴낸날	초판 1쇄 발행 | 2024년 3월 28일
지은이	세라 페이턴
옮긴이	신동숙
펴낸이	캐서린 한
펴낸곳	한국NVC출판사
편집장	김일수
마케팅	권순민, 고원열, 구름산책, 신소연
본문 디자인	이경은
표지 디자인	김승일
인 쇄	천광인쇄사
용 지	페이퍼프라이스

출판등록 제312-2008-000011호 (2008. 4. 4)
주 소 (03035) 서울시 종로구 자하문로 17길 12-9(옥인동) 2층
전 화 (02)3142-5586 팩스 \| (02)325-5587

홈페이지 www.krnvcbooks.com   **인스타그램** kr_nvc_book   **블로그** blog.naver.com/krnvcbook
유튜브 youtube.com/@nvc   **페이스북** facebook.com/krnvc   **이메일** book@krnvc.org

ISBN   979-11-85121-46-8 (03180)

- 책값은 뒤표지에 있습니다.
- 잘못 만들어진 책은 구입하신 서점에서 교환해 드립니다.